交通职业教育教学指导委员会推荐教材

中等职业院校筑路机械使用与维修专业教学用书

全国技工学校通用教材

Zhulu Jixie Fadongji

筑路机械发动机

韩　清　主编

杜建忠　主审

人民交通出版社

内 容 提 要

本书共分为八个模块，其主要内容包括：发动机总论，曲柄连杆机构，配气机构，柴油机燃油供给系，汽油机燃油供给系，润滑系，冷却系，发动机总装、调整与磨合。

全书介绍了发动机各个机构和系统主要零部件的工作原理、结构、检修、故障诊断与排除等基本知识，为后续学习修理知识打下良好的基础。

本书为交通行业技工学校筑机运用与维修专业教材，同时可供从事筑路机械维修技术人员参考使用。

图书在版编目(CIP)数据

筑路机械发动机/韩清主编 .—北京：人民交通出版社，2009.6

ISBN 978-7-114-07666-4

Ⅰ.筑… Ⅱ.韩… Ⅲ.筑路机械-发动机 Ⅳ.U415.5

中国版本图书馆 CIP 数据核字(2009)第 035068 号

书　　名：筑路机械发动机
著 作 者：韩　清
责任编辑：周往莲　韩亚楠
出版发行：人民交通出版社
地　　址：(100011)北京市朝阳区安定门外外馆斜街 3 号
网　　址：http://www.ccpress.com.cn
销售电话：(010)59757969，59757973
总 经 销：北京中交盛世书刊有限公司
经　　销：各地新华书店
印　　刷：北京牛山世兴印刷厂
开　　本：787×1092　1/16
印　　张：13
字　　数：325 千
版　　次：2009 年 6 月　第 1 版
印　　次：2009 年 6 月　第 1 次印刷
书　　号：ISBN 978-7-114-07666-4
印　　数：0001～2000 册
定　　价：25.00 元

前　　言

全国交通技工学校筑路机械使用与维修专业第一轮通用教材于2001年3月出版，至今已经8年，为本专业的人才培养起到了极其重要的作用。但随着教学模式的变革及知识与技术的更新，该套教材已显陈旧。为此，经交通职业教育教学指导委员会公路（技工）专业指导委员会研究，决定对筑路机械使用与维修专业的教学计划和课程内容进行修订，并在此基础上编写第二轮教材。在本套教材编写过程中，我们力求做到以下几点：

第一，立足行业。从用人单位的岗位要求入手，分析现代公路建设对专业技术工人的能力结构要求，确定课程体系，明确教学目标，强化教材的针对性和实用性。

第二，立足国家职业标准。本教材以国家职业标准为依据，使教材涵盖了筑路机械使用与维修职业或工种的相关要求，便于双证书制度在人才培养过程中的落实。

第三，立足学生的实际基础情况和学习规律。本教材充分考虑了技工学校学生的基础和学习特点，尽力摒弃冗长的理论叙述和复杂的公式，力求做到以图代文、通俗易懂、简明扼要。

第四，根据筑路机械技术的发展趋势，适当地加入了新知识和新技术的内容，使全书教学内容更趋合理。

第五，本套教材的每门课程都配有复习题，便于学生对知识的学习和巩固。

《筑路机械发动机》是全国筑路机械使用与维修专业通用教材之一，内容包括：发动机总论，曲柄连杆机构，配气机构，柴油机燃油供给系，汽油机燃油供给系，润滑系，冷却系，发动机总装、调整与磨合，共八个模块。

参加本书编写工作的有：安徽省公路工程技工学校韩清（编写模块一、模块二、模块八）、杜志阳（编写模块三），江苏省交通技师学院朱阳（编写模块四、模块六）、梅德纯（编写模块五、模块七）。全书由韩清担任主编，陕西交通技术学院杜建忠担任主审。公路（技工）专业指导委员会聘请江苏省交通技师学院张宏春担任本套教材的总统稿人。

本套教材在编写过程中得到了全国17个省市交通技工学校领导的大力支持和帮助，共有80余名教师参加了教材的编审工作，在此表示感谢！

由于我们的业务水平和教学经验有限，书中难免有不妥之处，恳请使用本书的广大读者批评指正，并给出宝贵的建议。

交通职业教育教学指导委员会

公路（技工）专业指导委员会

2009年5月

目　　录

模块一　发动机总论

知识要点

1. 发动机的定义及类型；
2. 发动机的基本术语；
3. 四冲程柴油机、四冲程汽油机、二冲程柴油机和二冲程汽油机的工作原理；
4. 发动机的总体构造；
5. 发动机的性能指标和国产发动机型号编制规则。

课题一　发动机类型及基本术语

【任务引入】

发动机是人类进行实践活动和改造自然的主要设备的动力源之一。认识这个动力源，要知道它的定义、类型和基本术语，为下一步认识其构造并理解其工作原理打下基础。

【任务分析】

深入分析和认识什么是发动机；从不同角度来说明发动机分为哪几种类型；准确定义发动机常用的基本术语。

【任务实施】

一、发动机

发动机是将另一种形式的能量转变为机械能的机器。按照转变能量的方式，发动机可分为热力机、电力机、水力机、风力机及原子能机等。

将热能转变为机械能的发动机，称为热力发动机（简称热机），而其中的热能则是由燃料燃烧产生的。燃料在发动机内部燃烧的热力发动机叫做内燃机，其特点是将液体或气体燃料与空气混合后直接输入机器内部燃烧而产生热能，然后再转变为机械能，它包括活塞式内燃机、燃汽轮机、复合式发动机和喷气式发动机。燃料在发动机外部的锅炉内燃烧的热力发动机叫做外燃机，它包括活塞式蒸汽机和蒸汽轮机，其特点是燃料在机器的外部锅炉内燃烧，将锅炉内的水加热使之变为高温、高压的水蒸气，送至机器内部，使所含的热能转变为机械能。

内燃机与外燃机相比，具有热效率高、质量小、便于移动、启动性能好等优点，因而应用范围很广，目前，广泛用于汽车、拖拉机、农业机械、机车、坦克、船舶及筑路机械等。但内燃机一般要求使用石油燃料，同时排出的废气中所含有害气体成分较高。为解决能源与大气污染问题，目前国内外正致力于排气净化及其他新能源发动机的研究工作。

活塞式内燃机根据活塞运动方式的不同，分为往复活塞式和旋转活塞式两种。往复活塞式内燃机的汽缸为圆筒形，活塞在汽缸中作直线往复运动，其应用最为广泛；旋转活塞式内燃机的活塞为转子，它在特定型面汽缸内绕轴作旋转运动。除特殊说明外，本书以往复活塞式内燃机为对象进行讨论，并称为发动机。针对筑路机械的特点，主要以柴油为燃料的发动机，即柴油机为主要机型来讲述。

二、发动机类型

发动机通常按照所采用的燃料、工作循环、结构形式等的不同，大致分类如下。

1. 按所用燃料分类

根据所使用的燃料不同，发动机可分为汽油发动机（汽油机）、柴油发动机（柴油机）、气体燃料发动机等。

2. 按工作循环冲程数分类

发动机汽缸内进行的每一次热能转变成机械能的一系列的连续过程（进气、压缩、做功、排气）称为发动机的一个工作循环。对于往复式活塞发动机，根据每一工作循环所需的活塞冲程数分为四冲程发动机和二冲程发动机。

3. 按汽缸数分类

根据发动机只有一个汽缸还是两个及以上汽缸可将发动机分为单缸发动机和多缸发动机两类。

4. 按着火方式分类

发动机可分为压燃式发动机和点燃式发动机两类。

【重点解释】

压燃式发动机是利用汽缸内的空气被高度压缩后所产生的高温，使燃料喷入汽缸内形成的可燃混合气自行着火燃烧的发动机。柴油机属于这种着火方式，又称压燃式发动机。

点燃式发动机是利用火花塞发出的电火花强制点燃汽缸内已经混合好的可燃混合气。汽油机属于这种着火方式，又称点燃式发动机。

5. 按可燃混合气形成的方法分类

发动机可分为外部形成的混合气发动机和内部形成的混合气发动机两类。

【重点解释】

外部形成混合气的发动机是燃料和空气在汽缸外先混合好然后进入汽缸。汽油机属外部形成混合气的发动机。

内部形成混合气的发动机是燃料在接近压缩终了前喷入汽缸，在汽缸内与空气混合。柴油机属内部形成混合气的发动机。

6. 按冷却方式分类

发动机可分为水冷式发动机和风冷式发动机两类。

【重点解释】

水冷式发动机是利用水或冷却液作为冷却介质。

风冷式发动机是利用空气作为冷却介质。

7. 按进气是否增压分类

发动机可分为增压式发动机和非增压式发动机两类。

【重点解释】

非增压式发动机是利用自然吸气，即气体是靠外界本身大气压作用而进入汽缸。

增压式发动机是利用强制进气，即气体是靠增压器将进气压力提高后再进入汽缸 。这种发动机是通过增加进气量 ，提高燃烧效率，来提高发动机功率。

除了上述分类外，还可以根据发动机的某些结构特征如汽缸排列方式分类，这将在模块二汽缸体部分介绍，此处不再赘述。

三、发动机基本构造

如图 1-1-1 所示为往复活塞式发动机的基本构造图(单缸四冲程柴油机简图)。它主要由汽缸体、活塞、连杆、曲轴、汽缸盖、进气门、排气门等组成。连杆小头与活塞销相连,活塞销与活塞相连,连杆大头套在曲轴主轴颈上,曲轴的两端通过轴承支承在曲轴箱上;汽缸的上部装有汽缸盖,使活塞顶部与汽缸盖之间构成一个密闭的空间;汽缸盖上装有进气门和排气门等零部件。

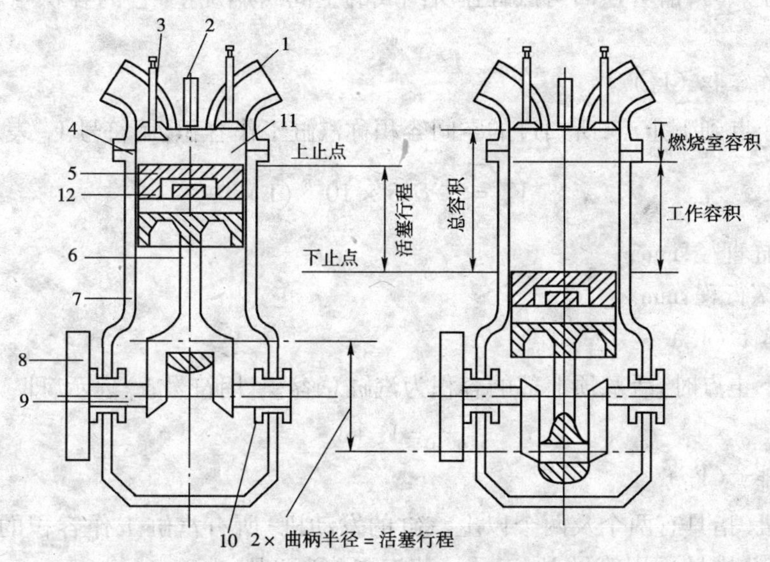

图 1-1-1 单缸四冲程柴油机简图

1-排气门;2-喷油器;3-进气门;4-汽缸盖;5-活塞-6;连杆;7-汽缸体;8-飞轮;9-曲轴;10-主轴承;11-燃烧室;12-活塞销

当柴油机工作时,活塞首先向下运动,空气由进气门进入汽缸。当进气门关闭时,活塞向上运动压缩空气,使气体的温度和压力升高;当活塞到达上止点前某一位置时,高压柴油由喷油器喷入汽缸,并和高温高压的空气混合而燃烧,燃气膨胀产生巨大的压力推动活塞向下运动,并通过连杆使曲轴旋转而做功;最后,活塞向上运动将废气从排气门排出。至此,完成了一个工作循环。一个又一个工作循环不断进行,使发动机能够连续运转。

四、发动机基本术语

如图 1-1-1 所示。活塞在汽缸内往复运动时,带动曲轴旋转,活塞在汽缸内有上止点和下止点两个极限位置。

1. 上止点

活塞顶部距离曲轴回转中心最远处,即活塞处于最高位置时称上止点。

2. 下止点

活塞顶部距离曲轴回转中心最近处,即活塞处于最低位置时称下止点。

【重点解释】

活塞在汽缸内作往复运动的两个极端位置称为止点,它包括上止点和下止点。

3. 活塞行程(S)

上下止点间的距离称活塞行程,一般用 S 表示。

4. 活塞冲程

活塞由一个止点到另一止点的运动过程称活塞冲程。

5. 曲柄半径(R)

曲柄销的中心线到曲轴回转中心线的距离,一般用 R 表示。通常活塞行程为曲柄半径的2倍,即 $S=2R$。

6. 燃烧室容积(V_c)

活塞在上止点时,活塞顶面与汽缸盖所围成的空间叫燃烧室,它的容积叫燃烧室容积,用 V_c 表示。

7. 汽缸工作容积(V_h)

活塞从上止点到下止点,所扫过的空间容积称汽缸工作容积,用符号 V_h 表示。

$$V_h = \frac{\pi}{4}D^2 S \times 10^{-6}\ (\mathrm{L}) \tag{1-1-1}$$

式中:D——汽缸直径,mm;

S——活塞行程,mm。

8. 汽缸总容积(V_a)

活塞位于下止点时,活塞顶上部的容积为汽缸总容积,用符号 V_a 表示,即:

$$V_a = V_c + V_h \tag{1-1-2}$$

9. 发动机排量(V_H)

多缸发动机(指具有两个及两个以上汽缸的发动机)所有汽缸工作容积的总和称发动机排量(或称活塞总排量),用符号 V_H 表示。若汽缸数为 i,则:

$$V_H = \frac{\pi}{4} i D^2 S \times 10^{-6}\ (\mathrm{L}) \tag{1-1-3}$$

式中:D——汽缸直径,mm;

S——活塞行程,mm;

i——汽缸数。

10. 压缩比(ε)

汽缸总容积与燃烧室容积的比值,称为压缩比,用符号 ε 表示,即:

$$\varepsilon = \frac{V_a}{V_c} = \frac{V_c + V_h}{V_c} = 1 + \frac{V_h}{V_c} \tag{1-1-4}$$

【重点解释】

压缩比表示活塞由下止点移动到上止点时,汽缸内气体被压缩的程度。压缩比越大,压缩终了时汽缸内的混合气压力和温度就越高。目前,汽油机压缩比一般在6~11之间;而一般车用及筑路机械用柴油机压缩比在15~22之间。

课题二 发动机工作原理

【任务引入】

由于发动机的结构特征,决定了发动机在进行工作时是按一定的规律实现它的功能。下面阐述的是往复活塞式柴油发动机和汽油发动机的工作原理及两者之间的区别。

【任务分析】

往复活塞式发动机是通过活塞的往复运动带动曲轴作旋转运动，它主要有四冲程和二冲程两类。四冲程发动机主要有进气冲程、压缩冲程、做功冲程和排气冲程；二冲程发动机主要有第一冲程和第二冲程。对这些冲程原理进行必要的分析，揭示发动机的工作实质，同时对二冲程和四冲程发动机进行比较，从而说明它们的优缺点。

【任务实施】

在发动机汽缸中，可燃混合气经过压缩通过点燃或压燃方式使燃料燃烧后发出大量的热量，汽缸内气体受热后，压力升高，推动活塞向下运动，活塞通过连杆再带动曲轴旋转，把动力传输出去。在这一系列的过程中，热能转化为机械能是通过在汽缸内连续进行进气、压缩、做功（燃烧和膨胀）、排气四个过程实现的。

一、四冲程发动机工作原理

1. 四冲程柴油机的工作原理

图 1-2-1 所示为单缸四冲程柴油机工作原理示意图。

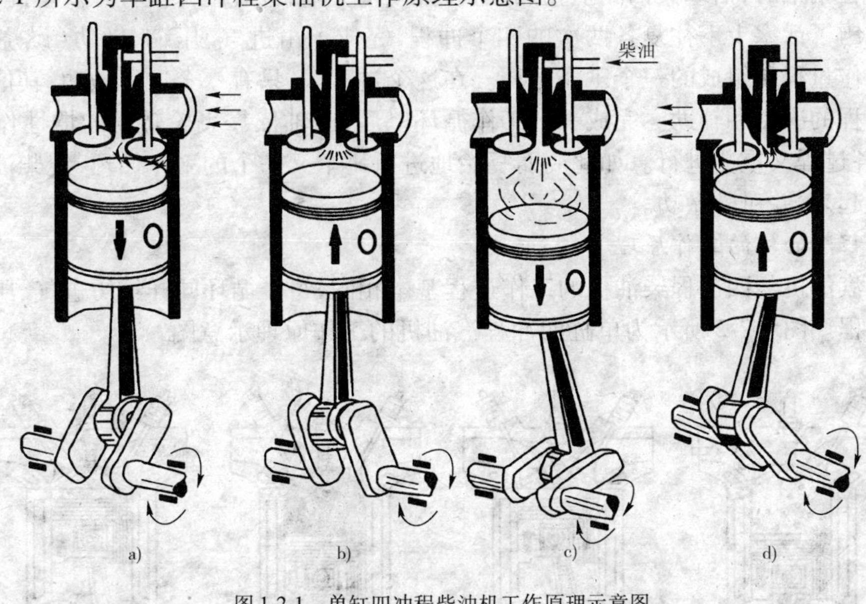

图 1-2-1　单缸四冲程柴油机工作原理示意图

a）进气；b）压缩；c）做功；d）排气

1）进气冲程

活塞从上止点移动到下止点，如图 1-2-1a）所示。这时进气门打开，排气门关闭。曲轴旋转带动活塞由上向下移动，随着汽缸内容积增大，新鲜空气进入汽缸，由于受空气滤清器、进气管、进气门等处阻力的影响，进气终了时汽缸内的气体压力略低于大气压，约为 0.08 ~ 0.95MPa；又因新鲜空气从高温残余废气和燃烧室壁、活塞顶等高温处吸收热量，故进气终了时汽缸内气体的温度约为 300 ~ 340K。这个过程中，曲轴旋转半圈。

2）压缩冲程

活塞从下止点向上止点运动，如图 1-2-1b）所示。进排气门都关闭。曲轴旋转带动活塞由下向上运动，汽缸内气体容积逐渐减小，气体被压缩，其压力和温度随着升高。由于柴油机是压燃的，所以柴油机都具有较大的压缩比，使压缩终了时，汽缸内气体温度比柴油机自燃温度（约 600K）高出 200 ~ 300K，即终了温度为 750 ~ 950K，而压力为 3 ~ 5MPa。这个过程中，曲轴旋转半圈。

3)做功冲程

活塞从上止点向下止点运动,如图 1-2-1c)所示。进排气门仍然关闭。在压缩接近终了时,高压的柴油喷入汽缸内与高温高压的气体形成可燃混合气并自行着火燃烧,放出大量的热量。汽缸内的气体温度和压力急剧升高,最高压力可达 6 ~ 9MPa,最高温度可达 1 800 ~ 2 200K。高温高压的气体推动活塞下行,并通过连杆使曲轴旋转,输出动力。活塞到达下止点时,做功冲程结束,燃气温度降至 1 000 ~ 1 200K,压力降至 0.3MPa 左右。这个过程中,曲轴旋转半圈。

4)排气冲程

活塞又从下止点向上止点移动,如图 1-2-1d)所示。此时,排气门打开,进气门仍关闭。曲轴旋转带动活塞由下向上运动,汽缸内燃料燃烧,并且已膨胀做功的废气随着活塞上移,经排气门被排出汽缸。排气冲程终了时,温度为 700 ~ 900K,压力为 0.105 ~ 0.12MPa。这个过程中,曲轴旋转半圈。

排气冲程结束时,活塞又回到上止点位置,排气门关闭,进气门再次打开。至此,单缸四冲程柴油机经历了活塞上下往复各两次的四个冲程,完成了由进气、压缩、做功(燃烧和膨胀)、排气四个工作过程所组成的一个工作循环。在这个过程中,只有一个冲程做功,其他三个冲程作为做功冲程的准备和辅助。完成一个工作循环以后,曲轴依靠飞轮转动的惯性作用仍继续旋转,上述各过程又重复进行。如此周而复始地进行一个又一个的工作循环,使柴油机能连续不断地运转起来,并对外做功。

2. 四冲程汽油机的工作原理

四冲程汽油机与四冲程柴油机的工作过程基本相同,每个循环同样经历进气、压缩、做功、排气四个冲程。图 1-2-2 所示为单缸四冲程汽油机的工作原理示意图。

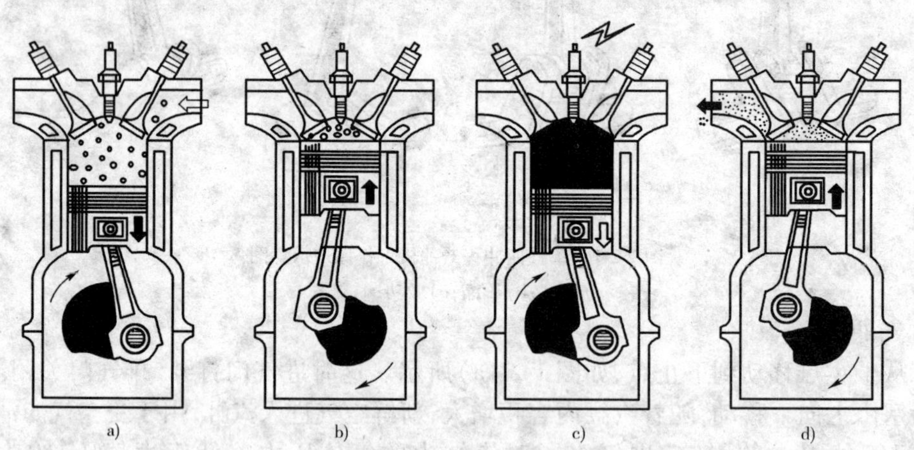

图 1-2-2 单缸四冲程汽油机工作原理示意图

a)进气;b)压缩;c)做功;d)排气

1)进气冲程

如图 1-2-2a)所示。进气冲程中汽油机和柴油机活塞及进排气门开闭运动规律基本相同。与柴油机不同的是进入汽缸的不是空气而是汽油与空气的可燃混合气。由于汽油机的转速比柴油机高以及其他因素的影响,其进气阻力高于柴油机,所以其进气终了的压力略低于柴油机,一般为 0.075 ~ 0.09MPa,进气终了温度比柴油机略高,约为 370 ~ 400K。

2)压缩冲程

如图1-2-2b)所示。压缩冲程中汽油机和柴油机活塞及进排气门开闭运动规律也基本相同。所不同的是由于汽油机压缩比远低于柴油机,所以压缩终了的温度和压力都比柴油机低,一般压力为0.8~1.4MPa,温度为600~700K。

3)做功冲程

如图1-2-2c)所示。做功冲程中汽油机和柴油机活塞及进排气门开闭运动规律也基本相同。所不同的是在压缩冲程接近结束时,火花塞点燃被压缩的可燃混合气。由于汽油机压缩比比柴油机低,故其最大爆发压力也比柴油机低,为3~5MPa,最高燃烧温度则比柴油机高,为2 200~2 700K。膨胀终了的压力约为0.4MPa,温度为1 200~1 500K,均比柴油机高。

4)排气冲程

如图1-2-2d)所示。汽油机排气冲程中活塞和进排气门开闭运动规律与柴油机基本相同。所不同的是排气终了的温度比柴油机高,为800~1 100K;压力基本相同,为0.105~0.12MPa。

3. 四冲程发动机的工作过程

四冲程发动机工作过程见表1-2-1。

四冲程发动机工作过程 表1-2-1

冲程名称	曲轴转角	活塞运动方向	进气门	排气门
进气	0°~180°	向下	打开	关闭
压缩	180°~360°	向上	关闭	关闭
做功	360°~540°	向下	关闭	关闭
排气	540°~720°	向上	关闭	打开

4. 四冲程柴油机与四冲程汽油机的比较

由四冲程汽油机和四冲程柴油机的工作原理可知,汽油机和柴油机各有优缺点,见表1-2-2。

四冲程汽油机与四冲程柴油机比较表 表1-2-2

机型 / 比较	汽　油　机	柴　油　机
共同点	曲轴转数相同	曲轴转数相同
	四个冲程	四个冲程
主要不同点	所用燃料为汽油	所用燃料为柴油
	可燃混合气为缸外混合(电喷汽油机也有缸内混合的)	可燃混合气为缸内混合
	压缩比低	压缩比高
	点燃混合气	压燃混合气
	燃油消耗率高	燃油消耗率低
	转速高	转速低
	噪声小	噪声大
	热效率低	热效率高
	启动容易	启动困难
	黑烟少	黑烟多

二、二冲程发动机的工作原理

二冲程发动机的工作循环也是由进气、压缩、做功(燃烧和膨胀)、排气工作过程所组成。由于它要在两个冲程内完成工作循环,因而与四冲程发动机在结构和工作原理方面有很大的差别。

1. 二冲程柴油机的工作原理

二冲程柴油机是通过位于汽缸中间部位沿汽缸四周开有进气孔(扫气孔)进行进气,而进气孔的开闭则靠活塞上下移动位置的变化来加以控制。如图 1-2-3 所示为单缸二冲程柴油机的工作原理示意图。通过压气机(扫气泵)将新鲜空气的压力提高到 0.12 ~ 0.14MPa,然后经过汽缸外部的空气室和汽缸上的进气孔进入汽缸,废气由排气孔(或排气门)排出机外。

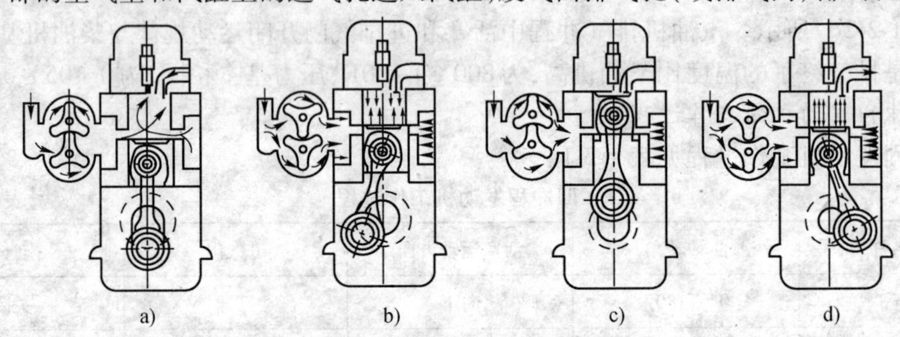

图 1-2-3 单缸二冲程柴油机工作原理示意图

a)换气;b)压缩;c)做功;d)排气

1)第一冲程

如图 1-2-3a)所示,活塞自下止点向上止点移动。进气孔和排气门打开。由压气机将新鲜空气提高压力后,从进气孔压入汽缸,并将上一循环所存在汽缸内的废气从排气门排出,这时为换气过程。如图 1-2-3b)所示,当活塞继续向上移至约 1/3 行程的距离时,进气孔被活塞关闭,排气门也关闭,进入汽缸内的气体被压缩,直到活塞到达上止点位置。这一过程称为进气和压缩过程。

2)第二冲程

如图 1-2-3c)所示,当活塞接近上止点时,进气孔、排气门仍关闭。喷油器向汽缸内喷入雾状的柴油,然后与被压缩的空气混合成可燃混合气并自行着火燃烧,汽缸内气体温度和压力急剧增高,温度可达 2 000 ~ 2 500K,压力可达 6 ~ 9MPa。在高温高压气体作用下,活塞从上止点向下止点移动,并带动曲轴旋转做功。如图 1-2-3d),当活塞下行至约 2/3 行程时,排气门打开,废气利用本身较高的压力自行排出汽缸。这一过程称为做功和排气过程。

活塞到达下止点时,第二冲程结束,至此完成一个工作循环。

2. 二冲程汽油机的工作原理

二冲程汽油机工作原理与二冲程柴油机工作原理相似,区别是可燃混合气形成方式和着火方式不同。

图 1-2-4 所示为单缸二冲程汽油机工作原理示意图。

1)第一冲程

如图 1-2-4a)、b)所示,活塞自下止点向上止点移动。活塞上方汽缸内的工作混合气被压缩,而新的可燃混合气又被吸入活塞下方的曲轴箱内。这一过程称为进气和压缩过程。

2)第二冲程

如图1-2-4c)、d)所示,活塞从上止点向下止点移动。活塞上方被压缩的可燃混合气被火花塞点燃,膨胀做功并换气;同时将活塞下方的可燃混合气预压。这一过程称为做功和排气过程。

活塞到达下止点时,第二冲程结束,至此完成一个工作循环。

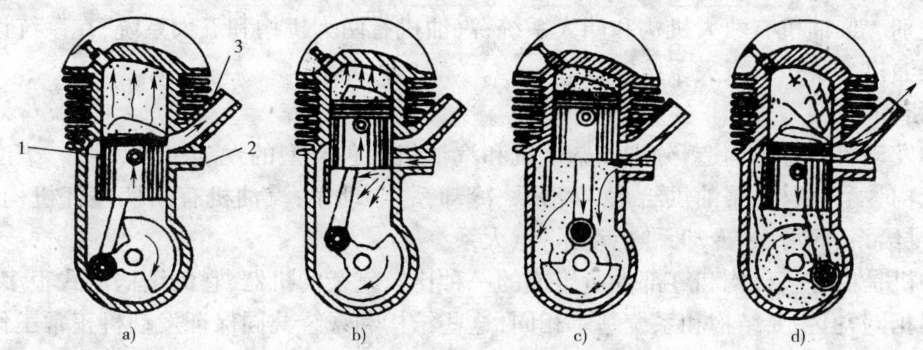

图1-2-4 单缸二冲程汽油机工作原理示意图

a)压缩;b)进气;c)做功;d)排气

1-换气口;2-进气口;3-排气口

3.二冲程发动机的工作过程

二冲程发动机的工作过程见表1-2-3。

二冲程发动机工作过程 表1-2-3

冲程名称		曲轴转角	活塞运动方向	进气孔	排气门(排气孔)
第一冲程	进气	0°~180°	向上	打开	关闭
	压缩		向上	关闭	关闭
第二冲程	做功	180°~360°	向下	关闭	关闭
	排气		向下	关闭	打开

4.二冲程发动机和四冲程发动机的比较

二冲程发动机和四冲程发动机的比较见表1-2-4。

二冲程发动机和四冲程发动机比较表 表1-2-4

比较 \ 机型	二冲程发动机	四冲程发动机
共同点	进气、压缩、燃烧、膨胀、排气五个过程	进气、压缩、燃烧、膨胀、排气五个过程
不同点	完成一个工作循环曲轴转一圈	完成一个工作循环曲轴转两圈
	二冲程做功一次	四冲程做功一次
	配气机构多为气孔式	配气机构为气门式
	燃油消耗率高	燃油消耗率低
	启动容易	启动困难
	排放污染严重	排放污染轻
	结构简单	结构复杂

课题三　发动机总体构造

【任务引入】

发动机和其他机器设备一样，也具有它的构造特征，其总体构造主要随柴油机和汽油机不同而有差别。柴油机有两大机构和四大系统；汽油机有两大机构和五大系统，在系统设置上汽油机比柴油机多了一个点火系统。

【任务分析】

阐述发动机的总体构造，分别以柴油机和汽油机两种类型的发动机来说明。柴油机有曲柄连杆机构、配气机构、柴油供给系、润滑系、冷却系、启动系；汽油机有曲柄连杆机构、配气机构、汽油供给系、润滑系、冷却系、启动系、点火系。

发动机是由许多机构和零部件所组成的一种比较复杂的机器，它的结构形式很多，具体结构也不尽相同，但主要结构和系统基本相同，这些结构和系统共同保证发动机正常工作。下面主要介绍四冲程汽油机和四冲程柴油机的总体构造。

【任务实施】

一、汽油机总体构造

1. 曲柄连杆机构

它的功用是将燃料燃烧产生的作用在活塞顶部的气体压力，推动活塞作往复运动，并通过连杆转变为曲轴的旋转运动而对外做功。主要由机体组（汽缸体、汽缸盖、汽缸套、汽缸垫、油底壳等）、活塞连杆组（活塞、活塞环、活塞销、连杆、连杆轴承、连杆螺栓等）、曲轴飞轮组（曲轴、飞轮等）组成。

2. 配气机构

它的功用是按发动机工况的要求，适时地开启和关闭各进排气门，使新鲜空气或可燃混合气进入汽缸，燃烧产生的废气排出汽缸。主要由气门组（气门、气门弹簧、气门座、气门导管等）和气门传动组（凸轮轴正时齿轮、凸轮轴、挺柱、推杆、摇臂、摇臂轴、摇臂支座等）组成。

3. 汽油供给系

它的功用是根据汽油机工况的要求，使汽油和空气按一定比例混合成可燃混合气供入汽缸，并把燃烧后的废气排至大气中。

汽油机燃油供给系主要有化油器式燃油供给系和汽油喷射式燃油供给系两种形式。

4. 润滑系

它的功用是将机油送到发动机各运动表面，起减磨、冷却、清洗、密封、防锈作用。主要由机油泵、机油滤清器、机油散热器等组成。

5. 冷却系

它的功用是根据发动机正常工作要求，对高温条件下的工作机件进行冷却，从而保证发动机在最适宜的温度范围内工作。冷却系分为水冷却系和风冷却系两种。水冷却系主要由风扇、水泵、水散热器、节温器、循环水套、分水管等组成。风冷却系主要由风扇、导流罩、散热片、分流板等组成。

6. 启动系

它的功用是使发动机从静止状态过渡到工作状态，以使发动机能够顺利地进行做功。主要由启动机和附属机构所组成。

7. 点火系

它的功用是按照各缸的点火次序，定时地供给火花塞以足够能量的高压电，使火花塞产生足够强的电火花，点燃被压缩的可燃混合气，使汽油机做功。主要有蓄电池点火系、磁电机点火系等。

蓄电池点火系主要由蓄电池、分电器、点火线圈、高压导线、火花塞等组成。

磁电机点火系主要由磁电机、火花塞、高压导线等组成。

二、柴油机总体构造

四冲程柴油机和四冲程汽油机的总体构造大部分是相同的，主要区别在燃油供给系，同时柴油机没有点火系。这样，四冲程柴油机是由两大机构和四大系统即曲柄连杆机构、配气机构、柴油供给系、润滑系、冷却系、启动系所组成。如图1-3-1～图1-3-3所示为D6114发动机构造图。

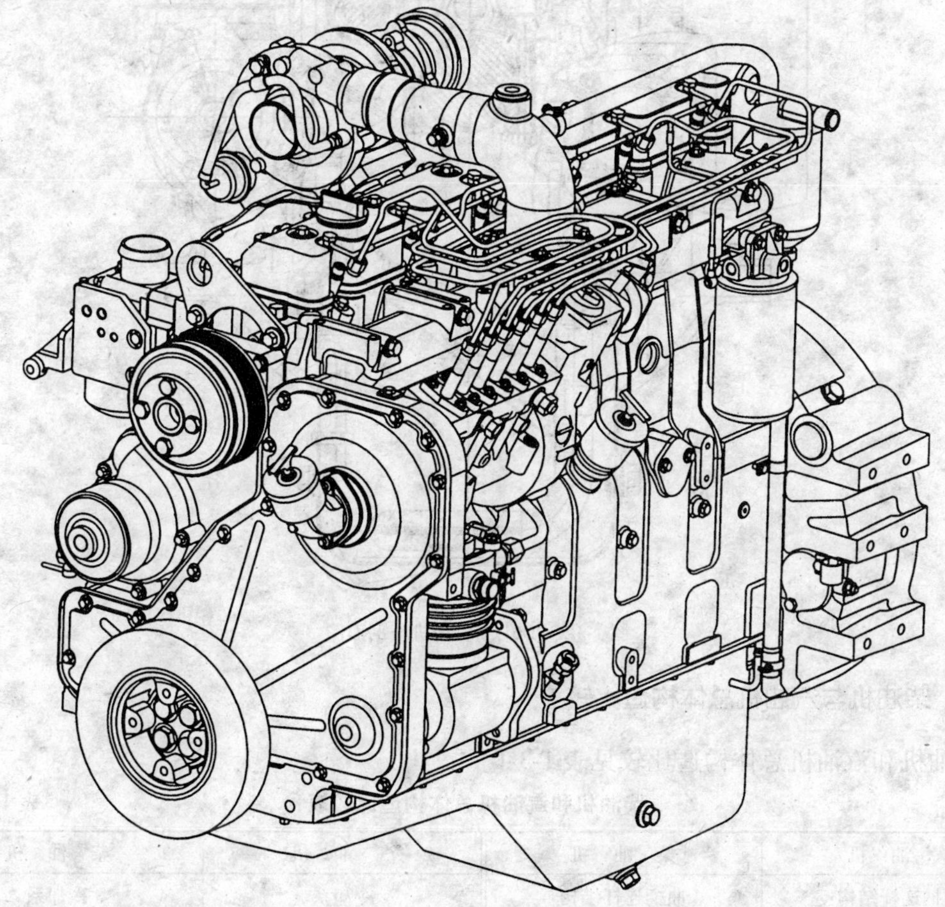

图1-3-1　D6114发动机外形图

柴油机燃油供给系主要分为一般喷油泵燃油供给系、PT燃油供给系、电控燃油喷射系统等几种。

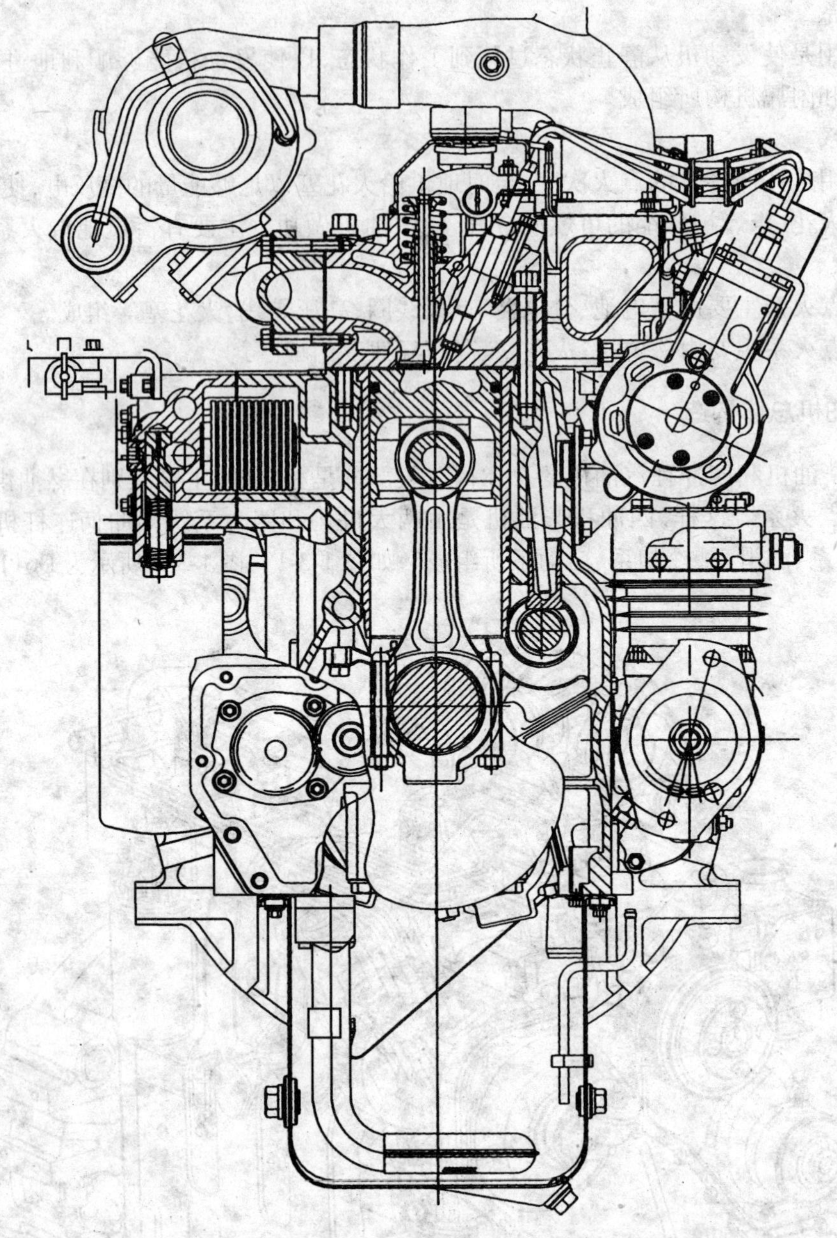

图 1-3-2　D6114 发动机横剖面图

三、柴油机与汽油机总体构造比较

柴油机和汽油机总体构造比较见表 1-3-1。

柴油机和汽油机总体构造比较表　　表 1-3-1

汽　油　机	柴　油　机	汽　油　机	柴　油　机
曲柄连杆结构	曲柄连杆结构	冷却系	冷却系
配气机构	配气机构	启动系	启动系
汽油供给系	柴油供给系	点火系	
润滑系	润滑系		

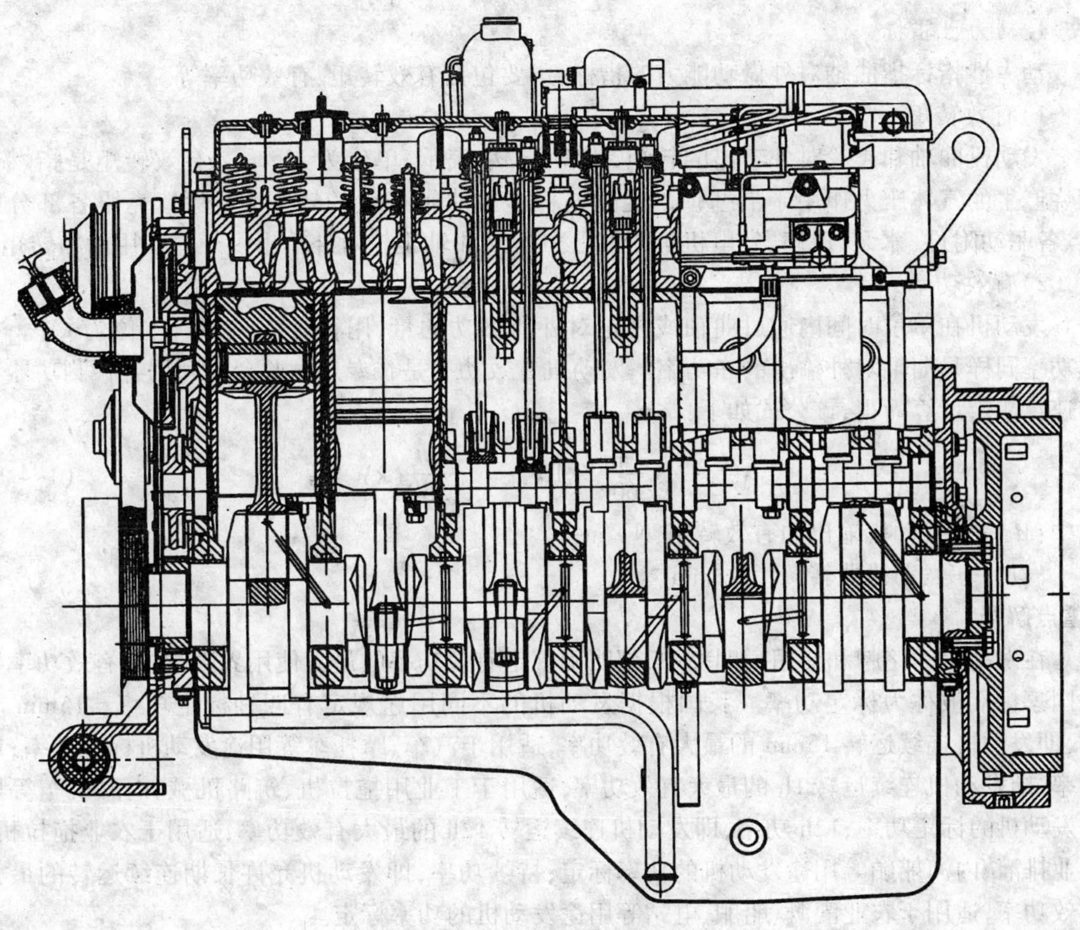

图 1-3-3　D6114 发动机纵剖面图

课题四　发动机主要性能指标及型号编制规则

【任务引入】

发动机的主要性能指标有动力性、经济性和环境等性能指标。性能指标的好坏决定了发动机的工作品质。对于国产发动机,国家标准制定了各种类型发动机的型号编制规则,以便人们能够从它的型号上知道它的类型和一些主要参数。

【任务分析】

发动机动力性指标主要有有效功率和有效转矩,要分析什么是有效功率和有效转矩;经济性指标主要有有效燃油消耗率,要了解什么是有效燃油消耗率;环境指标主要有排气品质等。通过分析了解发动机的性能;了解我国发动机型号编制规则的组成,从而理解各个部分的含义,并通过范例直观地认识各部分表达的含义。

【任务实施】

一、发动机主要性能指标

发动机的性能指标是用来衡量发动机性能好坏的标准,它主要有:动力性指标(有效转矩、有效功率等)、经济性指标(有效燃油消耗率等)、环境指标(排放性能和噪声水平等)等。

1. 动力性指标

动力性指标指曲轴对外做功能力的指标,主要包括有效转矩、有效功率等。

1)有效转矩

发动机曲轴和飞轮对外输出的转矩,用符号 M_e 表示,单位为 N·m。有效转矩是指燃料燃烧产生的气体压力作用于活塞顶部通过连杆传给曲轴产生的转矩,去除掉克服各部分摩擦、各驱动附件(水泵、风扇、发电机等)损失之后,从曲轴飞轮对外输出供外界使用的净转矩。

2)有效功率

发动机在单位时间内通过曲轴或飞轮对外所做功的量,用符号 N_e 表示,单位为 kW。有效功率同样是曲轴对外输出的净功率。发动机有效功率是在专用试验台上利用各种测功器和转速计测定计算而得,该公式如下:

$$N_e = M_e \frac{2\pi n}{60} \times 10^{-3} = \frac{M_e n}{9\,550}(\mathrm{kW}) \tag{1-4-1}$$

式中:M_e——发动机输出的有效转矩,N·m;

n——发动机曲转转速,r/min。

【重点解释】

在发动机的铭牌和使用说明书中,都明确规定有效功率的最大使用界限,这个有效功率根据国家标准被称为标定功率。我国根据发动机的不同用途规定有四种标定功率。15min 功率,即发动机连续运转 15min 的最大有效功率,适用于汽车、摩托车等用途发动机标定功率;1h 功率,即发动机连续运转 1h 的最大有效功率,适用于工业用拖拉机、筑路机械、内燃机车等用途发动机的标定功率;12h 功率,即发动机连续运转 12h 的最大有效功率,适用于农业拖拉机、农业排灌、内河船舶等用途发动机的功率标定;持续功率,即发动机允许长期连续运转的最大有效功率,适用于农业灌溉、船舶、电站等用途发动机的功率标定。

在标定任一功率时,必须同时标出相应的转速,称为标定转速。

2. 经济性能指标

发动机的经济性能指标通常用有效燃油消耗率来评价。有效燃油消耗率(或称比油耗)是指发动机每发出 1kW 有效功率在 1h 内所消耗的燃油量,用符号 g_e 表示,单位为 g/kW·h。有效燃油消耗率的计算公式为:

$$g_e = \frac{G_T}{N_e} \times 10^3 (\mathrm{g/kW \cdot h}) \tag{1-4-2}$$

式中 :G_T——发动机每小时燃油消耗量,kg/h;

N_e——发动机的有效功率,kW。

3. 环境性能指标

发动机环境性能指标主要有排放性能、噪声、冷启动性能等。

1)排放性能指标

发动机排气中含有多种对人体有害的物质,主要有一氧化碳(CO)、碳氢化合物(HC)、氮氧化合物(NO_x)、二氧化硫、醛类和微粒(含炭烟)等。对这些有害物质排放制定相应的标准称为排放指标。

2)噪声

发动机工作时会发出一种声强和频率无一定规律的声音,主要有燃烧噪声和机械噪声等。噪声有控制标准,它是用分贝 dB(A)单位来衡量的。

3)冷启动性能

启动性能指标是反映发动机启动难易程度的指标。发动机启动性能好,减少了启动时的功率消耗和发动机的磨损。

启动性能一般以一定条件下的启动时间长短来衡量。我国标准规定,不采用特殊的低温启动措施,汽油机在 -10℃、柴油机在 -5℃以下气温条件下启动,能在 15s 以内达到自行运转。

二、发动机名称和型号编制规则

为了便于发动机的生产管理和使用,国家标准《内燃机产品名称和型号编制规则》(GB 725—91)中对发动机的名称和型号作了统一规定。本标准仅适用于我国的发动机名称和型号,对于进口发动机不适用。

1. 发动机名称

根据国家标准,发动机名称按其所采用的主要燃料命名,例如,使用汽油作为燃料称为汽油机;使用柴油作为燃料称为柴油机;使用气体燃料的发动机称为气体燃料发动机。

2. 发动机型号编制规则

发动机型号应能反映它的主要结构及性能等,它是由阿拉伯数字和汉语拼音字母或象形字组成。该编制规则还规定发动机型号由首部、中部、后部和尾部四部分构成。

1)首部

产品系列代号、换代标志符号和地方企业代号,由制造厂根据需要自选相应字母表示(非系列设计产品可不标示系列符号),但需经过主管部门和标准化机构核准。

2)中部

由缸数符号、冲程符号、汽缸排列型号和缸径符号等组成。缸数用阿拉伯数字表示一台发动机所具有的汽缸数;冲程符号用汉语拼音字母的首位字母表示完成一个工作循环的冲程数;缸径符号用阿拉伯数字表示;汽缸排列形式符号用字母表示。

3)后部

结构特征和用途特征符号,用字母表示。必要时,其他结构符号允许制造厂自选,但不得与所规定的字母重复,并需行业标准化归口单位核准备案。

4)尾部

区分符号。同一系列产品因改进等原因需要区分时,由制造厂选用适当符号表示。

内燃机型号编制规则如图 1-4-1 所示。

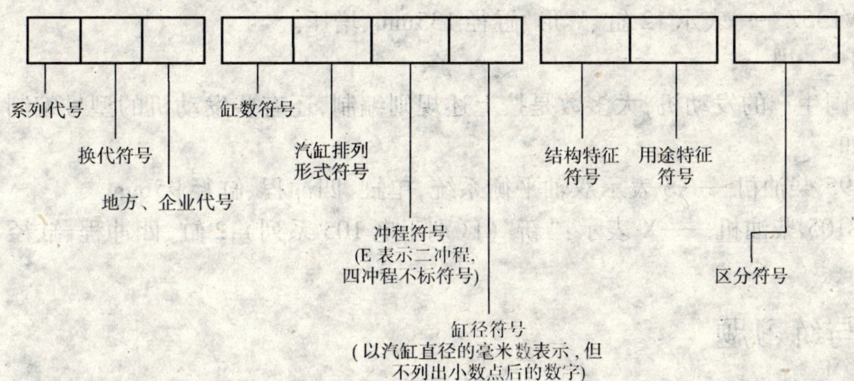

图 1-4-1　内燃机型号编制规则

汽缸排列形式符号见表 1-4-1；结构特征符号见表 1-4-2；用途特征符号见表 1-4-3。结构特征符号可重复使用，但应按表 1-4-2 中规定的字母依次重复表示。

汽缸排列形式符号 表 1-4-1

符号	含义	符号	含义
无符号	直列卧式(多缸及单缸)	P	平卧式
无符号	直列立式(多缸及单缸)	V	V 形
无符号	对置式		

结构特征符号 表 1-4-2

符号	结构特征	符号	结构特征
无符号	水冷	S	十字头式
F	风冷	D_z	可倒转(直接换向)
Z	增压	Z_L	增压中冷
N	凝气冷却		

用途特征符号 表 1-4-3

符号	用途	符号	用途
无符号	通用型及固定动力用	T	拖拉机用
M	摩托车用	G	工程机械用
Q	汽车用	J	铁路机车用
D	发电机组用	L	林业机械用
C_z	船用主机左机基本型	Y	农用运输车用
C	船用主机右机基本型		

型号编制示例：

(1) CA6102 汽油机——6 缸、直列、四冲程、缸径 102mm、水冷、通用型。CA 表示第一汽车制造厂企业代号。

(2) EQ6100-1 汽油机——EQ 表示第二汽车制造厂企业代号，6 缸、直列、四冲程、缸径 100mm、水冷、通用型、第一次改进产品。

(3) 6135 柴油机——表示 6 缸、四冲程、缸径 135mm、水冷、通用型。

(4) 6135Z 柴油机——表示 6 缸、四冲程、缸径 135mm、水冷、增压。

(5) 1E56F 汽油机——表示单缸、二冲程、缸径 56mm、风冷。

(6) 6135C-1 柴油机——表示 6 缸、四冲程、缸径 135mm、船用、第一种变形产品。

(7) 12V135Z——表示 12 缸、V 形、缸径 135mm、增压。

【重点提示】

对于我国生产的发动机，大多数是按上述规则编制，还有些发动机的型号编制与上述规定不符合，例如：

(1) S195 柴油机——S 表示双轴平衡系统，单缸、四冲程、缸径 95mm。

(2) X2105 柴油机——X 表示："新"(区别于老 105 系列)，2 缸、四冲程、缸径 105mm。

思考与练习题

一、填空题

1. 往复活塞式发动机按工作循环的冲程数分________和________两类；按着火方式分

________和________两类;按所用燃料分________、________、________等。

2. 四冲程发动机有________、________、________、________四个冲程。

3. 四冲程发动机曲轴旋转________周,发动机做功一次;二冲程发动机曲轴旋转周,发动机做功一次。

4. 四冲程柴油机总体构造由、________、________、________、________、________组成;四冲程汽油机总体构造由________、________、________、________、________、________、________组成。

5. 发动机性能指标主要有、________、________等。

二、名词解释

1. 发动机;2. 上止点;3. 下止点;4. 燃烧室容积;5. 活塞行程;6. 汽缸总容积;7. 发动机排量;8. 压缩比;9. 有效功率;10. 有效转矩;11. 有效燃油消耗率

三、判断题(正确的打√、错误的打×)

1. 压缩比是汽缸容积和燃烧室容积之比。 ( )

2. 四冲程发动机和二冲程发动机的工作过程是不同的。 ( )

3. 由于柴油机的压缩比高,所以做功冲程终了时的温度比汽油机高。 ( )

4. 由于二冲程发动机曲轴转一圈就做一次功,而四冲程发动机曲轴转两圈做一次功,所以二冲程发动机功率是四冲程发动机功率的2倍。 ( )

5. 发动机输出功率就是有效功率。 ( )

6. 所有四冲程发动机的工作原理都是相同的。 ( )

7. 多缸发动机各汽缸总容积之和称为发动机排量。 ( )

四、选择题

1. 发动机按所用燃料分( )。

A. 柴油机　B. 汽油机　C. 煤气机　D. 外燃机

2. 下面属于四冲程发动机的工作内容有( )。

A. 压缩冲程　B. 进气冲程　C. 第一冲程　D. 第二冲程

3. 发动机动力性指标主要有( )。

A. 有效功率　B. 有效转矩　C. 转速　D. 惯性力

4. 国产发动机型号由( )组成。

A. 首部　B. 中部　C. 后部　D. 尾部

五、简答题

1. 简述四冲程柴油机的工作原理。

2. 四冲程柴油机和四冲程汽油机有哪些主要区别?

3. 四冲程汽油机和四冲程柴油机总体构造各由哪些机构和系统组成?

4. 简述四冲程发动机和二冲程发动机有哪些不同点。

5. 简述二冲程柴油机的工作原理。

模块二　曲柄连杆机构

知识要点

1. 曲柄连杆机构的功用和组成；
2. 机体组主要零部件的功用、类型和结构；
3. 活塞连杆组主要零部件的功用、类型和结构；
4. 曲轴飞轮组主要零部件的功用、类型和结构；
5. 曲柄连杆机构主要零部件的拆装方法和注意事项；
6. 曲柄连杆机构主要零部件检修、故障诊断与排除方法。

技能要点

1. 机体组的拆装和有关紧固螺栓的拧紧力矩；
2. 活塞连杆组的拆装和有关紧固螺栓的拧紧力矩；
3. 曲轴飞轮组的拆装和有关紧固螺栓的拧紧力矩；
4. 曲柄连杆机构主要零部件的检测、故障诊断与排除。

课题一　概　　述

【任务引入】

如图 2-1-1 所示，曲柄连杆机构是发动机转换运动形式的重要机构，认识这个机构必须要了解它的功用和组成。

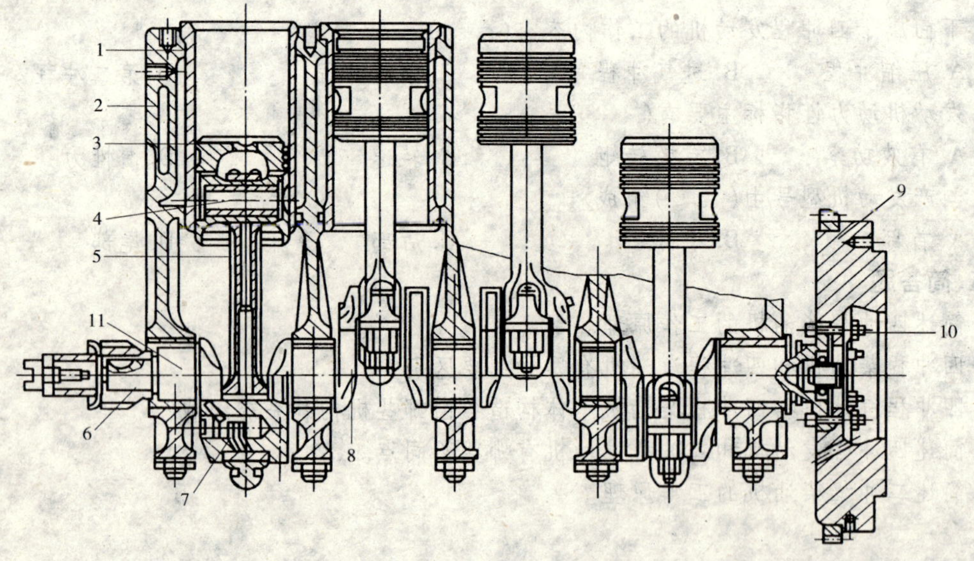

图 2-1-1　曲柄连杆机构结构示意图

1-汽缸套；2-汽缸体；3-活塞；4-活塞销；5-连杆；6-曲轴；7-连杆轴颈；8-曲柄；9-飞轮；10-飞轮连接螺栓；11-曲轴主轴颈

【任务分析】

曲柄连杆机构是把活塞的往复运动转变为曲轴的旋转运动。要了解它，必须知道它的功用,是由哪些零部件组成,从而理解曲柄连杆机构在发动机中的重要地位。

【任务实施】

一、曲柄连杆机构的功用

曲柄连杆机构是将汽缸内可燃混合气燃烧所放出的热能转变为机械能,即将燃烧产生的气体压力作用在活塞顶上,推动活塞作往复运动,通过连杆将往复运动转变为曲轴的旋转运动而对外做功。

二、曲柄连杆机的组成

曲柄连杆机构一般包括机体组、活塞连杆组、曲轴飞轮组三部分。

课题二　机　体　组

【任务引入】

机体组即汽缸体曲轴箱组,它构成发动机的基体,是发动机其他附属装置的安装基础。熟悉它,首先要了解组成它的各个零件及构造。

【任务分析】

机体组主要由汽缸体、汽缸套、汽缸盖、汽缸垫等组成。分析机体组的各个零部件结构,要说明各个零部件的功用、工作条件、材料、类型以及结构,从而达到了解其结构的目的。

【任务实施】

机体组是构成发动机的骨架;汽缸体外部安装发动机的主要零部件和附件;汽缸套是活塞往复运动的基础;油底壳用来收集和储存从发动机各运动零件表面流回的润滑油;汽缸盖与活塞上部共同构成燃烧室。

一、汽缸体

1. 功用

汽缸体是发动机的基体,在它的内外安装着发动机所有的附属装置及零部件。水冷式发动机汽缸体内设有冷却系统和润滑系统的回路;对于二冲程发动机,汽缸体上还有换气通道、进气孔和排气孔(门)。

2. 工作条件

(1)承受燃烧产生的高温、高压气体,并且气体压力呈周期性变化。

(2)承受活塞等各运动零部件产生的各种惯性力和侧压力。

3. 要求

(1)具有足够的强度,保证能承受各种压力。

(2)具有一定的刚度,使它在受力的情况下仅产生微小的变形,几乎保持原有的配合面和中心位置,不会引起各零部件的异常磨损。

(3)冷却性好,使发动机在工作时不致过热。

(4)具有良好的密封性,不发生漏气、漏水、漏油等现象。

(5)具有良好的耐腐蚀性。

4. 材料

(1)水冷式发动机汽缸体的材料一般选用优质灰铸铁铸成。为了提高汽缸体的耐磨性，有时在铸铁里加少量的合金元素，如镍、钼、铬、磷等；少数强化柴油机为了提高汽缸体的强度也有用球墨铸铁铸造。为了提高汽缸体的强度和刚度，在大缸径(大于或等于200mm)发动机中，汽缸体有的采用铸钢与钢板焊接的复合式结构。

(2)风冷式发动机的汽缸体，多采用铝合金或灰铸铁制造。

5. 结构

发动机的汽缸体和曲轴箱常铸成一体，称为汽缸体—曲轴箱，简称为汽缸体。一般曲轴箱分为上下两部分，上面的曲轴箱(上曲轴箱)和汽缸体为一体；下面的曲轴箱(下曲轴箱)称为油底壳。对于不同的发动机具有不同的汽缸体结构，下面分别介绍它们的结构。

1)发动机汽缸体排列结构

一般发动机汽缸体排列结构有直列立式、直列卧式、V形和水平对置式等，如图2-2-1所示。

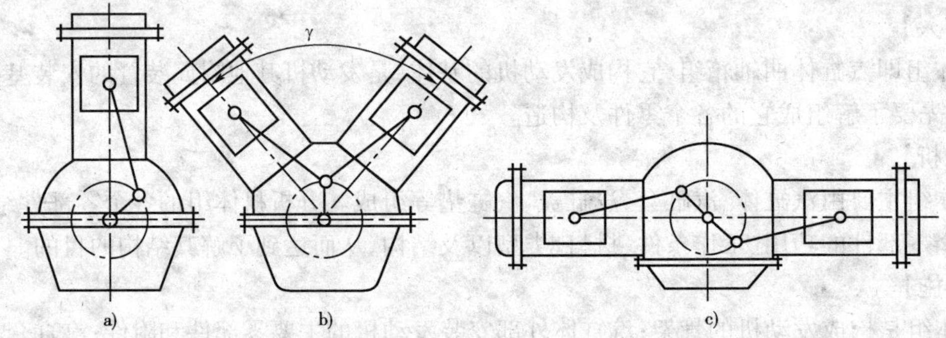

图2-2-1 发动机汽缸体排列结构

a)直列式；b)V形；c)水平对置式

(1)直列立式结构是多缸发动机的各个汽缸排成一列，且多为垂直布置，也有卧式布置的。汽缸体结构简单，加工容易，但长度和高度较大，一般6缸以下的发动机多用直列式结构。

(2)V形结构是发动机的汽缸排成左右两列，且两列汽缸中心线的夹角$\gamma < 180°$。这种结构缩短了发动机的长度和高度，增加了汽缸体刚度，质量也有所减轻，但加大了发动机宽度，且形状复杂，加工困难，一般用于缸数多的大功率发动机上，且缸数在8缸以上发动机采用较多。

(3)当V形发动机左右两列汽缸中心线夹角为180°时，就成为水平对置式发动机。水平对置式发动机高度比其他形式小得多，在某些情况下，使总体布置更为方便，汽缸对置对风冷发动机极为有利。

2)发动机汽缸体与曲轴箱剖分结构

常见发动机汽缸体与曲轴箱剖分结构形式有平分式、龙门式、隧道式3种，如图2-2-2所示。

(1)平分式(或称拱桥式)汽缸体。汽缸体的下端面即上下曲轴箱的接合面正好与曲轴的中心线一致，在同一平面内。此结构的优点是拆装方便，便于加工；缺点是刚度差。多用于中小型发动机，一般用于汽油机，如BJ492QA型汽油机就采用此结构，如图2-2-2a)所示。

(2)龙门式汽缸体。汽缸体的下端面即上下曲轴箱的接合面在曲轴中心线以下。此结构的优点是拆装方便，刚度比平分式高；缺点是加工困难，工艺性差。常用于中型发动机的汽缸体结构，如上柴 D6114 发动机就采用此结构，如图 2-2-2b）所示。

（3）隧道式。汽缸体和上下曲轴箱为一整体，即主轴承座和主轴承盖为一整体。这种结构形式的优点是不但刚度好，而且结构紧凑，可以缩小发动机的轴向尺寸；缺点是质量较大，拆装不方便，而且常使用滚动轴承，成本较高，也可用滑动轴承，但需将滑动的主轴承座圈装在隧道孔内。常用于缸径较大的发动机，如上柴 6135 柴油机就采用此结构，如图 2-2-2c）所示。

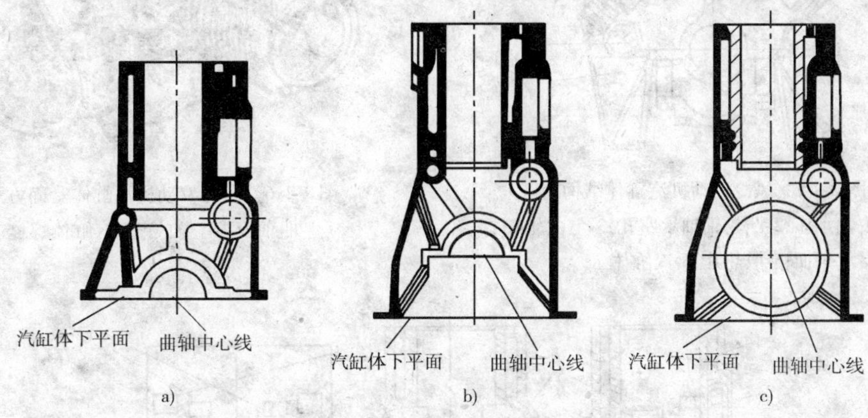

图 2-2-2　汽缸体结构形式

a）平分式；b）龙门式；c）隧道式

3）水冷式和风冷式发动机汽缸体

发动机汽缸体因其机型、冷却方式、用途等的不同，它的结构也有差异。对于水冷式发动机，各汽缸整体地合成一个铸件，汽缸体和上曲轴箱多铸成一体，汽缸体结构一般上部是汽缸体部分，下部是曲轴箱部分。采用整体式结构，保证汽缸体有较大的刚度，汽缸周围有用来散热的水套，油道孔用来作为润滑的油路孔。如图 2-2-3 所示为水冷式汽缸体结构图。风冷式发动机因汽缸体周围上下都设计有散热片，则制成单独的汽缸体。汽缸体和曲轴箱采用分体结构，用螺栓连接。如图 2-2-4 ~ 图 2-2-6 所示为风冷式发动机汽缸体结构图。

4）二冲程发动机汽缸体

二冲程发动机的汽缸体上，设有气道和换气口。各孔道要制成有利于减小气流阻力的形状。它们所在汽缸体上的相对位置，是根据配气定时的要求确定的。如图 2-2-7 所示为二冲程发动机的汽缸体结构示意图。

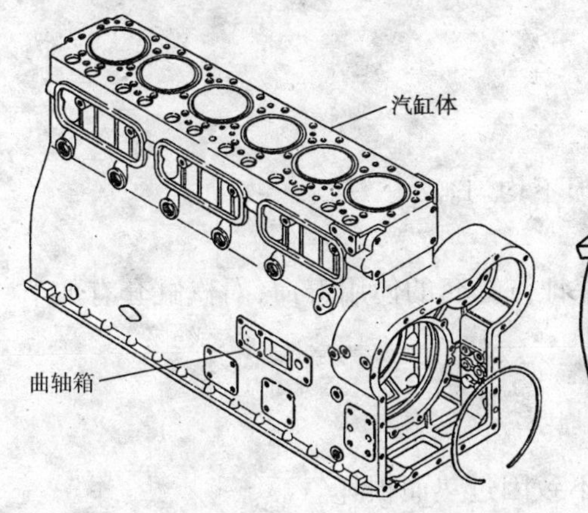

图 2-2-3　6135 柴油机汽缸体（水冷式）

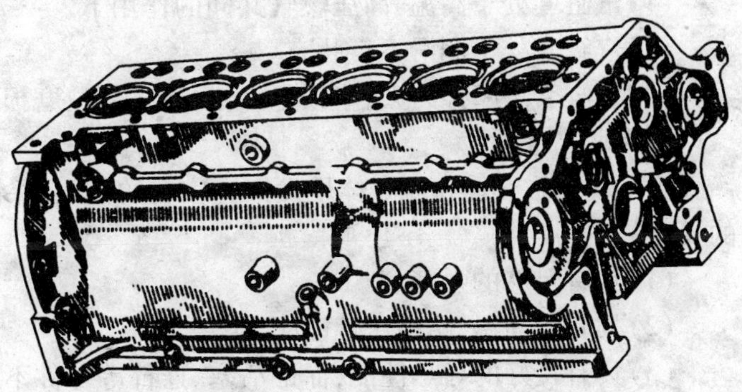

图 2-2-4　F6L912 汽缸体（风冷式）

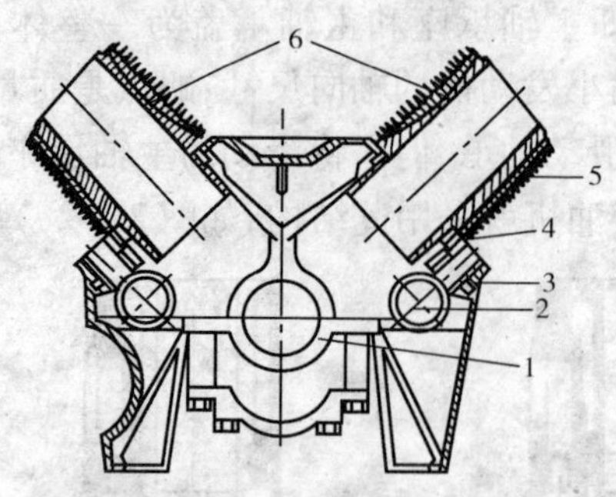

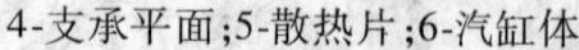

图 2-2-5　风冷发动机汽缸体结构简图

1-主轴承座;2-凸轮轴轴承座孔;3-上曲轴箱;4-支承平面;5-散热片;6-汽缸体

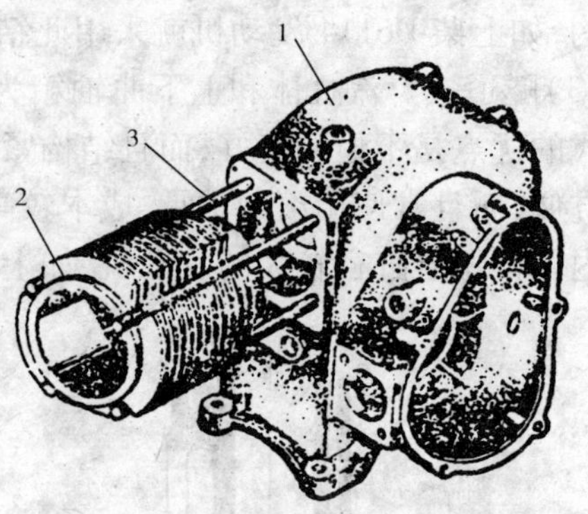

图 2-2-6　风冷发动机汽缸体紧固方式

1-曲轴箱;2-汽缸套;3-汽缸体螺栓

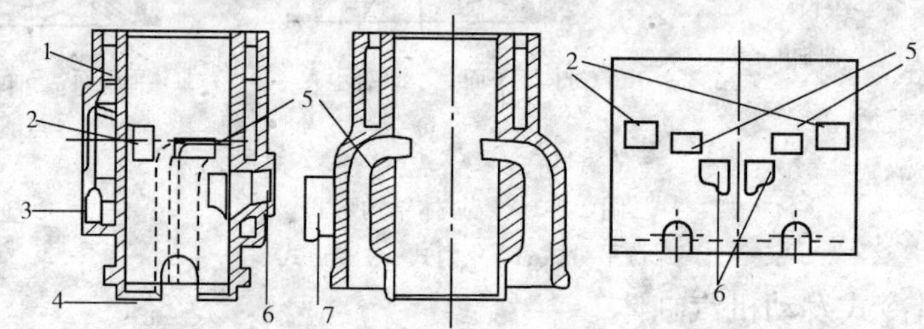

图 2-2-7　二冲程发动机的汽缸体

1-水套;2-排气口;3-工艺孔;4-止口;5-换气口;6-进气口;7-进水口

二、汽缸套

采用优质材料制造汽缸体时,在提高汽缸体使用性能的同时也增加了制造成本。为了节约材料,降低成本,目前在结构设计中广泛采用在汽缸体内镶入汽缸套的方法。

1. 功用

(1)汽缸套是活塞往复运动的内腔。

(2)汽缸套同活塞、汽缸盖、汽缸垫一起共同构成燃烧室。

(3)汽缸套对活塞具有导向作用。

2. 工作条件

(1)汽缸套处于高温、高压燃气共同的作用下。

(2)汽缸套处于润滑不良状态。

(3)汽缸套里摩擦力大,磨损很大,而且各部位磨损不均匀。

3. 要求

为了使汽缸套能在汽缸体里发挥它应有的作用,保证汽缸套的使用寿命,对汽缸套有如下的要求:

(1)具有足够的强度。

(2)具有耐高温、耐高压性能。

(3)具有良好的导热性能,保证活塞、连杆等零件不致因过热而损坏。

(4)具有良好的耐磨性,不致在受到很大的摩擦力下很快磨损。

(5)具有耐腐蚀性,防止产生穴蚀现象,从而提高缸套的使用寿命。

(6)具有一定的刚度,减少汽缸套热变形和安装变形。

4. 材料

汽缸套的材料一般为优质合金铸铁或优质灰铸铁。为了提高汽缸套的使用寿命和耐磨性,有的汽缸套加入少量合金元素,如磷、硼、铜、铝等元素。

5. 类型

常用的汽缸套分为干式汽缸套和湿式汽缸套两种。

6. 结构

1)干式汽缸套

干式汽缸套的外壁不直接与冷却水接触,如图2-2-8a)所示。汽缸套的壁厚很薄,只有1~3mm;为了保证装配精度,汽缸套的外圆与汽缸体的内承孔必须精磨,制造上要求较高,且一般采用过盈配合,在装配时是把汽缸套压装到汽缸孔中。一般小缸径的发动机多采用干式汽缸套。如CA6102型发动机和EQ6100型发动机等均采用干式汽缸套。

2)湿式汽缸套

湿式汽缸套的外壁直接与冷却水接触,如图2-2-8b)所示。汽缸套的壁厚较厚,约5~9mm。其外圆表面有两个凸出的圆环带A和B,用来与汽缸体径向定位。汽缸套上部凸缘的下平面C与汽缸体中座孔凸缘的上平面紧密贴合,作为与汽缸体的轴向定位。同时为了密封气体与冷却水,在C端面上要安装紫铜垫圈,如图2-2-9所示。

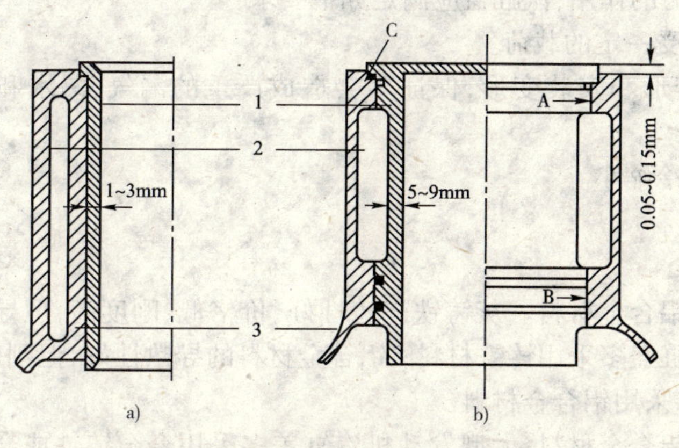

图2-2-8　汽缸套

a)干式;b)湿式

1-汽缸套;2-水套;3-汽缸体

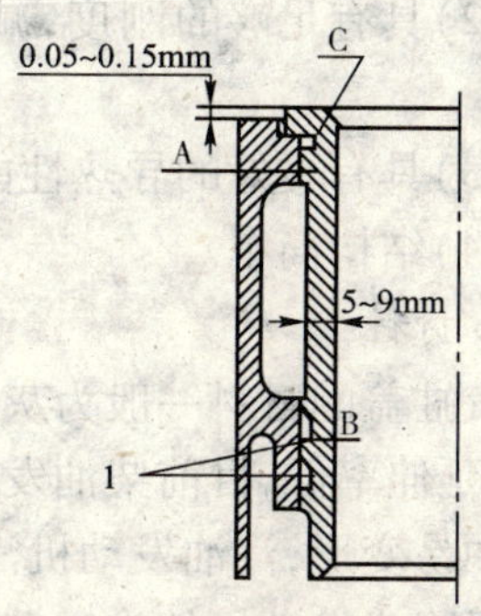

图2-2-9　汽缸套定位

橡胶密封圈

为了便于安装,汽缸套上支承定位带直径略大,与座孔配合较紧;而下支承密封带直径略小,与座孔配合较松。为防止漏水,在汽缸套下部设置1~3个耐油、耐热的橡胶密封圈。

大多数湿式汽缸套装入汽缸体上的座孔后,顶面略高出汽缸体上平面0.05~0.15mm,这样在拧紧汽缸盖螺栓时使汽缸垫压得更紧,密封气和密封水的效果更可靠,从而保证汽缸的密封性,防止冷却水和汽缸内的高压气体窜漏。一般大缸径的发动机多采用湿式汽缸套,如D6114发动机就采用湿式汽缸套。

3)干式汽缸套和湿式汽缸套的比较

干式汽缸套与湿式汽缸套比较见表2-2-1。

干式汽缸套与湿式汽缸套的比较　　表 2-2-1

干　式	湿　式	干　式	湿　式
与水不接触	与水接触	加工不便、要求精度高	加工方便
不易漏水、漏气,密封性好	容易漏气、漏水,密封性差	拆装修理不容易	拆装修理容易
冷却效果差	冷却效果好	汽缸体刚度好	汽缸体刚度差

三、汽缸盖

1. 功用

(1)汽缸盖是封闭汽缸上部,并与活塞顶部、汽缸套、汽缸垫一起共同形成燃烧室。

(2)在汽缸盖上能提供许多零部件的安装位置,并与发动机的某些零件和系统构成重要的配合关系。

2. 工作条件

(1)汽缸盖受到高温、高压燃气共同的作用。

(2)汽缸盖要承受很大的螺栓预紧力的作用。

(3)在汽缸盖内部还有很大的铸造残余应力,同时受到高温热应力作用,并且热应力也不均匀。

3. 要求

由于受到各种机械应力和热应力的作用,汽缸盖应满足如下要求:

(1)具有足够的强度,保证能承受一定的载荷。

(2)具有足够的刚度,减少热变形和安装变形,保证不会造成严重的漏气、漏水和漏油现象。

(3)具有良好的导热性能,热胀冷缩小。

(4)结构简单。

4. 材料

汽缸盖的材料一般为灰铸铁或铝合金材料。灰铸铁浇铸性好、价格低、刚度高,但导热系数小、延伸率低,目前柴油发动机汽缸盖多采用铸铁材料;铝合金材料的导热性好,但刚度低,使用中易变形,汽油发动机汽缸盖多采用铝合金材料。

风冷式发动机的汽缸盖多采用铝合金材料;大型发动机汽缸盖多采用合金铸铁或合金球墨铸铁材料;对于热负荷高而形状简单的二冲程回流扫气的柴油机汽缸盖多采用钢材料。

5. 类型

1)汽缸盖按结构形式分类

(1)整体式汽缸盖。

(2)分块式汽缸盖。

(3)单体式汽缸盖。

2)按冷却形式分类

(1)水冷式汽缸盖。

(2)风冷式汽缸盖。

6. 结构

1)整体式汽缸盖。

发动机汽缸体上各个汽缸共用一个汽缸盖。其优点是结构紧凑,零件少;缺点是受力不均匀,结构复杂,不容易铸造。当缸径 $D < 105\text{mm}$ 时,一般多用整体式汽缸盖,如 EQ6100 发动机汽缸盖就采用整体式汽缸盖。

2)分块式汽缸盖

发动机每二个或三个汽缸共用一个汽缸盖。其优点是受力均匀,有利于产品系列化和通用化,容易铸造;缺点是零件数较多。它广泛应用于缸径较大的发动机上。如图 2-2-10 所示,6135 发动机汽缸盖就采用分块式汽缸盖。

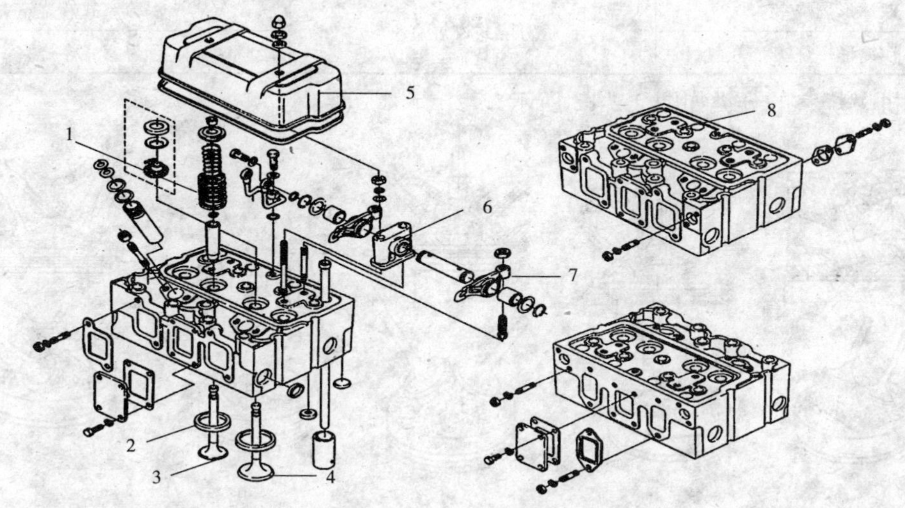

图 2-2-10　6135 发动机汽缸盖组件零部件

1-气门弹簧;2-气门座圈;3-排气门;4-进气门;5-汽缸盖罩;6-摇臂座;7-摇臂;8-汽缸盖

3)单体式汽缸盖

发动机每个汽缸单独用一个汽缸盖(一缸一盖)。其优点是可以使铸造废品率下降,尤其对同一系列而缸数不同的发动机可通用;便于组织系列化的批量生产,降低制造成本,且维修方便。发动机如采用单体式汽缸盖,汽缸直径 $D \geqslant 140\text{mm}$。

【重点提示】

当发动机的汽缸直径在 $125\text{mm} < D < 140\text{mm}$ 时,采用单体式汽缸盖、分块式汽缸盖、整体式汽缸盖的发动机均可。

4)风冷式发动机汽缸盖

风冷式发动机由于主要是用风来冷却发动机,所以在汽缸盖上设有散热片,散热片的几何尺寸与散热量有关。汽缸盖上散热片的布置形式有水平方向的,有垂直方向的,有倾斜方向的,还有混合布置的。这些布置与发动机总体布置有关,并考虑冷却效果和减小风阻。如图 2-2-11 所示为 F6L912 风冷发动机的汽缸盖。

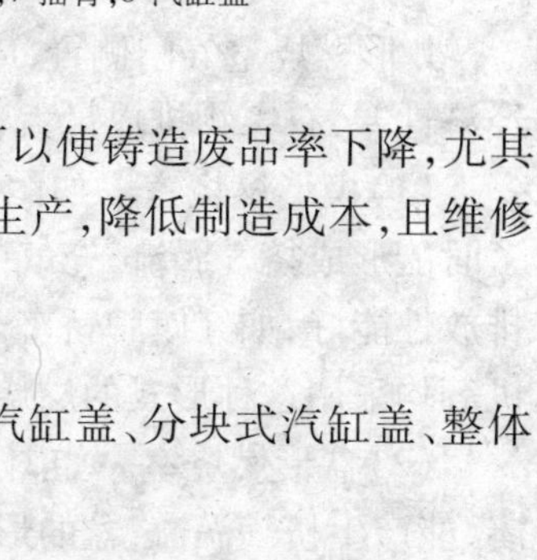

5)燃烧室

燃烧室是汽缸盖中具有重用作用的空间,它对发动机的性能产生很大的影响。汽油机和柴油机由于燃烧形式不同,它们的燃烧室形状差别很大。汽油机和柴油机燃烧室分类见表2-2-2(柴油机燃烧室在模块四中介绍)。

图 2-2-11　F6L912 发动机汽缸盖

汽油机和柴油机燃烧室分类表　　表 2-2-2

<table>
<tr><th>汽油机燃烧室</th><th colspan="2">柴油机燃烧室</th></tr>
<tr><td>L 形燃烧室</td><td rowspan="4">直接喷射式燃烧室</td><td>分开式燃烧室</td></tr>
<tr><td>楔形燃烧室</td><td>半分开式燃烧室</td></tr>
<tr><td>盆形燃烧室</td><td>球形油膜燃烧室</td></tr>
<tr><td>半球形燃烧室</td><td>复合式(U 形)燃烧室</td></tr>
<tr><td>双球形燃烧室</td><td rowspan="2">分隔式燃烧室</td><td>涡流室式燃烧室</td></tr>
<tr><td>浅篷形燃烧室</td><td>预燃室式燃烧室</td></tr>
</table>

汽油机燃烧室的分类如图 2-2-12 所示。

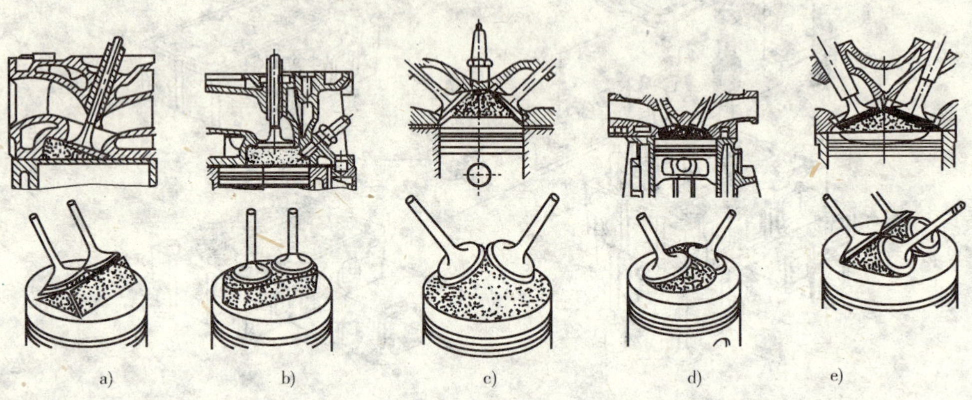

图 2-2-12　汽油机燃烧室的分类

a)楔形燃烧室;b)盆形燃烧室;c)半球形燃烧室;d)双球形燃烧室;e)四气门浅篷形燃烧室

L 形燃烧室气门侧置,应用于侧置式配气机构的发动机上。由于燃烧及散热效果差,所以经济性差,有害物排放量大,现已被淘汰,不在发动机上使用。

(1)楔形燃烧室。如图 2-2-12a)所示。楔形燃烧室气门斜置,结构简单、紧凑;在压缩终了时能形成挤气涡流,充气效率高,有较高的动力性和经济性;CO 和 HC 化合物排放量降低,排放性能好,如红旗牌轿车 SV100 发动机、SH130 汽车用的 490Q 发动机和解放 CA6102 发动机等均采用这种形式的燃烧室。

(2)盆形燃烧室。如图 2-2-12b)所示。盆形燃烧室气门平行于汽缸轴线,结构较简单、紧凑,能产生挤气涡流;盆的形状狭窄,散热面积小,使气门尺寸受到限制,影响换气效果,动力性和经济性比楔形燃烧室差,但使用维修方便;HC 化合物排放量较多,NO_x 化合物排放量较少,多用于载重汽车的发动机上,如北京 BJ2020 汽车用 492QG2 发动机和东风 EQ6100 发动机等均采用这种形式的燃烧室。

(3)半球形燃烧室。如图 2-2-12c)所示。半球形燃烧室气门呈 V 形排列,结构更加紧凑,散热面积小;火花塞多位于燃烧室的中部,有利于促进燃料的完全燃烧,经济性和动力性较好;HC 化合物排放量非常低,NO_x 排放量高;由于进排气门分别设置在汽缸盖两侧,所以配气机构较为复杂,适宜采用双顶置凸轮轴配气机构;由于是弧形的汽缸盖,特别适合于二冲程发动机;这种燃烧室也广泛用于高速四冲程发动机上,如东风富康 TU 发动机就采用这种形式的燃烧室。

(4)双球形燃烧室。如图 2-2-12d)所示。双球形燃烧室是在半球形燃烧室基础上发展起来的。其结构紧凑,面容比小,进排气门采用不同的尺寸和处于不同的位置,易形成进气涡流。

但表面积增大，热效率比半球形燃烧室差，如夏利 TJ376Q 发动机就采用这种形式的燃烧室。

(5)四气门浅篷形燃烧室。如图 2-2-12e)所示。四气门浅篷形燃烧室当其顶角为 90°时，性能几乎与半球形燃烧室相似，而组织挤气涡流也要比半球形燃烧室容易。四气门浅篷形燃烧室结构紧凑，挤气效果好，火花塞布置在燃烧室的中央，火焰传播速度快，热效率高。如欧宝 V6、奔驰 320E、三菱 3G81 等发动机均采用这种形式的燃烧室。

(6)汽缸盖紧固

汽缸盖与汽缸体之间的紧固是靠汽缸盖螺栓来完成的。各种类型的发动机在出厂时都规定了拧紧汽缸盖螺栓的力矩数值，而且对拧紧次序也有一定的要求，如图 2-2-13a)、b)所示。一般来说，紧固时是由中间逐步向两端对称、交叉拧紧，并且分 2～3 次拧紧，以达到汽缸盖受力均匀而不发生翘曲，防止汽缸盖与汽缸体之间发生漏气现象。拆卸汽缸盖螺栓同拧紧次序相反，拆装汽缸盖螺栓要使用扭力扳手。

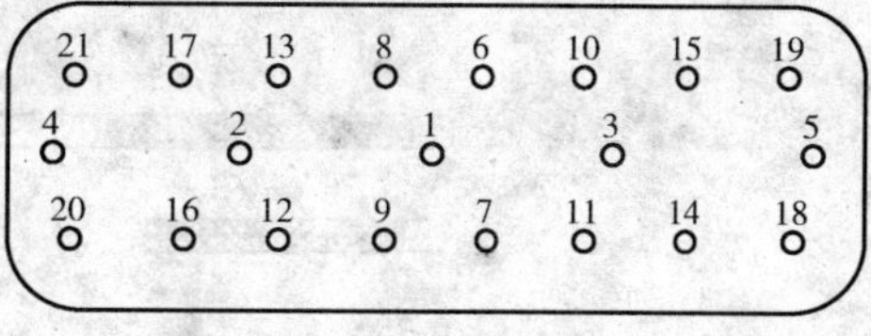

a)

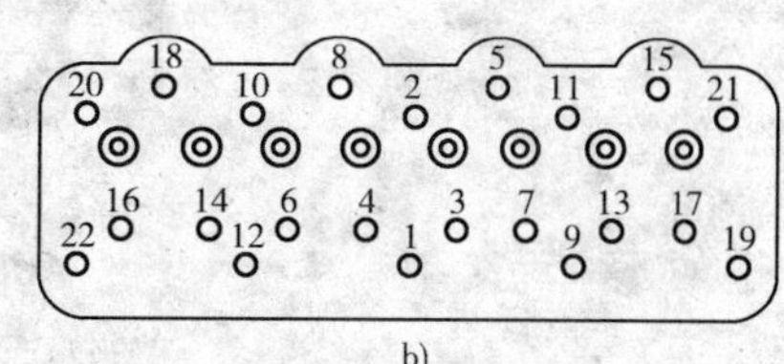

b)

图 2-2-13　汽缸盖螺栓的拧紧顺序

a)4125 柴油机；b)495 柴油机

四、汽缸垫

汽缸垫(汽缸衬垫或汽缸床)是安装在汽缸盖和汽缸体之间，它是发动机上最重要的一种弹性密封元件。

1. 功用

(1)同汽缸盖、汽缸体一起构成燃烧室。

(2)保证汽缸盖和汽缸体结合面处具有良好的密封性。

2. 工作条件

(1)汽缸垫受高温、高压燃气共同的作用。

(2)汽缸垫受冷却水和机油的腐蚀作用。

(3)汽缸垫受汽缸盖螺栓的压紧力作用。

3. 要求

为了保证汽缸垫良好的密封性，使它在工作中不致损坏，必须使它满足下列要求：

(1)具有一定的弹性，能补偿密封面的微观不平度，密封性好。

(2)具有足够的抗拉强度和抗剪强度，在高温燃气作用下不损坏。

(3)具有耐热和耐腐蚀性，在高温燃气、冷却水和机油作用下不损坏，不变质。

(4)拆装方便，能重复使用，寿命长。

4. 材料

汽缸垫一般采用金属和石棉材料。有的强化程度高的柴油机，采用软钢板或铝板材料。

5. 类型

汽缸垫有金属—石棉型、金属骨架—石棉型和金属型三种。

6. 结构

目前，发动机使用的汽缸垫主要有三种结构形式，如图 2-2-14 所示。

1)金属—石棉汽缸垫

金属—石棉汽缸垫是在其中心部分混有黏结剂和加强填料(如金属屑或金属丝)的石棉，

外包铜皮或钢皮。水孔、油孔周围用铜片镶边,燃烧室周围用镍片镶边,以防烧损。这种汽缸垫在自由状态时厚度约为3mm,压紧厚度为1.2～2mm。这种汽缸垫主要应用在中小功率高速发动机上,如135系列发动机多采用这种汽缸垫。

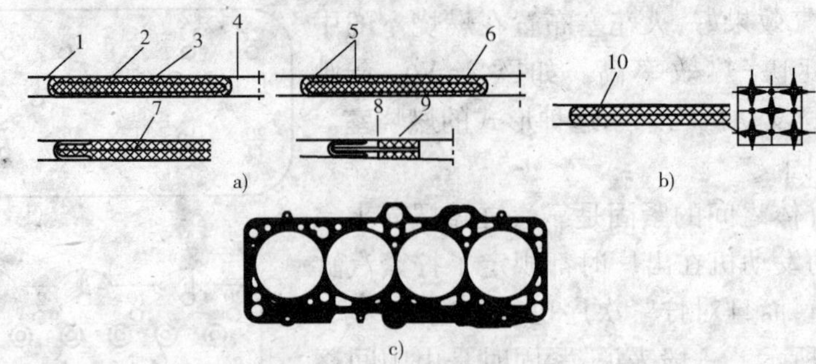

图2-2-14　汽缸垫结构示意图

a)金属—石棉垫;b)无石棉汽缸垫;c)汽缸垫

1-汽缸孔;2-钢片;3-石棉和填料;4-水孔;5-钢或铜片;6-铜片;7-钢丝;8-芯板;9-面板;10-轧孔钢板

2)金属骨架—石棉汽缸垫

金属骨架—石棉汽缸垫是以编织的钢丝网或有孔钢板为骨架,外覆盖着石棉及橡胶黏结剂压制而成,表面涂以石墨粉等润滑剂,只在汽缸口、油道口和水道孔处用金属包边。这种汽缸垫弹性更好,但易黏结,一般只能使用一次。

3)金属汽缸垫

(1)软钢垫。这种汽缸垫是由单块光整冷轧的低碳钢制成。在密封的汽缸孔、水孔和油孔周围冲出一定高度的凸纹,利用凸纹的弹性变形实现密封。这种汽缸垫由于凸纹受压时产生一定程度的塑性变形,重复使用的可能小,一般只能重复使用1～2次。主要应用于高压缩比强化发动机上,如D6114发动机就采用这种汽缸垫。

(2)铝板垫。这种汽缸垫是用优质铝板制成。其厚度为3mm左右,它的水孔用橡胶环密封。由于这种汽缸垫在压紧时产生很大塑性变形,不能重复使用,因此,主要应用于强化发动机特别是增压发动机上。

随着新型密封材料的使用,一些发动机开始使用单层金属片加耐热密封胶,或只用耐热密封胶,彻底取代了汽缸垫。使用耐热密封胶或金属垫的发动机,对汽缸体和汽缸盖结合面的加工精度要求很高。

【重点提示】

汽缸垫的安装方向:

金属—石棉垫的缸口卷边一面高出一层,对与它接触的平面会造成压痕而变形,因此安装时卷边应朝向易修整的接触面。

①汽缸盖和汽缸体同为铸铁时,卷边应朝向汽缸盖(易修整面)。

②铝合金汽缸盖,铸铁汽缸体,卷边应朝向汽缸体(硬平面)。

③汽缸体和汽缸盖同为铝合金时,卷边应朝向汽缸体,即朝向湿式汽缸套的凸缘(硬平面)。

五、油底壳

油底壳也称为下曲轴箱,安装在汽缸体的下部,它也是机体组重要零件之一。

1.功用

(1)封闭上曲轴箱,收集和储存从发动机各运动零件摩擦表面上流回的润滑油。

(2)对曲柄连杆构机,它起遮尘外罩作用。

(3)对润滑油也能起冷却作用。

2. 材料

油底壳常用材料为薄钢板,也有少数用铸铁或铝合金。

3. 结构

油底壳通常冲压制成或用焊接制成,少数用铸造方法制成。有的还带有散热片,用来加强对润滑油的冷却,防止润滑油温度过高。筑路机械及汽车用发动机,为了保证爬坡时也能供给充足的润滑油,常将油底壳的底部做成后端深度较大的斜面。油底壳结构如图 2-2-15 所示。

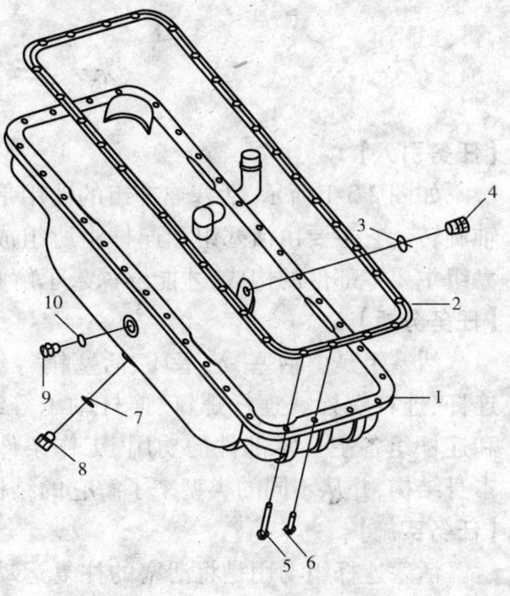

图 2-2-15 D6114 发动机油底壳

1-油底壳;2-油底壳垫片;3-铜垫圈;4-六角头螺塞;5、6-六角凸缘面螺栓;7、10-铜垫圈;8、9-六角头螺塞

油底壳内还装有稳油挡板,以防止油面随车辆振动而激荡;其底部还装有带有磁性的放油螺塞,可将从运动零件摩擦面上收集的铁屑吸住,以减少运动零件的表面磨损。

有的发动机为了便于了解油底壳存油量,在油底壳上开有小孔用以安装油尺套管,可插入油尺检测机油的存量和质量。

油底壳与曲轴箱之间装有衬垫,以防止漏油。有的发动机汽缸体下平面和油底壳平面精度较高,稳定性能较好,用密封胶取代衬垫。

六、发动机的支承

不管作为固定式还是移动式的发动机,它们都要通过机体、飞轮壳或变速器壳体上的支承,用弹性支承零件(如橡胶垫)固定在车架或机架以及车身底板上,并保证能够在车架上或机架上稳定牢固。这就要求在安装面上要有适当的固定点,一般采用三点支承或四点支承两种方式来固定。三点支承可布置成前面一点后面两点支承或前面两点后面一点支承(图 2-2-16);四点支承则前后各有两个支承点支承(图 2-2-17)。D6114 发动机、6135 发动机、FL912 发动机等均采用四点支承。

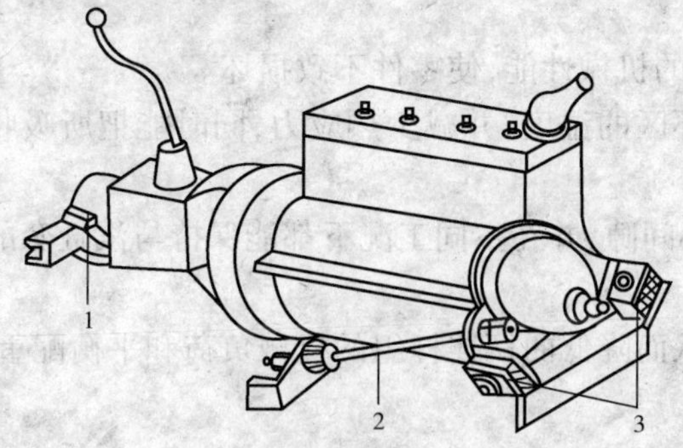

图 2-2-16 发动机三点支承

1-后支承;2-纵拉杆;3-前支承

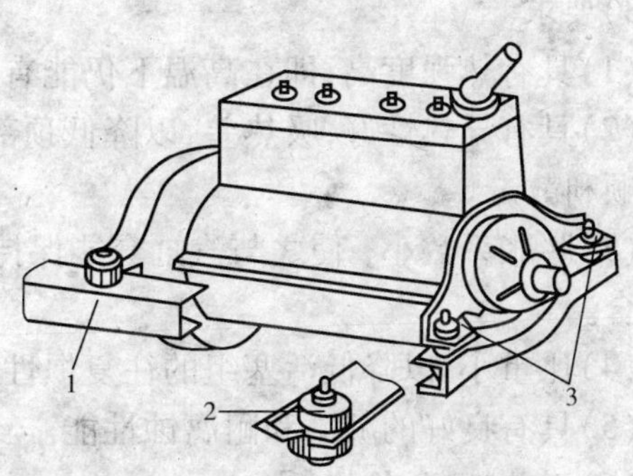

图 2-2-17 发动机四点支承

1-后支承;2-橡胶垫圈;3-前支承

发动机在车架上或机架上的支承是弹性的,这是为了消除在行驶过程中车架的扭转变形对发动机的影响,并可以减少振动和噪声。为了防止行驶中制动或加速由于弹性元件的变形而产生发动机的纵向位移,有的发动机装用专门拉杆,拉杆的一端与车架或机架纵梁相连,另一端与发动机连接,两端连接处有橡胶垫。

课题三　活塞连杆组

【任务引入】

如图 2-3-1 所示,活塞连杆组的功用是使活塞在汽缸内作往复运动,从而通过连杆带动曲轴旋转。它主要由活塞组和连杆组所组成。只有认识这两大组主要零部件的构成,才能够深入了解和掌握它的结构。

【任务分析】

活塞组是由活塞、活塞环、活塞销等组成;连杆组是由连杆、连杆螺栓或连杆螺钉、连杆轴承等组成;分析活塞组和连杆组各主要零部件的功用、工作条件、材料、类型以及本身结构,并从不同的类型来了解它的结构。

【任务实施】

活塞连杆组功用是将活塞的往复运动通过连杆传给曲轴,从而带动曲轴旋转。

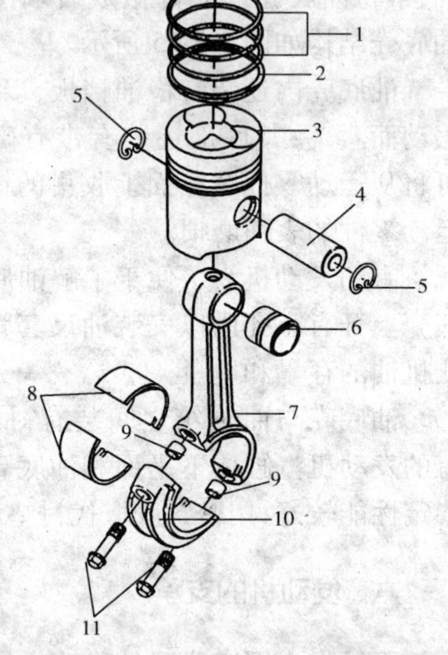

图 2-3-1　6135 发动机活塞连杆组

1-气环;2-油环;3-活塞;4-活塞销;5-活塞销弹性卡环;6-连杆衬套;7-连杆;8-连杆轴承;9-定位套筒;10-连杆盖;11-连杆螺栓

一、活塞组

1. 活塞

1)功用

(1)承受汽缸内的气体压力,并将汽缸中的气体压力通过活塞销传给连杆,推动曲轴旋转。

(2)它的顶部与汽缸体、汽缸盖共同组成燃烧室。

2)工作条件

(1)承受周期性变化的气体压力、侧压力和惯性力的作用。

(2)承受高温燃气的作用,燃气最高温度可达 2 200 ~ 2 700K,而且温度分布很不均匀。

3)要求

(1)具有热强度高,即在高温下仍能有足够的机械性能,使零件不致损坏。

(2)具有导热性好,吸热差,以降低顶部及环区的温度,并减少热应力,同时能把所吸收的热量顺利散走。

(3)膨胀系数小,使之与汽缸套能保持较小间隙,并在不同工况下都能保持与汽缸套的最佳配合。

(4)比重小,以降低活塞组的往复惯性力,从而降低曲柄连杆组的机械负荷和平衡配重。

(5)具有良好的减磨和耐腐蚀性能。

(6)工艺性好,价格低。

4)材料

活塞的材料常用的有铸铁、铝合金和钢。现广泛采用铸铝合金或锻铝活塞。铝合金有铝铜合金和铝硅合金两类；只在大型中、低速柴油机，高增压柴油机和热负荷较高的二冲程柴油机中用铸铁活塞；也有的活塞用耐热钢材料。

5）结构

活塞结构基本上可分为顶部、头部（或为环槽部）和裙部三部分，如图 2-3-2 所示。

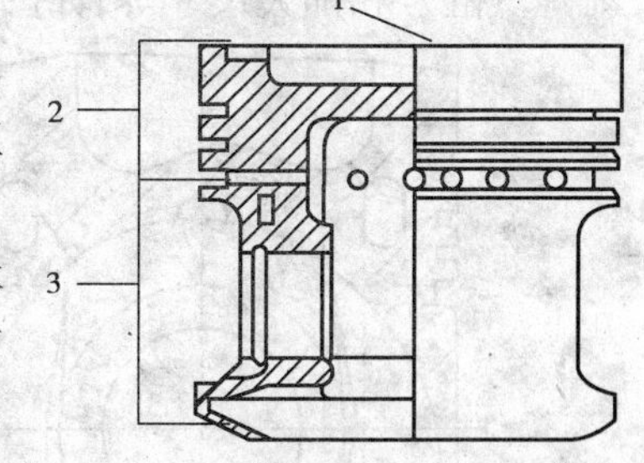

图 2-3-2　活塞结构

1-活塞顶部；2-活塞头部；3-活塞裙部

（1）顶部。活塞顶部是燃烧室的组成部分，主要承受气体压力，其形状、大小都与所选用的燃烧室形式有关，均需满足可燃混合气形成和燃烧的要求。常见的活塞顶部形状有平顶、凸顶、凹顶和成型顶等。

活塞剖面结构如图 2-3-3a）所示。汽油机活塞顶部大多采用平顶，如图 2-3-3b）所示。其主要优点是吸热面积小，结构简单；有些汽油机为了改善混合气的形成和燃烧，也采用凸顶活塞，如图2-3-3c）所示，或凹顶活塞，如图 2-3-3d）所示。柴油机活塞顶部大多有各种凹坑或成型顶，如图 2-3-3e）所示。这主要是根据柴油机本身燃烧特点、燃烧室和气门的布置特点而决定的；也有非直接喷射的高速柴油机，采用平顶或接近平顶的形状。

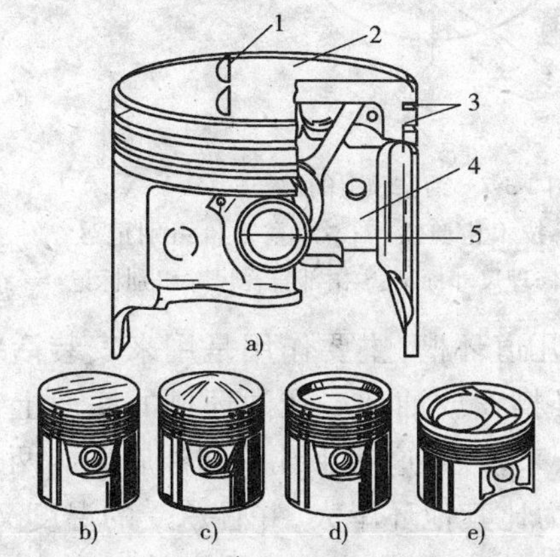

图 2-3-3　活塞剖面结构和顶面形状

a）活塞剖面结构；b）平顶；c）凸顶；d）凹顶；e）成型顶

1-气门凹坑；2-活塞顶部；3-活塞环槽；4-恒范钢片；5-活塞销

为了消除活塞在高温下膨胀产生上大下小的现象，一般把活塞做成上小下大的阶梯形或截锥形，如图 2-3-4 所示。这样活塞在工作时就能接近呈圆柱形。

通常活塞顶部的厚度是随着半径增大而逐渐增厚，使顶部吸收的热量大部分能够容易传到各个活塞环，并由它们传给汽缸体，通过汽缸外壁的冷却介质带走。有些强化程度较高的发动机，在活塞顶部底面上铸有冷却油室，利用经过连杆杆身通到小头的润滑油喷到活塞顶部底面进行冷却，如图 2-3-5a）所示；或者在活塞顶部材料内用石蜡铸造法铸出蛇形管，利用安装在汽缸体上的喷油嘴对蛇形管的一端喷入润滑油，温度升高的润滑油，从蛇形管的另一端流出，以带走活塞顶部的大部分热量，如图 2-3-5b）所示。F6L913 发动机的活塞头部铸有冷却内油道，如图 2-3-6 所示。

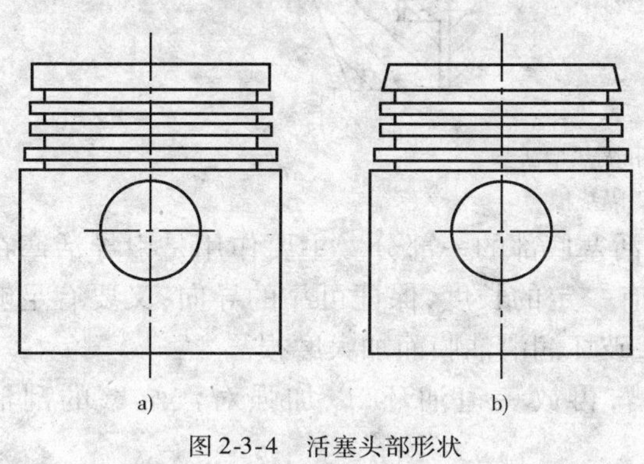

图 2-3-4　活塞头部形状

a）阶梯形；b）截锥形

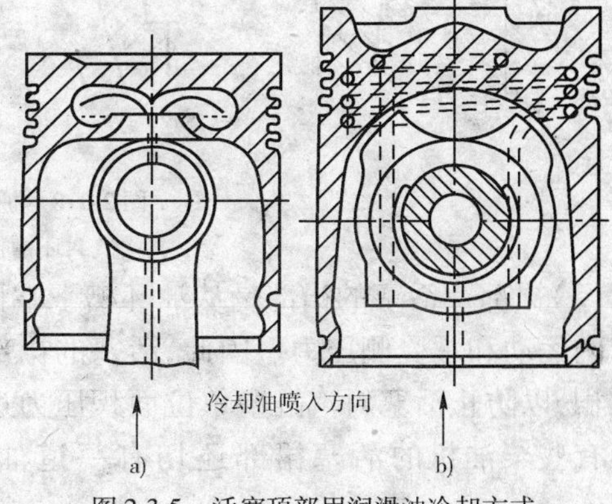

图 2-3-5　活塞顶部用润滑油冷却方式

a）连杆向活塞顶底部喷油；b）活塞顶内铸蛇形管

活塞顶部标有一定的记号,如箭头、三角、缺口等,安装时应将记号朝前;有的活塞顶部还刻有汽缸号和加大尺寸等,如图 2-3-7 所示。

图 2-3-6　活塞内的冷却油道

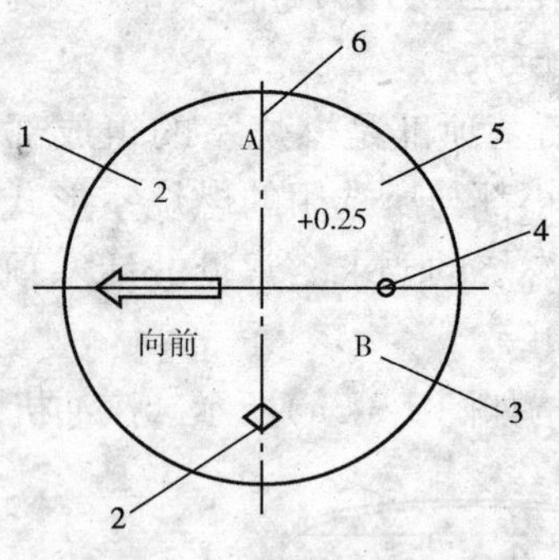

图 2-3-7　活塞顶上的记号

1-汽缸顺序号;2-技术检验验印;3-活塞重量组别记号;4-测量硬度处;5-修理尺寸标记;6-裙部直径尺寸组别标记

(2)头部(或环槽部)。活塞的头部是在其上切有几道环槽,主要作用是用来安装活塞环(图 2-3-2)。上面的 2 ~ 3 环槽安放气环;下面的一道环槽安放油环。在油环槽的底面上钻有许多径向回油小孔,油环把汽缸壁上多余的润滑油刮下来,再经这些小孔流回油底壳。两个环槽之间的活塞部分称为环岸。第一环岸承受的气体压力比其他环岸大,并且承受的温度又高,所以它的轴向高度比其余几个环岸大。有些强化程度高的柴油机,气环槽采用护槽圈;有的在第一环槽上部有一个环形隔热槽,主要是隔断从活塞顶部流下来的部分热流通路,从而减轻第一道活塞环的热负荷,以减少第一道环过热产生积炭,避免环卡死在环槽里,从而延长活塞的使用寿命,如图 2-3-8a)、b)所示。

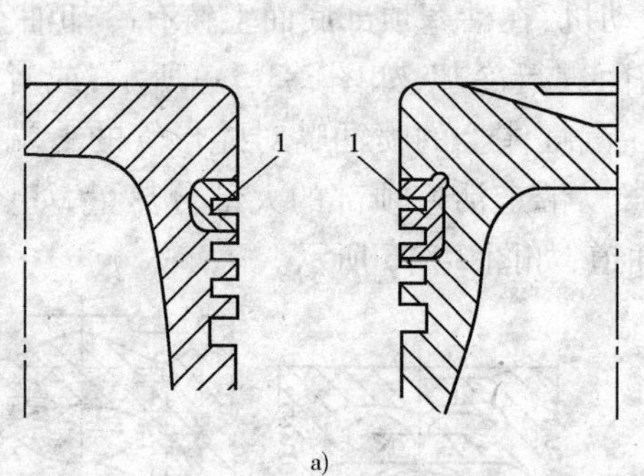

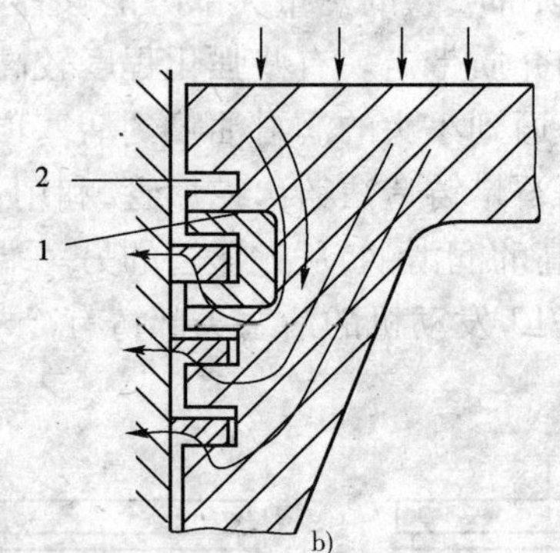

图 2-3-8　护圈槽和隔热槽活塞

1-环槽护圈;2-隔垫槽

(3)裙部。活塞的裙部是从油环槽下端面至活塞底部的一部分。主要作用是引导活塞在汽缸内运动和承受侧压力。因此,活塞的裙部要有一定的长度,保证可靠的导向;又要有足够的面积,以防止活塞对汽缸壁单位面积压力过大,破坏润滑油膜而加大磨损。

有些柴油机的活塞裙部还切有一道油环槽,再放一道油环,以加强对汽缸壁的刮油作用。

裙部的径向外形为椭圆形,椭圆形长轴垂直于销座孔中心线平面,短轴在销座孔中心线平面内，如图 2-3-9 所示。由于销座的金属较多，裙部在销座中心线平面内的热膨胀大于垂直于销座中心线平面内的热膨胀；为了减少销座处的金属集中，使裙部在销座中心线平面内的热膨胀减少一些，通常在铝合金活塞裙部靠近销座的外表面上，制有 0.5 ~ 1mm 的凹坑。

四冲程汽油机的铝合金活塞，一般多开有"T"形或"Π"形槽，如图 2-3-10 所示。其中横槽是用作切断从活塞头部向裙部传递热流的部分通路，以减少裙部的径向热膨胀。当横槽开在油环槽中时，可兼作回油孔。纵槽使裙部具有弹性，与裙部受热膨胀时，不至于使活塞卡在汽缸套内。纵槽应开在做功冲程中裙部不承受侧压力的面上，以提高裙部的刚度和减小磨损，装配时要注意正确位置。纵槽不与活塞底面垂直，并且一般不开到裙底，以免活塞拉坏汽缸套壁，减弱裙部刚度，纵槽底上的小圆孔是为了减小应力集中而钻。在活塞的裙部开槽，使活塞头部和裙部的刚度减弱，并且在使用一段时间后，裙部的弹性便逐渐消失，容易导致裙部与汽缸的配合间隙增大，这是开槽活塞的缺点。

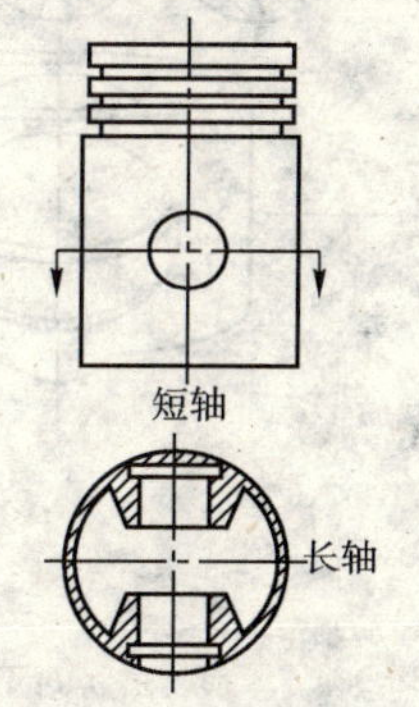

图 2-3-9　活塞的椭圆结构

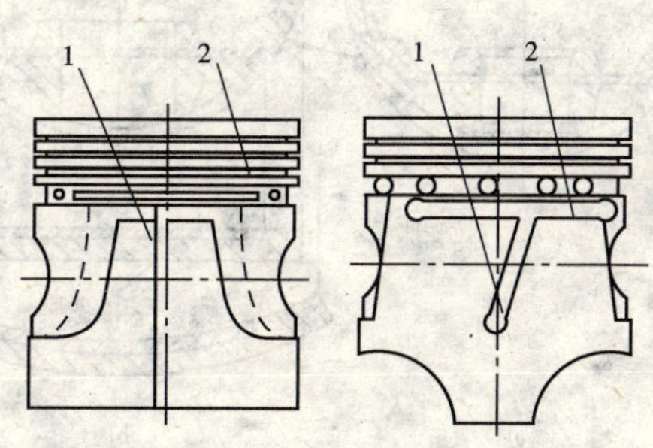

图 2-3-10　膨胀槽和绝热槽活塞

1-膨胀槽；2-绝热槽

为了减少汽油机铝合金活塞裙部的热膨胀量，在活塞销座中镶铸热膨胀系数低的"恒范钢片"（含镍 33% ~ 36%，线膨胀系数约为铸铝合金的 1/10），从而限制它的膨胀，如图 2-3-11a）所示。自动调节式活塞的低碳钢片制在活塞销座铝层内侧，不仅起到抑制作用，而且利用双金属作用可减少裙部推力面的膨胀量，如图 2-3-11b）所示。有的柴油机铸铝活塞的裙部镶铸有圆筒式钢片，如图 2-3-11c）所示。

现代发动机广泛采用半拖板式裙部或拖板式裙部的活塞，如图 2-3-12a）、b）所示。D6114 发动机、6135 发动机、FL912 发动机等都是把裙部负荷能力不太大的部分去掉，保留了必要的承载部分。其优点是活塞的质量比一般活塞小 10% ~ 20%；活塞裙部弹性好，可以减小活塞与汽缸的配合间隙；能避免与曲轴平衡块发生运动干涉；能改善发动机冷启动时汽缸的润滑。

为了增加铝合金活塞的耐磨性，常将汽油机活塞的裙部表面镀锡，将柴油机裙部外表面磷化，有的锻铝活塞裙部外表面涂以石墨层。

（4）活塞销座。活塞销座是活塞通过活塞销与连杆的连接部分，位于活塞裙部的上部。它的作用是将活塞承受的气体压力通过活塞销传给连杆。销座常用加强筋与活塞内壁相连，以提高它的刚度。有的强化柴油机，由于受到很大的燃气压力，为了减小销座上侧的比压，把活塞销座制成一个特殊形状，如图 2-3-13a）、b）所示，主要有楔形销座和阶梯形销座。销座内切有安放活塞销卡环的卡环槽，用来防止活塞销在工作中发生轴向移动。销座孔中心线一般通过活塞中心线平面，但也有偏离活塞中心线平面的。

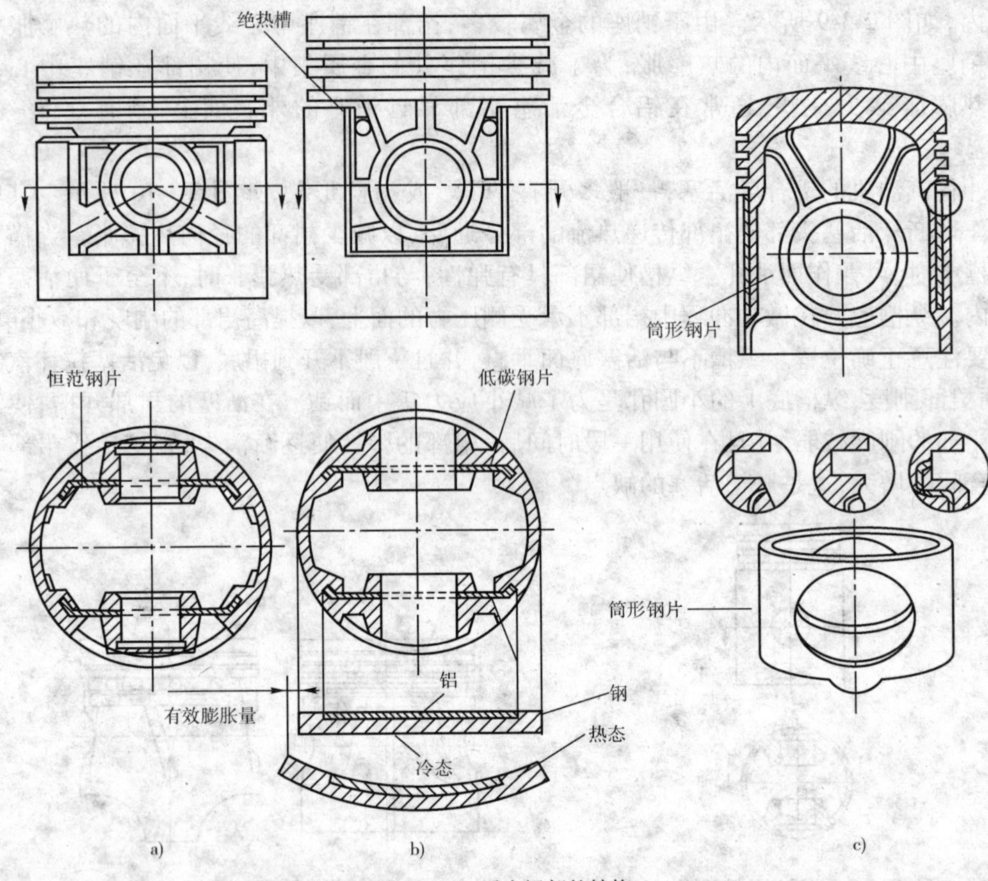

图 2-3-11　活塞裙部的结构

a)恒范钢片式活塞;b)自动调节式活塞;c)筒形钢片式活塞

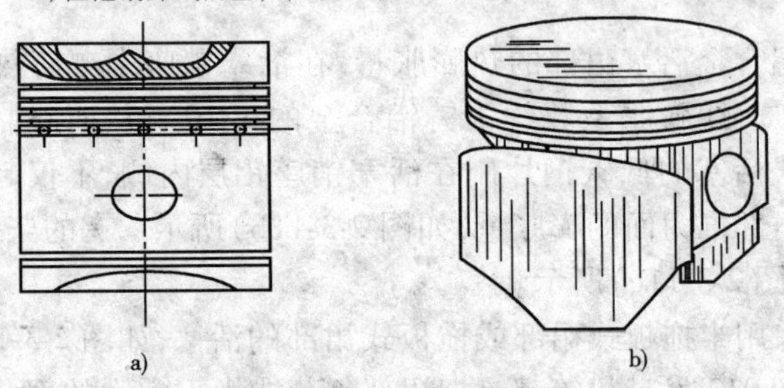

图 2-3-12　活塞裙部

a)半拖板式;b)拖板式

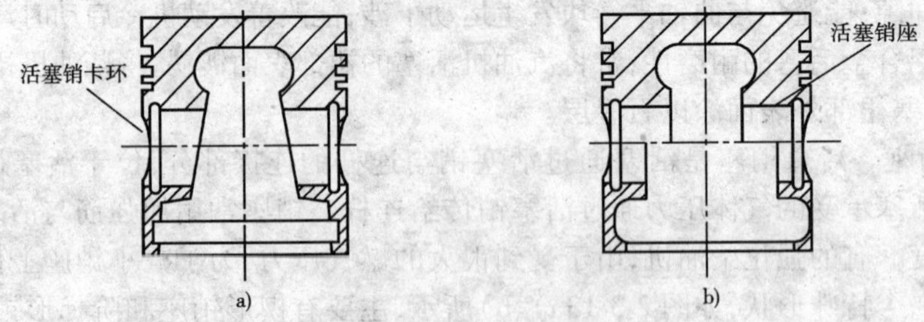

图 2-3-13　特殊形状销座

a)楔形销座;b)阶梯形销座

【重点提示】

活塞的基本形状是上小下大,它的结构随着不同的发动机而不同;要注意它的顶部、头部和裙部的结构;在安装时要注意它的记号。

2. 活塞环

1)功用

(1)密封活塞与汽缸壁之间的间隙。

(2)防止高温高压燃气窜入曲轴箱。

(3)将活塞热量传给汽缸壁进行散热。

(4)把汽缸壁上多余的润滑油刮入油底壳。

(5)形成均匀油膜来润滑汽缸壁,以减小磨损。

2)工作条件

(1)承受高温高压燃气的共同作用。

(2)承受交变的弯曲应力。

(3)承受轴向和径向振动以及扭曲振动。

(4)润滑条件恶劣和化学腐蚀严重。

3)要求

(1)具有一定的强度和刚度。

(2)具有耐磨性、耐热性、耐腐蚀性。

(3)导热性要好,以利于散热。

(4)抗冲击性好,以免产生折断现象。

(5)具有足够的弹性。

4)材料

活塞环的材料一般用合金铸铁。对于强化程度较高的柴油机,第一道环采用合金球墨铸铁或可锻铸铁。有的在外表面镀以多孔性铬层或喷镀多孔性钼层。油环也有用钢片制造的。

5)类型

常用的活塞分为气环和油环两类。油环又分为普通油环和组合式油环。

6)结构

(1)气环。

①密封原理。气环所起的作用主要是密封和传热,如图2-3-14a)、b)所示。它有一个切口,在自由状态不是圆环形,其外形尺寸比汽缸的内径要大些,当把它与活塞一起装入汽缸后,便产生弹力紧贴在汽缸壁上,形成最初的密封面,使燃气不能通过环与汽缸的接触面之间的间隙。当发动机工作时,活塞环在燃气压力作用下,压紧在环槽的下端面上,于是燃气绕流到环的背面,并发生膨胀,其压力下降,同时,燃气压力对环背的作用力使环更紧地贴在汽缸壁上。压力已有所降低的燃气,从第一道气环的切口漏到第二道气环的上平面时,又把这道气环压贴在第二环槽的下端面上,于是,燃气又绕流到这个环的背面,再发生膨胀,其压力又进一步降低。

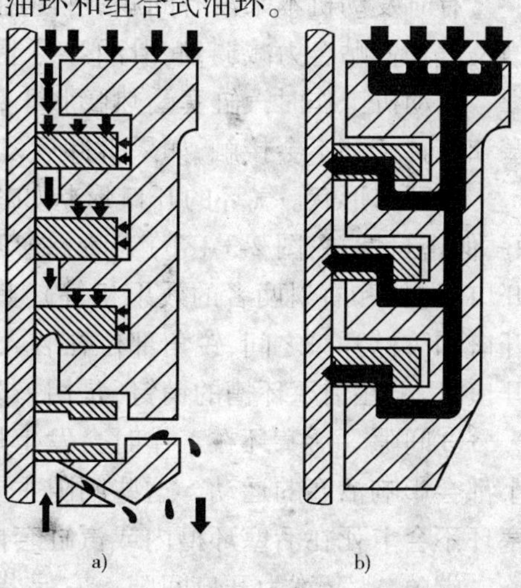

图2-3-14 活塞环的密封和散热
a)活塞环的密封;b)活塞环的散热分布

如此继续进行下去。从最后一道气环漏出来的燃气,其压力和流速已经大大减小,因而泄漏的燃气量也就很少了,因此,为数很少的几道切口相互错开的气环所构成的封气装置,就足以对汽缸中的高压燃气进行有效的密封。一般汽油机设有 2～3 道气环,而柴油机由于压缩比高,常设有 3 道气环。

【重点解释】

活塞环的泵油作用:

发动机在正常的情况下运转,当做功冲程开始时活塞下行,由于在很大的燃气爆发压力作用下,使活塞环贴紧活塞环槽和汽缸壁,因而润滑油不会上窜,只会下行,如图 2-3-15 所示。

当进气冲程时,活塞下行,由于活塞环的摩擦力和惯性力的作用,使活塞环的上平面与活塞环槽贴合,润滑油被挤入活塞环的缝隙中,如图 2-3-16 所示。

当压缩冲程和排气冲程时,活塞上行,由于活塞环运行中的惯性力和摩擦力作用,活塞环的下平面与活塞环槽贴合,上边让开空隙,润滑油便继续上窜进入燃烧室,如图 2-3-17 所示。

由于活塞往复运动,活塞环发生上述的上下运动,空腔容积的变化造成润滑油上窜的现象就是活塞环的泵油作用。

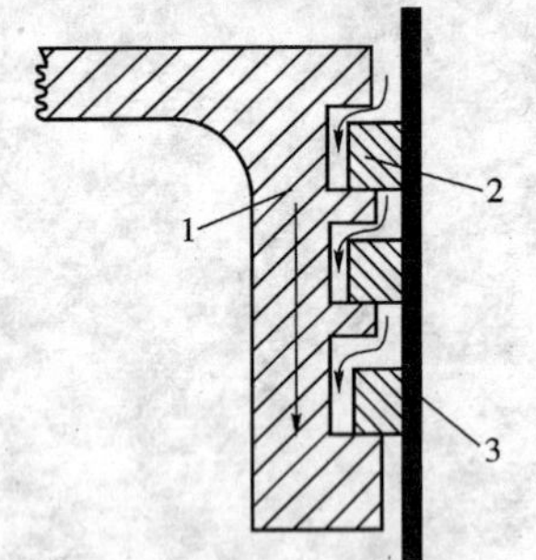

图 2-3-15　做功冲程润滑油走向

1-活塞;2-活塞环;3-汽缸壁

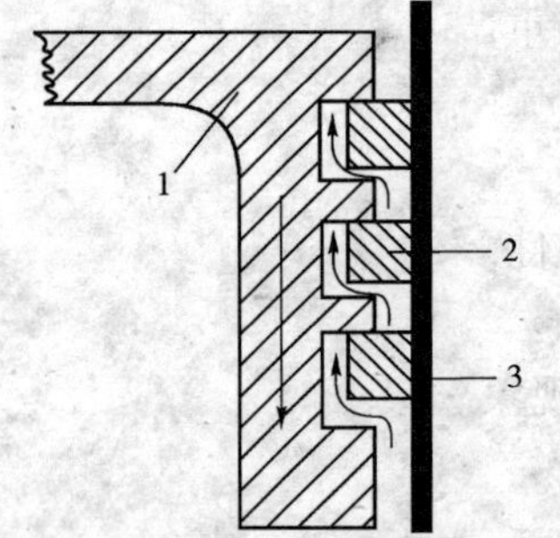

图 2-3-16　进气冲程润滑油走向

1-活塞;2-活塞环;3-汽缸壁

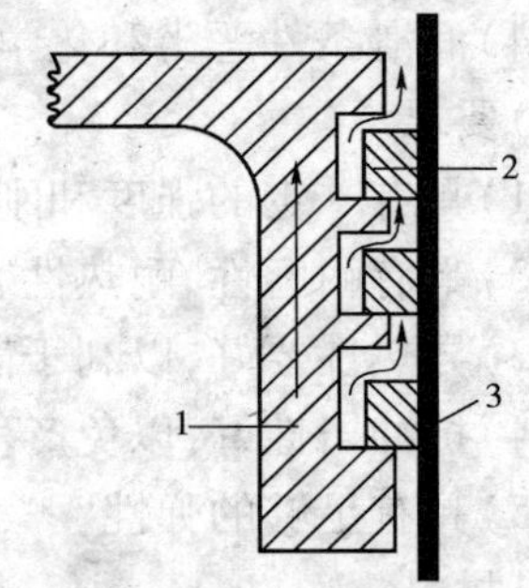

图 2-3-17　压缩和排气冲程润滑油走向

1-活塞;2-活塞环;3-汽缸壁

【重点提示】

有时发动机本来没有问题,可使用者却认为有问题。例如发动机负荷很低时,活塞环与环槽及汽缸壁贴合力减弱,润滑油容易上窜,如负荷高时窜油现象就会消失了。

发动机工作时汽缸套受热膨胀小,但活塞膨胀大,然而不论在冷状态和热状态情况下,活塞和汽缸套都不会接触,如果拆卸后发现有接触印痕说明不正常,应进一步查明原因。

②开口形状。气环的开口形状如图 2-3-18 所示。图 2-3-18a)为直开口,其特点是工艺性好,但密封性差;图 2-3-18b)为阶梯形开口,其特点是密封性好,但工艺性差;图 2-3-18c)为斜开口(左斜和右斜两者的效果相等),其特点是斜切角为 30°或 45°,密封性和工艺性均介于直开口和阶梯开口之间,锐角部位在装入活塞时容易折断;图 2-3-18d)为二冲程发动机活塞环的开口,压配在活塞环槽的销钉,是用来防止活塞环在工作中绕活塞中心线转动的。

③间隙。活塞环在工作时会发生热膨胀。所以活塞环在设计时留有间隙,间隙过大和过小都会影响活塞的运动。这些间隙主要有端隙、侧隙、背隙。如图 2-3-19 所示,它们能保证活塞环不会卡死在活塞环槽内或汽缸套内,从而保持它的密封性能。

端隙 Δ_1 又称为开口间隙。它是指活塞环装入汽缸后,在活塞环的开口处两端之间的间隙。一般为 0.25～0.50mm,第一道环由于受到的温度最高,热膨胀量大,所以其端隙值最大,其他环端隙较小。柴油机的活塞环端隙值略大于汽油机。

侧隙Δ_2又称边隙。它是指环的高度与环槽之间的间隙。第一道环因工作温度高，其值为0.04～0.1mm，其他气环一般为0.03～0.07mm，普通油环的侧隙较小，一般为0.025～0.05mm。

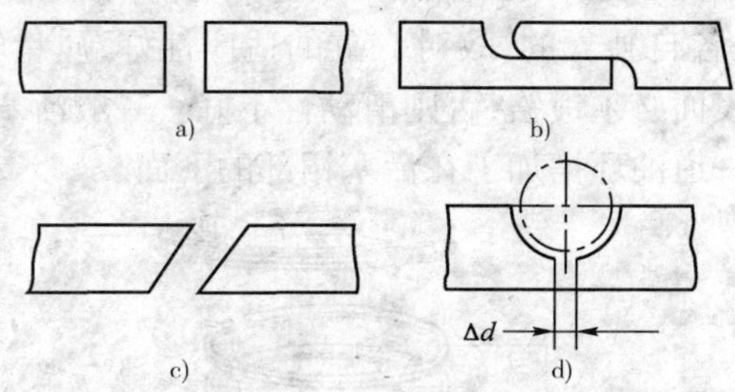

图2-3-18 活塞环端口形状

a)直开口；b)阶梯形开口；c)斜开口；d)圆弧槽开口

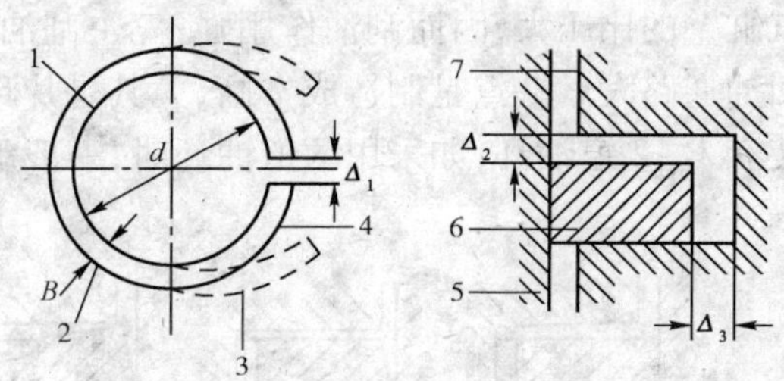

图2-3-19 活塞环间隙

Δ_1-端隙；Δ_2-侧隙；Δ_3-背隙；d-内径；B-宽度

1-内表面；2-工作面；3-活塞环自由状态；4-活塞环工作状态；5-汽缸壁；6-活塞环；7-活塞

背隙Δ_3是指活塞环装入汽缸后，环的背面与环槽底部之间的间隙。气环的背隙一般为0.5～1.0mm，普通油环的背隙比较大。在修理中，为了测量方便，用环的厚度与环槽深度来表示背隙值，但比理论值小。

④断面。气环的断面形状有多种，如图2-3-20所示。

其中主要有矩形断面、锥形断面、正扭曲内切断面、反扭曲锥面断面、梯形断面、桶面断面等。

矩形断面环称为矩形环（标准环），如图2-3-20a）所示。其优点是结构简单，加工方便，导热性较好；缺点是具有泵油作用，磨合性和汽缸适应性较差以及摩擦功率较大等。6135发动机气环采用此种结构环。

锥形断面环称为锥面环，如图2-3-20b）所示。其优点是环的磨合性好，这种环在汽缸内可向下刮油，而向上滑动时由于斜面的油楔作用，可在油膜上浮起，减少磨损，密封性好；缺点是加工困难，组装锥面环时，切勿装反，否则可能向上刮油而增加发动机的机油消耗。

扭曲断面环称为扭曲环，如图2-3-20c）、d）所示。它有正扭曲和反扭曲两种，如果是上内侧或下外侧切口称为正扭曲环；如果是下内侧或上外侧切口称为反扭曲环。它们的优点是磨合性和密封性好；缺点是制造不方便，装配时必须注意环的断面形状和方向，应将其内圆切口向上，外圆切口向下，不能装反。6135发动机第二道气环采用此种结构环。

梯形断面环称为梯形环，如图2-3-20e）所示。在热负荷特别高的发动机中，第一环容易黏结，失去活动性，所以第一道环常采用梯形环。它的优点是密封性好，不易折断；缺点是工艺复杂，特别是两侧表面（圆锥面）的精加工困难。梯形环的标准角度为15°。梯形环即使在弹力丧失一些的情况下，仍能与汽缸壁贴合良好，延长了环的使用寿命。国产6120Q和150系列重型车用发动机第一道环采用此种结构环。

桶面断面环称为桶面环，如图2-3-20f）所示。它的断面外表面为凸圆弧形，其优点是能够保证良好的润滑，避免棱缘负荷，密封性能好，磨合性好；缺点是凸圆弧表面加工困难。主要应用在高速高负荷强化发动机上。国产YC6105QC发动机第一道环采用此种结构环。

（2）油环。普通油环又称整体式油环，如图2-3-21所示。一般用合金铸铁制造。在它的外圆柱表面的中间切一个油环嘴，并对它的上、下唇倒角，中部切有一道凹槽，凹槽底部开有若干个回油用的小孔或回油缝，此结构使油环的刮油能力和密封作用加强。其优点是结构简单，刮油能力强；缺点是加工困难。

组合油环称为组合式钢片油环，如图 2-3-21 所示。它是由片环和衬环两部分组成。轴向衬环装在二、三刮油片之间，径向衬环使三片刮油片压紧在汽缸壁上。其优点是片环很薄，对汽缸壁的比压大，因而刮油作用强；三个刮油片是各自独立的，故对汽缸的适应性好；质量轻，回油通路大。缺点是制造成本高，尤其是片环的表面必须镀铬，否则滑动性不好。一般活塞上装有 1 ~2 道油环，如采用两道油环时，一般下面一道油环槽加工在活塞裙部的下面。

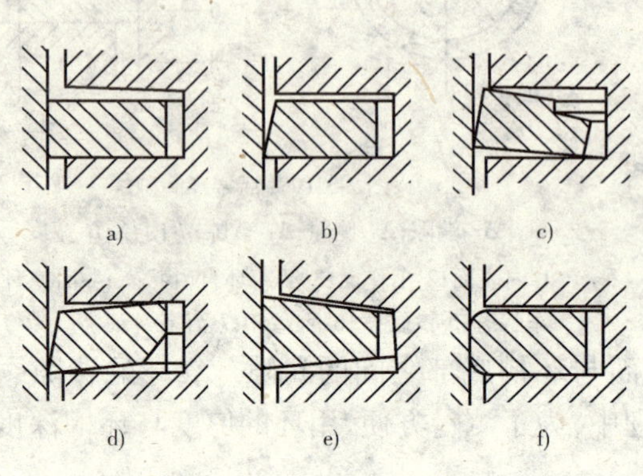

图 2-3-20　气环的断面形状

a）矩形环；b）锥形环；c）正扭曲内切环；d）反扭曲锥面环；e）梯形环；f）桶面环

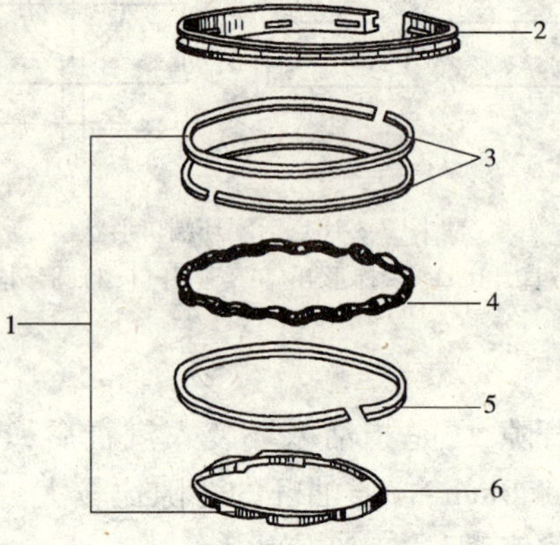

图 2-3-21　油环

1-组合油环；2-普通油环；3-刮油钢片；4-轴向衬环；5-刮油钢片；6-径向衬环

3. 活塞销

1）功用

（1）连接活塞和连杆小头。

（2）将活塞承受的气体压力传给连杆。

2）工作条件

（1）承受高温、高压共同作用。

（2）承受交变的冲击载荷作用。

（3）润滑条件较差。

3）要求

（1）具有足够的强度和刚度。

（2）表面具有耐磨性。

（3）质量轻，以减小运动惯性力。

4）材料

活塞销材料一般用低碳钢或低碳合金钢。外表面要经渗碳处理，再进行精磨和抛光，并保证心部具有一定的冲击韧性，以提高其硬度和光洁度。也有的用精选 45 号钢加入少量 Cr、Mn 等合金元素制造。

5）结构

活塞销的结构通常外表面为圆柱形，内孔有圆柱形、两段截锥形以及两段截锥与一段圆柱组合形三种，如图 2-3-22 所示。

内孔是圆柱形。它的优点是结构简单，容易加工；缺点是活塞销质量较大。

内孔是两段截锥形。它的优点是质量较小，接近等强度梁的要求；缺点是制造困难。

内孔是两段截锥与一段圆柱的组合形。其结构优点和缺点是介于前两种之间。

(1)连接方式。活塞销与活塞销座孔、连杆小头的连接方式有全浮式和半浮式两种。

全浮式活塞销是发动机在正常工作温度下,活塞销与活塞销座孔之间为过渡配合,而与连杆小头衬套孔为间隙配合,如图 2-3-23a)所示。发动机工作时,活塞和活塞销受热都膨胀,但由于活塞是铝合金材料,活塞销是钢材料,所以活塞销座的热膨胀量大于活塞销的膨胀量,于是在活塞销座孔与活塞销之间出现间隙,活塞销便能在销座孔内缓慢地转动,把飞溅在销座下小孔内侧的润滑油带到间隙内,润滑摩擦表面,使活塞销与销座孔的磨损比较均匀,同时在连杆衬套孔内,由于是有适量的配合间隙,也能自由转动。因此,它承受的载荷分布能够达到均匀,提高了疲劳强度,延长了使用寿命。这种方式在发动机中广泛使用。

半浮式活塞销即活塞销与活塞销座孔、连杆小头两处,一头固定(或为过盈配合),另一处浮动,如图 2-3-23b)所示。大多数是连杆小头与活塞销之间连接之处采用固定,即用螺钉连接,现在则多采用过盈配合;而活塞销与销座孔之间采用过渡配合,这种连接方式结构简单,活塞销座孔内没有卡环槽,连杆小头内没衬套,修理方便。主要应用于高速汽油机上。

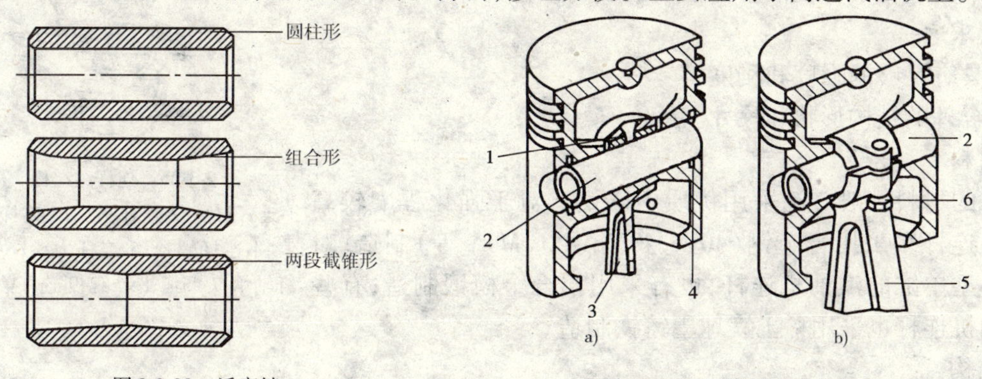

图 2-3-22　活塞销

图 2-3-23　活塞销连接方式

a)全浮式;b)半浮式

1-连杆衬套;2-活塞销;3-连杆;4-卡环;5-连杆;6-固定连杆螺钉

(2)轴向定位方式。为了防止活塞销在工作过程中发生轴向窜动而刮伤汽缸壁,在活塞销的两轴必须轴向定位,如图 2-3-24 所示。其定位方式有两种,一种是采用弹性卡环嵌入销座凹槽中进行定位,如图 2-3-24a)、b)所示。一种是用闷头堵在活塞销两端定位,如图 2-3-24c)所示。弹性卡环定位广泛适用于各种发动机上;而闷头定位则适用在有些强化程度较高的柴油机上。闷头是用铝合金和镁合金制造的,闷头外表面为球面,在闷头上钻有小孔,闷头用极小的过盈压入活塞销孔内。

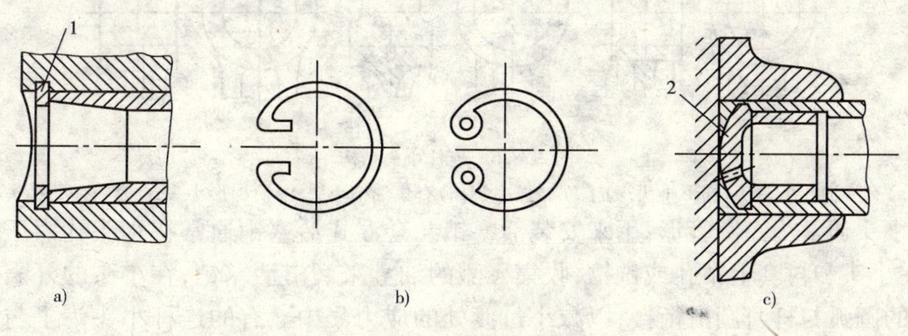

图 2-3-24　活塞销轴向定位

a)弹性卡环定位;b)弹性卡环;c)闷头定位

1-弹性卡环;2-闷头

二、连杆组

图 2-3-25 为连杆组的结构图。

1. 连杆

1）功用

（1）将活塞承受的气体压力传给曲轴。

（2）连接活塞和曲轴，并将活塞的往复运动转变为曲轴的旋转运动。

2）工作条件

（1）承受作用在活塞顶上传递来的气体压力。

（2）承受活塞组和连杆小头的往复运动的惯性力。

（3）承受连杆本身绕活塞销摆动的横向惯性力。

3）要求

（1）具有足够的强度和刚度。

（2）合理的结构形状和尺寸。

4）材料

连杆的材料一般广泛采用优质中碳钢。对于强化程度较高的柴油机连杆多采用合金钢（40Cr、40Mn、42CrMoA 等）制造；对于有些小型单缸的汽油机连杆，也有采用铝合金模锻制造；有些高速柴油机连杆也采用稀土镁球墨铸铁制造。

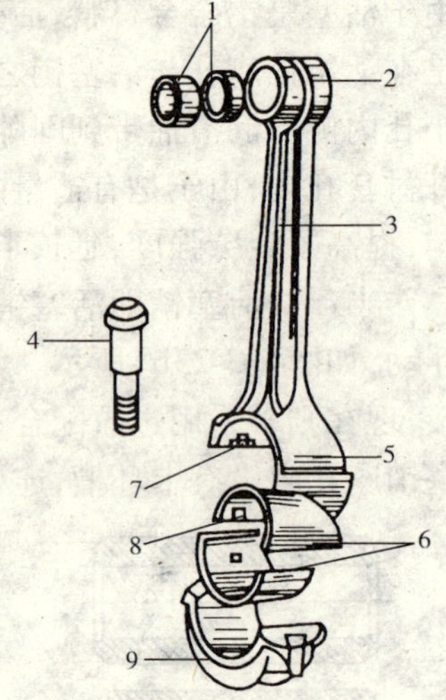

图 2-3-25　连杆组结构

1-连杆衬套；2-连杆小头；3-连杆杆身；4-连杆螺栓；5-连杆大头；6-连杆轴承；7-凹槽；8-凸键；9-连杆盖

5）结构

连杆主要由小头、杆身和大头三部分组成（图 2-3-25）。

（1）小头。连杆小头结构如图 2-3-26 所示。

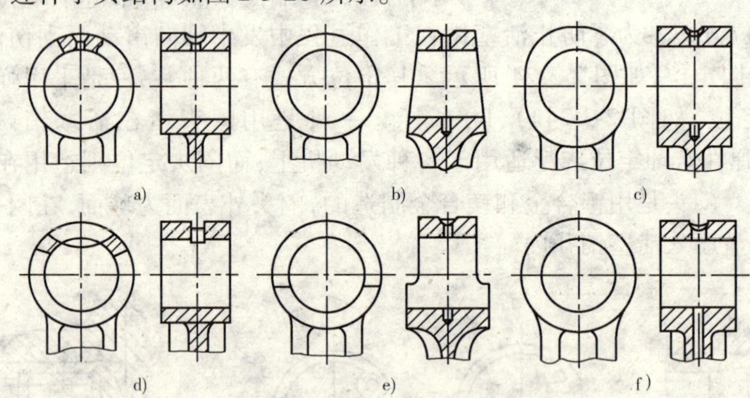

图 2-3-26　连杆小头结构

a）有集油孔小头；b）梯形小头；c）上端加强小头；d）有集油槽小头；e）阶梯形小头；f）有喷油孔小头

连杆小头通常为短圆管形，用来安装活塞销。全浮式活塞销通常在小头孔内压入减摩的铜衬套，在小头和衬套上钻孔或铣槽，收集飞溅的油雾来润滑活塞销；在小头的外表面常采用半径较大的圆弧与杆身圆滑衔接，以减小过渡处的应力集中。有的连杆小头为了与特殊形状的活塞销座相配合而加工成一些特殊形状；有的柴油机为了使活塞销润滑更好，在杆身内钻有纵向的压力通道，使曲轴的曲柄销油孔的油经杆身进入小头衬套内，再通过连杆小头孔喷到活塞顶底部，用来冷却活塞（图 2-3-5）；有些小型单缸二冲程汽油机润滑条件较差，多在小头孔内安装滚针轴承，以减小小头孔的不均匀磨损。

(2)杆身。连杆杆身通常呈“工”字形断面形状，也有采用圆形断面。这是因为根据材料力学在截面积相等条件下，“工”字形截面抗弯断面模数大，在强度和刚度能够保证的前提下，其质量较轻。由于弯曲应力是离开小孔中心越远越大，通常把杆身做成从小头逐渐向大头加大。在少数单缸汽油机上，采用圆形断面的连杆杆身铝合金材料，这主要是因为质量轻、惯性力小、工艺比较简单的缘故。

(3)大头。连杆大头是与曲轴的曲柄销相连，通常大头结构主要有剖开式和整体式两种形式。

①剖开式连杆大头。大多数发动机连杆大头都采用剖开式。剖开式连杆大头被分开的部分为连杆盖(图 2-3-25)，用连杆螺栓(或连杆螺钉)把它紧固在连杆大头上。连杆大头与杆身之间用较大的圆弧平滑地过渡，又同时用加强筋来增强连杆杆身大头部分与连杆盖的刚度，连杆盖与连杆杆身大头部分是组合镗孔的。为了防止装配时配对错误，在同一侧刻有配对记号。大头孔表面有较低的粗糙度，以便与连杆轴承(或滚动轴承)紧密贴合。连杆大头上还铣有连杆轴承的定位凹槽。有的连杆大头连同轴承还钻有直径为 1～1.5mm 的小油孔，从中喷出润滑油以加强配气凸轮与汽缸壁的飞溅润滑。

连杆大头按剖切面的方向不同可分平切口连杆和斜切口连杆。

平切口连杆其切口与连杆中心线相垂直，一般汽油机由于连杆大头直径都小于汽缸直径，所以采用平切口连杆；有的柴油机也采用平切口连杆，如图 2-3-27 所示。D6114 发动机连杆和 CA6102 汽油机连杆等均采用平切口连杆。

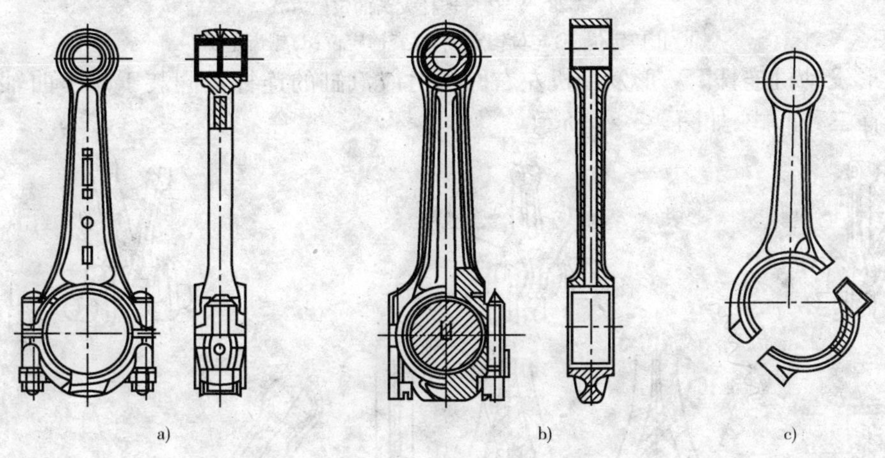

图 2-3-27　连杆切口形式

a)汽油机平切口连杆；b)柴油机平切口连杆；c)柴油机斜切口连杆

斜切口连杆其切口与连杆中心线成 30°～60°夹角。大多数强化程度较高的中、小型柴油机，为了增加连杆的强度，连杆大头直径比汽缸直径大，为了拆装时能使连杆通过汽缸，所以多采用斜切口连杆，有些 V 形发动机连杆大头也采用斜切口形式。6135 发动机、FL912 发动机的连杆等均采用斜切口连杆。

②整体式连杆大头。二冲程发动机由于功率小，要求质量轻，结构紧凑，所以采用整体式连杆大头的连杆，用滚动轴承作为连杆轴承。

③连杆大头定位方式。对于不同的发动机，由于有不同连杆大头的剖开形式，从而连杆大头有不同的定位方式，主要有连杆螺栓定位、止口定位、套筒或定位销定位、锯齿定位五种。

一般不承受切向力的平切口连杆，其连杆大头的定位方式是连杆螺栓定位，它是利用连杆螺栓上的精加工的圆柱凸台或光圆柱部分与经过精加工的螺栓孔来定位。这种定位方式的优点是结构简单,缺点是制造精度高,如 D6114 发动机连杆大头就采用连杆螺栓定位。

斜切口连杆有止口定位、定位销定位、套筒定位、锯齿定位四种,如图 2-3-28 所示。

止口定位,如图 2-3-28a)所示。这种定位方式的优点是结构简单;缺点是止口因受力变形,容易引起大头孔失圆,定位不可靠。

定位销定位或套筒定位,如图 2-3-28b)、c)所示。这种定位方式的优点是拆装方便;缺点是定位套筒或定位销与套筒孔或销孔的工艺要求高,若孔距不准确容易引起大头孔失圆,横向尺寸大,如 6135 发动机连杆大头就采用套筒定位。

锯齿定位,如图 2-3-28d)所示。这种定位方式的优点是定位可靠,结构紧凑;缺点是连杆大头与连杆盖上的配对齿槽加工精度要求高。

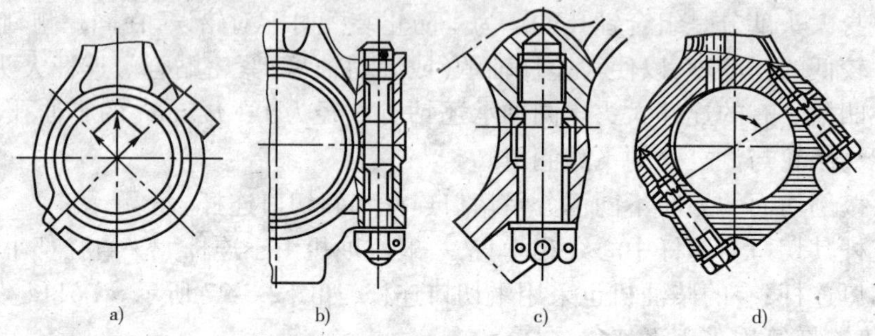

图 2-3-28　斜切口连杆大头的定位方式

a)止口定位;b)定位销定位;c)套筒定位;d)锯齿定位

(4)V 形发动机连杆。V 形发动机左右两侧对应汽缸的连杆是同装于一个曲轴曲柄销上的,其结构有三种形式,如图 2-3-29 所示。

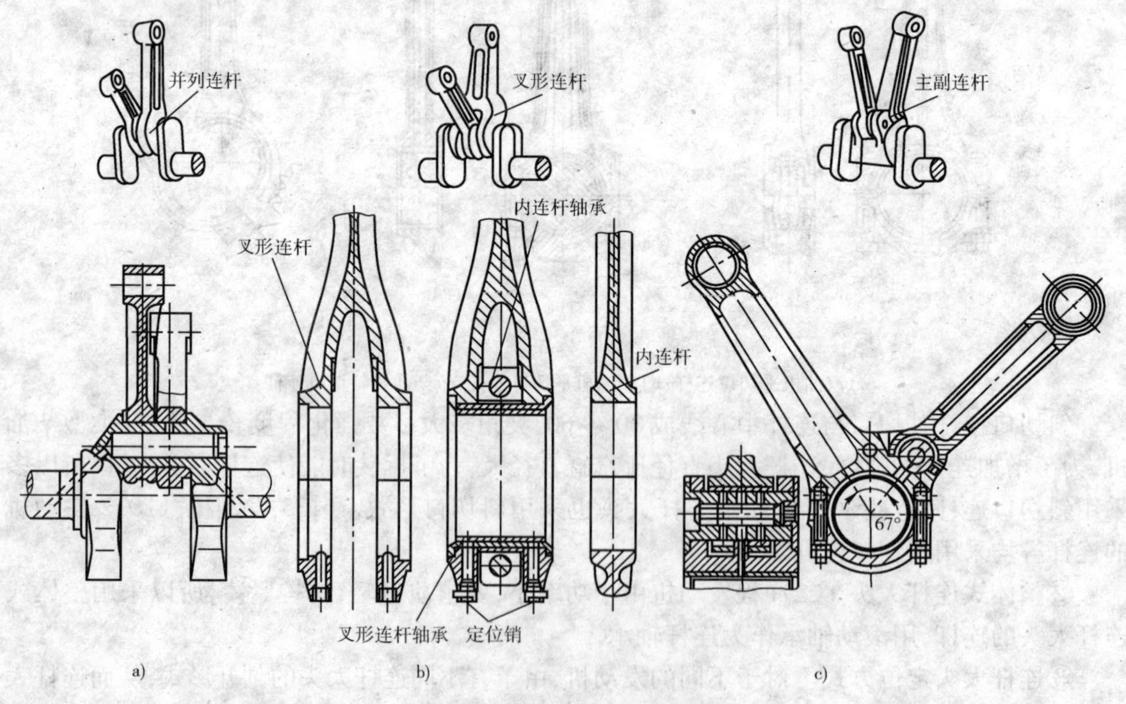

图 2-3-29　V 形发动机连杆结构

a)并列连杆;b)叉形连杆;c)主副连杆

①并列式连杆。如图 2-3-29a)所示。相对应两个结构形式相同的连杆相互错开装在同一个曲柄销上。它的优点是连杆通用,可以互换,生产和维护方便,且运动规律相同,动力性能也一样;缺点是曲轴长度较长,发动机刚度降低。这种结构广泛应用于 V 形发动机上。

②叉形连杆式。如图 2-3-29b)所示。左右两列汽缸对应两个连杆,一个连杆大头是叉形,另一连杆大头插在叉形连杆大头的叉形开当内。左右两个对应连杆也是与汽缸中心线在同一平面内。它的优点是两列汽缸的运动规律相同,左右对应的两汽缸中心线不会沿曲轴轴向错位;缺点是叉形连杆大头结构和加工工艺比较复杂,且刚度也不高。

③主副连杆。又称关节连杆,如图 2-3-29c)所示。一列汽缸的连杆为主连杆,直接装在曲柄销上,另一列汽缸的连杆为副连杆,它的大头与对应的主连杆大头(或连杆盖)上的两个凸耳作铰链连接,左右两列主副连杆与汽缸中心线在同一平面内。它的优点是发动机轴向长度缩短;缺点是主副连杆不能互换,两缸的运动规律和受力不一样。

2. 连杆轴承

1)功用

(1)承受连杆的作用力。

(2)支承连杆。

(3)具有导热作用。

2)工作条件

(1)承受交变的载荷。

(2)摩擦力大,磨损大。

(3)润滑困难。

3)要求

(1)具有足够的强度。

(2)具有良好的减磨性和耐磨性。

(3)对润滑油吸附能力强。

(4)具有良好的导热性。

4)材料

连杆轴承是滚动轴承的,材料一般用含铬合金制造;连杆轴承是滑动轴承的,它的钢背材料为优质低碳钢,减磨合金层材料为白合金(巴氏合金)、铜铅合金、铝基合金等。

5)类型

连杆轴承一般分滑动轴承和滚动轴承两类。

6)结构

连杆轴承一般多采用滑动轴承,俗称连杆轴瓦或小瓦。也有的采用滚动轴承,主要用在小型二冲程发动机中。连杆轴承安装在连杆大头孔内,对于滑动轴承,通常以剖分形式分成两半,如图 2-3-30 所示。它是由厚度为 1 ~ 3mm 的薄钢背与厚度为 0.3 ~ 0.7mm 的减磨合金属所组成。钢背是轴承的基体,既有足够的强度,又有合适的刚度,以便与轴承孔良好地贴合。钢背薄有利于轴承向连杆大头导热,可以提高连杆轴承工作的可靠性。在钢背的内圆面上浇铸减磨合金层,用以减小摩擦阻力、加速磨合和保持油膜。目前常用的轴承减磨合金主要有白合金、铜铅合金和高锡铝基合金等。

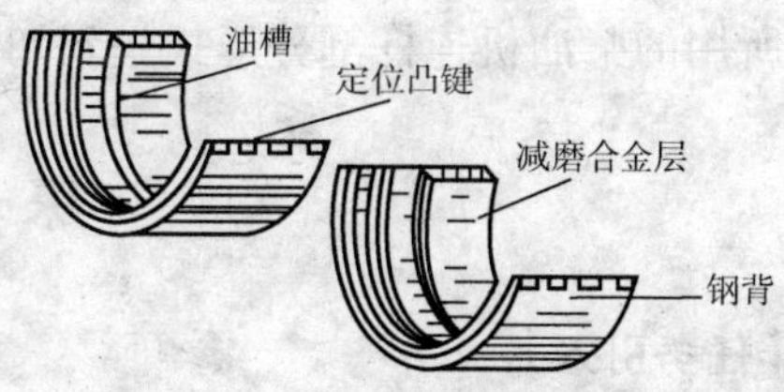

图 2-3-30　连杆轴承

白合金连杆轴承的疲劳强度低，且耐热性差，故多用于负荷不大的汽油机上；铜铅合金多用于高强化的柴油机上；铝基合金广泛用于汽油机和柴油机上。

连杆轴承的背面粗糙度低，半个轴承在自由状态下不是半圆形，在装入连杆大头孔内，由于有过盈量，所以，它能够均匀紧贴在大头孔壁内。为了防止连杆轴承在工作中发生转动或轴向位移，在轴承的剖分面上和连杆盖上设置有高出背面的定位唇和定位凹槽，以保证装配时准确定位。在连杆轴承内表面上还加工有油槽，用以储油，保证可靠润滑；有的连杆上半轴承有一个润滑油孔，主要把润滑油送到连杆小头用于润滑。

3. 连杆螺栓（或连杆螺钉）

1）功用

连杆螺栓（或连杆螺钉）用来紧固连杆大头和连杆盖。

2）工作条件

（1）承受拉伸载荷。

（2）承受交变的脉动载荷。

3）要求

（1）具有足够的强度和刚度。

（2）具有足够的疲劳强度。

（3）具有较少的应力集中。

4）材料

连杆螺栓或螺钉材料一般用35CrMo、40Cr、42Mn2V等中碳合金钢。

5）结构

斜切口连杆用连杆螺钉来紧固，如图2-3-31所示。平切口连杆用连杆螺栓来紧固，如图2-3-32所示。连杆螺栓（或连杆螺钉）螺纹部分一般是一级精度的标准细牙（也有制成特种细牙的），杆身做的比螺纹部分的直径要小些，杆身与头部用较大半径的圆弧光滑过渡，以防止应力集中。平切口连杆螺栓头部铣有直边，以便在拧紧（或旋松）螺母时，连杆螺栓不会跟着转动。连杆螺栓（或连杆螺钉）的表面常采用发蓝、发黑或镀铜防锈，镀铜同时还具有防松作用。连杆螺栓（或连杆螺钉）在装配时按规定力矩分2～3次拧紧。有些发动机为了可靠地防松，采用防松锁紧装置，如开口销、锁紧铁丝、锁紧片等。

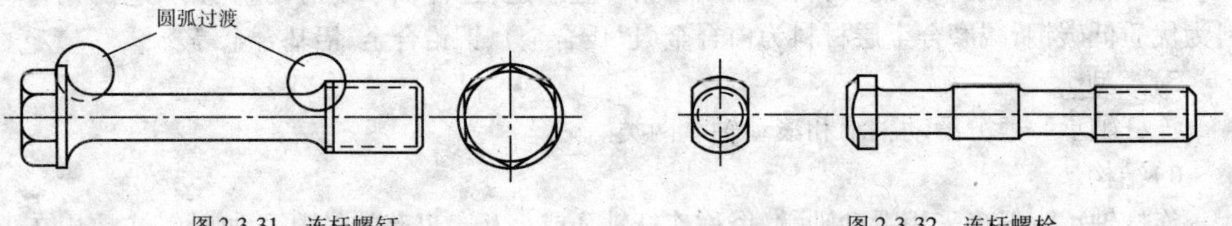

图2-3-31　连杆螺钉　　　　图2-3-32　连杆螺栓

【重点提示】

要注意连杆的结构和剖分形式；连杆轴承的结构；它们使用的材料；特别要熟悉筑路机械所用的柴油机连杆剖分形式是斜切口。

课题四　曲轴飞轮组

【任务引入】

如图2-4-1所示，曲轴飞轮组在发动机里作为旋转部件，它主要是由曲轴和飞轮等零部件构成。本课题主要认识曲轴和飞轮等零部件的结构。

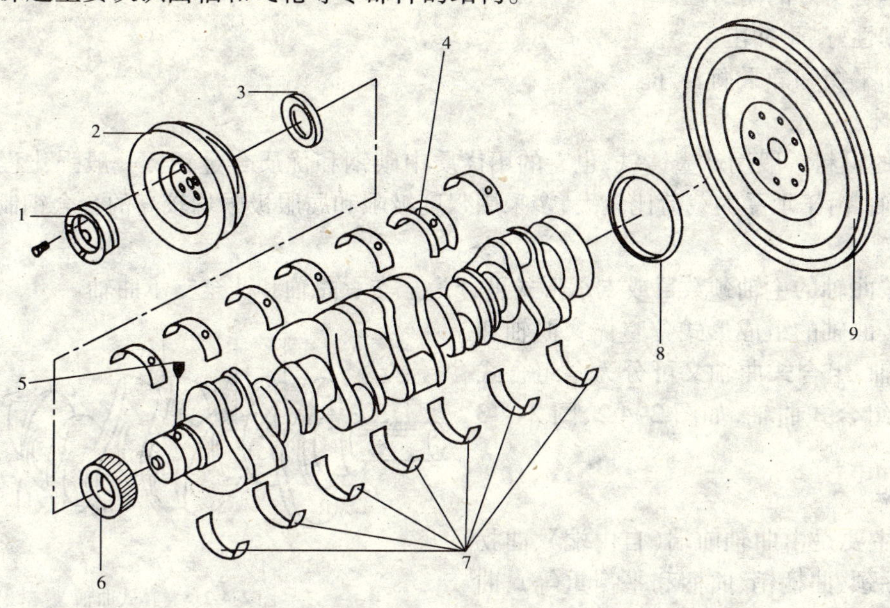

图 2-4-1 曲轴飞轮组

1-曲轴垫块;2-曲轴扭转减振器;3-曲轴前油封;4-翻边组合轴承;5-定位销;6-曲轴正时齿轮;7-主轴承;8-后油封;9-飞轮

【任务分析】

要认识曲轴飞轮组中曲轴和飞轮等零部件的构造,必须从曲轴和飞轮等零部件的功用、工作条件、要求、类型和结构来分析了解它的构造,从而达到完全认识曲轴和飞轮的目的。其中还介绍几种常见的多缸发动机曲拐布置和工作顺序。

【任务实施】

曲轴飞轮组的功用是将活塞连杆组传递过来的力转变为旋转力矩,并同时将活塞的往复运动转变为旋转运动;储存做功冲程能量,克服辅助冲程的阻力,使发动机正常运转,带动发动机的各个附属机构工作。它主要由曲轴、飞轮、扭转减振器、曲轴正时齿轮等组成。

一、曲轴

1. 功用

(1)将活塞的往复运动转变为旋转运动。

(2)将各种作用力通过连杆转变为旋转力矩。

(3)带动发动机的配套机构正常工作。

(4)驱动发动机各种附属机构工作。

2. 工作条件

(1)承受旋转惯性力的作用。

(2)承受周期性变化的气体压力作用。

(3)承受往复惯性动力和力矩作用。

(4)摩擦力大,磨损大。

3. 要求

(1)具有足够的强度,以保证在交变应力下不破坏。

(2)具有足够的刚度,保证不发生弯曲变形和扭转振动。

(3)具有良好的耐磨性。

(4)韧性好、耐冲击。

(5)动平衡和静平衡要好。

4. 材料

曲轴的材料一般用球墨铸铁,也有的用优质中碳钢和优质合金钢。一般强化程度较高的柴油机曲轴,由于承受的载荷比较大,多采用强度极限和屈服极限均较高的合金钢制造。

5. 类型

(1)按曲轴的主轴颈数目或支承形式可分为全支承曲轴和非全支承曲轴。

(2)按曲轴的组成形式分整体式曲轴和组合式曲轴;组合式曲轴又可分为全组合式曲轴和半组合式曲轴,如图 2-4-2、图 2-4-3 所示。

6. 结构

曲轴主要是由曲轴前端(自由端)、曲拐(包括主轴颈、曲柄销、曲柄和平衡重等)、曲轴后端(功率输出端)三部分组成(图 2-4-2)。

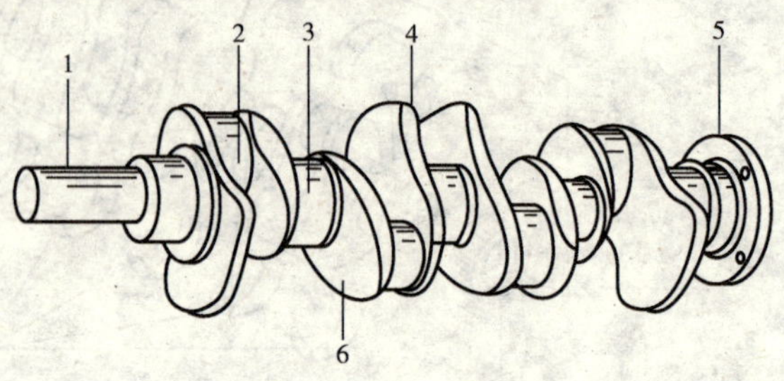

图 2-4-2 整体式曲轴

1-前端轴;2-连杆轴颈;3-主轴颈;4-平衡重;5-后端凸缘;6-曲柄

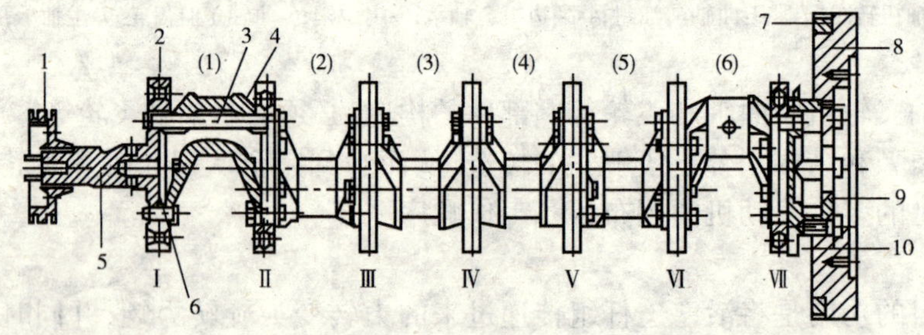

图 2-4-3 组合式曲轴

1-皮带盘;2-滚动轴承;3-连接螺杆;4-曲柄;5-前端轴;6-主轴颈;7-齿圈;8-飞轮;9-后端凸缘;10-挡油盘

1)曲拐

曲拐由主轴颈、曲柄销、曲柄和平衡重等组成。曲轴上曲拐的数目与汽缸的数目以及汽缸的排列形式有关。直列式发动机曲轴的曲拐数与汽缸数相等;V 形发动机曲轴的曲拐数是汽缸数的一半。

(1)曲柄销。曲柄销又称连杆轴颈。它连接在连杆大头孔内,一般为圆柱形,有很高的加工精度和很低的粗糙度,同曲柄之间用圆弧连接,避免过渡处的应力集中。曲柄销一般制成空心的,它设置有减轻孔,主要是为了减轻质量和离心力。有些发动机的曲轴,用减轻孔当作油腔和油道。在直列式发动机上曲柄销数同汽缸数相等;在 V 形发动机上其曲柄销数是汽缸数的一半。

(2)主轴颈。主轴颈是整个曲轴的支承部分。曲轴的支承有全支承和非全支承两种。全支承是两个曲拐之间都有一个主轴颈,如图 2-4-4a)所示;非全支承并非所有的两个曲拐之间都设置一个主轴颈,如图 2-4-4b)所示。对于直列式发动机,全支承主轴颈数比汽缸数多一个;对于 V 形发动机全支承曲轴的主轴颈数比汽缸数一半多一个。汽油机一般既采用全支承也采用非全支承,而柴油机一般多采用全支承。

主轴颈的表面也是圆柱形,它一般为实心,也有采用空心结构的。主轴颈上也有油孔,为了减小应力集中，通常对油孔和与曲柄相连接的圆角进行抛光处理和滚压，以提高这些地方的疲劳强度。主轴颈上的主轴承有的采用滚动轴承，有的采用滑动轴承即主轴瓦（俗称大瓦），它的结构和连杆轴承基本相同。一般整体式曲轴的发动机大多采用滑动轴承作为曲轴的主轴承。

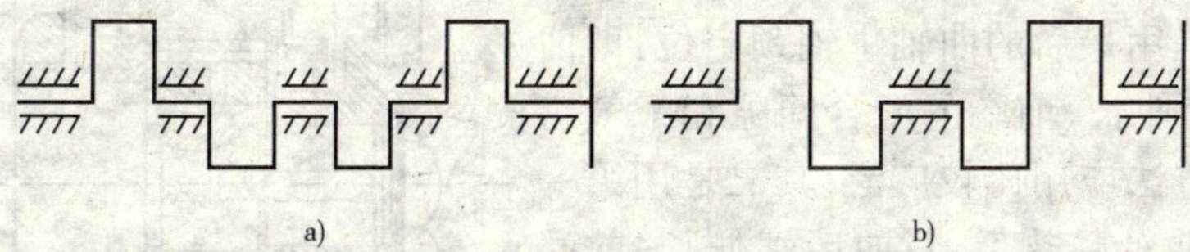

图 2-4-4　曲轴支承形式示意图

a）全支承；b）非全支承

（3）曲柄和平衡重。

①曲柄（图 2-4-2）。曲柄是用来连接主轴颈和曲柄销的，大多数制成“椭圆盘”或“圆盘”形，一般做的较厚，以提高曲轴的刚度。在曲柄厚度和高度相同的条件下，椭圆形曲柄和圆盘柄的弯曲疲劳强度大致相等，但圆盘曲柄质量大。球墨铸铁和锻钢曲轴采用椭圆曲柄；合金钢曲轴采用圆盘曲柄。

②平衡重（图 2-4-2）。它是用来平衡发动机不平衡的离心力和离心力矩，有时还用来平衡一部分往复惯性力。其形状是扇形的；有的发动机平衡重和曲柄铸在一起；有的发动机曲轴是曲柄和平衡重分开制造，然后用螺钉紧固在一起，它有三种固定方法，如图 2-4-5 所示。其一为燕尾槽结构；其二是肩胛定位结构；其三是铰链结构。

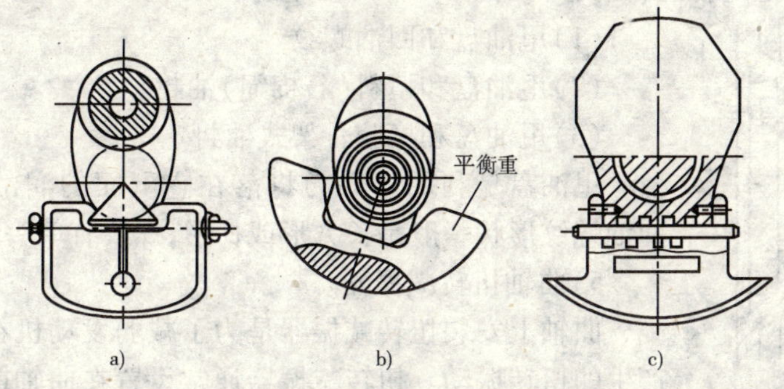

图 2-4-5　平衡重的紧固方法

a）燕尾槽结构；b）肩胛定位结构；c）铰链结构

2）曲轴前端和曲轴后端

（1）曲轴前端。曲轴前端装有驱动配气机构的正时齿轮、驱动风扇和水泵的皮带轮、止推环、甩油盘、启动爪等，有的发动机还装有扭转减振器等零件。前端的形状一般是台阶圆柱形（见图 2-4-2）。

（2）曲轴后端。曲轴后端伸出发动机体外，以便和发动机后面的传动机构连接。后端一般设有凸缘或花键，主要是安装飞轮（图 2-4-2）。在曲轴后端上设置有回油螺纹，如图 2-4-6 所示。回油螺纹的螺旋方向与曲轴旋转方向相反。当曲轴旋转时，润滑油受到机体后盖板内孔摩擦阻力 F_r 的阻碍，在力 F_r 平行于螺纹的分力 F_{r1} 的作用下，润滑油顺着螺纹槽道被推送回去，流回曲轴箱。

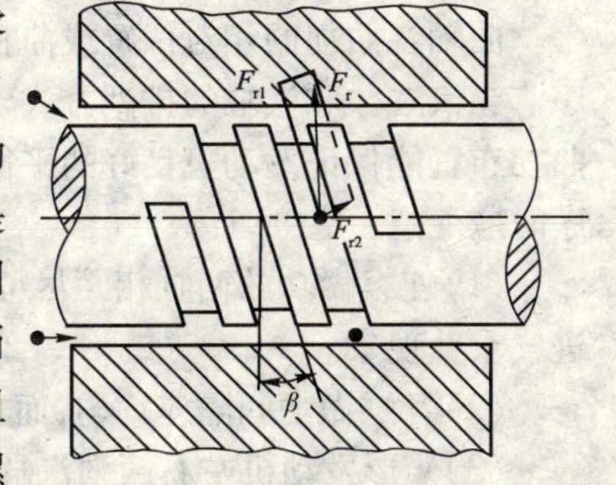

图 2-4-6　回油螺纹封油示意图

3）曲轴的轴向定位

发动机工作时，曲轴由于受热膨胀而伸长或受到正时齿轮及离合器等轴向力会产生轴向位移，因此，必须对曲轴进行轴向定位。轴向定位方法有三种，其一是用最后的曲轴主轴颈定位，即曲轴受热后只向前伸长，前端的配合间隙和配气定时受影响，这种方法应用比较广泛；其二是用第一主轴颈定位，即曲轴受热后，只向后端伸长，前端配气定时等不受影响，这种方法主要用于小功率汽油机；其三是用中间主轴颈定位，这种方法主要在汽车拖拉机的发动机上应用广泛。用曲轴主轴颈作轴向定位时，必须在该主轴颈上设置止推轴承或止推轴瓦。止推轴承有翻边组合轴承（图2-4-1）和半圆止推片（图2-4-7），其中半圆止推片应用最广泛。安装止推片要注意止推面的方向，减磨层应朝向旋转面。

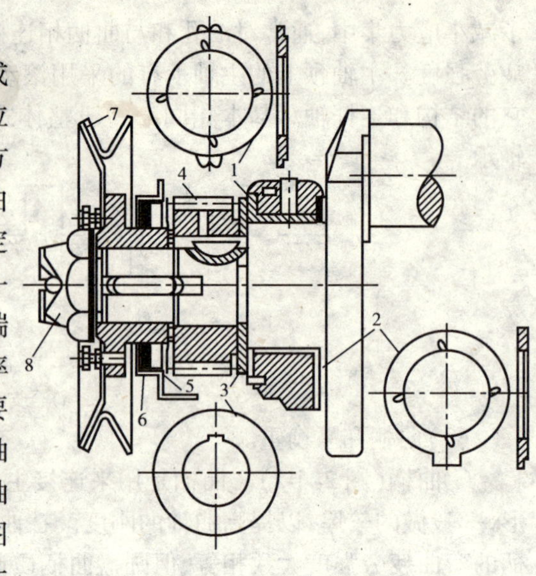

图2-4-7　曲轴前端结构

1、2-推力轴承；3-止推片；4-正时齿轮；5-甩油盘；6-油封；7-皮带盘；8-启动爪

4）曲轴的油封装置

发动机工作时，为了防止曲轴前后端沿着轴向漏油，曲轴应有油封装置，在高速发动机上采用的油封结构都是组合式（图2-4-7、图2-4-8），常用的有：

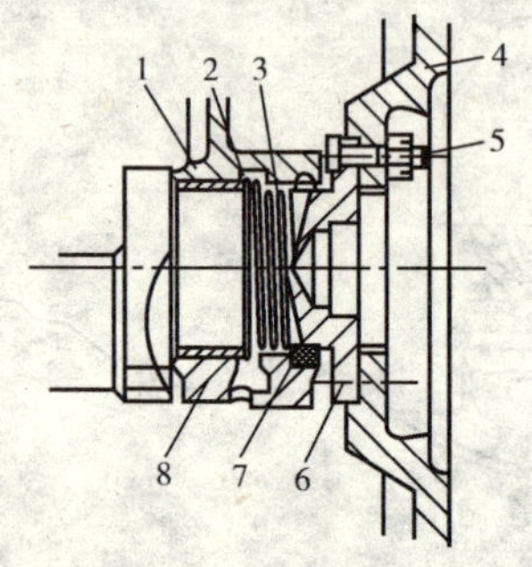

图2-4-8　曲轴后端结构

1-轴承座；2-甩油盘；3-回油螺纹；4-飞轮；5-飞轮螺栓；6-曲轴凸缘盘；7-填料油封；8-轴承盖

（1）甩油盘和回油螺纹。

（2）甩油盘和填料（石棉绳）油封。

（3）甩油盘和橡胶骨架式油封。

甩油盘是利用离心力将落在它上面的润滑油，甩回曲轴箱。回油螺纹形状一般是长方形或梯形，螺纹有单头、双头和三头的。

5）曲轴扭转减振器

曲轴上安装扭转减振器是为了减弱发动机在运转过程中曲轴产生的扭转振动。扭转减振器通常设置在曲轴前端，因为共振时，这里的振幅最大。扭转减振器主要有橡胶扭转减振器、硅油扭转减振器或硅油—橡胶扭转减振器、干摩擦式扭转减振器等，如图2-4-9所示。

6）曲拐布置与多缸发动机的工作顺序

曲轴各曲拐的相对位置或曲拐布置方式取决于发动机的汽缸数、汽缸排列方式和工作顺序。当汽缸数和汽缸的排列方式确定之后，曲拐布置就只取决于发动机的工作顺序。合理的曲拐布置能保证发动机良好的平衡性和输出转矩均匀。对于多缸发动机在选择发动机工作顺序时应注意：

（1）连续做功的两缸相距尽可能远些，以减轻主轴承的载荷，同时避免可能发生相邻两缸进气重叠现象。

（2）各缸做功间隔应均匀，而且各缸的做功间隔时间应均匀，曲拐排列应尽可能对称。

（3）V形发动机左右两列汽缸应交替做功。

对缸数为i的四冲程发动机而言，它的做功间隔角为$720°/i$（i为汽缸数），即曲轴每转

720°/i 时，就有一个汽缸做功，以保证发动机运转平稳。

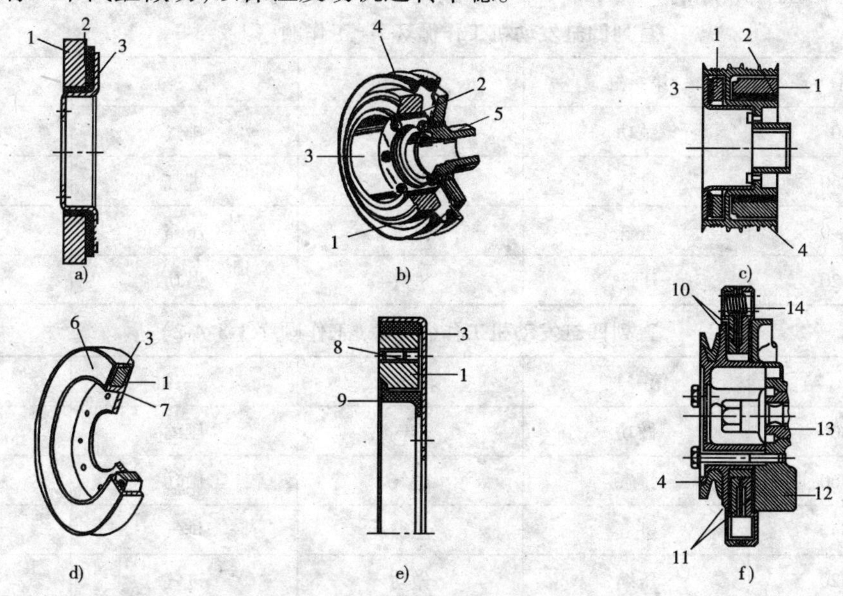

图2-4-9　曲轴扭转减振器

a)橡胶扭转减振器；b)带轮—橡胶扭转减振器；c)复合惯性质量减振器；d)硅油扭转减振器；e)硅油—橡胶扭转减振器；f)摩擦式扭转减振器

1-扭转振动惯性质量；2-硫化橡胶层；3-减振器壳体；4-带轮；5-带轮毂；6-侧盖；7-衬套；8-注油螺塞；9-橡胶环；10-惯性盘；11-摩擦片；12-平衡重；13-曲轴；14-弹簧

几种常见的多缸发动机曲拐布置和工作顺序如下：

①四冲程直列三缸发动机曲拐布置和工作顺序。这种发动机的做功间隔角为 720°/3 = 240°，三个曲拐互成 120°。

发动机的工作顺序有两种，即 1-3-2 或 1-2-3，它们的工作循环见表 2-4-1。

直列三缸发动机工作循环表（工作顺序 1-2-3）　　表 2-4-1

<table>
<tr><th>曲轴转角(°)</th><th>第一缸</th><th>第二缸</th><th>第三缸</th></tr>
<tr><td>0 ~ 60</td><td rowspan="3">做功</td><td>进气</td><td rowspan="2">排气</td></tr>
<tr><td>60 ~ 120</td><td rowspan="3">压缩</td></tr>
<tr><td>120 ~ 180</td><td rowspan="3">进气</td></tr>
<tr><td>180 ~ 240</td><td rowspan="3">排气</td></tr>
<tr><td>240 ~ 300</td><td rowspan="3">做功</td></tr>
<tr><td>300 ~ 360</td><td rowspan="3">压缩</td></tr>
<tr><td>360 ~ 420</td><td rowspan="3">进气</td></tr>
<tr><td>420 ~ 480</td><td rowspan="3">排气</td></tr>
<tr><td>480 ~ 540</td><td rowspan="3">做功</td></tr>
<tr><td>540 ~ 600</td><td rowspan="3">压缩</td></tr>
<tr><td>600 ~ 660</td><td rowspan="2">进气</td></tr>
<tr><td>660 ~ 720</td><td>排气</td></tr>
</table>

②四冲程直列四缸发动机曲拐布置（图 2-4-10）和工作顺序。四个曲拐布置在一个平面内，做功间隔角为 720°/4 = 180°。

发动机的工作顺序有两种，即 1-2-4-3 或 1-3-4-2，它们的工作循环见表 2-4-2、表 2-4-3。

直列四缸发动机工作循环表（工作顺序 1-2-4-3） 表 2-4-2

曲轴转角(°)	第一缸	第二缸	第三缸	第四缸
0～180	**做功**	压缩	排气	进气
180～360	排气	**做功**	进气	压缩
360～540	进气	排气	压缩	**做功**
540～720	压缩	进气	**做功**	排气

直列四缸发动机工作循环表（工作顺序 1-3-4-2） 表 2-4-3

曲轴转角(°)	第一缸	第二缸	第三缸	第四缸
0～180	**做功**	排气	压缩	进气
180～360	排气	进气	**做功**	压缩
360～540	进气	压缩	排气	**做功**
540～720	压缩	**做功**	进气	排气

③四冲程直列五缸发动机的曲拐布置（图 2-4-11）和工作顺序。做功间隔角为 720°/5＝144°。

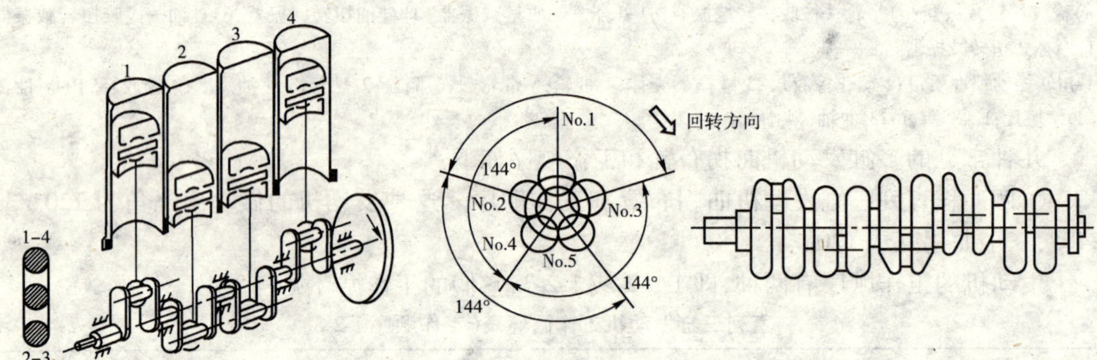

图 2-4-10 四冲程直列四缸发动机曲拐布置图　　图 2-4-11 四冲程直列五缸发动机曲拐布置图

发动机的工作顺序为 1-2-4-5-3，它的工作循环见表 2-4-4。

④四冲程直列六缸发动机曲拐布置（图 2-4-12）和工作顺序。六个曲拐布置在三个平面内，做功间隔角为 720°/6＝120°。

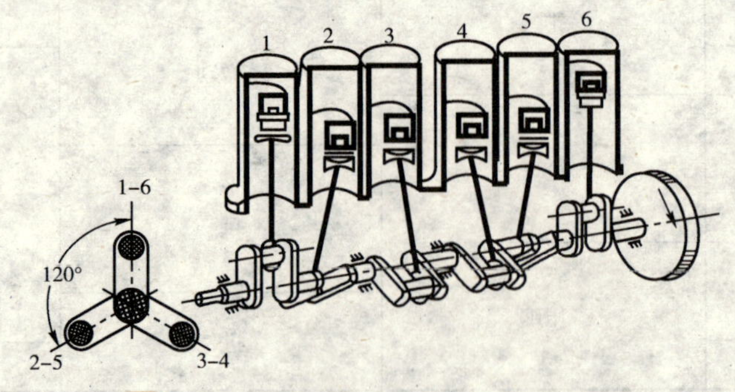

图 2-4-12 四冲程直列六缸发动机曲拐布置图

发动机的工作顺序有两种，即 1-5-3-6-2-4 或 1-4-2-6-3-5，其工作循环见表 2-4-5。

直列五缸发动机工作循环表(工作顺序 1-2-4-5-3)　　表 2-4-4

<table>
<tr><th>曲轴转角(°)</th><th>第一缸</th><th>第二缸</th><th>第三缸</th><th>第四缸</th><th>第五缸</th></tr>
<tr><td>0 ~ 36</td><td rowspan="5">做功</td><td rowspan="4">压缩</td><td>做功</td><td rowspan="3">进气</td><td rowspan="2">排气</td></tr>
<tr><td>36 ~ 72</td><td rowspan="5">排气</td></tr>
<tr><td>72 ~ 108</td><td rowspan="5">进气</td></tr>
<tr><td>108 ~ 144</td><td rowspan="5">压缩</td></tr>
<tr><td>144 ~ 180</td><td rowspan="5">做功</td></tr>
<tr><td>180 ~ 216</td><td rowspan="5">排气</td></tr>
<tr><td>216 ~ 252</td><td rowspan="5">进气</td></tr>
<tr><td>252 ~ 288</td><td rowspan="5">压缩</td></tr>
<tr><td>288 ~ 324</td><td rowspan="5">做功</td></tr>
<tr><td>324 ~ 360</td><td rowspan="5">排气</td></tr>
<tr><td>360 ~ 396</td><td rowspan="5">进气</td></tr>
<tr><td>396 ~ 432</td><td rowspan="5">压缩</td></tr>
<tr><td>432 ~ 468</td><td rowspan="5">做功</td></tr>
<tr><td>468 ~ 504</td><td rowspan="5">排气</td></tr>
<tr><td>504 ~ 540</td><td rowspan="5">进气</td></tr>
<tr><td>540 ~ 576</td><td rowspan="5">压缩</td></tr>
<tr><td>576 ~ 612</td><td rowspan="4">做功</td></tr>
<tr><td>612 ~ 648</td><td rowspan="3">排气</td></tr>
<tr><td>648 ~ 684</td><td rowspan="2">进气</td></tr>
<tr><td>684 ~ 720</td><td>压缩</td></tr>
</table>

直列六缸发动机工作循环(工作顺序 1-5-3-6-2-4)　　表 2-4-5

<table>
<tr><th>曲轴转角(°)</th><th>第一缸</th><th>第二缸</th><th>第三缸</th><th>第四缸</th><th>第五缸</th><th>第六缸</th></tr>
<tr><td>0 ~ 60</td><td rowspan="3">做功</td><td rowspan="2">排气</td><td>进气</td><td>做功</td><td rowspan="2">压缩</td><td rowspan="3">进气</td></tr>
<tr><td>60 ~ 120</td><td rowspan="3">压缩</td><td rowspan="3">排气</td></tr>
<tr><td>120 ~ 180</td><td rowspan="3">进气</td><td rowspan="3">做功</td></tr>
<tr><td>180 ~ 240</td><td rowspan="3">排气</td><td rowspan="3">压缩</td></tr>
<tr><td>240 ~ 300</td><td rowspan="3">做功</td><td rowspan="3">进气</td></tr>
<tr><td>300 ~ 360</td><td rowspan="3">压缩</td><td rowspan="3">排气</td></tr>
<tr><td>360 ~ 420</td><td rowspan="3">进气</td><td rowspan="3">做功</td></tr>
<tr><td>420 ~ 480</td><td rowspan="3">排气</td><td rowspan="3">压缩</td></tr>
<tr><td>480 ~ 540</td><td rowspan="3">做功</td><td rowspan="3">进气</td></tr>
<tr><td>540 ~ 600</td><td rowspan="3">压缩</td><td rowspan="3">排气</td></tr>
<tr><td>600 ~ 660</td><td rowspan="2">进气</td><td rowspan="2">做功</td></tr>
<tr><td>660 ~ 720</td><td>排气</td><td>压缩</td></tr>
</table>

⑤四冲程 V 形六缸发动机曲拐布置和工作顺序。左右两列相对应与一对连杆共用一个曲拐,三个曲拐布置在同一平面内。做功间隔角为 720°/6 = 120°,三个曲拐互成 120°。

面对发动机由前向后汽缸号右列为1、2、3，左列为4、5、6，则发动机工作顺序为1-6-3-5-2-4。如图2-4-13所示为汽缸序号排列示意图。其工作循环见表2-4-6。

V形六缸发动机工作循环表(工作顺序1-6-3-5-2-4)　　表2-4-6

<table>
<tr><th>曲轴转角(°)</th><th>第一缸</th><th>第二缸</th><th>第三缸</th><th>第四缸</th><th>第五缸</th><th>第六缸</th></tr>
<tr><td>0～60</td><td rowspan="3">做功</td><td rowspan="2">排气</td><td>进气</td><td>做功</td><td rowspan="3">进气</td><td rowspan="2">压缩</td></tr>
<tr><td>60～120</td><td rowspan="3">压缩</td><td rowspan="3">排气</td></tr>
<tr><td>120～180</td><td rowspan="3">进气</td><td rowspan="3">做功</td></tr>
<tr><td>180～240</td><td rowspan="3">排气</td><td rowspan="3">压缩</td></tr>
<tr><td>240～300</td><td rowspan="3">做功</td><td rowspan="3">进气</td></tr>
<tr><td>300～360</td><td rowspan="3">压缩</td><td rowspan="3">排气</td></tr>
<tr><td>360～420</td><td rowspan="3">进气</td><td rowspan="3">做功</td></tr>
<tr><td>420～480</td><td rowspan="3">排气</td><td rowspan="3">压缩</td></tr>
<tr><td>480～540</td><td rowspan="3">做功</td><td rowspan="3">进气</td></tr>
<tr><td>540～600</td><td rowspan="3">压缩</td><td rowspan="3">排气</td></tr>
<tr><td>600～660</td><td rowspan="2">进气</td><td rowspan="2">做功</td></tr>
<tr><td>660～720</td><td>排气</td><td>压缩</td></tr>
</table>

⑥四冲程V形八缸发动机曲拐布置和工作顺序。左右两列相对应与一对连杆共用一个曲拐，四个曲拐互成90°。做功间隔角为720°/8＝90°。

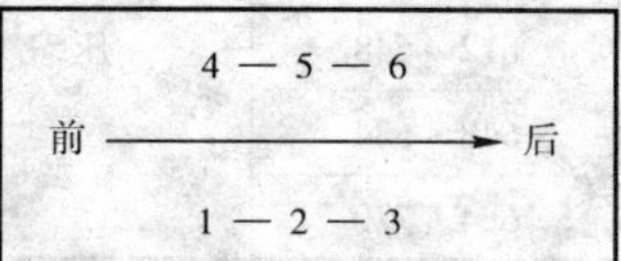

图2-4-13　V形六缸发动机汽缸序号排列示意图

V形八缸发动机汽缸排列方法可不统一，基本上有两种。若规定由前向后汽缸号左列为1、2、3、4，右列为5、6、7、8，则工作顺序为5-1-8-4-2-7-3-6；若规定由前向后汽缸号左列为1、3、5、7，右列为2、4、6、8(图2-4-14)，则工作顺序为1-8-4-3-6-5-7-2(图2-4-15)。其工作循环见表2-4-7、表2-4-8。

V形八缸发动机工作循环表(工作顺序1-8-4-3-6-5-7-2)　　表2-4-7

<table>
<tr><th>曲轴转角(°)</th><th>第一缸</th><th>第二缸</th><th>第三缸</th><th>第四缸</th><th>第五缸</th><th>第六缸</th><th>第七缸</th><th>第八缸</th></tr>
<tr><td>0～90</td><td rowspan="2">做功</td><td>做功</td><td>进气</td><td rowspan="2">压缩</td><td>排气</td><td rowspan="2">进气</td><td rowspan="2">排气</td><td>压缩</td></tr>
<tr><td>90～180</td><td rowspan="2">排气</td><td rowspan="2">压缩</td><td rowspan="2">进气</td><td rowspan="2">做功</td></tr>
<tr><td>180～270</td><td rowspan="2">排气</td><td rowspan="2">做功</td><td rowspan="2">压缩</td><td rowspan="2">进气</td></tr>
<tr><td>270～360</td><td rowspan="2">进气</td><td rowspan="2">做功</td><td rowspan="2">压缩</td><td rowspan="2">排气</td></tr>
<tr><td>360～450</td><td rowspan="2">进气</td><td rowspan="2">排气</td><td rowspan="2">做功</td><td rowspan="2">压缩</td></tr>
<tr><td>450～540</td><td rowspan="2">压缩</td><td rowspan="2">排气</td><td rowspan="2">做功</td><td rowspan="2">进气</td></tr>
<tr><td>540～630</td><td rowspan="2">压缩</td><td rowspan="2">进气</td><td rowspan="2">排气</td><td rowspan="2">做功</td></tr>
<tr><td>630～720</td><td>做功</td><td>进气</td><td>排气</td><td>压缩</td></tr>
</table>

V 形八缸发动机工作循环表(工作顺序 5-1-8-4-2-7-3-6)　　表 2-4-8

<table>
<tr><th>曲轴转角(°)</th><th>第一缸</th><th>第二缸</th><th>第三缸</th><th>第四缸</th><th>第五缸</th><th>第六缸</th><th>第七缸</th><th>第八缸</th></tr>
<tr><td>0 ~ 90</td><td>压缩</td><td rowspan="2">进气</td><td rowspan="2">排气</td><td>进气</td><td rowspan="2">做功</td><td>做功</td><td>排气</td><td rowspan="2">压缩</td></tr>
<tr><td>90 ~ 180</td><td rowspan="2">做功</td><td rowspan="2">压缩</td><td rowspan="2">排气</td><td rowspan="2">进气</td></tr>
<tr><td>180 ~ 270</td><td rowspan="2">压缩</td><td rowspan="2">进气</td><td rowspan="2">排气</td><td rowspan="2">做功</td></tr>
<tr><td>270 ~ 360</td><td rowspan="2">排气</td><td rowspan="2">做功</td><td rowspan="2">进气</td><td rowspan="2">压缩</td></tr>
<tr><td>360 ~ 450</td><td rowspan="2">做功</td><td rowspan="2">压缩</td><td rowspan="2">进气</td><td rowspan="2">排气</td></tr>
<tr><td>450 ~ 540</td><td rowspan="2">进气</td><td rowspan="2">排气</td><td rowspan="2">压缩</td><td rowspan="2">做功</td></tr>
<tr><td>540 ~ 630</td><td rowspan="2">排气</td><td rowspan="2">做功</td><td rowspan="2">压缩</td><td rowspan="2">进气</td></tr>
<tr><td>630 ~ 720</td><td>压缩</td><td>进气</td><td>做功</td><td>排气</td></tr>
</table>

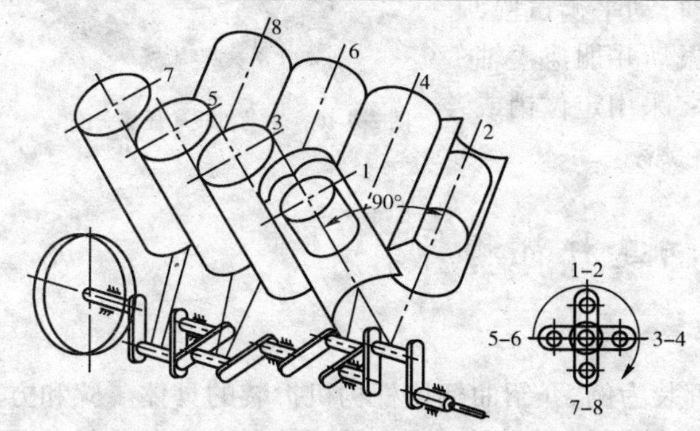

图 2-4-14　V 形八缸发动机曲拐布置图

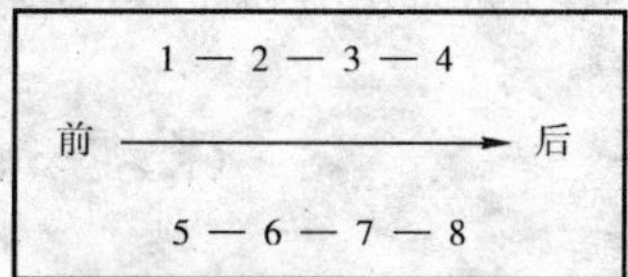

图 2-4-15　V 形八缸发动机汽缸序号排列示意图

【重点提示】

注意曲轴的结构;曲轴的支承方式;曲轴的组成;通过曲拐的布置方式,确定发动机的工作顺序。重点掌握六缸和八缸发动机的工作顺序,为调整气门间隙提供依据。

二、飞轮

1. 功用

(1)储存做功冲程能量。

(2)克服其他冲程中的阻力,使曲柄连杆机构能够越过上、下止点,并均匀旋转。

(3)克服短时间的超负荷。

(4)作为传动系中离合器部分的主动件。

2. 工作条件

(1)承受周期性变化的各种力作用。

(2)承受旋转产生的离心力作用。

3. 要求

(1)具有足够的强度。

(2)尽可能地均匀旋转。

(3)尽可能轻的质量和尽可能大的转动惯量。

4. 材料

飞轮的材料一般为灰铸铁。

5. 结构

飞轮外形是一个大圆盘，如图 2-4-16 所示。为了保证有足够的转动惯量，尽量减小飞轮的质量，应使飞轮的大部分质量都集中在轮缘上，因而飞轮的轮缘通常做的宽而厚。一般在飞轮外缘上压有一个启动齿圈，它的一侧制有倒角，在发动机启动时以便和启动机齿轮啮合，装配时要注意倒角要面对启动机齿轮。有的发动机在飞轮上刻有第一缸发火（或供油）正时记号，以便校准发火（或供油）时间，装配时这个记号与飞轮壳体上的刻线对准，从而使发火（或供油）时间准确；有的发动机飞轮上没有压制齿圈，这种发动机主要靠人力手摇启动。

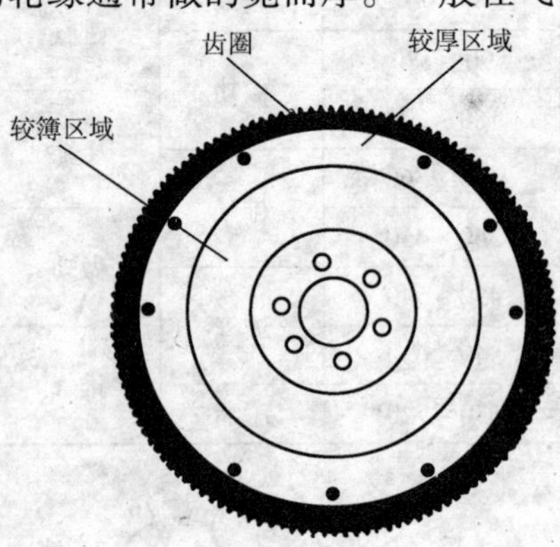

图 2-4-16　发动机飞轮质量分布

单缸发动机的飞轮，为了静平衡，通常在飞轮轮缘上钻有去重的孔；多缸发动机飞轮与曲轴一起进行动平衡试验，否则旋转时会因质量不均匀而引起发动机振动并加速主轴承的磨损。为了拆装时不破坏它的平衡关系，采用定位销或不对称布置的螺栓孔来确保严格的相对位置关系。

课题五　曲柄连杆机构拆装

【任务引入】

本课题以 D6114 柴油机曲柄连杆机构拆装为例，介绍曲柄连杆构机拆装的具体步骤和方法，应达到的相关的技术标准和要求；在拆装过程中应该注意的关键事项和技巧。整个拆装以项目课程方式来完成。

【任务分析】

为了达到上述任务的要求，而使曲柄连杆机构在拆卸和装配过程中仍保持原来各个零部件的位置关系，从三个组件来进行拆装，即机体组拆装、活塞连杆组拆装、曲轴飞轮组拆装，并通过项目时间、项目目的、项目工器具、项目内容、注意事项、考核要求、考核标准来完成任务。

【任务实施】

一、机体组拆装

1. 项目时间

8 课时。

2. 项目目的

（1）学习发动机的拆装方法和步骤以及拆装过程中的注意事项。

（2）识别机体组各部件的功用、名称和结构。

3. 项目工器具

（1）D6114 发动机一台。

（2）常用工具一套，专用工具一套。

（3）D6114 发动机图册一本。

4. 项目内容

1）机体组的拆卸

（1）松开发电机皮带张紧轮，取下皮带，拆下张紧轮。

(2)拆下水泵风扇,去除水泵上的水管,拆下水泵。

(3)拆下曲轴扭转减振器。

(4)拆去喷油器的回油管,拆下各个缸的高压油管,拆下喷油器。

(5)拆除发电机、启动机、空气压缩机、空气滤清器、机油滤清器、柴油滤清器、水过滤器、柴油沉淀器、消声器、进气管、排气管、进排气歧管等。

(6)拆除喷油泵。

(7)拆下正时齿轮室盖,取出各个正时齿轮,拆下机油泵。

(8)拆下水温及油温、油压等感应塞。

(9)拆下气门室罩盖。

(10)放出油底壳内机油,拆下油底壳。

(11)拆下汽缸盖,拆汽缸盖螺栓时,应从两端向中间分次、交叉拧松,并取下汽缸衬垫。

(12)用汽缸套专用工具拆卸汽缸套,并把汽缸套取下。

图2-5-1所示为机体组拆卸顺序图。

2)机体组的装配

机体组装配按拆卸相反的顺序进行。

5. 注意事项

(1)拆卸与拧紧汽缸盖,螺栓应按照规定的力矩拧紧,同时要注意拧紧和拧松的顺序。

(2)拆卸时要注意各正时齿轮的记号,以便安装时有正确的配气定时。

(3)拆卸时要注意汽缸垫的安装方向。

6. 考核要求

(1)按正确的步骤和方法进行拆装。

(2)拧紧力矩必须按标准要求拧紧。

(3)必须遵守相关的安全规范。

7. 考核标准

考核标准见表2-5-1。

考核标准表　　表2-5-1

考核时间	考核项目	得分	评分标准	结果
60min	正确使用工器具	10分	工器具使用不当酌情扣分	
	发动机附件的拆卸	40分	拆卸顺序错误酌情扣分	
	发动机机体组拆卸		拆卸顺序错误酌情扣分	
	发动机机体组装配	20分	装配顺序错误酌情扣分	
	按力矩要求紧固螺栓	20分	不符合要求每处扣5分,扣完为止	
	整理工具,清理现场,遵守相关安全规范	10分	不符合要求酌情扣分;若违规操作发生重大人身和设备事故,则按0分计	
	合计	100分		

8. 项目报告

根据实习项目写出报告。

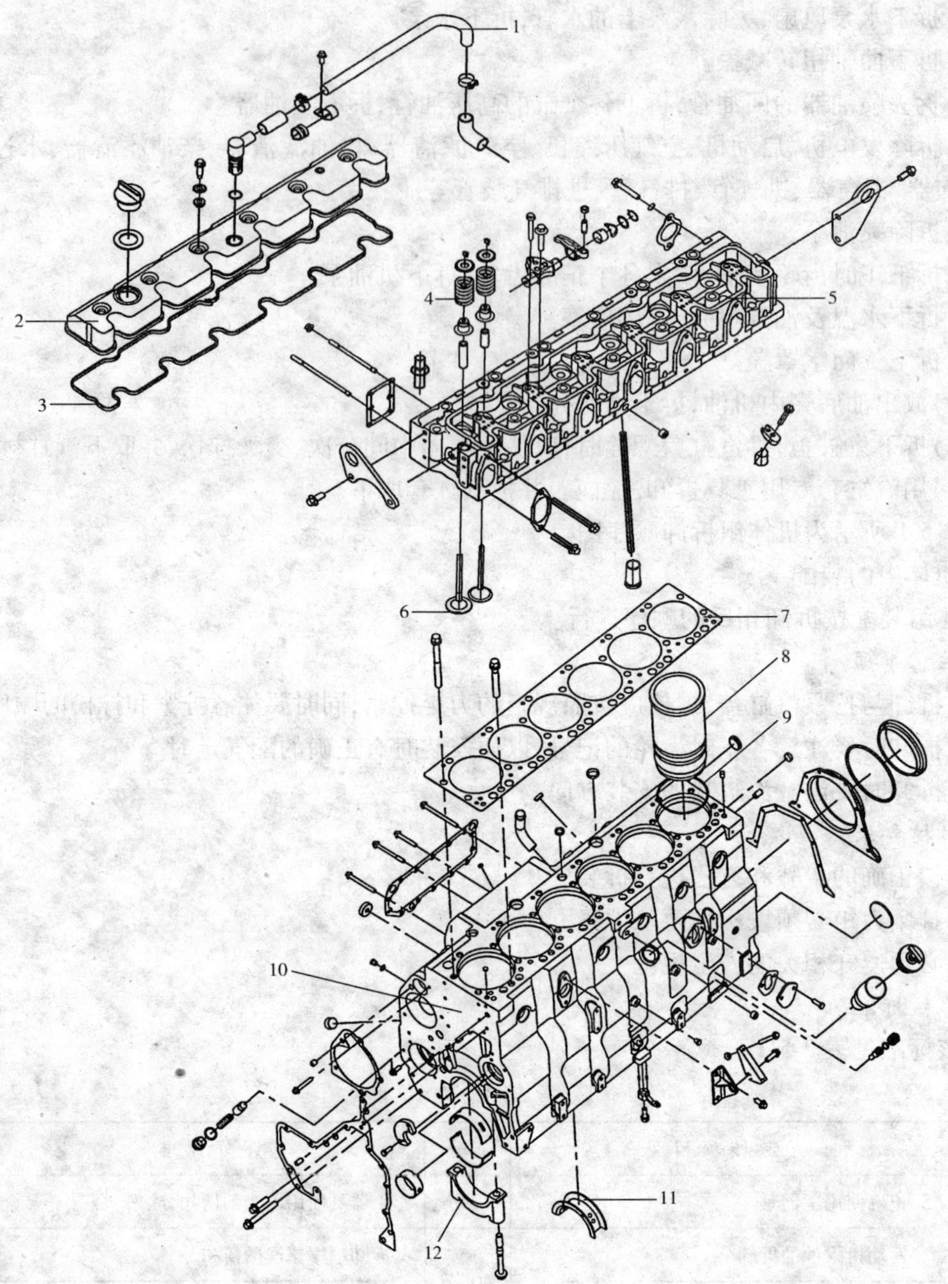

图 2-5-1　D6114 发动机机体组拆装顺序图

1-通气管;2-汽缸盖罩壳;3-汽缸盖罩密封带;4-气门弹簧;5-汽缸盖;6-气门;7-汽缸垫;8-汽缸套;9-汽缸套封水圈;10-汽缸体;11-曲轴推力轴承;12-主轴承盖

二、活塞连杆组拆装

1. 项目时间

8 课时。

2. 项目目的

(1)学习活塞连杆组的拆装方法和步骤以及拆装过程中的注意事项。

(2)识别活塞连杆组各部件的作用、名称和结构。

(3)学习活塞环三隙的检查方法。

3. 项目工器具

(1)D6114 发动机一台。

(2)常用工具一套,专用工具一套。

(3)D6114 发动机图册一本。

4. 项目内容

1)活塞连杆组的拆卸

(1)转动曲轴将所要拆下的连杆转到下止点,并检查活塞顶、连杆大端处有无记号,如无记号应按次序在活塞顶,连杆大端上用钢字号码或尖铳铳上记号。

(2)拆下连杆螺母,取下连杆轴承盖和连杆轴承,并按顺序分开放好,以免混乱,同时要注意是哪个缸和前后方向。

(3)用手将连杆向上推动,使连杆与连杆轴颈分离。用橡胶锤或手锤木柄轻敲推出活塞连杆组(如汽缸口上磨成了台阶,应先刮平,以免损坏活塞环)。

(4)取出活塞连杆组后,应将连杆轴承盖、螺栓和螺母按原样组装好,不可错乱。

2)活塞连杆组的分解

(1)用活塞环装卸钳拆下活塞环,并注意活塞环上的标记(如无装卸钳,也可用两手的拇指将环口扳开少许,用两中指护着活塞环的外圆将环拆下,但要注意切勿扳开,以免折断)。注意环开口要错开拆下。

(2)将活塞连杆组浸入热油中用卡环钳拆下活塞销卡环,用活塞销铳子将活塞销铳出,拆下活塞销。

图 2-5-2 所示为活塞连杆组拆装顺序图。

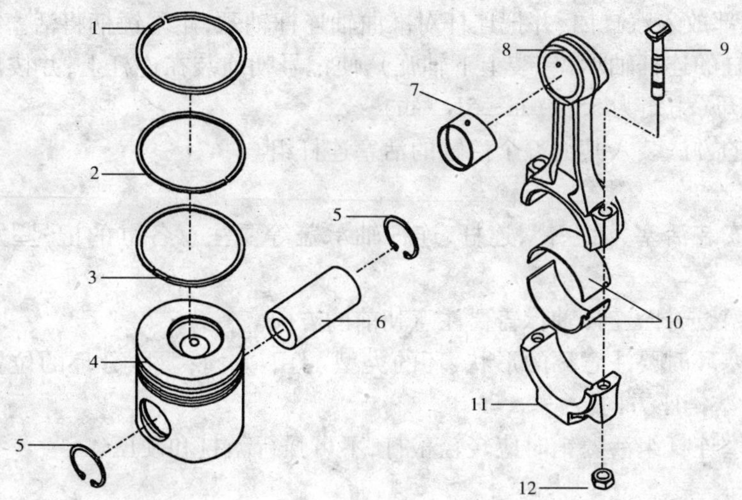

图 2-5-2 D6114 发动机活塞连杆组拆装顺序图

1-梯形桶面环;2-内切锥面环;3-油环;4-活塞;5-活塞销弹性卡环;6-活塞销;7-连杆衬套;8-连杆;9-连杆螺栓;10-连杆轴承;11-连杆盖;12-连杆螺母

3)活塞连杆组的组合

(1)彻底清洗活塞连杆等各零件,并用压缩空气吹干净。

(2)将活塞放入热油中加热,立即取出活塞迅速擦净座孔,用拇指力量将活塞销推入活塞的一端销孔，随即在连杆小端的衬套内涂上一层薄机油，将小端伸入活塞内，继续用拇指力量将活塞销推入连杆衬套内，直至活塞的另一端销孔边缘，使活塞销端面与活塞卡环槽的内端面平齐为止，再装入卡环。活塞销与卡环两端应各有 0.10 ~ 0.25mm 的间隙。卡环装入环槽中的深度应不少于环径的2/3。

【重要提示】

卡环安装时，应特别小心，可用尖嘴钳夹住卡环，妥当地装入槽内，用手试转，如转不动，就是装妥了。还应注意是否完全嵌在槽内。不论是装入或取出，都不可用螺丝刀操作。

(3)活塞环三隙的检查见课题六活塞环检修部分。用活塞环装卸钳装上活塞环，并注意各道环在活塞环槽中的位置、活塞环的方向、活塞环的开口位置等，如图 2-5-3 ~ 图 2-5-5 所示。

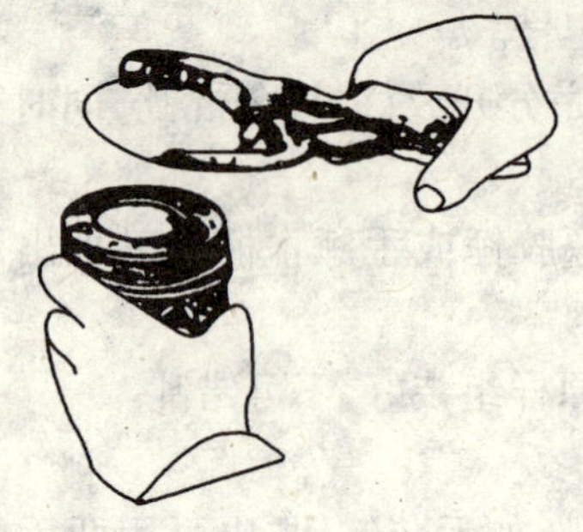

图 2-5-3　安装活塞环

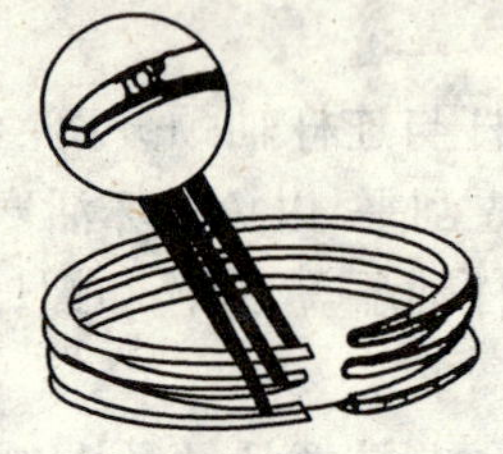

图 2-5-4　活塞环向上标记

图 2-5-5　活塞环开口位置

4)活塞连杆组的装入

(1)在汽缸壁及活塞连杆组件上涂以清洁的新机油(主要是润滑部位)。

(2)将第一缸曲柄转到下止点位置，检查环开口是否处于正确位置。

(3)用活塞环专用夹具(如锥形套筒或卡圈)，将整个环夹紧，按活塞顶记号方向将活塞连杆总成从汽缸顶部放入汽缸内，并把连杆对准曲轴连杆轴颈，用木锤柄将活塞推入。

(4)将第一缸的连杆轴承盖(装上下轴瓦)，使记号朝前装在连杆上，并按规定力矩用扭力扳手交替拧紧螺母(力矩为 55N·m ± 5N·m)。

(5)按同样的方法装入其他五个汽缸的活塞连杆组。

5. 注意事项

(1)拆卸和安装活塞、活塞销、连杆、连杆轴承盖等要注意各缸的记号，如无记号要做上记号。

(2)安装活塞、连杆、连杆轴承盖要注意朝前的方向。

(3)安装活塞环时要注意环的形状、环的类型、上下方向；要区分环的位置，开口要错开，并使开口避开活塞销座方向。

(4)安装活塞连杆组活塞销时应轻轻敲打，不可强行敲打和硬压。

6. 考核要求

(1)按正确的步骤和方法进行拆装。

(2)活塞环三隙检查方法。

(3)拧紧力矩必须按标准要求拧紧。

(4)必须遵守相关的安全规范。

7. 考核标准

考核标准见表 2-5-2。

考核标准表　　表 2-5-2

考核时间	考核项目	得分	评分标准	结果
60min	正确使用工器具	10 分	工器具使用不当酌情扣分	
	汽缸盖和油底壳拆卸	10 分	拆卸方法错误每处扣 5 分	
	活塞连杆组拆卸	30 分	拆卸方法错误扣 10 分;不做标记扣 5 分;摆放顺序不正确扣 5 分	
	检查活塞环的三隙	20 分	检查方法不正确每处扣 5 分,结果错误每处扣 5 分	
	活塞连杆组装配	20 分	装配顺序错误酌情扣分	
	整理工具,清理现场,遵守相关安全规范	10 分	不符合要求酌情扣分;若违规操作发生重大人身和设备事故,则按 0 分计	
	合计	100 分		

8. 项目报告

根据实习项目写出报告。

三、曲轴飞轮组拆装

1. 项目时间

8 课时。

2. 项目目的

(1)学习曲轴飞轮组的拆装方法和步骤以及拆装过程中的注意事项。

(2)识别曲轴飞轮组各部件的作用、名称和结构。

(3)学习曲轴轴向间隙和径向间隙的检测方法。

3. 项目工器具

(1)D6114 发动机一台。

(2)常用工具一套,专用工具一套。

(3)D6114 发动机图册一本。

4. 项目内容

1)曲轴飞轮组的拆卸

(1)将发动机汽缸体在台架上倒放。

(2)拧松曲轴轴承座固定螺栓(检查轴承盖上有无记号,如无记号应按顺序做上),拆下固定螺栓,取下轴承盖及主轴承并按顺序放好,抬下曲轴,再将轴承盖及主轴承装回原位,并将固定螺栓拧紧少许(在拧松螺栓时必须从两端到中间逐步拧松)。

(3)拆下曲轴前油封。

(4)旋出飞轮固定螺栓,从曲轴凸缘上拆下飞轮。

(5)拆下曲轴后端油封及飞轮壳。

图 2-5-6 所示为曲轴飞轮组拆装顺序图。

2)曲轴飞轮组的装配

(1)将曲轴、飞轮、主轴承及主轴承盖彻底清洗干净,并用压缩空气吹干。

(2)将主轴承(主轴瓦)的上瓦放入轴承座内,并涂上机油,并把下瓦也涂上机油放入主轴承盖内,上瓦和下瓦内表面涂上机油。

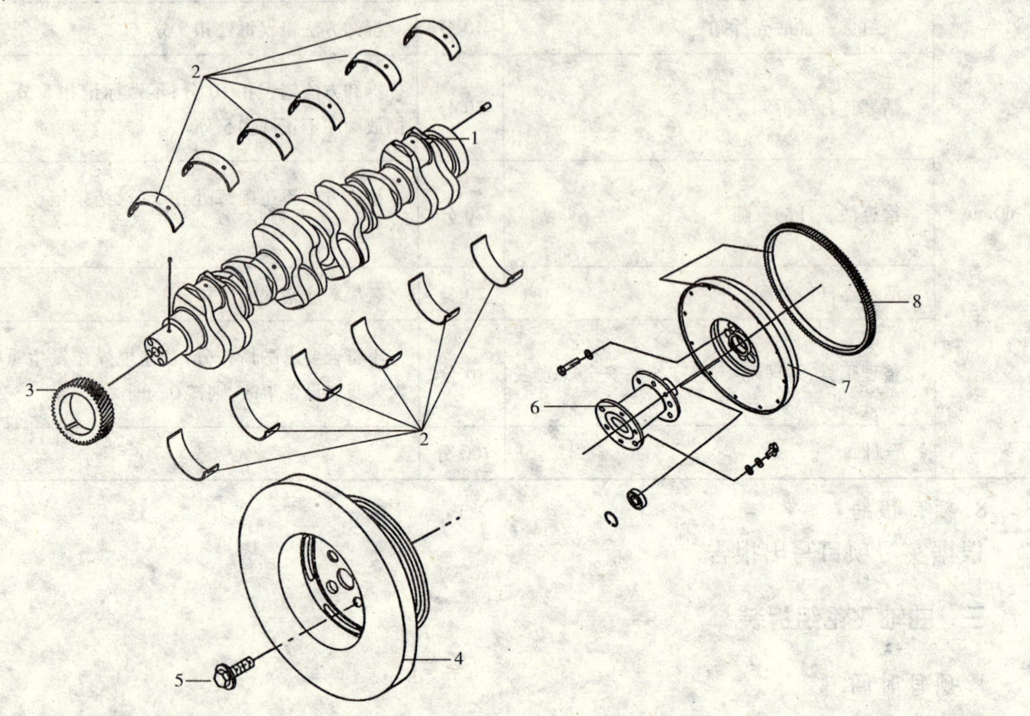

图 2-5-6 D6114 发动机曲轴飞轮组拆装顺序图

1-曲轴;2-主轴承;3-曲轴正时齿轮;4-扭转减振器;5-减振器螺栓;6-支座;7-飞轮;8-飞轮齿圈

(3)将曲轴放入主轴承座内,把主轴承盖装到主轴颈上,并从中间主轴承盖向两端左右对称紧固(要用扭力扳手按规定力矩拧紧,第一次拧紧扭矩为 50N · m,第二次拧紧扭矩为 95N · m ± 5N · m),全部轴承扭紧后,用手扳动飞轮或曲柄,应能转动,曲轴轴向间隙和曲轴径向间隙(检查方法见模块八)应符合要求。

(4)装上曲轴前后油封和飞轮。

5. 注意事项

(1)拆卸和安装曲轴主轴承盖时应注意拆卸和安装顺序。

(2)要注意曲轴推力轴承的安装方向。

(3)安装主轴承盖要注意汽缸号和前后方向。

(4)安装时注意曲轴和飞轮的相对位置。

6. 考核要求

(1)按正确的步骤和方法进行拆装。

(2)拧紧力矩必须按标准要求拧紧。

(3)曲轴轴向间隙和径向间隙的检测方法。

(4)必须遵守相关的安全规范。

7. 考核标准

考核标准见表 2-5-3。

考核标准表　　　　表2-5-3

考核时间	考核项目	得分	评分标准	结果
60min	正确使用工器具	10分	工器具使用不当酌情扣分	
	曲轴飞轮组拆卸	40分	拆卸方法不正确酌情扣分;不做标记扣5分;摆放顺序不正确扣5分	
	检查曲轴的轴向间隙和径向间隙	20分	检查方法不正确每处扣5分,结果错误每处扣5分	
	曲轴飞轮组装配	20分	装配顺序错误酌情扣分	
	整理工具,清理现场,遵守相关安全规范	10分	不符合要求酌情扣分;若违规操作发生重大人身和设备事故,则按0分计	
	分数合计	100分		

8.项目报告

根据实习项目写出报告。

课题六　曲柄连杆机构主要零部件检修和故障诊断

【任务引入】

曲柄连杆机构是发动机能量转换的主要机构,其零部件运转好坏,直接影响发动机的动力性、经济性和运转性等指标。因此,对其主要零部件在装配前的检查和修复是非常重要的,同时对于引起的故障进行诊断,以消除由此带来的隐患或事故,甚至重大事故。

【任务分析】

本课题主要介绍汽缸体、汽缸套、汽缸盖、活塞、活塞环、活塞销、连杆、曲轴、飞轮的检修;同时对曲柄连杆机构主要零部件产生的异响和泄漏等故障的现象、原因进行分析,提出判断故障的方法,并进行排除。

【任务实施】

一、曲柄连杆机构主要零部件的检修

1.汽缸体

1)常见的损伤形式

(1)变形。

(2)裂纹。

(3)磨损等。

2)汽缸体变形

(1)变形部位。汽缸体与汽缸盖的结合面和汽缸体与油底壳的结合面等。它们主要发生翘曲变形。

(2)变形原因。汽缸体变形原因主要有:拆装螺栓时拧紧力矩过大或不均匀;不按规定顺序拧紧螺栓;高温下拆卸汽缸盖;装配时螺纹孔中有污物未清理干净等。

(3)检验方法。汽缸体翘曲变形一般采用直尺和厚薄规进行测量。如图2-6-1所示为D6114发动机汽缸体的测量。厚薄规和直尺之间的间隙就是变形量,即平面度误差。

(4)检验标准。不同发动机汽缸体上下结合面所要求的标准不同。对于 D6114 发动机汽缸体顶平面的平面度在整个平面范围内为0.06mm；50mm 内的局部范围内为 0.012mm。整个平面范围内平面度不能超过 0.10mm；50mm 内局部平面平面度不能超过 0.025mm。

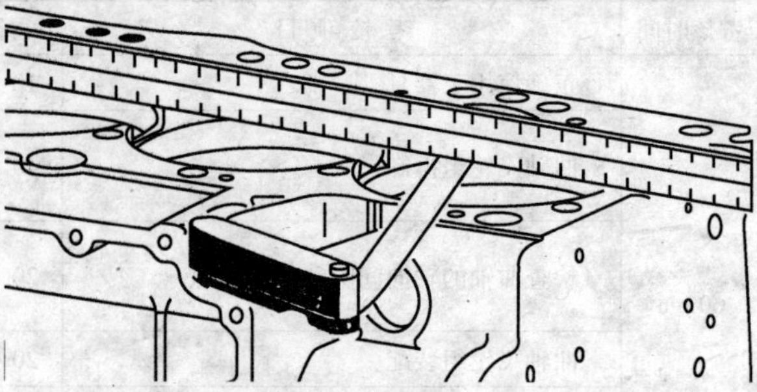

(5)修理方法。当翘曲变形较小时，可用铲削方法修复；当翘曲变形超过使用极限时，采用磨削和铣削修复。

图 2-6-1　汽缸体翘曲变形检测图

3)汽缸体裂纹

(1)裂纹部位。整个汽缸体的各个部位。

(2)裂纹原因。汽缸体裂纹原因主要有：汽缸体铸造时残余应力和各处壁厚不均匀；寒冷季节没有放净冷却水；发动机在高温时突然加入冷水，使汽缸体所受热应力突变；汽缸体承受动载荷冲击或超负荷工作形成的交变应力过大；更换汽缸套时，过盈量过大或装配工艺不当等。

(3)检验方法。汽缸体产生明显裂纹时，可采用直接观察方法检查；细微裂纹和内部裂纹可采用水压试验的方法检查，即用压力为 0.35 ~ 0.45MPa 的水充入汽缸体并保持 5min，如发现汽缸体某处有水渗出时，则表明该处有裂纹，如图 2-6-2 所示。

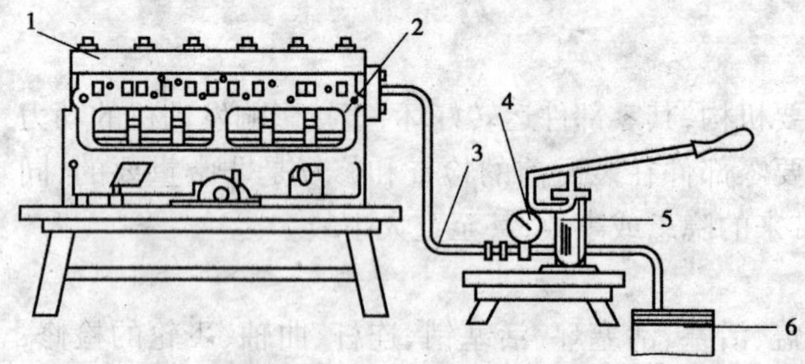

图 2-6-2　水压法检测汽缸体裂纹图

1-汽缸盖；2-汽缸体；3-水管；4-压力表；5-水压机；6-水箱

(4)修理方法。汽缸体一旦产生裂纹，目前，一般主要是采用更换汽缸体的方法。有些应根据裂纹的大小、部位、损伤程度、技术能力和设备条件等情况，采用焊接法、黏结法、堵漏剂等措施进行修复。

4)汽缸体磨损

(1)磨损部位。曲轴主轴承座孔、凸轮轴轴承座孔等。

(2)磨损原因。汽缸体主要部位磨损原因主要有：汽缸体主要部位润滑不良；高温、高压和交变载荷作用在运动表面；化学物质腐蚀等。

(3)检验方法。汽缸体主要部位磨损一般采用百分表来测量。曲轴主轴承座孔和凸轮轴轴承座孔检测方法如图 2-6-3、图 2-6-4 所示。

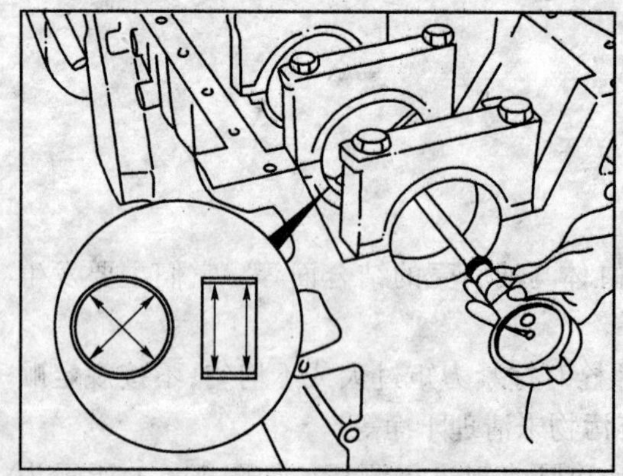

图 2-6-3　曲轴主轴承座孔检测图

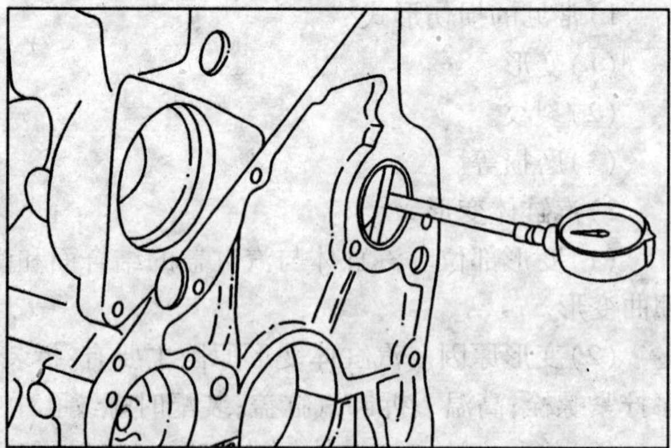

图 2-6-4　凸轮轴轴承座孔检测图

(4)检验标准。不同发动机各部位所要求的标准不同。曲轴主轴承座孔的圆度和圆柱度误差,对于铸铁汽缸体应不大于0.01mm;对于铝合金汽缸体应不大于0.015mm。

D6114发动机主轴承座孔内径为$\phi105mm \pm 0.01mm$;主轴承内径为$\phi98^{+0.131}_{+0.089}mm$;孔的最大同轴度为0.02mm;与曲轴主轴颈的配合间隙为0.076~0.144mm。

凸轮轴轴承座孔直径为$\phi64mm \pm 0.015mm$;轴承内孔直径为$\phi60^{+0.155}_{+0.085}mm$;孔的同轴度为0.02mm;与凸轮轴轴颈配合间隙为0.075~0.164mm;极限间隙为0.02mm;轴承内孔的磨损极限为$\phi60.20mm$。

(5)修理方法。主轴承座孔的圆度、圆柱度及同轴度超过使用值后,可选用加厚减磨层的轴承进行镗削或手工刮配的方法;对于凸轮轴轴承孔的同轴度误差较大,也可用加厚减磨层的轴承,通过镗削或刮配的方法来达到标准。

一般汽缸体如果主要部位超过极限值以后,应采用更换汽缸体的方法。

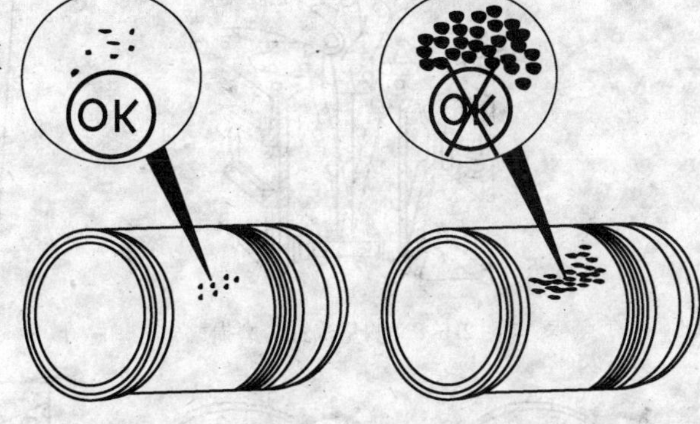

图2-6-5 汽缸套穴蚀图

注:图中OK带圆符号说明可以使用;带差符号须更换。后面所有图中同样说明的,含义也一样。

2.汽缸套

1)常见的损伤形式

(1)磨损。

(2)穴蚀。

(3)裂纹等。

2)损伤部位

(1)汽缸套外表面,如图2-6-5所示。

(2)汽缸套内表面,如图2-6-6、图2-6-7所示。

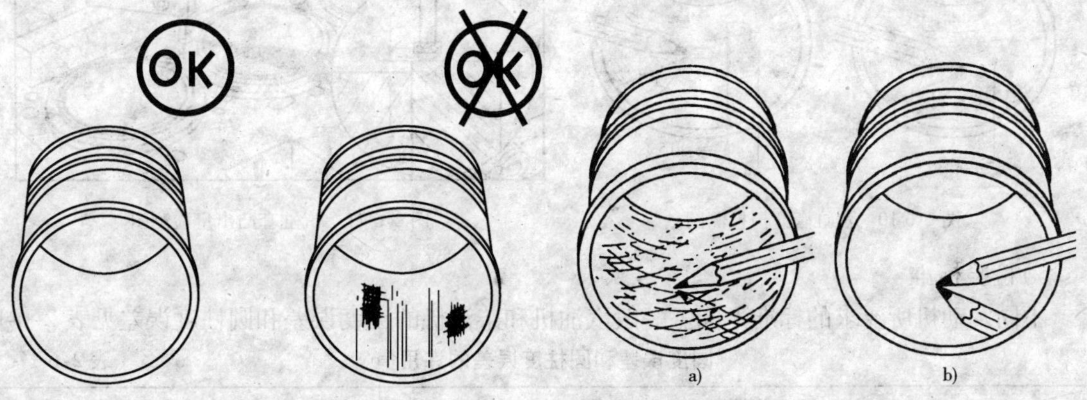

图2-6-6 汽缸套拉痕图

图2-6-7 汽缸套磨损图

3)损伤原因

(1)汽缸套内外表面磨损原因主要有:汽缸套内表面润滑不良;高温、高压和交变载荷作用在运动表面;化学物质腐蚀等。

(2)汽缸套裂纹原因主要是由于铸造或外力所致。

4)检验方法

汽缸套损伤一般采用直接观察方法和内径百分表(或称量缸表)来测量。

如图2-6-8所示,根据汽缸直径选择合适的接杆(活动伸缩杆的总长度应与被测汽缸尺寸相适应),装入量缸表的下端。

校正量缸表的尺寸。将千分尺调到汽缸的标准尺寸，再将量缸表通过千分尺校正到汽缸的标准尺寸，此时测杆应有 1 ~ 2mm 的压缩量，旋转表盘使表针对准零位。

测量汽缸上（活塞在上止点时，第一道活塞环所处的位置）、中、下（活塞在下止点时，最下一道活塞环所处的位置）三个位置横断面的汽缸直径。测量时应摆动量缸表，此时指针指示的最小读数即为被测值。

汽缸套圆度、磨损、凸出量的检测方法如图 2-6-9 ~ 图 2-6-11 所示。

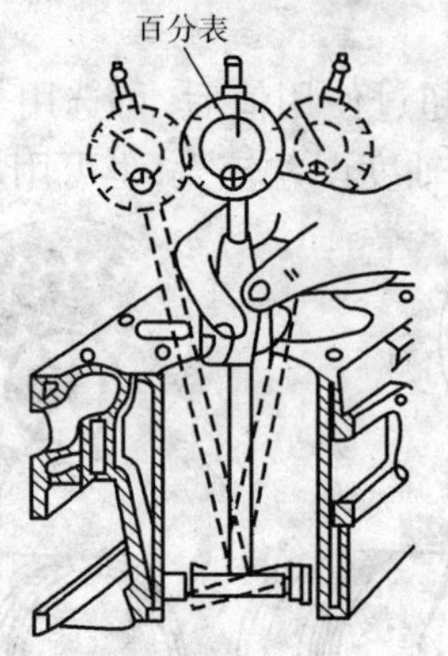

图 2-6-8　测量汽缸套磨损

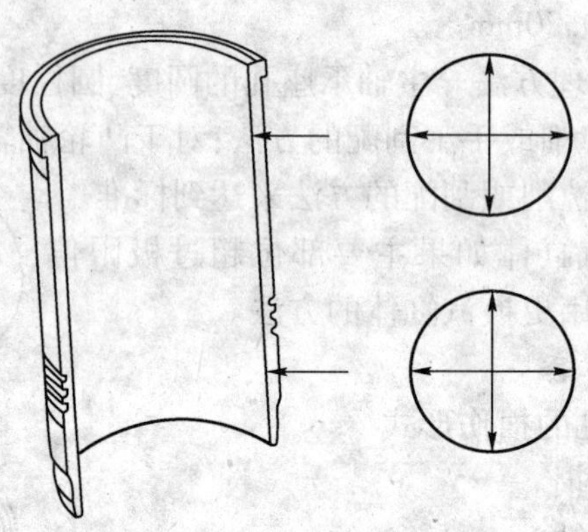

图 2-6-9　汽缸套圆度测量图

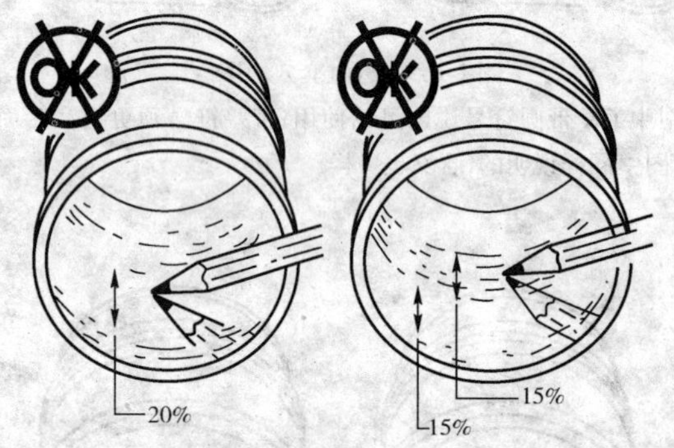

图 2-6-10　汽缸套磨损检测图

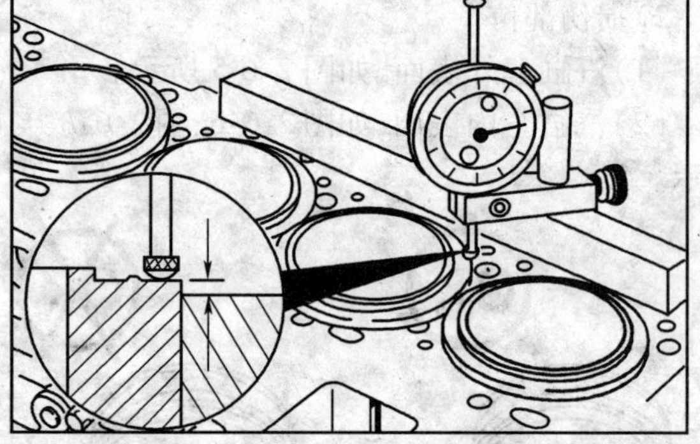

图 2-6-11　汽缸套凸出量检测图

5）检验标准

不同发动机所要求的标准不同。一般汽油机和柴油机的圆度误差和圆柱度误差见表 2-6-1。

圆度误差和圆柱度误差的许用值　　表 2-6-1

公差 / 机型	圆度误差（mm）	圆柱度误差（mm）
汽油机	≤0.05	≤0.20
柴油机	≤0.0625	≤0.25

D6114 发动机汽缸套内孔圆度为 0.012 5mm；汽缸套外表面不能产生大面积穴蚀且穴蚀凹坑深度不能大于 1.5mm；汽缸套内孔不能产生用指甲可以感觉到的垂直方向的拉痕；若汽缸套内孔磨损区内还留有可见的珩磨条纹为中等磨损；若在磨损区内已看不出原来的珩磨条纹为严重磨损。活塞行程范围内的汽缸套内表面不能有 20% 出现严重磨损或 15% 出现严重磨损同时有 15% 出现中等磨损；汽缸套凸出量应控制在 0.03 ~ 0.08mm 范围内。

6)修理方法

目前,汽缸套损伤后一般采用更换汽缸套的方法;在不超过磨损极限时,一般采用镗削和磨削等方法修复。

3. 汽缸盖

1)常见的损伤形式

(1)变形。

(2)裂纹。

(3)腐蚀等。

2)损伤部位

汽缸盖平面以及其他部位。

3)损伤原因

(1)汽缸盖产生翘曲变形原因和汽缸体翘曲变形原因大致相同。

(2)汽缸盖产生裂纹原因也和汽缸体裂纹原因大致相同,主要有铸造时残余应力、壁厚不均匀、冻裂、在高温时突然加入冷水等。

(3)汽缸盖腐蚀主要原因是使用了不符合要求的冷却液。

4)检验方法

汽缸盖翘曲变形和裂纹的检验方法分别与汽缸体翘曲变形和裂纹的检验方法相同;汽缸盖腐蚀主要是采用直接观察方法检查。汽缸盖平面度、修理加工底平面、高度、裂纹的检测方法如图 2-6-12 ~ 图 2-6-15 所示。

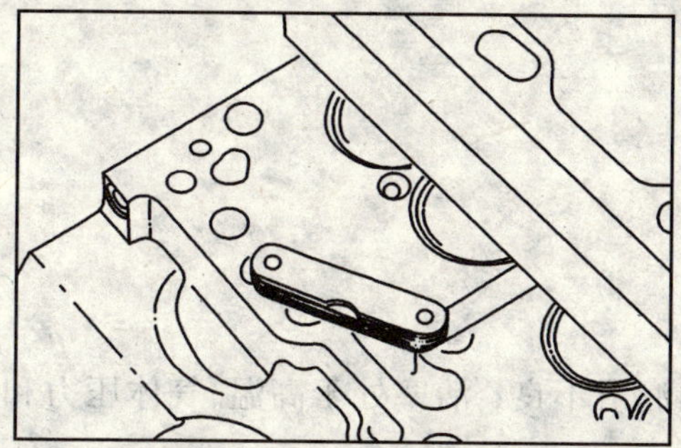

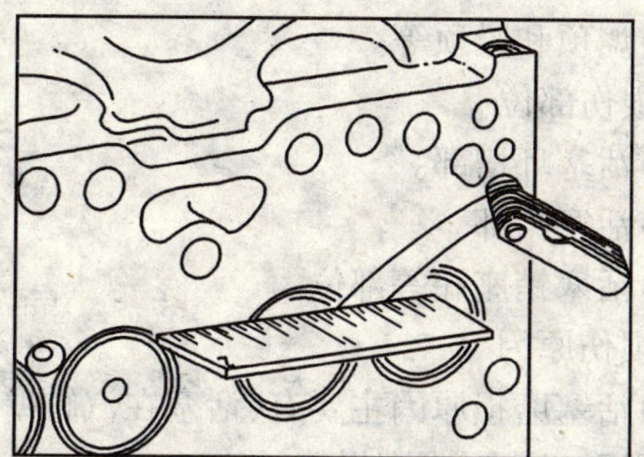

图 2-6-12　汽缸盖平面度检测图

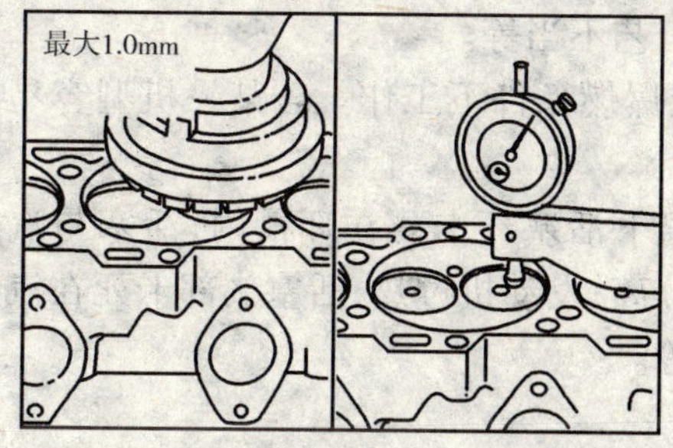

图 2-6-13　汽缸盖修理加工底平面检测图

图 2-6-14　汽缸盖高度检测图

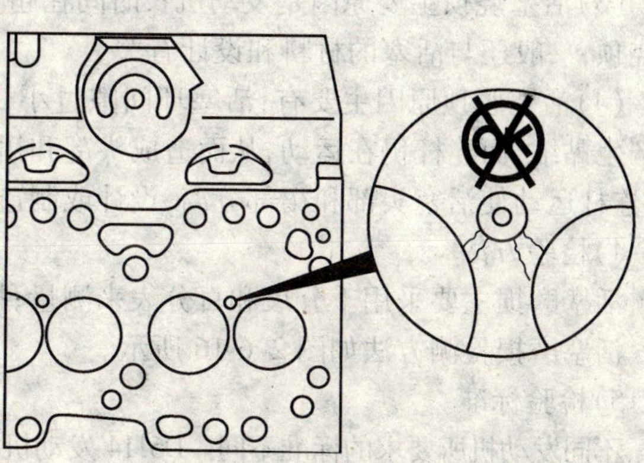

图 2-6-15　汽缸盖裂纹检测图

5）检验标准

不同发动机汽缸盖主要部位所要求的标准不同。对于 D6114 发动机，用直尺和厚薄规检查汽缸盖底平面的平面度，规定其平面度全长范围为 0.08mm；100mm 范围为 0.04mm。

用 50mm 的直尺和厚薄规检查汽缸孔之间和水孔之间的平面度，不能超过 0.025mm；锈蚀或最大的磨损凹陷也不能超过 0.025mm。

修理汽缸盖平面度时，汽缸盖底平面的最大加工量为 1.0mm。汽缸盖底平面修理加工后，应检查气门底平面深度和喷油器凸出高度，进气门深度不能小于 1.2mm，排气门深度不能小于 1.5mm；喷油器凸出高度不能超过 3mm，其凸出高度应为 2.5 ~ 3mm。

新的汽缸盖高度为 134.85 ~ 135.15mm，高度最低不能低于 133.85mm（汽缸盖高度用直尺测量）。喷油器孔和气门座孔之间、任两气门座孔之间不能出现裂纹。

6）修理方法

汽缸盖翘曲变形和裂纹的修理方法分别与汽缸体翘曲变形和裂纹的修理方法大致相同。腐蚀严重部位和关键部位应更换汽缸盖；腐蚀不严重部位和非关键部位可采用钻孔铆填金属的方法修复。

4. 活塞

1）常见的损伤形式

（1）磨损。

（2）拉伤。

（3）裂纹。

（4）烧顶和脱顶等。

2）损伤部位

（1）活塞环槽部。

（2）活塞裙部。

（3）活塞销座孔等部位。

3）损伤原因

（1）活塞磨损原因主要有：活塞在汽缸壁内润滑不良；活塞处于高温、气体压力和交变惯性力作用下工作形成磨损等。

（2）活塞拉伤原因主要有：活塞裙部与汽缸壁间隙较小，不能形成足够的油膜；活塞和汽缸套之间存在机械杂质；活塞选用的材料、设计及制造工艺不当等。

（3）活塞烧顶主要原因是发动机长时间在超负荷或爆燃条件下工作。若某一机型容易出现烧顶，一般还与活塞的材料和设计有关。

（4）活塞脱顶原因主要有：活塞环间隙过小，在高温下活塞环卡死在环槽内，活塞与汽缸壁产生黏结，而连杆仍在运动，从而造成头部和裙部的分离；发动机过热，活塞头部卡死在汽缸内，连杆运动使活塞头部和裙部分离；设计或制造缺陷等。

4）检验方法

活塞磨损主要采用千分尺和百分表来测量；拉伤、裂纹、烧顶、脱顶等用直接观察方法来检验。活塞磨损检测方法如图 2-6-16 所示。

5）检验标准

不同发动机所要求的标准不同。D6114 发动机活塞裙部应为 ϕ113.87mm ±0.007mm；磨损极限（最小直径）为 ϕ113.78mm。活塞销与活塞销座孔之间的配合间隙为 0.003 ~ 0.017mm；磨损极限

（最大配合间隙）为0.05mm。

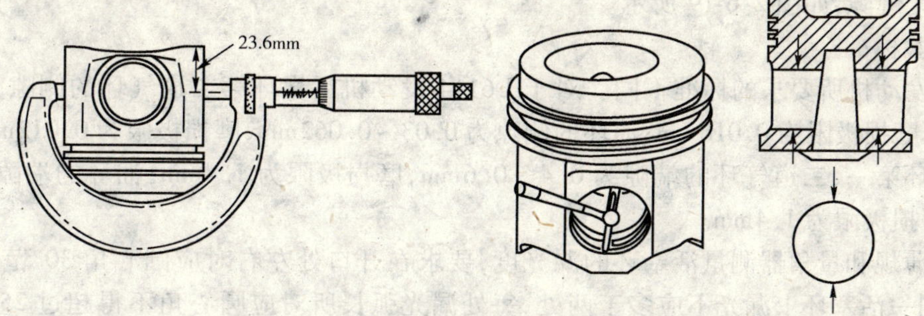

图2-6-16　活塞裙部和销座孔检测图

【重点提示】

若需更换活塞，必须检查活塞质量分组标记，新装的活塞质量应与原装活塞组别相同，以确保同一台发动机活塞质量差不大于10g。

6）修理方法

目前，活塞损坏一般采用更换的方法。

5. 活塞环

1）常见的损伤形式

（1）磨损。

（2）断裂等。

2）损伤部位

活塞环与活塞及汽缸壁的接触表面。

3）损伤原因

（1）活塞环磨损主要原因是由于活塞环长期处于高温、高压、高速条件下工作，且润滑条件较差。

（2）活塞环断裂原因主要有：活塞环端隙和侧隙过小；活塞环安装不当等。

4）检验方法

活塞环损伤一般采用厚薄规、量角器、专用量具等来测量。活塞环侧隙和端隙检测方法如图2-6-17、图2-6-18所示。

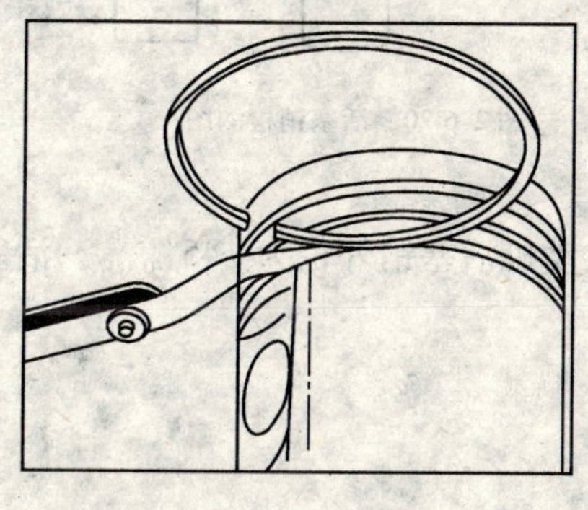

图2-6-17　活塞环侧隙检测图

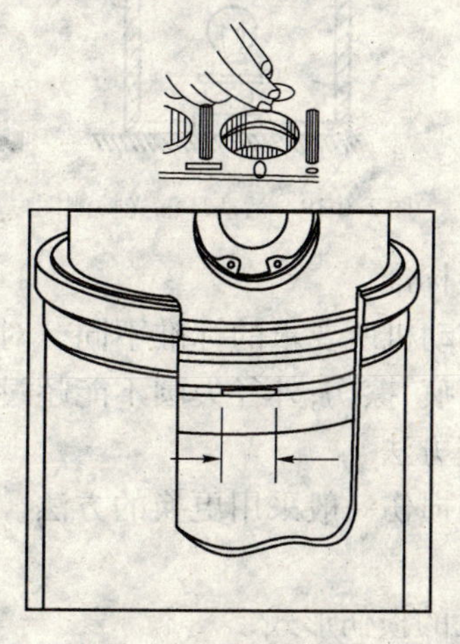

图2-6-18　活塞环端隙检测图

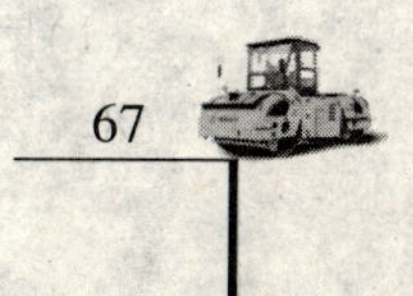

活塞环漏光检查是在其下边放一个灯泡，上面用一块盖板盖住环的内圆，观察环与汽缸壁之间的漏光缝隙，如图 2-6-19 所示。

5）检验标准

不同发动机所要求的标准不同。对于 D6114 发动机活塞环第二道气环的侧隙为 0.06 ~ 0.092mm，磨损极限为 0.016mm；油环的侧隙为 0.03 ~ 0.062mm，磨损极限为 0.012mm。

活塞环第一、二道气环的端隙为 0.4 ~ 0.6mm，磨损极限为 1.4mm；油环的端隙为 0.3 ~ 0.5mm，磨损极限为 1.4mm。

用厚薄规和量角器测量活塞环的漏光度，要求在开口处左右对应圆心角 30°范围内不允许漏光；同一活塞环上漏光不应多于两处，每处漏光弧长所对应圆心角不得超过 25°；同一活塞环上漏光弧长所对应的圆心角总和不超过 45°；漏光缝隙不大于 0.03mm。

6）修理方法

目前，活塞环损坏一般采用更换的方法。

6. 活塞销

1）常见的损伤形式

（1）磨损。

（2）变形等。

2）损伤部位

活塞销外圆表面。

3）损伤原因

活塞销损伤主要原因有：活塞销承受较大的冲击载荷；活塞销润滑不良等。

4）检验方法

活塞销损伤主要采用千分尺来测量和直接观察的方法来检验。活塞销磨损检测方法如图 2-6-20 所示。

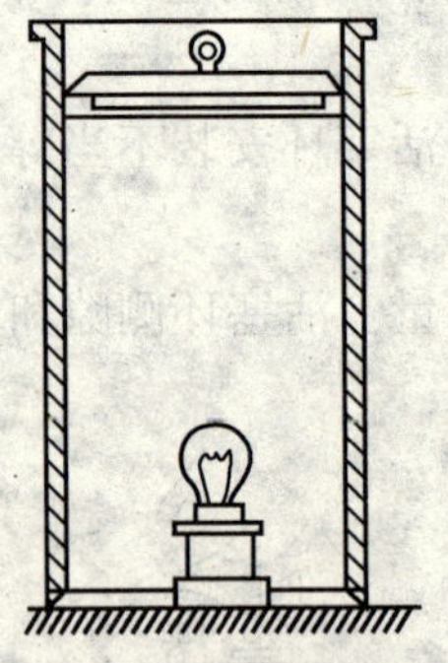

图 2-6-19　活塞环漏光检测图

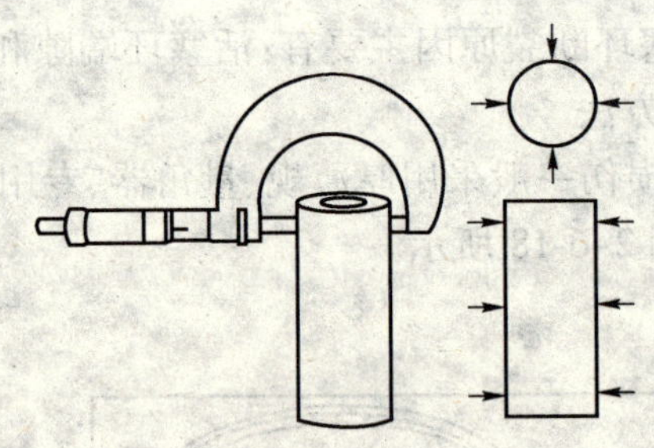

图 2-6-20　活塞销检测图

5）检验标准

不同发动机所要求的标准不同。对于 D6114 发动机活塞销外径为 $\phi45^{0}_{-0.007}$。活塞销外表面不能有划痕、擦伤；外径失圆不能超过 0.03mm。

6）修理方法

活塞销损伤一般采用更换的方法。

7. 连杆

1）常见的损伤形式

（1）磨损。

(2)变形。

(3)裂纹等。

2)损伤部位

连杆大头和小头内孔以及其他部位等。

3)损伤原因

(1)连杆大头磨损主要原因是连杆大头质量产生的离心力使连杆轴承负荷增加。

(2)连杆变形和裂纹主要原因是连杆在工作中承受的气体压力、离心力和惯性力,会引起弯曲、扭曲和双重弯曲变形,同时也会使连杆小头与杆身过渡处等部位产生疲劳破坏而出现裂纹。

4)检验方法

连杆大头内孔一般采用百分表来测量;连杆弯曲和扭曲变形用连杆检验器来检验;连杆裂纹用磁力探伤法等来检验。连杆大小头内孔检测方法如图 2-6-21 所示。

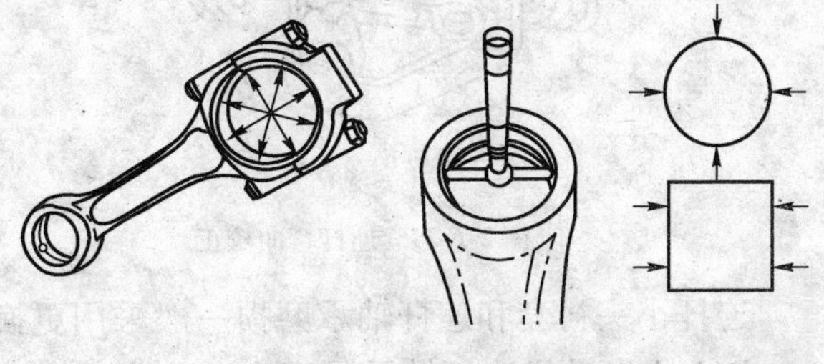

图 2-6-21 连杆检测图

连杆弯曲和扭曲测量方法如图 2-6-22、图 2-6-23 所示。将连杆固定在连杆检验器上,测量时,三点规的 V 形槽靠在心轴上,并推向检验平板。若上侧点与平板接触,两下侧点不接触,且与平板的间隙一致,或下两侧点与平板接触,而上侧点不接触,可用厚薄规测出测点与平板之间的间隙,即为连杆在 100mm 长度上的弯曲度;若只有一个下测点与平板接触,另一下测点与平板不接触,且间隙为上测点与平板间隙的 2 倍,这时下测点与平板的间隙,即为连杆在 100 长度上的扭曲度。

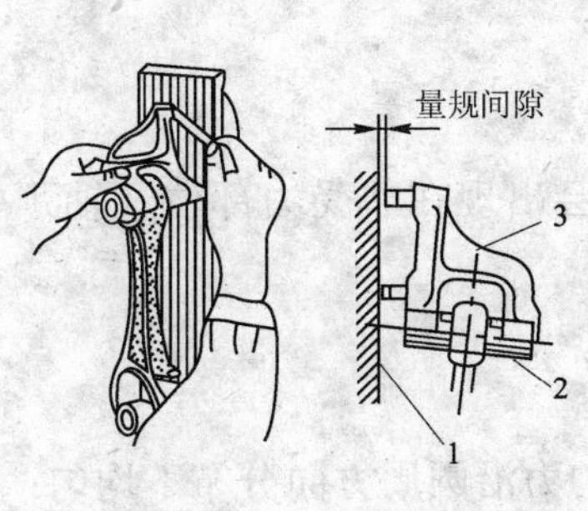

图 2-6-22 连杆弯曲测量图

1-检测器平面;2-活塞销;3-量规

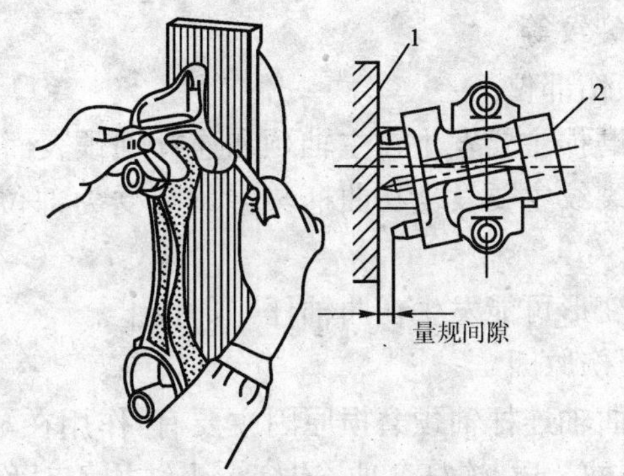

图 2-6-23 连杆扭曲测量图

1-检测器平面;2-量规

5)检验标准

不同发动机连杆主要部位所要求的标准不同。对于 D6114 发动机连杆大头孔为 $\phi81$mm ±0.011mm;连杆轴承内孔为 $\phi76^{+0.101}_{+0.059}$mm,与连杆轴颈的配合间隙为 0.046 ~0.114mm。

连杆小头孔为 $\phi49$mm ±0.012mm;连杆小头衬套内孔为 $\phi45^{+0.041}_{+0.025}$mm;与活塞销配合间隙为 0.025 ~0.048mm;磨损极限(最大间隙)为 0.08mm。

连杆小头衬套内孔和连杆轴承孔的中心线平行度为 100:0.03(弯曲度);扭曲度为 100:0.06。

【重要提示】

若连杆小头衬套内孔和连杆大头轴承孔的中心线平行度和扭曲度超过规定值，表明连杆已产生不正常的弯曲变形和扭曲变形，该连杆应报废，决不允许再进行校直使用；否则，会引起重大的发动机事故以致人身事故。

6）修理方法

连杆变形不超过极限值时，可以采用连杆校正器来校正；如图 2-6-24、图 2-6-25 所示。若超过极限值时必须更换。

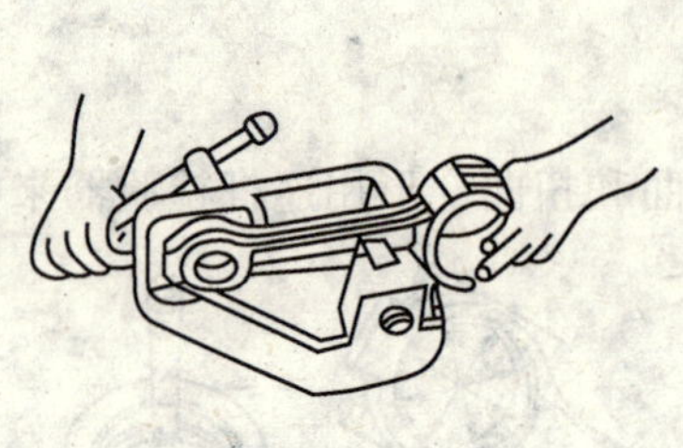

图 2-6-24　连杆弯曲校正

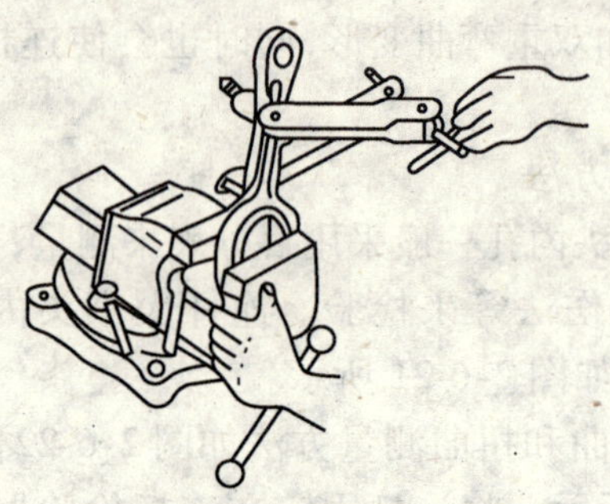

图 2-6-25　连杆扭曲校正

连杆小头衬套和连杆轴承磨损一般采用更换的方法（一般要进行选配）。

D6114 发动机连杆轴承厚度为 $2.5_{-0.045}^{-0.035}$mm，磨损极限（最小厚度）为 2.43mm。

8. 曲轴

1）常见的损伤形式

（1）磨损。

（2）变形。

（3）裂纹等。

2）损伤部位

（1）磨损主要发生在主轴颈和连杆轴颈表面。

（2）裂纹主要发生在曲柄与轴颈等受力部位，也有会出现在非受力部位及轴颈中间的油孔处。

（3）变形可能发生在曲轴任一部位上。

3）损伤原因

（1）曲轴连杆轴颈磨损原因主要有：作用在轴颈上的力沿圆周方向分布不均匀；连杆轴颈表面有机械杂质、连杆弯曲、连杆大头结构不对称等；连杆、连杆轴颈和曲柄离心力的作用；轴颈表面的机油不清洁，其中较大的机械杂质在轴颈表面划成沟痕；轴承烧蚀后，轴颈表面会出现严重的擦伤划痕，轴颈表面烧灼后变成蓝色。

（2）曲轴弯曲和扭曲变形主要原因是由于使用或修理不当。若严重变形，一般是由于机械事故引起。

（3）曲轴裂纹主要原因是由于冲击载荷和应力集中等引起。

4）检验方法

曲轴磨损主要用千分尺来测量；曲轴变形主要用检验平板、V 形块和百分表来检测；曲轴裂纹主要采用磁力探伤法或渗油敲击法来检验。曲轴连杆轴颈和主轴颈磨损检测方法如图 2-6-26、图 2-6-27 所示；曲轴主轴承和曲轴推力轴承厚度检测方法如图 2-6-28、图 2-6-29 所示。

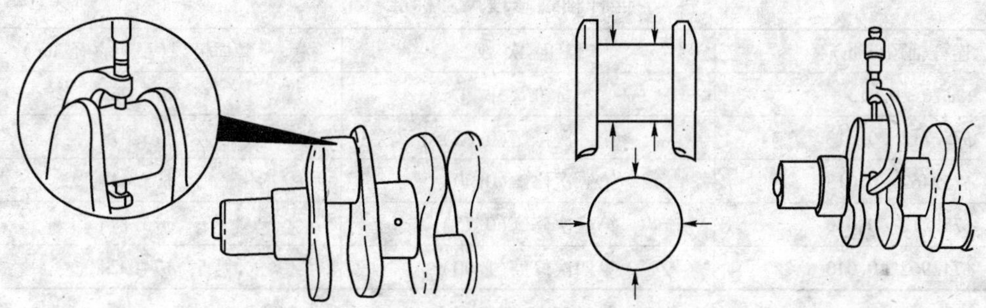

图 2-6-26　曲轴连杆轴颈检测图

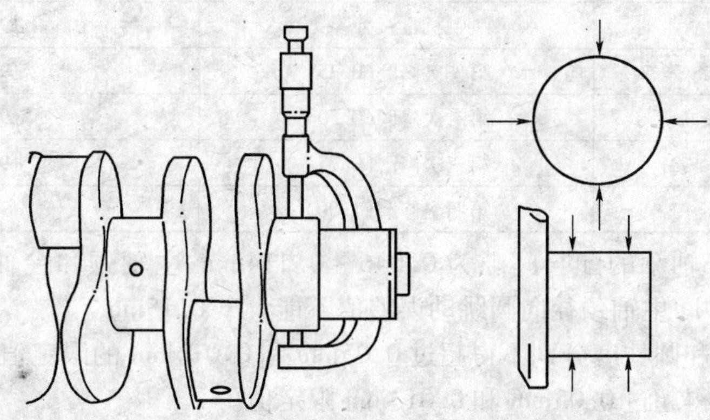

图 2-6-27　曲轴主轴颈检测图

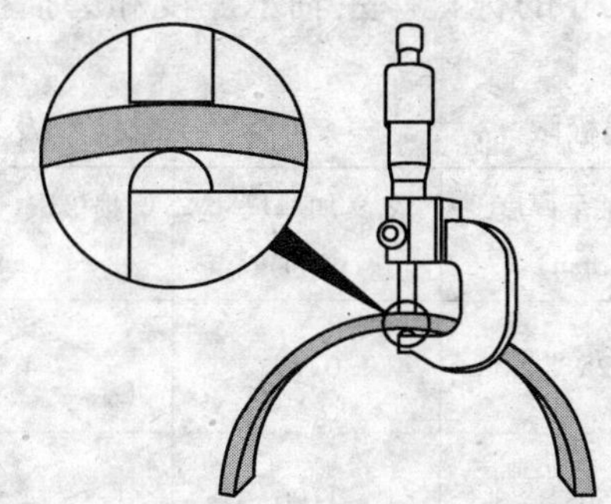

图 2-6-28　曲轴主轴承厚度检测图

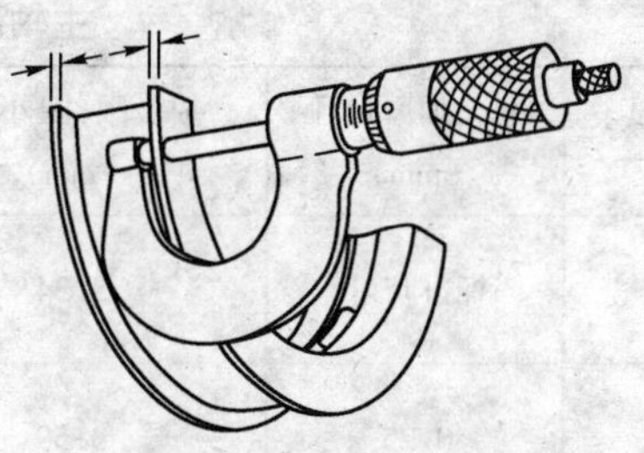

图 2-6-29　曲轴推力轴承检测图

曲轴弯曲变形测量方法如图 2-6-30 所示。将曲轴两端主轴颈分别放置在检验平板的 V 形块上，用百分表触头垂直地抵住其中间主轴颈，慢慢转动曲轴一圈，百分表指针读数最大与最小之差即为曲轴中间主轴颈径向圆跳动误差值。

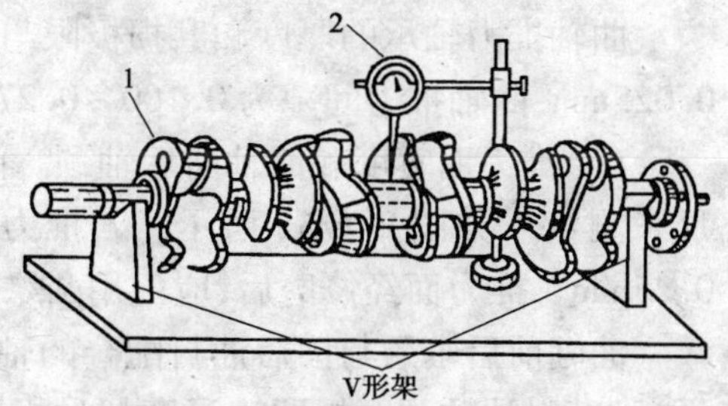

图 2-6-30　曲轴弯曲变形测量图

1-曲轴；2-百分表

5）检验标准

不同发动机曲轴主要部位所要求的标准不同。

（1）连杆轴颈和主轴颈。D6114 发动机曲轴连杆轴颈和主轴颈磨损到极限后，允许修磨继续使用。允许修磨四次，每次修磨尺寸和修磨后使用极限分别见表 2-6-2、表 2-6-3。

连杆轴颈修理尺寸标准 表 2-6-2

连杆轴颈(mm)	修 磨 次 数	磨损极限(最小直径 mm)
$\phi76 \pm 0.013$	标准尺寸	$\phi75.962$
$\phi75.712 \pm 0.013$	第一次修磨(0.25)	$\phi75.674$
$\phi75.462 \pm 0.013$	第二次修磨(0.50)	$\phi75.424$
$\phi75.212 \pm 0.013$	第三次修磨(0.75)	$\phi75.174$
$\phi74.962 \pm 0.013$	第四次修磨(1.00)	$\phi74.924$

主轴颈修理尺寸标准 表 2-6-3

主轴颈(mm)	修 磨 次 数	磨损极限(最小直径 mm)
$\phi98 \pm 0.013$	标准尺寸	$\phi97.962$
$\phi97.712 \pm 0.013$	第一次修磨(0.25)	$\phi97.674$
$\phi97.462 \pm 0.013$	第二次修磨(0.50)	$\phi97.424$
$\phi97.212 \pm 0.013$	第三次修磨(0.75)	$\phi97$、174
$\phi96.962 \pm 0.013$	第四次修磨(1.00)	$\phi96.924$

连杆轴颈与连杆轴承的配合间隙为 0.046 ~ 0.114mm；主轴颈和主轴承的配合间隙为 0.076 ~ 0.114mm。中间主轴颈径向圆跳动误差值不能大于 0.15mm。

连杆轴颈的圆度和圆柱度分别不得超过 0.05mm 和 0.013mm 的限定值；同样主轴颈的圆度和圆柱度也分别不得超过 0.05mm 和 0.013mm 限定值。

(2) 主轴承和曲轴推力轴承。对于主轴颈已修磨小的曲轴，应配用加厚尺寸与主轴颈修磨尺寸相同的加厚主轴承，在主轴承钢背上有加厚尺寸的标记。主轴承厚度和磨损极限见表 2-6-4。

主轴承厚度和磨损极限 表 2-6-4

主轴承厚度(mm)	名义加厚尺寸(mm)	磨损极限(最小厚度)(mm)	主轴承厚度(mm)	名义加厚尺寸(mm)	磨损极限(最小厚度)(mm)
$3.50_{-0.06}^{-0.05}$	标准尺寸	3.34	$4.25_{-0.06}^{-0.05}$	0.75	4.09
$3.75_{-0.06}^{-0.05}$	0.25	3.59	$4.50_{-0.06}^{-0.05}$	1.00	4.34
$4.00_{-0.06}^{-0.05}$	0.50	3.84			

新的主轴承和曲轴主轴颈的配合间隙为 0.076 ~ 0.144mm。

曲轴推力轴承的厚度和磨损极限与主轴承相同。曲轴推力轴承的凸缘厚度为 3.54mm ± 0.025mm；曲轴推力间隙为 0.100 ~ 0.274mm；磨损极限(最大推力间隙)为 0.50mm。

(3) 推力面宽度和曲轴前后轴颈。曲轴第四主轴颈的推力面宽度为 $43_{0}^{+0.062}$mm(用游标卡尺来测量)，如图 2-6-31 所示。若推力面产生不正常的磨损，推力面允许修磨两次，每次为 0.25mm。推力面经修磨后，应配用凸缘厚度加厚相同尺寸的加厚凸缘推力轴承。

曲轴前后轴颈与前后油封配合的轴颈磨损凹槽深度极限值为 0.25mm(用游标卡尺来测量)。若封油轴颈磨损凹槽深度超过极限值，应按修理手册说明给封油轴颈镶套。对于封油轴颈镶套的曲轴，应配用减小内孔的专用前后油封，如图 2-6-32 所示。

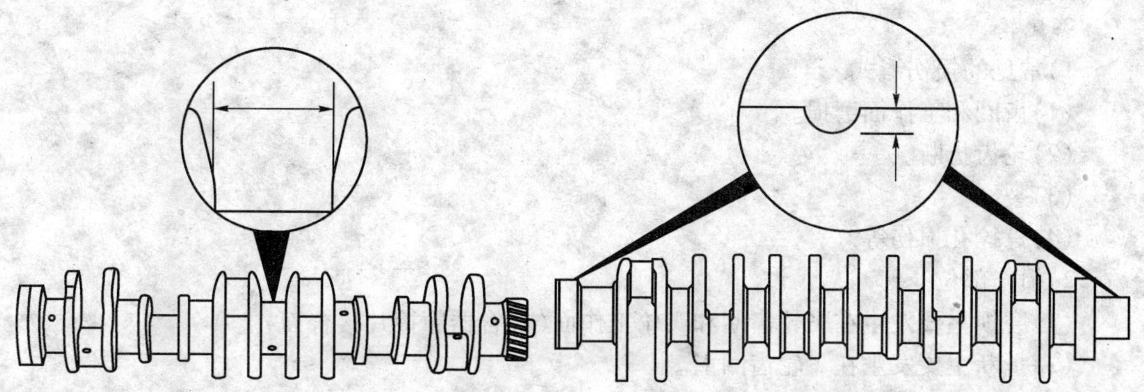

图 2-6-31　曲轴推力面宽度检测图　　图 2-6-32　曲轴前后轴颈磨损检测图

(4)橡胶减振器。橡胶减振器内外圈上的刻线 A 错位距离不能超过 1.6mm;内圈不能出现裂纹,如图 2-6-33 所示。减振器橡胶圈不能碎裂,橡胶高出或凹进端面的距离不能超过 3.2mm,如图 2-6-34 所示。

图 2-6-33　曲轴橡胶减振器检测图　　图 2-6-34　曲轴橡胶减振器损伤图

6)修理方法

曲轴磨损可采用磨削的方法修复。若超过修理尺寸极限时,则应更换曲轴。

曲轴的变形通常采用冷压校正法、表面敲击法或磨削等方法。若变形量超过极限值,应予以更换,如图 2-6-35、图 2-6-36 所示。

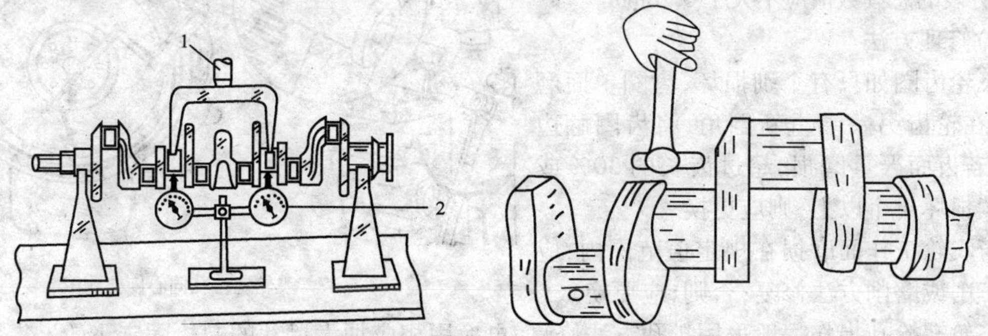

图 2-6-35　曲轴冷压校正图

1-压头;2-百分表

图 2-6-36　曲轴表面敲击校正图

曲轴的裂纹若发生在非受力部位或裂纹不会延伸时,可采用焊接修复;若裂纹发生在曲柄与轴颈过渡处等受力部位时,则应更换曲轴。

9. 飞轮

1）常见的损伤形式

（1）齿圈和工作面磨损。

（2）轮齿折断。

（3）裂纹。

（4）螺栓孔损伤等。

2）损伤部位

（1）磨损主要发生在飞轮齿圈和飞轮工作面（离合器摩擦片接合面）上。

（2）折断主要发生在飞轮齿圈上。

（3）裂纹主要发生在飞轮表面和飞轮齿圈等部位。

（4）飞轮螺栓孔等部位。

3）损伤原因

（1）飞轮齿圈磨损原因主要是由于发动机启动时，启动机齿轮与发动机飞轮齿圈啮合不良；飞轮工作面磨损原因主要是由于离合器摩擦片在分离和接合的过程中，飞轮工作面与摩擦片之间形成转速差，于是产生相对滑动摩擦，从而使工作面磨损。

（2）飞轮轮齿折断主要原因是由于启动机齿轮和飞轮齿圈在啮合中产生碰撞引起。

（3）飞轮裂纹主要原因是由于摩擦产生烧灼引起。

（4）飞轮螺栓孔损伤原因主要有：飞轮承受较大的转矩，并伴随有冲击载荷，导致螺栓孔产生变形；飞轮螺栓未拧紧到规定的力矩；飞轮与曲轴凸缘配合松旷等。

4）检验方法

一般采用直接观察法检验和用千分表来测量。飞轮定位孔同心度的检测方法如图2-6-37所示。将千分表安装在曲轴上，然后慢慢地转动曲轴，记录千分表在时钟六点钟、九点钟、十二点钟、三点钟位置（千分表各点的位置参照时钟相应的位置）的读数，同时记录曲轴旋转一圈千分表的总读数值。

5）检验标准

不同发动机飞轮定位孔同心度所要求的标准不同。对于D6114发动机曲轴旋转一圈时，千分表的总读数值应不大于0.20mm。

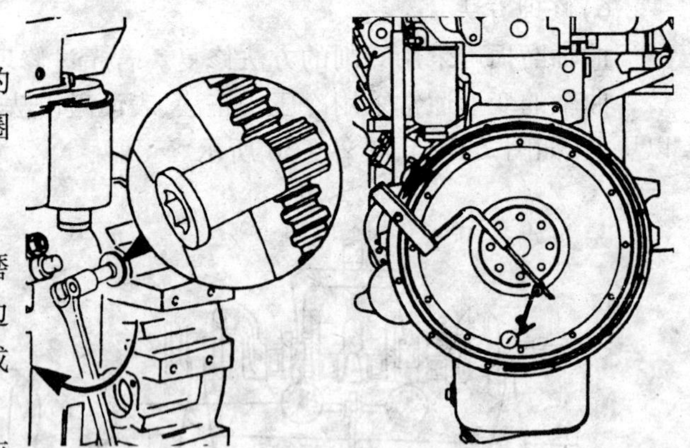

图2-6-37　飞轮定位孔同心度检测图

6）修理方法

飞轮齿圈如只有个别损坏，齿圈单面磨损，可在轮齿另一端重新倒角，将齿圈翻边使用；若齿面严重磨损，超过齿长的30%或齿连续损坏4个以上，则应更换。

若飞轮工作面磨损在规定值范围内，应采用车削或磨削方法修复；否则，应更换。

飞轮螺栓孔损伤一般采用扩孔方法修复，再换用相应加大尺寸的螺栓固定飞轮。

飞轮出现裂纹，一般予以更换。

二、曲柄连杆机构的故障诊断与排除

曲柄连杆机构出现故障，主要反映自身各个零部件在运动状态下产生的异常工作情况，这些异常工作情况如不及时排除，轻则使发动机动力性和经济性下降，运转性变坏；重则会引起零部件严重损坏或造成重大事故。因此，必须及时消除各个零部件的故障，恢复发动机的性能，延长发动机的使用寿命。其故障在通常情况下多数是以异响出现；还有会产生漏气、漏水、漏油等现象。以下将对其主要故障产生的现象、部位、原因、故障诊断和排除方法进行阐述。

1. 曲轴主轴承响

1）现象

（1）发动机转速突变时，发出沉重、钝哑、连续的"刚、刚"金属敲击声。

（2）发动机转速提高时响声增大，甚至会发生振抖。

（3）突然增大负荷时，响声急剧增大。

（4）发动机单缸不工作时，响声无明显变化；相邻两缸不工作时，响声会明显减弱。

（5）温度变化时响声不变化。

2）部位

响声产生在汽缸体下部。

3）原因

（1）主轴承与主轴颈由于磨损而使配合间隙过大。

（2）主轴承盖固定螺栓松动。

（3）曲轴轴向间隙过大。

（4）主轴承润滑不良，使轴承合金层烧蚀和脱落。

（5）曲轴弯曲。

（6）机油压力太低或机油变质等。

4）故障诊断与排除

（1）故障诊断方法如下。

①改变加速踏板位置的方法。若响声是随着发动机的转速升高而增大，当突然踩下加速踏板时，在增大供油的瞬间响声较明显，则可能是主轴承松旷；若发动机在怠速或低速运转时响声较明显，高速时杂乱，则可能是曲轴弯曲；若在高速时汽缸体有较大振动，机油压力显著降低，则可能是主轴承松旷严重、烧蚀或减磨合金层脱落。

②听诊器或螺丝刀（起子）听诊法。在加机油口处听诊。反复变换发动机转速，在加机油口仔细倾听，如明显听到沉重有力的金属敲击声，则可能是主轴承响声。

在汽缸体的曲轴箱两侧与曲轴轴线齐平的位置听诊。如响声最强，即是发响的主轴承松旷。

③断油法。若某缸断油后，发动机的该缸不工作，响声明显减弱，则可能是该缸的主轴承响声；若任意相邻两缸同时断油，响声明显减弱，则可能是两缸之间的主轴承响声。

（2）主轴承响故障的排除：若主轴承盖松动，可按规定的力矩拧紧紧固螺母；若主轴承磨损导致与主轴颈的配合间隙过大或主轴承表面合金层烧蚀脱落，可更换同一修理尺寸的主轴承；若主轴颈磨损，应修磨主轴颈并配以相应修理级别的主轴承。

2. 连杆轴承响

1）现象

（1）发动机在工作时，发出连续、明显的"铛、铛"金属敲击声。

（2）发动机转速提高，响声增大，在怠速运转时响声较小、中高速时响声较大。

（3）负荷增大，响声也增大。

(4)温度变化时,响声不变化。

(5)有故障的缸不工作时,响声明显减弱或消失。

2)部位

响声发生在和主轴承同一区域内,即也在汽缸体下部。

3)原因

(1)连杆轴承与连杆轴颈由于磨损而配合间隙过大。

(2)连杆轴承盖的紧固螺栓松动或折断。

(3)连杆轴承由于润滑不良,使轴承合金层烧蚀和脱落。

(4)机油压力太低或机油变质等。

4)故障诊断与排除

(1)故障诊断方法如下。

①改变加速踏板位置的方法。随着加速踏板位置的加大,发动机的转速升高。当转速由怠速向低速到中速再到高速的运转过程中,响声随转速的升高而加大;响声严重时怠速也能听到明显的金属敲击声,则可能是连杆轴承响声。

②听诊器或螺丝刀(起子)听诊法。在机油加油口处听诊,若发动机由低速到中高速中,发出明显的金属敲击声,则可能是连杆轴承响声。

③断油法。逐缸断油,若某缸断油后响声明显减弱或消失,在供油后瞬间响声又立即出现,则是该缸连杆轴承响。

(2)连杆轴承响故障的排除:若连杆轴承盖松动,可按规定的力矩拧紧;若连杆轴承磨损,导致与连杆轴颈的配合间隙过大或连杆轴承表面合金层烧蚀脱落,可更换同一修理尺寸的连杆轴承;若连杆轴颈磨损,应修磨连杆轴颈并配以相应修理级别的连杆轴承。

3.活塞敲缸响

1)现象

(1)发动机怠速或低速时,在汽缸上部发出清晰而沉重的“哒、哒”金属敲击声。

(2)踩下加速踏板时,发动机转速升高,响声变化为像锤子敲击水泥地面的声音,当发动机转速升高到中速以上时,响声便会减弱或消失。

(3)负荷增大,响声也增大。

(4)冷车时响声明显,热车时响声减弱或消失。

(5)有故障的缸断油不工作时,响声减弱或消失。

2)部位

响声出现在汽缸中上部。

3)原因

(1)活塞与汽缸壁的配合间隙过大,造成活塞撞击汽缸壁而发出响声。

(2)活塞顶部碰到汽缸垫。

(3)连杆变形。

(4)活塞销与连杆衬套配合过紧。

4)故障诊断与排除

(1)故障诊断方法如下。

①改变加速踏板位置的方法。随着加速踏板位置的加大,发动机转速升高。在怠速时,敲缸声明显而清晰;在中速以上时,响声减弱或消失,则可认为活塞敲缸响。

②听诊器或螺丝刀(起子)听诊法。用听诊器在汽缸体上部听诊,若怠速时响声明显,转速升高时响声减弱或消失,则为活塞敲缸响。

用螺丝刀触及发动机的一侧,响声明显,并略有振动感,则为活塞敲缸响。

③断油法。发动机在低速运转时,逐缸断油,若断油后响声减弱或消失,则为该缸活塞敲缸响。

拆下喷油器,从喷油器孔向汽缸内加入少量的机油,然后用启动机带动发动机旋转,若启动的瞬间响声明显减弱或消失,短时间内响声又出现,则为该缸活塞敲缸响。

(2)活塞敲缸响故障的排除:若活塞磨损过大,应更换活塞;若汽缸壁磨损过大,应更换汽缸套;若连杆变形,应校正或更换连杆;若连杆衬套与活塞销配合过紧,应重新修刮连杆衬套。

4. 活塞销响

1)现象

(1)怠速和中速时发出清脆、响亮、有节奏的"哒、哒"声。

(2)转速越高,响声越大。

(3)温度升高时,响声不减弱。

(4)有故障的缸不工作时,响声明显减弱或消失;该缸重新工作的瞬间,会出现明显的响声或连续两个响声。

2)部位

响声出现在汽缸的中上部。

3)原因

(1)活塞销与连杆小头衬套配合松旷。

(2)活塞销与活塞销座孔配合松旷。

4)故障诊断与排除

(1)故障诊断方法如下。

①改变加速踏板位置的方法。随着加速踏板位置的变化,发动机转速跟着变化。当在怠速、低速和从怠速到低速运转时,出现清脆而连续的响声,则为活塞销响。

②听诊器或螺丝刀(起子)听诊法。用听诊器或螺丝刀在发动机侧壁中上部听,若响声在发动机侧壁上部比下部明显,则为活塞销响。

③断油法。发动机运转时,逐缸断油,若断油后响声减弱或消失,重新恢复供油后,在瞬间会出现明显的响声或连续两个响声,则为该缸活塞销响。

(2)活塞销响故障的排除:若活塞销与连杆衬套配合间隙过大,应更换活塞销和连杆衬套;若活塞销与活塞销座孔配合松旷,应更换活塞和活塞销。

5. 漏油、漏气和漏水现象

曲柄连杆机构出现漏油、漏气和漏水,是由于汽缸体裂纹、汽缸盖裂纹、汽缸套裂纹或湿式汽缸套密封水圈损坏、汽缸垫损坏、活塞环与活塞磨损致使活塞与汽缸配合间隙过大等造成,这些零部件的损坏都必须予以更换。

思考与练习题

一、填空题

1. 曲柄连杆机构由________、________、________三大部分组成。

2. 汽缸体按曲轴箱剖分结构形式分有________、________和________三类。

3. 汽缸套按外表面是否与冷却水直接接触分为________、________两类。

4. 汽油机的燃烧室常用的有________、________、________、________等四种。

5. 汽缸盖按结构形式分________、________两类。

6. 汽缸垫有________和________两种。

7. 活塞基本结构由________、________和________三部分组成。

8. 活塞环按其作用分有________和________两种。它有________、________、________三个间隙；按断面形状分有________、________、________、________、________等几种。

9. 连杆的基本结构由________、________、________三部分组成。

10. 连杆切口的剖分形式有________、________两种；其中平切口用________定位；斜切口用________、________、________、________四种方式定位。

11. 曲轴由________、________、________三部分组成；曲轴按组成形式分主要有________、________两种。

12. 工作顺序为1-5-3-6-2-4的直列四冲程六缸发动机，当第一缸处于压缩冲程上止点时，第二缸处于________冲程，第三缸处于________冲程，第四缸处于________冲程，第五缸处于________冲程，第六缸处于________冲程。

13. 安装曲轴上的止推片时，应将有减磨层的一面朝向________。

14. 安装汽缸垫时，若是铸铁汽缸盖和汽缸体，应将带有卷边面朝向________，若是铝汽缸盖、铸铁汽缸体，则应将带有卷边，应朝向________。

15. 安装扭曲环时，有内切口向________，有外切口________。

二、名词解释

1. 龙门式汽缸体；2. 干式汽缸套；3. 活塞头部；4. 全浮式活塞销；5. 全支承曲轴；6. 非全支承曲轴

三、判断题（正确的打√、错误的打×）

1. 干式汽缸套就是不用水来冷却发动机。（　）

2. 汽油机的燃烧室大部分在活塞顶部而柴油机的燃烧室大部分在汽缸盖上。（　）

3. 活塞顶部是燃烧室的组成部分，活塞头部（环槽部）用来安装活塞环，活塞裙部是起导向作用的。（　）

4. 活塞环间隙是指环随活塞装入汽缸套后开口端面上的间隙。（　）

5. V形发动机连杆主要有并列连杆、主副连杆和叉形连杆。（　）

6. 所有的连杆都采用大头剖开形式，且采用斜切口剖分形式。（　）

7. 有的发动机在曲轴前端设有扭转减振器，其目的是为了消除飞轮的扭转振动。（　）

8. 飞轮的质量越大，发动机运转的均匀性越好。（　）

9. 安装汽缸盖螺栓时应从两边对称均匀分次拧紧螺栓。（　）

10. 活塞销座径向呈椭圆形，椭圆形的长轴与销座轴线平行。（　）

四、选择题

1. 扭曲环之所以会扭曲是因为（　）。

A. 加工成扭曲　B. 环断面不对称　C. 摩擦力作用

2. 湿式汽缸套压入后与汽缸体上平面关系是（　）。

A. 高出　B. 相平　C. 低于

3. 曲轴的平衡重一般设在(　　)。

A. 曲轴前端　　B. 曲轴后端　　C. 曲柄上　　D. 单独设置

4. 6135 发动机汽缸体形式为(　　)。

A. 平分式　　B. 龙门式　　C. 隧道式

5. D6114 发动机连杆主轴承采用(　　)。

A. 滚动轴承　　B. 滑动轴承

6. D6114 发动机连杆大头采用(　　)定位。

A. 连杆螺栓　　B. 套筒定位　　C. 锯齿形定位　　D. 止口定位

7. 全支承曲轴主轴颈数比连杆轴颈数多(　　)个。

A. 1　　B. 2　　C. 3　　D. 4

8. 四冲程直列四缸发动机工作顺序为(　　)。

A. 1-2-4-3　　B. 1-3-4-2　　C. 1-2-3-4　　D. 1-3-2-4

9. 四冲程直列六缸发动机工作顺序为(　　)。

A. 1-5-3-6-2-4　　B. 1-3-6-2-4-5　　C. 1-4-2-6-3-5　　D. 1-6-2-4-5-3

五、简答题

1. 简述曲柄连杆机构的功用和组成。
2. 简述活塞连杆组的功用和组成。
3. 简述曲轴飞轮组的功用和组成。
4. 什么是湿式汽缸套？什么是干式汽缸套？
5. 为什么活塞要制成上小下大？为什么活塞销座沿圆周方向呈椭圆形？
6. 为什么活塞环要有间隙？安装活塞环应注意什么事项？
7. 安装活塞连杆组应注意哪些事项？
8. 曲轴轴向定位方式有哪几种？为什么要轴向定位？
9. 汽缸体、连杆、曲轴常见的损伤形式各有哪些？损伤部位、损伤原因各是什么？检验方法、检验标准、修理方法各有哪些？
10. 分别简述曲轴主轴承响和连杆轴承响的现象、部位、原因、故障诊断与排除。

模块三　配 气 机 构

知识要点

1. 配气机构的功用、类型、组成和工作原理；
2. 气门组主要零部件的功用、类型和结构；
3. 气门传动组主要零部件的功用、类型和结构；
4. 气门间隙和配气相位；
5. 气门组和气门传动组的拆装方法和注意事项；
6. 气门组和气门传动组主要零部件的检修、故障诊断与排除方法。

技能要点

1. 配气机构的拆装；
2. 气门间隙和配气相位的检查与调整；
3. 配气机构主要零部件的检测、故障诊断与排除。

课题一　概　　述

【任务引入】

发动机燃料燃烧需要新鲜空气，而新鲜空气的供给由配气机构来完成，它能保证发动机各缸定时地吸进可燃混合气或新鲜空气，并排出废气，以实现发动机持续做功的目的。因此，配气机构是发动机的重要组成部分，熟悉其结构是非常必要的。

【任务分析】

要深入地了解配气机构，必须要知道它的功用、组成、类型和工作原理，只有这样才能对这一机构有一个全面的认识。本模块以气门式配气机构来阐述。

【任务实施】

一、配气机构的功用

配气机构的功用是按照发动机发火次序和每一汽缸所进行的工作循环，定时开启和关闭各汽缸进、排气门，保证各缸能及时地吸进新鲜气体（空气或可燃混合气）和及时排出废气。

二、配气机构的组成

配气机构由气门组和气门传动组组成。

三、配气机构的类型

1. 按每缸气门数分类

根据每缸气门数目，可分为两气门和多气门式，见图 3-1-1。

一般发动机都采用每缸两个气门，即一个进气门和一个排气门。

当每缸用两气门时，为使结构简化，大多数采用所有气门沿汽缸体纵向轴线排成一列的方式。这样，相邻两缸的同名气门就有可能合用一个气道，使气道简化并得到较大的气流通过截面；另一种是将进、排气门交替布置，每缸单独用一个气道，这样有助于汽缸盖冷却均匀。

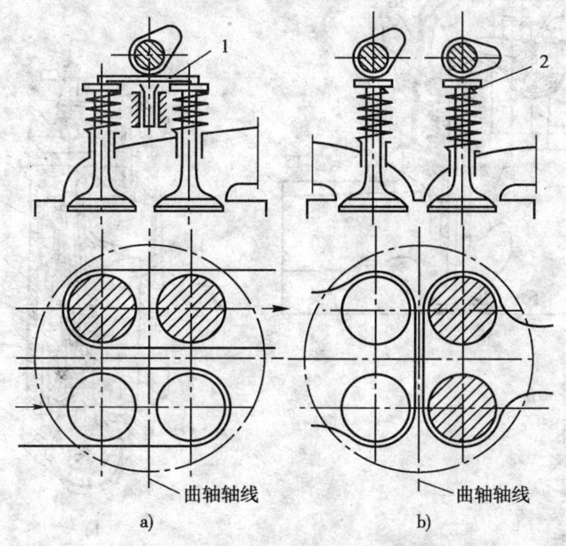

图 3-1-1　每缸四气门布置及驱动

a）同名气门排列成两列；b）同名气门排列成一列

1-T 形杆；2-气门尾部从动盘

为了进一步改善汽缸的换气性能，使气门总的通过截面增大，充气效率提高，很多发动机的气门多采用每缸四气门的结构，即两个进气门和两个排气门。现在还有发动机采用更多气门的结构。

【重点解释】

当每缸采用四个气门时，气门排列方式有两种。

如图 3-1-1a）所示，同名气门排成两列，由一个凸轮通过 T 形驱动杆同时驱动，并且所有气门都可以由一根凸轮轴驱动，两同名气门在气道中的位置不同，可能会使二者的工作条件和工作效果不一致。

如图 3-1-1b）所示，同名气门排在同一列，则没有上述缺点，但一般要用两根凸轮轴驱动。

2. 按气门布置形式分类

根据气门布置形式，可分为顶置气门式和侧置气门式，如图 3-1-2 所示。

图 3-1-2a）为顶置气门式配气机构，这种配气机构具有较好的动力性和经济性，因而在发动机上得到广泛的应用。

3. 按凸轮轴布置形式分类

根据凸轮轴布置形式，可分为下置式凸轮轴、中置式凸轮轴和上置凸轮轴式。

（1）下置式凸轮轴配气机构，如图 3-1-3a）所示。这种机构凸轮轴离曲轴很近，可以用一对齿轮传动，但零件多，传动路线长，整个机构刚度差，在高速运转时，可能破坏气门的运动规律，因此，多应用在转速较低的发动机上。

（2）中置式凸轮轴配气机构，如图 3-1-3b）所示。这种机构与凸轮轴下置式机构相比，减少了推杆，从而减轻了配气机构的往复运动质量，增大了机体的刚度，因此，多应用在转速较高发动机上。

（3）上置式凸轮轴配气机构，如图 3-1-3c）所示。这种结构凸轮轴直接通过摇臂来驱动气门，没有挺柱、推杆，使往复运动质量减小很多，但由于凸轮轴离曲轴中心线较远，正时传动机构比较复杂，而且拆装汽缸盖也困难，因此，多应用在高速发动机上。

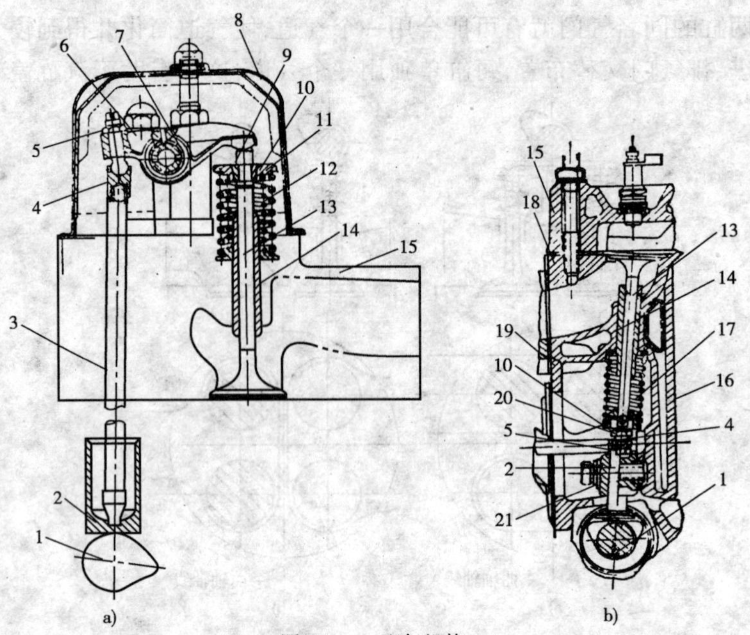

图 3-1-2　配气机构

a) 顶置式配气机构；b) 侧置式配气机构

1-凸轮轴；2-挺柱；3-推杆；4-调整螺钉；5-锁紧螺母；6-摇臂；7-摇臂轴；8-气门室罩；9-锁片；10-气门弹簧座；11-气门副弹簧；12-气门主弹簧；13-气门；14-气门导管；15-汽缸盖；16-汽缸壁；17-气门弹簧；18-汽缸垫；19-汽缸体；20-锁销；21-挺柱导管

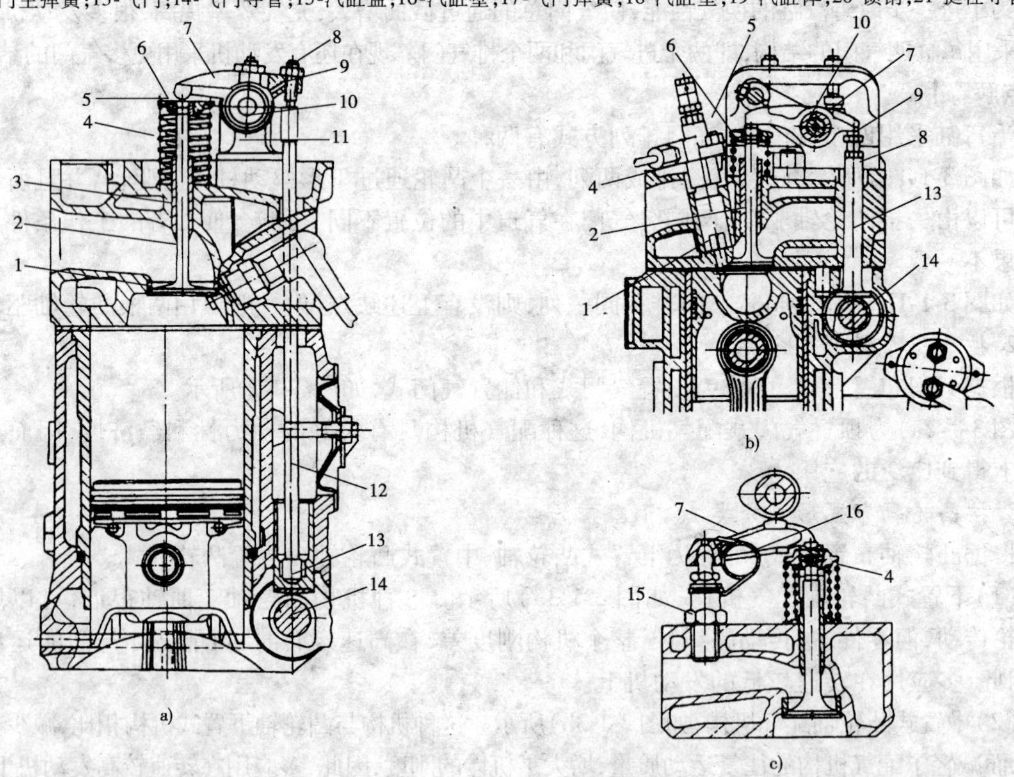

图 3-1-3　凸轮轴位置图

a) 下置式凸轮轴；b) 中置式凸轮轴；c) 上置式凸轮轴

1-气门座圈圈；2-气门；3-气门导管；4-气门弹簧；5-气门锁夹；6-气门弹簧座；7-摇臂；8-锁紧螺母；9-气门间隙调节螺钉；10-摇臂轴；11-摇臂轴座；12-推杆；13-挺柱；14-凸轮轴；15-摇臂支座；16-弹簧扣

4.按曲轴与凸轮轴的传动方式分类

根据曲轴和凸轮轴传动方式,可分为齿轮传动、链条传动和齿形带传动等。

(1)齿轮传动,如图3-1-4所示。从曲轴到凸轮轴的传动只需一对正时齿轮,必要时可加装中间齿轮。一般凸轮轴下置、中置的配气机构大多采用正时齿轮传动。

(2)链条式传动,如图3-1-5所示。这种传动为使在工作时链条具有一定的张力而不致脱落,要装导链板、张紧轮和紧链器。因此,其工作可靠性和耐久性不如齿轮式传动。一般上置式凸轮轴配气机构中多采用链条传动。

近年来,高速汽车发动机上还广泛采用齿形皮带来代替链条传动。齿形皮带用氯丁橡胶制成,中间夹有玻璃纤维和尼龙织物。此种结构噪声小、质量轻、成本低。

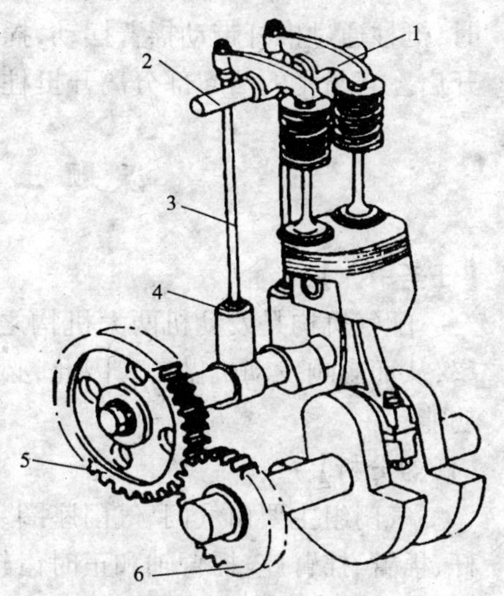

图3-1-4 齿轮传动

1-摇臂;2-摇臂轴;3-推杆;4-挺柱;5-凸轮轴正时齿轮;6-曲轴正时齿轮

四、配气机构的工作原理

图3-1-6为顶置气门式配气机构简图。

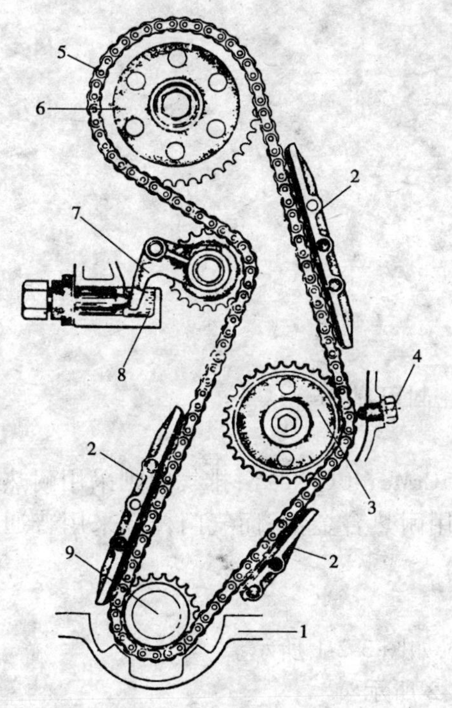

图3-1-5 链条式传动

1-机油盖;2-正时链导板;3-分油器振动链轮;4-正时链轮限制螺钉;5-正时链条;6-凸轮轴正时齿轮;7-张紧链轮及架体总成;8-机油;9-曲轴正时链轮

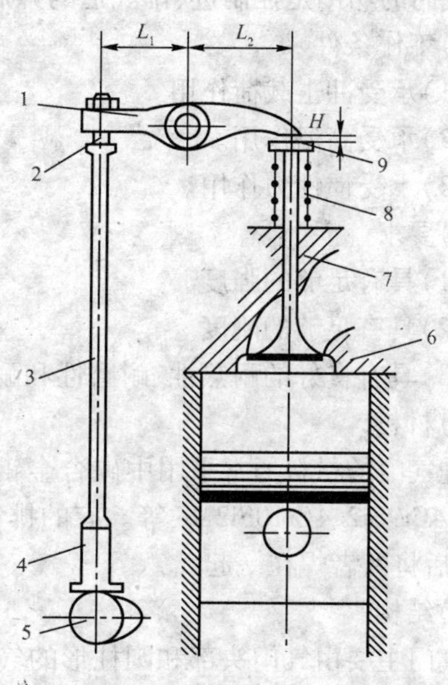

图3-1-6 顶置气门式配气机构简图

1-摇臂;2-调整螺钉;3-推杆;4-挺柱;5-凸轮轴;6-汽缸盖;7-气门;8-气门弹簧;9-气门弹簧座

发动机工作时,曲轴通过正时齿轮来驱动凸轮轴旋转。当凸轮凸起部分顶起挺柱(杆)时,挺柱通过推杆带动摇臂摆动,摇臂在消除和气门之间的间隙 H 后,压缩气门弹簧,使气门开启。当凸轮的凸起部分离开挺柱后,气门便在弹簧弹力的作用下上行,使气门关闭。

课题二　配气机构主要零部件

【任务引入】

配气机构是发动机两大机构之一,其工作好坏,直接关系到发动机汽缸内燃料的燃烧效率,从而影响发动机做功。因此,必须熟悉组成它的主要零部件结构,以此来认识整个机构的功能。

【任务分析】

气门组主要由气门、气门座圈、气门弹簧、气门导管等组成;气门传动组由凸轮轴、挺柱、推杆、摇臂、摇臂座、摇臂轴和正时齿轮等组成。本课题主要介绍配气机构主要零部件的功用、工作条件、要求、材料和结构。

【任务实施】

一、气门组

1. 气门

1)功用

气门的功用是控制进、排气道的开启和关闭。

2)工作条件

(1)承受冲击载荷作用。

(2)承受高温作用。

(3)承受惯性力作用。

3)要求

(1)具有足够的强度。

(2)具有足够的刚度。

(3)具有良好的耐热性、耐磨性和耐蚀性,且要密封可靠。

4)材料

进气门的材料通常采用中碳合金钢,如 40Cr、35CrMo、40CrNi 等;排气门则采用耐热合金钢,如 4Cr9Si2、4Cr10Si2Mo 等。有的排气门头部采用耐热合金钢,而气门杆部采用普通合金钢,然后将两者焊在一起。

5)结构

气门主要由气门头部和圆柱形的气门杆部组成,如图 3-2-1 所示。

气门头部有平顶、凸顶、凹顶三种形状,如图 3-2-2 所示。

目前,平顶气门应用最为广泛。其优点是质量轻、结构简单、加工方便、受热面积小、热负荷也小,进、排气门均可采用;凸顶气门的优点是刚度大,且其顶面凸起部分具有一定的流线,能适应排气时气体的流动,用作排气门时,会使排气阻力减小,但是其受热面积大、质量大、加工也较困难;凹顶气门的头部与气门杆部之间的过渡圆弧较大,用作进气门时,可减小进气阻力,但其受热面积大、加工困难,不宜用作排气门。一般进气门直径比排气门直径大。

气门与气门座圈间依靠锥面密封。气门锥面与气门顶面间的夹角，称为气门锥角。进排气门的气门锥角一般为 45°，还有少数发动机的进气门锥角为 30°。

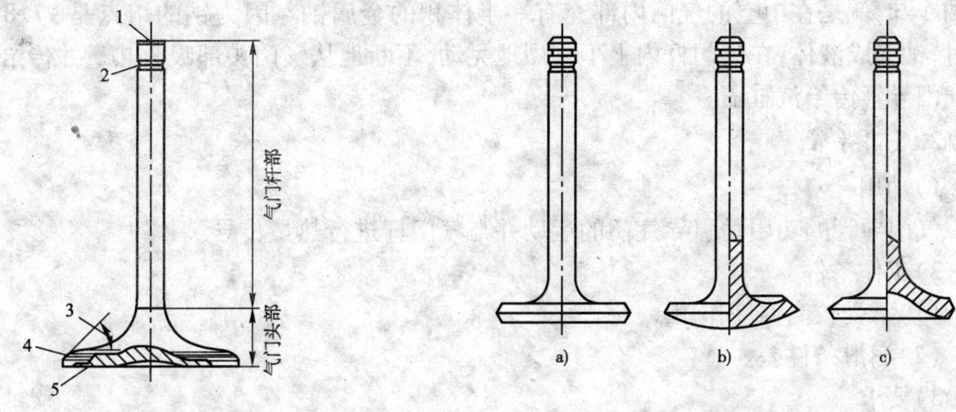

图 3-2-1　气门结构

1-气门尾部端面；2-气门锁夹槽；3-气门锥角；4-气门锥面；5-气门顶面

图 3-2-2　气门头部形状

a）平顶；b）凸顶；c）凹顶

气门杆尾端的形状取决于弹簧座的固定方式。大多数发动机采用气门锁夹来固定弹簧座，即在气门尾端设置气门锁夹槽，在其内嵌入两个对分开的半锥形锁夹，同时将锥形锁夹装入弹簧座的内锥面中。这种固定方式结构简单，拆装方便，应用比较广泛。此外，还有的发动机采用圆柱销来固定弹簧座，如图 3-2-3 所示。

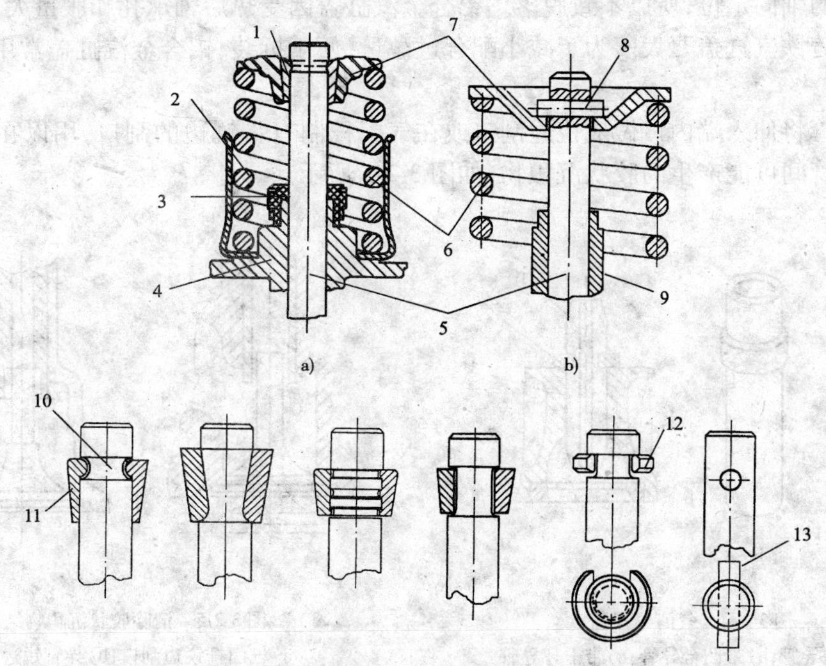

图 3-2-3　气门尾部形状

a）气门锁夹固定；b）圆柱销固定

1-气门锁夹；2-气门弹簧振动阻尼器；3-气门油封；4-汽缸盖；5-气门杆；6-气门弹簧；7-气门弹簧座；8-圆柱销；9-气门导管；10-气门尾部；11-气门锁夹；12-卡块；13-圆柱销

在一些强化程度很高的发动机上，气门杆部多是中空的，主要是减小气门质量，从而减小气门运动惯性力。同时，为了增加排气门的散热能力，一些风冷式发动机和高强化发动机还采用钠冷却，就是在中空的气门内部充有一半体积的金属钠。因为钠的熔点是97.8℃，气门工作时，钠变成液体，在气门杆内上下剧烈地晃动，不断地从气门头部吸收热量并传给气门杆，再经气门导管传给汽缸盖。

2. 气门导管

1）功用

气门导管的功用是引导气门的运动并与气门杆进行热量传导。

2）工作条件

（1）承受较高温度作用。

（2）润滑条件差。

3）要求

具有良好的耐磨性和导热性。

4）材料

气门导管的材料通常采用灰铸铁或球墨铸铁。

5）结构

气门导管的外形如图3-2-4所示。其外表面具有较高的加工精度和较低的粗糙度，与汽缸盖的配合有一定的过盈量，以保证良好的传热和防止松脱。图3-2-4b）、c）所示为带凸台和带卡环的导管，与图3-2-4a）所示压入式导管相比，其配合过盈量要小。因为凸台和卡环使导管有了可靠的轴向定位，所以不致脱落。铝合金汽缸盖因受热后轴承孔膨胀量大，其配合过盈量应比使用铸铁汽缸盖要大。为了减小配合过盈量，便于拆装，铝合金汽缸盖常用带凸台或卡环的导管。

有的导管将伸入端内口做成锐边刮口或在气门杆制有带锐边的刮口，用以在工作中刮除气门杆与导管间可能产生的胶状沉积物，如图3-2-5所示。

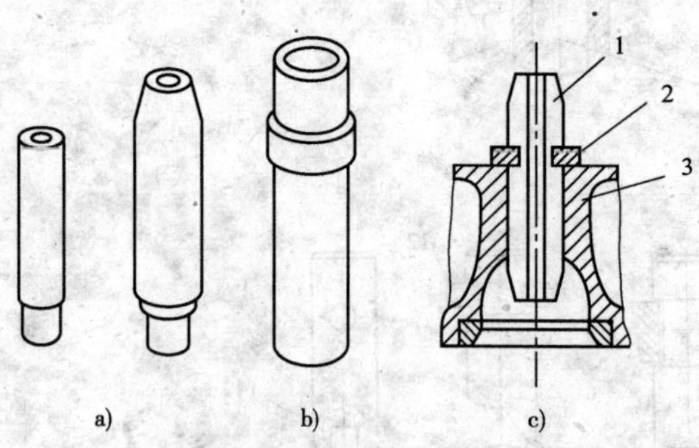

图3-2-4　气门导管

a）压入式导管；b）带凸台导管；c）带卡环导管

1-气门导管；2-卡环；3-汽缸盖

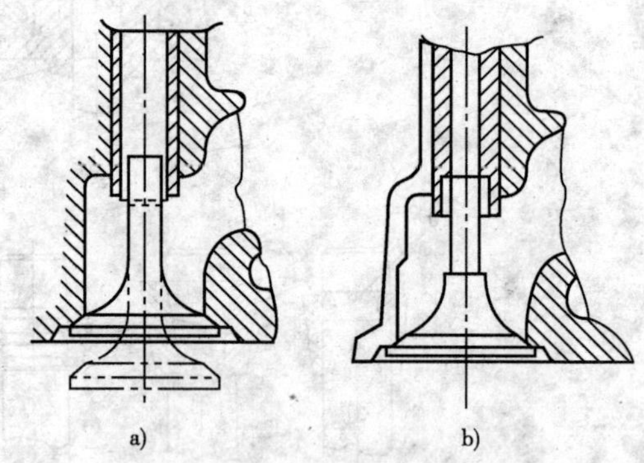

图3-2-5　清除胶状沉积物结构

a）气门杆锐边刮口；b）导管锐边刮口

3. 气门座圈

1）功用

气门座圈是气门的支承面，其与气门头部配合起密封和导热作用。

2)工作条件

(1)承受较大的热负荷。

(2)承受较大的冲击载荷。

3)要求

(1)能承受高温。

(2)具有足够的强度。

(3)具有良好的耐磨性和导热性。

4)材料

气门座圈的材料通常采用耐热合金钢或合金铸铁。

5)结构

气门座圈通常制成圆锥形或圆柱形,如图 3-2-6 所示。一般气门座圈压入气门座孔时以压入到座孔底面为止。

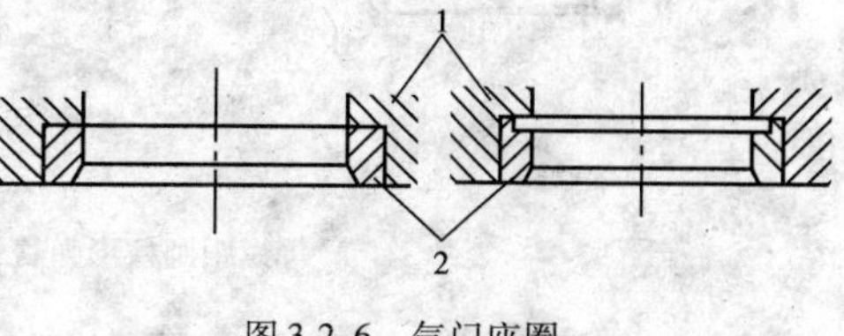

图 3-2-6 气门座圈

1-汽缸体;2-气门座圈

【重点提示】

气门座的形式有两种,一是直接在汽缸盖上镗出;二是单独制成气门座圈,镶嵌在汽缸盖上。

4. 气门弹簧

1)功用

气门弹簧的功用是克服在气门关闭过程中气门及传动件的惯性力,防止各传动件之间因惯性力的作用而产生间隙,保证气门及时落座并紧密贴合;同时能尽量减少气门落座时的冲击力。

2)工作条件

(1)承受高温气体的腐蚀。

(2)承受很大的冲击载荷和安装预紧力。

3)要求

(1)具有足够的弹力。

(2)具有足够的预紧力。

4)材料

气门弹簧的材料一般采用高碳锰钢、硅锰钢和镍铬锰钢等。

5)结构

气门弹簧多为圆柱形螺旋弹簧,如图 3-2-7 所示。气门弹簧的一端支承在汽缸盖上,而另一端则压靠在气门杆端的弹簧座上,弹簧座用锁片固定在气门杆的末端。为了防止弹簧发生共振,可采用变螺距的圆柱弹簧,如图 3-2-7b)所示。

高速发动机大多数是一个气门用内外两根气门弹簧,如图 3-2-7c)所示。这样能提高气门弹簧工作的可靠性,即不但可以防止共振,而且当一根弹簧折断时,另一根还可维持工作。此外,还能使气门弹簧的高度减小。当采用两根气门弹簧时,弹簧圈的螺旋方向应相反,这样可以防止折断的弹簧圈卡入另一个弹簧圈内。

【重点提示】

气门弹簧上涂有防锈层,不允许损坏掉,同时也不能使气门弹簧生锈。生锈会使弹簧钢丝局部受损产生应力集中,很快会疲劳断裂。因此,生锈的气门弹簧绝不能再用。

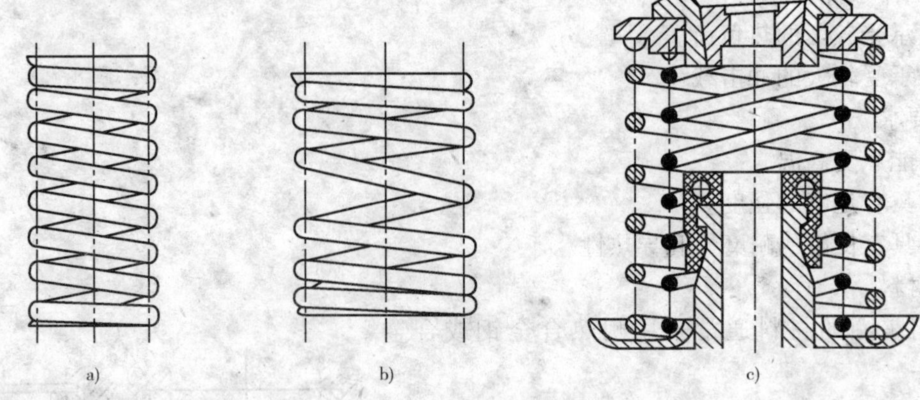

图 3-2-7 气门弹簧

a)等螺距圆柱形弹簧;b)变螺距圆柱形弹簧;c)同心圆柱形弹簧

二、气门传动组

1. 凸轮轴

1)功用

凸轮轴的功用是控制各缸进排气门的运动,并使气门按一定的工作次序和时间开启和关闭。

2)工作条件

凸轮轴受到气门、挺柱及推杆的周期性冲击载荷,且凸轮与挺柱间的相对滑动速度较大。

3)要求

(1)具有足够的刚度和韧性。

(2)具有良好的耐磨性。

4)材料

凸轮轴的材料通常采用优质钢,也有的采用合金铸铁或球墨铸铁。

5)结构

大多数凸轮轴都制成整体式,但也有当凸轮轴较长时,采用分段制造,如图 3-2-8 所示。其主要由凸轮轴轴颈、进气凸轮、排气凸轮等组成。汽油机凸轮轴上通常制有用于驱动润滑油泵和分电器的齿轮以及驱动汽油泵的偏心轮。

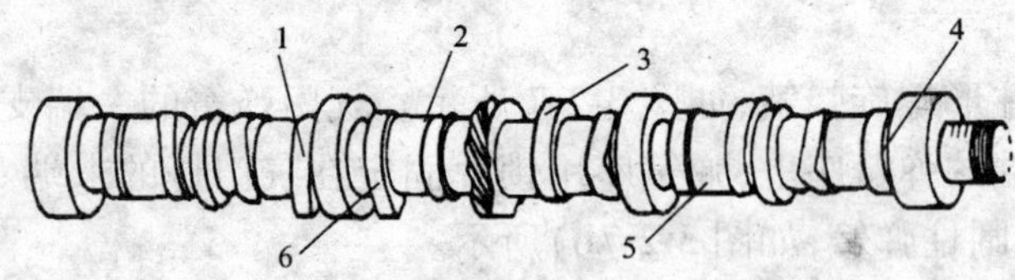

图 3-2-8 凸轮轴

1-进气凸轮;2-驱动齿轮;3-凸轮轴轴颈;4-键槽;5-偏心轮;6-排气凸轮

进、排气凸轮用来控制进、排气门开闭时间、持续时间和开闭速度。其数目与汽缸数、每缸的气门数以及驱动方式有关。

凸轮轴通过凸轮轴轴颈支承在凸轮轴轴承孔内,一般每隔两个汽缸设置一个轴颈支承。上置式凸轮轴一般每隔一个汽缸设置一个凸轮轴轴颈,而下置式凸轮轴每隔一两个汽缸设置一个凸轮轴轴颈。

（1）凸轮轴轴颈：凸轮轴各道轴颈的直径一般相等，但也有的从前向后逐渐减小，以便于安装。

有些凸轮轴轴颈上制有特殊形状的油槽或油孔，如图 3-2-9 所示。有的在轴承座孔处开泄油孔，以使经轴承间隙流到轴颈后端空腔中的润滑油能泄回油底壳，防止空腔中产生的油压压开油堵头而漏油。有的发动机摇臂轴是靠凸轮轴轴承处通向汽缸体上的油道输送润滑油来润滑。为此，在凸轮轴颈上制有两个不通的圆弧形节流槽，润滑油经该槽能间歇地输送到摇臂轴上，如图 3-2-9a）所示。有的发动机第一道凸轮轴颈也有类似节流槽，并钻有一直角形油孔，将油槽与轴颈前端面连通，以便能润滑凸轮轴的轴向止推面，如图 3-2-9b）所示。

（2）凸轮轴轴承：凸轮轴轴承一般做成衬套压入整体式的座孔内，最后再经加工，与轴颈配合。其材料多与曲轴主轴承类似，由低碳钢钢背内浇减磨合金层制成；也有的用粉末冶金衬套或铜套，如图 3-2-10 所示。

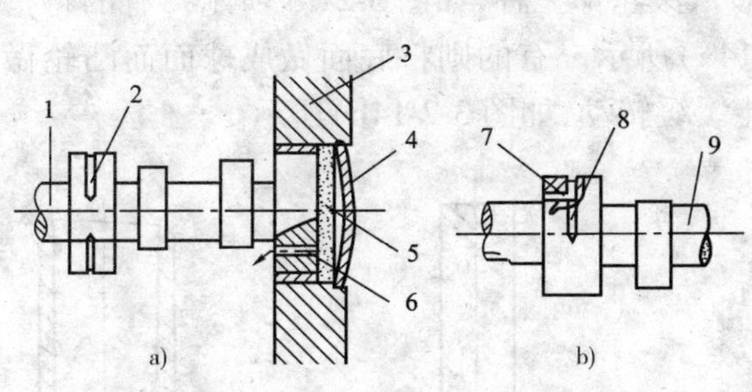

图 3-2-9 凸轮轴轴颈上的油槽和油孔

a）油槽；b）油孔

1-凸轮轴；2-节流槽；3-缸体；4-油堵头；5-空腔；6-泄油孔；7-油孔；8-节流槽；9-凸轮轴

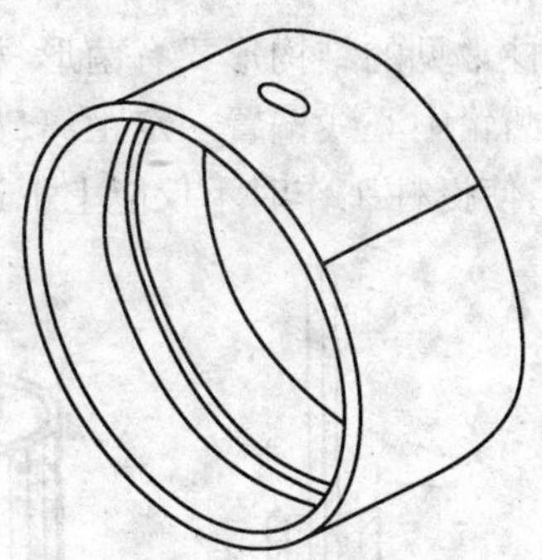

图 3-2-10 凸轮轴轴承

（3）凸轮轴轴向定位：凸轮轴轴向定位主要有止推片定位、止推螺钉定位、止推轴承定位、凸轮轴颈及正时齿轮轮毂止推定位，如图 3-2-11、图 3-2-12 所示。

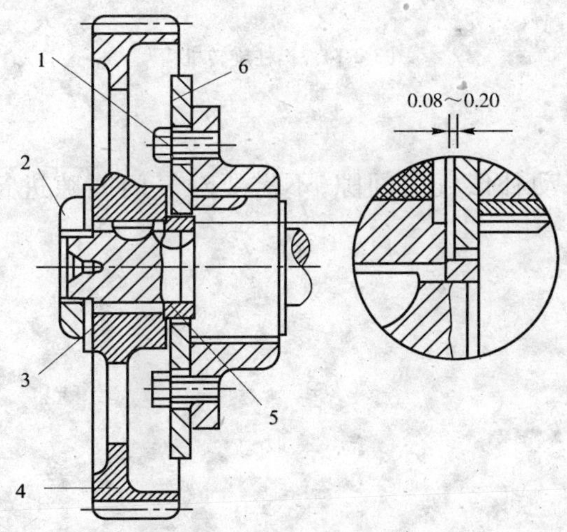

图 3-2-11 止推片轴向定位

1-止推凸缘固定螺栓；2-固定螺母；3-锁紧垫圈；4-正时齿轮；5-调整环；6-止推凸缘

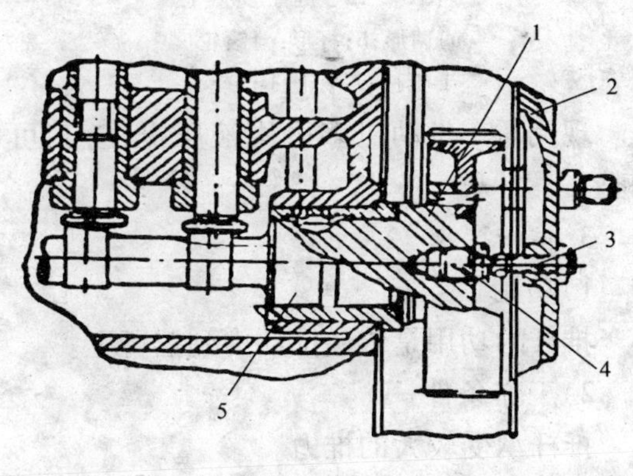

图 3-2-12 止推螺钉轴向定位

1-凸轮轴凸缘；2-正时齿轮室盖；3-止推调整螺钉；4-定位止推销；5-凸轮轴

2. 挺柱

1)功用

挺柱的功用是用来将凸轮轴的运动传给推杆。

2)工作条件

挺柱承受较大的冲击载荷和磨损。

3)要求

(1)具有足够的强度。

(2)具有良好的耐磨性。

4)材料

挺柱的材料一般采用低碳钢、合金钢、合金铸铁等。

5)结构

挺柱常见的结构形式有菌形、杯形(筒形)、滚轮形三种,如图 3-2-13 所示。有的将挺柱中心线与凸轮中心线偏置一定距离,如图 3-2-14a)所示。有的则将底面做成球面而凸轮做成略带锥形,使挺柱工作时不仅能上下运动,还能缓缓转动,如图 3-2-14b)所示。

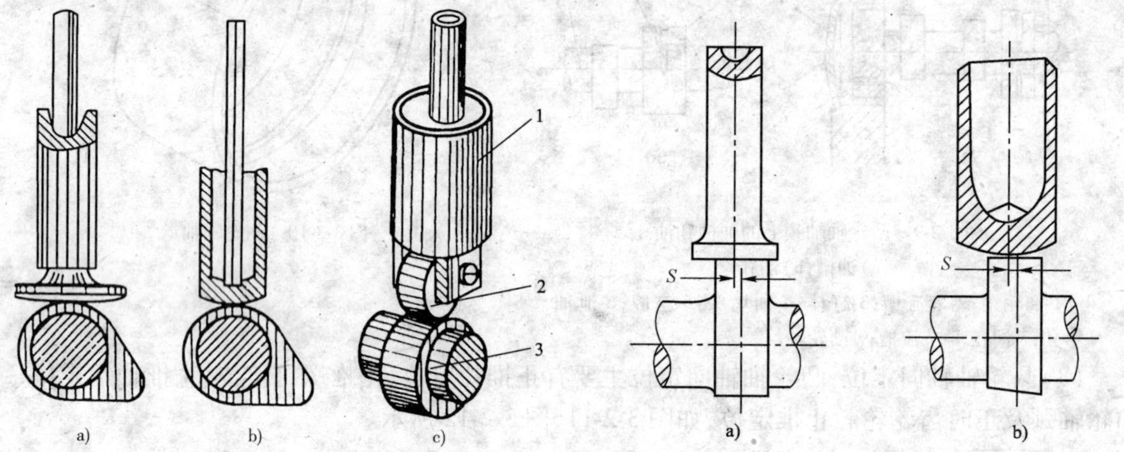

图 3-2-13 挺柱形状

a)菌形;b)杯形;c)滚轮

1-挺柱;2-滚轮;3-凸轮

图 3-2-14 挺柱旋转机构

现代轿车发动机多采用液压挺柱,其可以自动补偿气门间隙,不需要对气门间隙进行调整。

3. 推杆

1)功用

推杆的功用是传递推动力到摇臂上。

2)工作条件

推杆承受较大的推力。

3)要求

推杆要具有足够的刚度和尽可能轻的质量。

4)材料

推杆的材料一般采用无缝钢管或空心钢管;也可以用实心钢棒。对于机体和汽缸盖都是用铝合金制造的发动机,推杆的材料采用锻铝或硬铝。

5)结构

如图 3-2-15 所示,杆的两端焊接有不同形状的端头,下端头通常是圆柱形,上端头通常是凹球形,推杆的上、下端头要进行磨光。采用实心推杆的上下端头与杆做成一体。

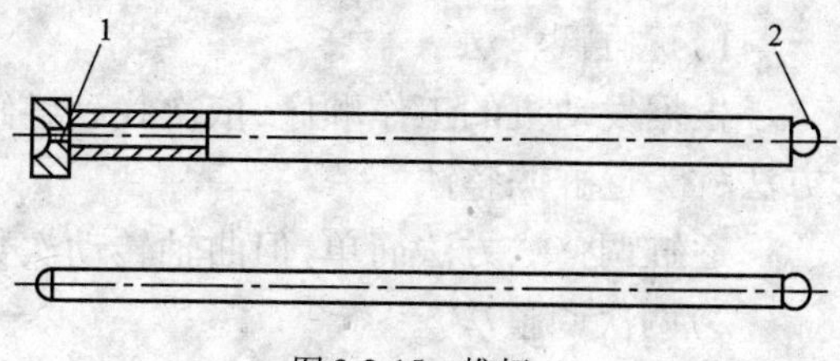

图 3-2-15　推杆

1-球座;2-球头

4. 摇臂

1)功用

摇臂的功用是将凸轮和推杆传来的力改变方向后传给气门,使其开闭。

2)工作条件

摇臂承受周期性载荷作用。

3)要求

摇臂应具有足够的刚度。

4)材料

摇臂的材料一般采用中碳钢,也有的用球墨铸铁或合金铸铁。

5)结构

如图 3-2-16 所示,摇臂是通过衬套与摇臂轴相连并支承在摇臂轴座上,两端一般为不等长臂,长臂与气门接触,短臂则通过调整螺钉与推杆接触。摇臂上加工有油孔,润滑油通过摇臂座上的油孔送到摇臂轴内,一部分作为摇臂衬套润滑,另一部分则通过摇臂轴内的油孔送到摇臂两端供传动元件润滑。

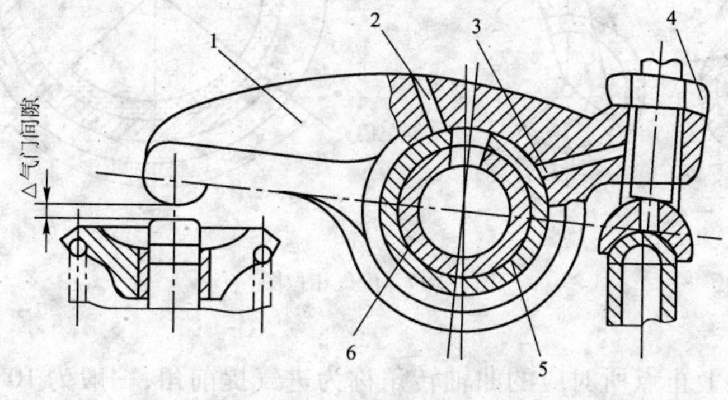

图 3-2-16　摇臂

1-摇臂;2-油孔;3-油孔;4-气门间隙调整螺钉;5-衬套;6-摇臂轴

【重点提示】

不是每个摇臂座都有油道,一定要将有油道的那个摇臂轴座装在汽缸盖上有油孔的位置;否则,组件将得不到润滑。

三、气门间隙

1. 定义

发动机冷态装配时,在气门及其传动机构中留有适当的间隙,以补偿气门受热后的膨胀量,这一预留间隙称为气门间隙。一般是指气门处于完全关闭状态时,气门杆尾端与摇臂之间的间隙(图 3-2-16)。

2. 气门调整方法

气门间隙必须在气门完全关闭状态下才能调整,其方法有逐缸调整法和两次调整法。

1)逐缸调整法

根据发动机的工作顺序,依次找到各缸的压缩上止点,并将气门间隙调整到规定值,这种方法称为逐缸调整法。

逐缸调整法方法简单,但曲轴转动次数多、工作效率低。

2)两次调整法

曲轴只需转动两次就将气门全部调整完毕,这种方法称为两次调整法。

气门间隙调整见模块八发动机总装。

四、配气相位

1. 定义

配气相位是指用曲轴转角来表示进、排气门的开闭时刻和开启持续时间。配气相位的各个角度可用配气相位图来表示,如图3-2-17所示。

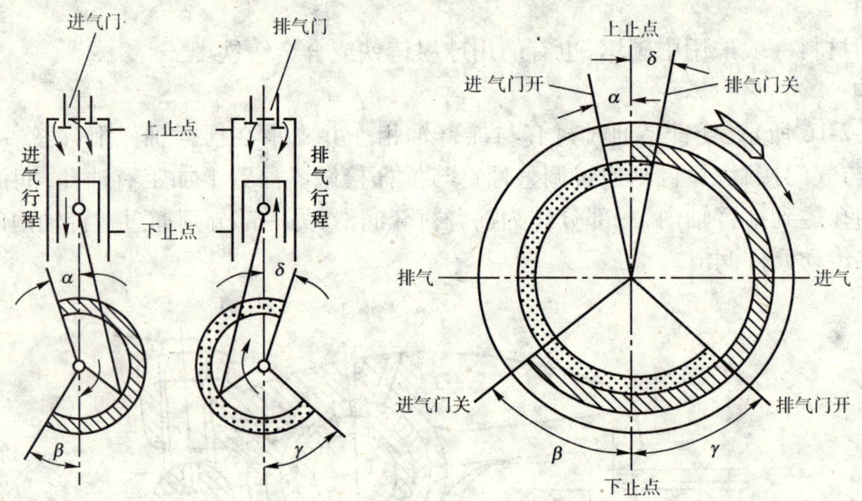

图3-2-17 配气相位图

2. 进气提前角 α

从进气门开启到上止点所对应的曲轴转角称为进气提前角,一般为10°~30°。

3. 进气滞后角 β

从下止点到进气门关闭所对应的曲轴转角称为进气滞后角。一般为30°~80°。

进气门开启持续时间的曲轴转角,即进气持续角为 $\alpha+180°+\beta$。

4. 排气提前角 γ

从排气门开启到下止点所对应的曲轴转角称为排气提前角,一般为40°~80°。

5. 排气滞后角 δ

从上止点到排气门关闭所对应的曲轴转角称为排气滞后角,一般为10°~30°。

排气门开启持续时间的曲轴转角,即排气持续角为 $\gamma+180°+\delta$。

6. 气门重叠

由于进气门早开和排气门晚关,会在一段时间内出现进、排气门同时开启的现象,称为气门叠开。同时开启的角度,即进气门早开角与排气门晚关角之和($\alpha+\delta$),称为气门叠开角。

课题三 配气机构拆装

【任务引入】

本课题以 D6114 发动机配气机构拆装为例，主要介绍配气机构拆装的具体步骤和方法；配气相位和气门间隙的检查与调整，并达到相关的技术标准要求；同时在拆装和调整过程中应该注意一些关键的事项和技巧。整个拆装和调整以项目课程方式来完成。

【任务分析】

为了达到上述任务的要求，而使配气机构在拆卸和装配过程中仍保持原来各个零部件的位置关系，从两个项目来进行介绍，即配气机构拆装，配气相位和气门间隙的检查与调整；并通过项目时间、项目目的、项目工器具、项目内容、注意事项、考核要求、考核标准来完成任务。

【任务实施】

一、配气机构拆装

1. 项目时间

6 课时。

2. 项目目的

(1)学习配气机构的拆装方法、步骤和注意事项。

(2)识别气门组和气门传动组各部件的作用、名称和结构。

3. 项目工器具

(1)D6114 发动机一台。

(2)常用工具一套，专用工具一套。

(3)D6114 发动机图册一本。

(4)撬棍、扭力扳手、活动扳手、轴承拉器、棉纱等若干。

4. 项目内容

1)气门组及气门传动组拆卸

(1)拆下摇臂。

(2)拆下推杆和挺柱。

(3)拆下凸轮轴正时齿轮和凸轮轴。

(4)将专用工具套在摇臂座紧固螺栓上，旋上螺母，压缩气门弹簧，取出气门锁夹。如图 3-3-1 所示为气门弹簧拆卸钳。

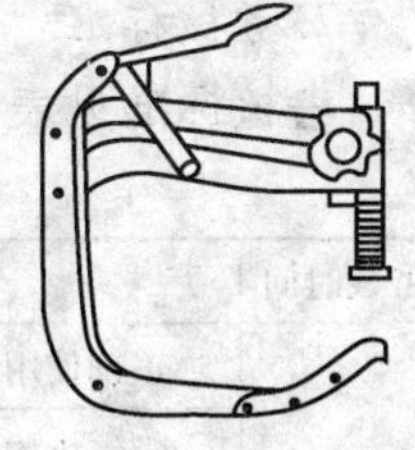
图 3-3-1 气门弹簧拆卸钳

(5)取下气门弹簧和上座。

(6)拆下气门杆锁簧，取下气门。将气门做标记或分开放，防止错乱。

(7)将气门导管拆卸工具插入导管内孔，敲击端部，拆出导管。

(8)将气门座圈拉出器的拉爪放入座圈内，对准 1/2 座圈高度处。将拉爪顶进座圈，转动螺母，拉出座圈。

2)气门组及气门传动组装配

气门组和气门传动组装配按拆卸相反的顺序进行。各部件紧固螺栓，应按规定力矩拧紧。图 3-3-2 所示为配气机构拆装顺序图。

5. 注意事项

(1)拆装凸轮轴时要注意不要损伤凸轮轮廓等重要部位。

(2)拆卸时要注意正时齿轮的记号,以便安装时有正确的配气相位。

(3)气门在气门导管内上下运动应灵活无阻滞。

(4)气门摇臂支架与气门摇臂轴的油道不能装错。

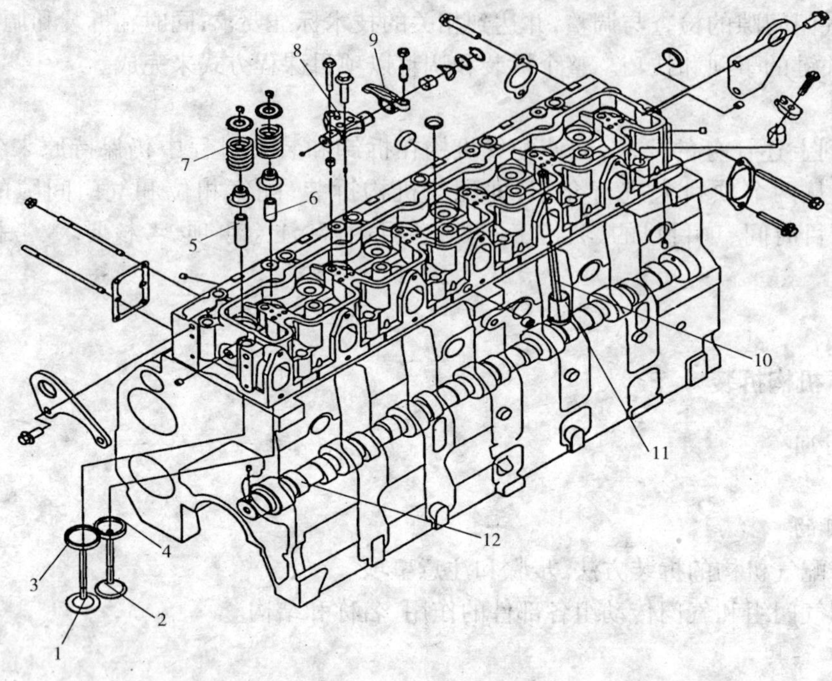

图 3-3-2 配气机构拆装顺序图

1-进气门;2-排气门;3-进气门座圈;4-排气门座圈;5-进气门导管;6-排气门导管;7-气门弹簧;8-摇臂轴;9-摇臂;10-推杆;11-挺柱;12-凸轮轴

6. 考核要求

(1)按正确的步骤和方法进行拆装。

(2)拧紧力矩必须按标准要求拧紧。

(3)必须遵守相关的安全规范。

7. 考核标准

考核标准见表 3-3-1。

考核标准表 表 3-3-1

考核时间	考核项目	得分	评分标准	结果
60min	正确使用工器具	10	工器具使用不当酌情扣分	
	配气机构附件的拆卸	10	拆卸顺序错误酌情扣分	
	气门组和气门传动组的拆卸	30	拆卸顺序错误酌情扣分	
	气门组和气门传动组的安装	30	安装顺序错误酌情扣分	
	按力矩要求紧固螺栓	10	不符合要求每处扣 2 分,扣完为止	
	整理工具,清理现场,遵守相关安全规范	10	不符合要求酌情扣分;若违规操作发生重大人身和设备事故,按 0 分计	
	合计	100		

8. 项目报告

根据实习项目写出报告。

二、气门间隙和配气相位的检查与调整

1. 项目时间

6 课时。

2. 项目目的

学习配气相位和气门间隙的检查与调整方法及注意事项。

3. 项目工器具

(1) D6114 发动机一台。

(2) 常用工具一套。

(3) 一字形螺丝刀、厚薄规各一个。

(4) 百分表、角度盘、百分表支架各一个。

(5) 撬棍、棉纱等若干。

4. 项目内容

1) 气门间隙的检查与调整

用两次调整法来检查与调整气门间隙。检查与调整方法见模块八 D6114 发动机总装的工艺顺序中介绍的方法。

2) 配气相位的检查与调整

(1) 转动飞轮,找到第一缸压缩上止点位置。

(2) 安装好百分表支架和表头,使百分表的触头垂直顶在进气门弹簧座上,并保持一定的压力,其大小以百分表上的小指针在 1 ~ 2 之间为宜。同时转动表盘,使百分表的大指针对准“0”位。

(3) 在飞轮上装一只角度盘,慢慢转动飞轮,并注意百分表指针的变化,当指针离开“0”位时,为进气门开启时刻。此时将角度盘指针调到“0”位,继续转动飞轮,当到上止点时角度仪指针所指示的角度值为进气提前角。继续转动飞轮,当百分表指针回到“0”位时,为进气门关闭时刻,此时角度仪指针所指角度值为进气持续角(图 3-3-3)。

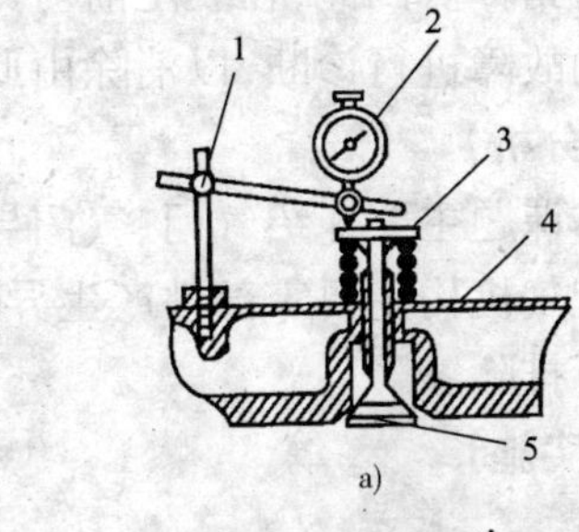

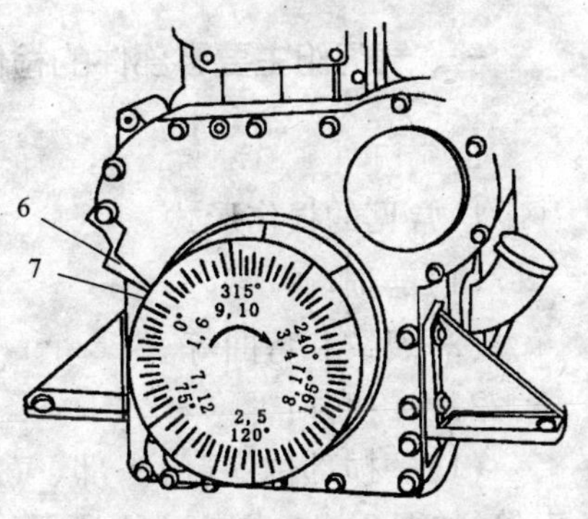

图 3-3-3 配气相位检查

1-表架;2-百分表;3-弹簧座;4-汽缸盖;5-气门;6-指针;7-刻度表

(4) 用同样的方法,检查排气门的开闭时间及开启持续角。

(5) 配气相位一般只检查第一缸进排气门,其他各缸靠凸轮轴保证。误差不大时,可调整气门间隙,弥补配气相位。

5. 注意事项

(1) 按规定顺序进行检查和调整。

(2) 检查和调整一定要符合相关的技术标准要求。

6. 考核要求

(1) 按正确的步骤和方法进行调整。

(2) 零件必须按标准要求紧固。

(3)必须遵守相关的安全规范。

7. 考核标准

考核标准见表 3-3-2。

考核标准表

表 3-3-2

考核时间	考核项目	得分	评分标准	结果
40min	正确使用工器具	10	工器具使用不当酌情扣分	
	气门间隙的检查与调整	30	检查与调整错误扣 30 分	
	配气相位的检查与调整	30	检查与调整错误扣 30 分	
	按要求紧固零件	20	不符合要求每处扣 5 分,扣完为止	
	整理工具,清理现场,遵守相关安全规范	10	不符合要求酌情扣分;违规操作造成重大人身和设备事故,按 0 分计	
	合计	100		

8. 项目报告

根据实习项目写出报告。

课题四 配气机构主要零部件检修和故障诊断

【任务引入】

配气机构是控制发动机进、排气的机构,其零部件运转的好坏直接影响发动机的动力性、经济性指标。因此,在装配前对其主要零部件的检查和修复是非常重要的一个环节,同时对于引起的故障进行诊断,以消除由此带来的隐患或事故,甚至重大的事故。

【任务分析】

本课题主要介绍气门、气门导管、气门座圈、气门弹簧、凸轮轴、挺柱、推杆、摇臂的检修;同时对配气机构主要零部件产生异响故障的现象、原因进行分析,提出判断故障的方法,并对故障进行排除。

【任务实施】

一、气门组主要零部件的检修

1. 气门

1)常见的损伤形式

(1)磨损。

(2)裂纹和弯曲等。

2)气门磨损

(1)磨损部位:气门头部、气门杆部、气门杆端面等,如图 3-4-1、图 3-4-4 所示。

(2)磨损原因主要有:气门主要部位润滑不良;高温、高压和交变载荷作用在运动表面;化学物质的腐蚀等。

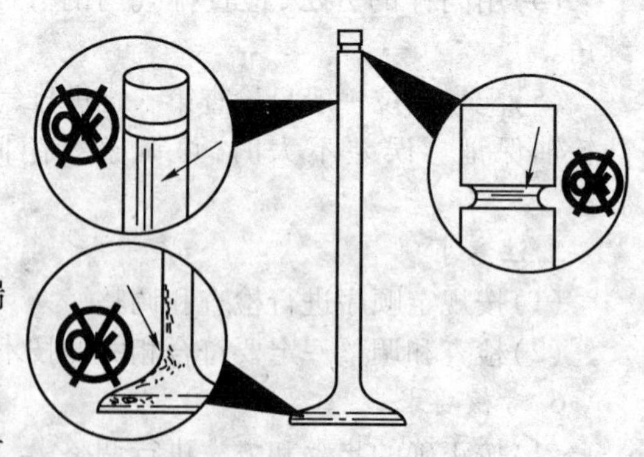

图 3-4-1 气门杆部磨损图

(3)检验方法:气门磨损一般采用千分尺来测量。测量方法如图 3-4-2 所示。

(4)检验标准:不同发动机各部位所要求的标准不同。对于 D6114 发动机,气门头部磨损后,进气门头部最小厚度为 2.85mm;排气门头部最小厚度为 2.15mm,如图 3-4-3 所示。气门杆部磨损,进气门杆最小直径为 $\phi8.95$mm;排气门杆最小直径为 $\phi8.94$mm。

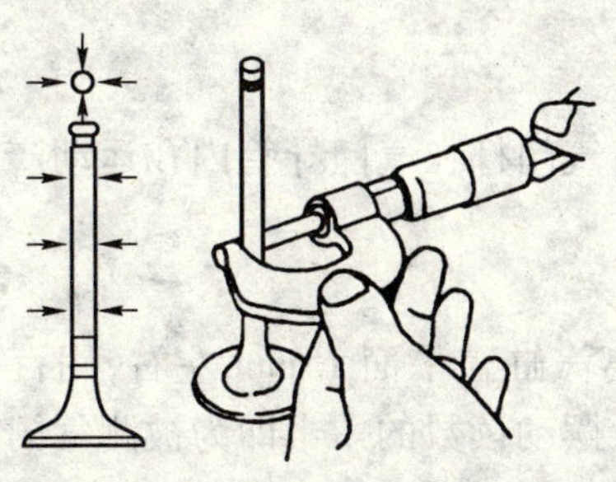

图 3-4-2　气门磨损检测图

图 3-4-3　气门头部厚度图

(5)修理方法:气门头部因磨损,进、排气门头部的厚度小于最小厚度时,应更换气门;气门杆部因磨损,进、排气门杆直径小于最小直径时,应更换气门;当气门锁夹槽出现严重磨损时,应更换气门;当气门杆端面出现斑点、凹陷时,可在光磨机上进行光磨。光磨时,要求磨削量尽量要小,以延长气门使用期限。

3)气门裂纹和弯曲

(1)裂纹和弯曲部位:气门裂纹主要发生在气门头部;气门弯曲主要发生在气门杆部,如图 3-4-4 所示。

(2)裂纹和弯曲原因主要有:气门铸造时残余应力不均匀;更换气门时,过盈量过大或装配工艺不当;气门杆弯曲原因主要有:气门杆受力不均匀等。

(3)检验方法:气门裂纹一般采用外观检验法。气门杆弯曲一般采用百分表来检验。将气门支承在两个相距 100mm 的 V 形架上,用百分表触头抵在气门杆中间,转动气门杆一圈,百分表读数最大与最小之差即为气门杆的弯曲度;同理,在气门头部用百分表测量,转动头部一圈,读数最大与最小之差的 1/2 为气门头部的倾斜度误差,如图 3-4-5 所示。

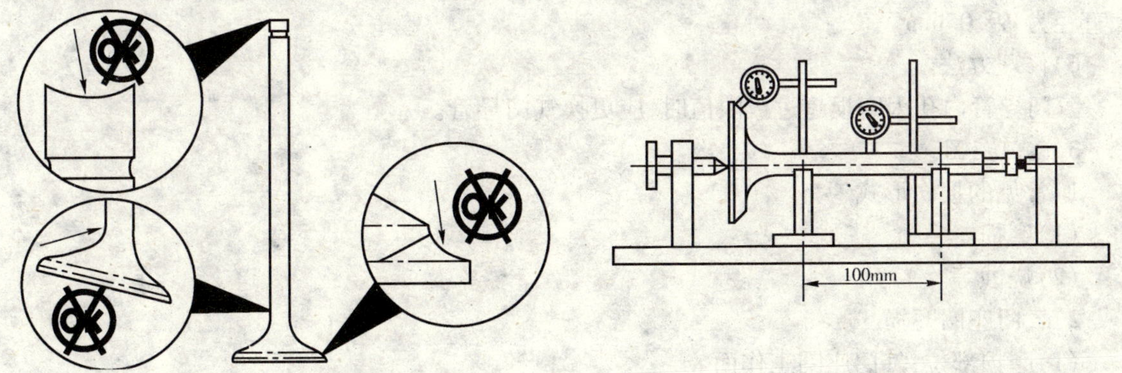

图 3-4-4　气门损伤图

图 3-4-5　气门弯曲检测图

(4)检验标准:对于 D6114 发动机,气门杆弯曲度不能超过 0.05mm;其头部的倾斜度误差不能超过 0.03mm。

(5)修理方法:若气门出现裂纹,应更换气门;若气门弯曲和倾斜度超过允许值,应更换气门。

2. 气门导管

1）常见的损伤形式

气门导管主要是磨损。

2）损伤部位

气门导管内孔。

3）损伤原因

气门导管磨损原因主要有：气门导管内孔润滑不良；气门杆在气门导管内孔运动产生摩擦而磨损。

4）检验方法

气门导管磨损一般采用百分表来测量。将气门提离汽缸盖平面 15mm 左右，用百分表触头抵在气门头的边缘处，然后左右摆动气门，百分表指针摆动读数的一半即为被测气门杆与气门导管的配合间隙。测量方法如图 3-4-6、图 3-4-7 所示。

图 3-4-6　气门杆与气门导管配合间隙检测

1-百分表；2-气门

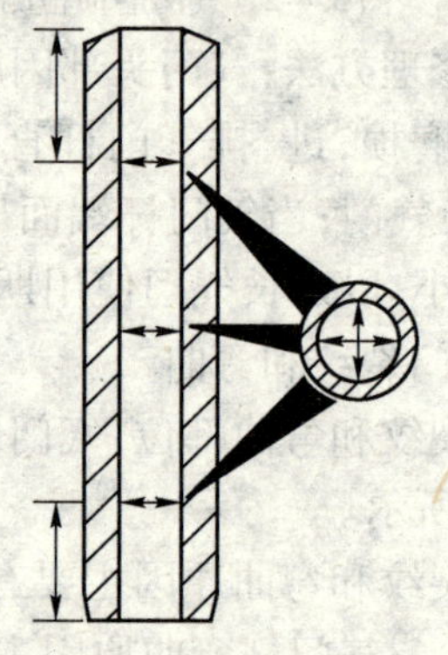

3-4-7　气门导管内径检测图

5）检验标准

不同发动机各部位的标准不同。对于 D6114 发动机，气门导管由于磨损后，导管内孔最大直径为 $\phi 9.05$mm。

6）修理方法

气门导管内孔因磨损超过极限值时，应更换气门导管。

3. 气门座圈

1）常见的损伤形式

（1）磨损。

（2）烧蚀等。

2）气门座圈磨损

（1）磨损部位：气门座圈工作面。

（2）磨损原因主要有：气门座圈工作面润滑不良；冲击负荷造成的硬化层疲劳脱落而产生的磨损；化学物质腐蚀作用，对气门座圈造成腐蚀而加速磨损。

（3）检验方法：气门座圈工作面宽度可根据测量气门密封环带宽度得出。

（4）检验标准：不同发动机各部位所要求的标准不同。对于 D6114 发动机，气门座圈工作面（密封线）宽度为 1.5 ~ 2.0mm，如图 3-4-8 所示。

(5)修理方法:气门座圈工作面产生磨损时,应予以修磨。气门座圈工作面因磨损变宽超过极限值时,应更换。

3)气门座圈烧蚀

(1)烧蚀部位:气门座圈工作面。

(2)烧蚀原因,主要是由于在大热负荷时,气门落座冲击所致。

(3)检验方法:气门座圈烧蚀、凹陷一般采用外观检验法。

图 3-4-8　气门座圈密封线

(4)修理方法:气门座圈可用铰削或磨光机修磨斑点、凹陷,修好后必须保证尺寸符合规定,还应进行密封性检查。气门座圈铰削如图 3-4-9 所示。气门座圈磨削如图 3-4-10 所示。气门密封性检查主要有:渗油法,即将气门装配好,用煤油浇在气门顶部,观察其有无渗漏现象,如无渗漏则表明密封性好;画线法,即如图 3-4-11 所示,用软铅笔在气门工作面上均匀地画若干条线,然后与相配的气门座接触,压紧并转动气门,再取出气门,查看铅笔线条有无被切断,如呈图 3-4-11b)形状切断则表明密封性好;检验仪器试验法,即如图 3-4-12 所示,将空气容器紧贴在气门头部,压缩橡皮气囊,使空气容器内具有 60 ~ 70kPa 的压力,如果在 0.5min 内气压表的读数不下降,则表明密封性好。

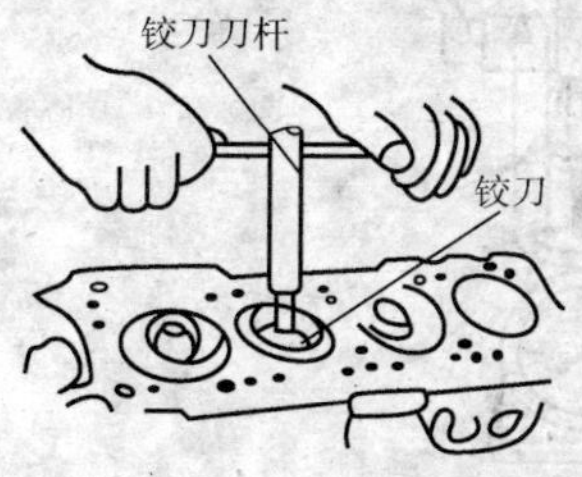

图 3-4-9　气门座铰削

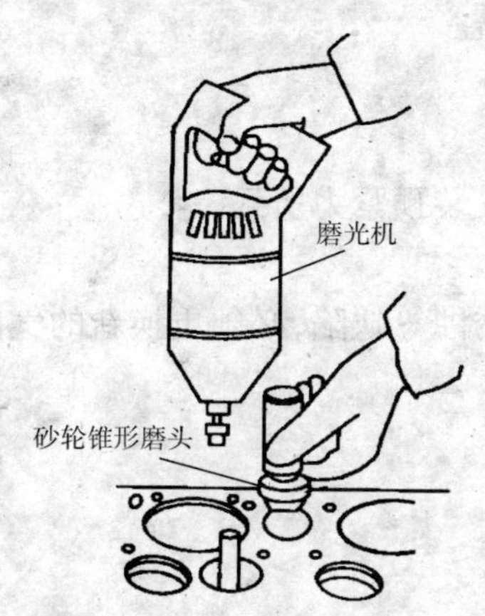

图 3-4-10　气门磨光机磨削

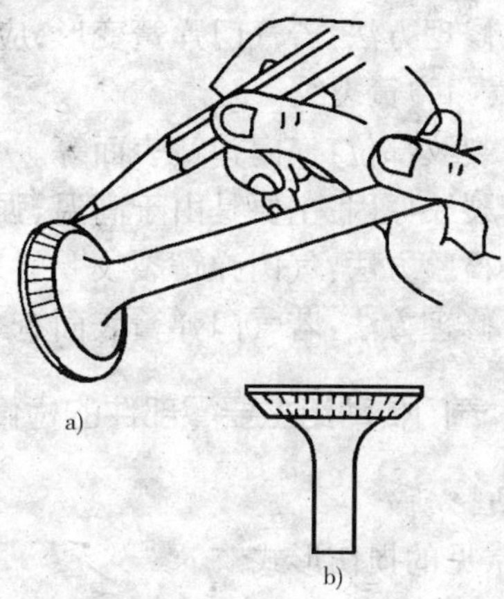

图 3-4-11　画线检验气门密封性

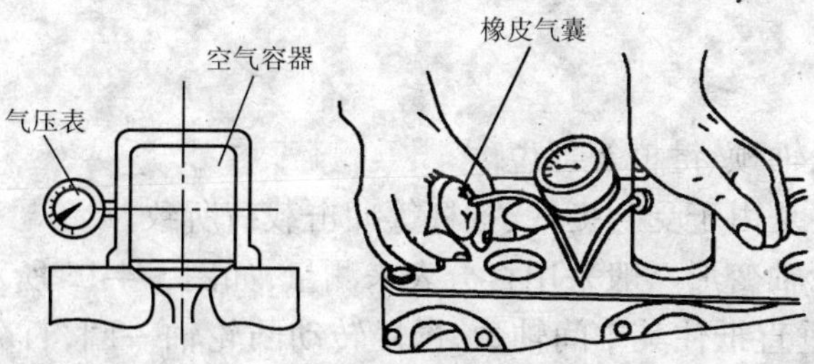

图 3-4-12　检验仪器检验气门密封性

4. 气门弹簧

1）常见的损伤形式

（1）变形。

（2）裂纹等。

2）气门弹簧变形

（1）变形部位：气门弹簧端面、气门弹簧体等。

（2）变形原因：主要是由于受到很大的冲击载荷和安装预紧力所致。

（3）检验方法：气门弹簧自由长度一般采用直尺来测量，如图3-4-13所示。气门弹簧弹力一般采用弹簧试验器来检测，如图3-4-14所示。压力表上的压力和长度标尺上的读数即为所测值。

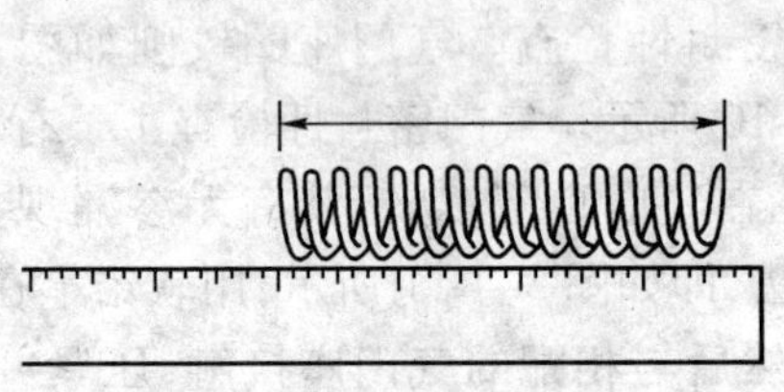

图3-4-13　气门弹簧长度测量

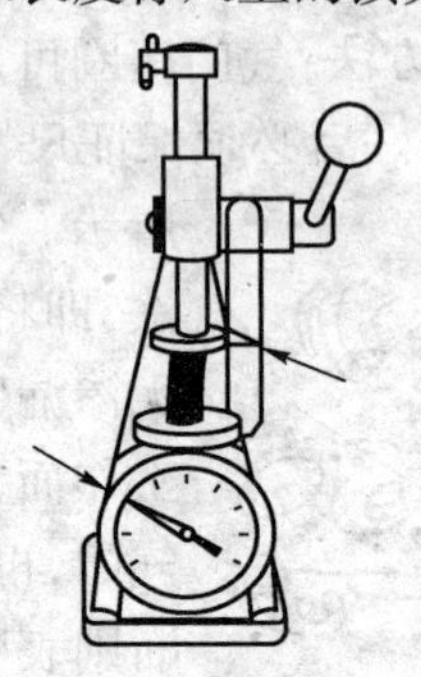

图3-4-14　气门弹簧弹力检测

（4）检验标准：不同发动机所要求的标准不同。对于D6114发动机，全新的气门弹簧自由长度为66.7mm，工作长度为41.4mm。

（5）修理方法：若气门弹簧变形，应更换新的气门弹簧。

3）气门弹簧裂纹

（1）裂纹部位：气门弹簧表面等。

（2）裂纹原因：主要是由于高温、强大的冲击载荷或安装预紧力所致。

（3）检验方法：气门弹簧裂纹一般采用外观检验法。

（4）修理方法：若气门弹簧表面有裂纹、夹层、擦痕、锈蚀等缺陷，必须更换新的气门弹簧。

二、气门传动组主要零部件的检修

1. 凸轮轴

1）常见的损伤形式

（1）变形。

（2）磨损。

（3）凹坑等。

2）凸轮轴变形

（1）变形部位：凸轮轴颈、键槽等部位。

（2）变形原因：主要是由于受到挺柱、推杆等冲击载荷所致。

（3）检验方法：凸轮轴变形一般采用百分表来测量，如图3-4-15所示。将凸轮轴放在V形铁块上，用百分表触头垂直抵住其中间轴颈，慢慢转动凸轮轴一圈，百分表读数最大与最小之差即为凸轮轴径向圆跳动误差值。

（4）检验标准：对于D6114发动机，检查凸轮轴的同心度，最大同心度为0.05mm；中间各轴颈的径向圆跳动应不大于 0.10mm。

(5)修理方法:若凸轮轴弯曲变形超过极限值时,应冷压校正或更换。冷压校正方法与曲轴校正方法相同。

3)凸轮轴磨损

(1)磨损部位:凸轮轴轴颈、凸轮工作表面等。

(2)磨损原因:主要是由于挺柱、推杆等冲击载荷和摩擦所致。

(3)检验方法:凸轮轴磨损一般采用千分尺来检验,如图 3-4-16 所示。用千分尺测量凸轮轴轴颈和凸轮的尺寸,检查磨损状况。

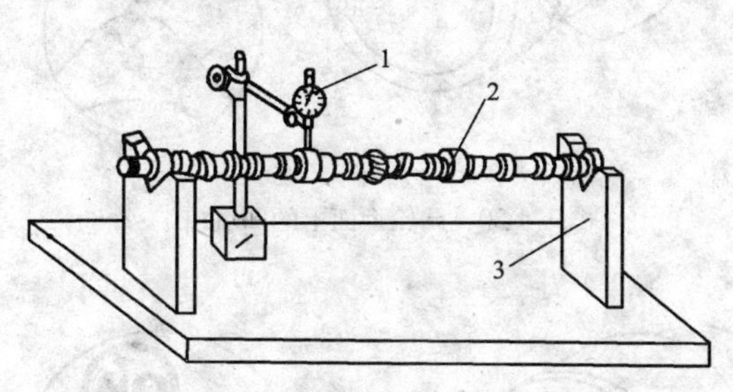

图 3-4-15 凸轮轴弯曲变形检测图

1-百分表;2-凸轮轴;3-V 形块

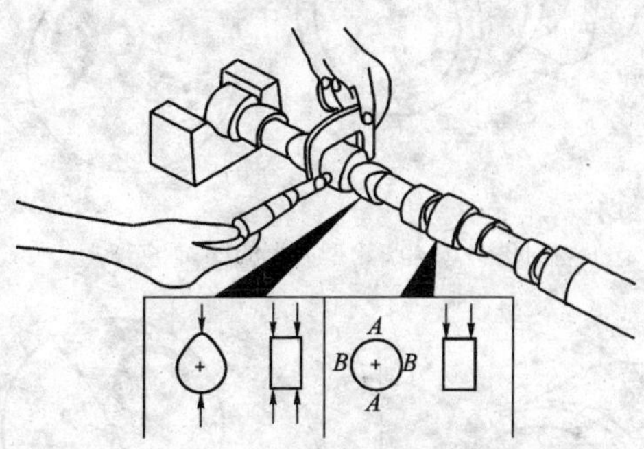

图 3-4-16 凸轮轴磨损检测图

(4)检验标准:不同发动机各部位所要求的标准不同。对于 D6114 发动机,凸轮轴直径为 ϕ60mm ± 0.009 5mm,磨损后的凸轮轴直径应不小于 ϕ59.962mm;进气凸轮桃峰高度为 52.449 5mm ± 0.16mm,磨损后应不小于 52.13mm,排气凸轮桃峰高度为 45.830 7mm ± 0.16mm,磨损后应不小于 45.51mm;偏心轮桃峰高度为 41.50mm ± 0.10mm,磨损后应不小于 41.30mm。

(5)修理方法:若凸轮轴磨损在规定值内,则应进行修磨;若磨损量超过规定值,则需堆焊修复或更换凸轮轴。

4)凸轮轴凹坑

(1)凹坑部位:凸轮工作表面(型面)、轴颈等,如图 3-4-17 ~ 图 3-4-21 所示。

(2)凹坑原因:凸轮轴工作面凹坑的形成原因主要是由于挺柱、推杆等冲击载荷所致。

(3)检验方法:凸轮轴工作表面的凹坑一般采用外观检验法和用直尺来测量,检测方法如图 3-4-22 所示。

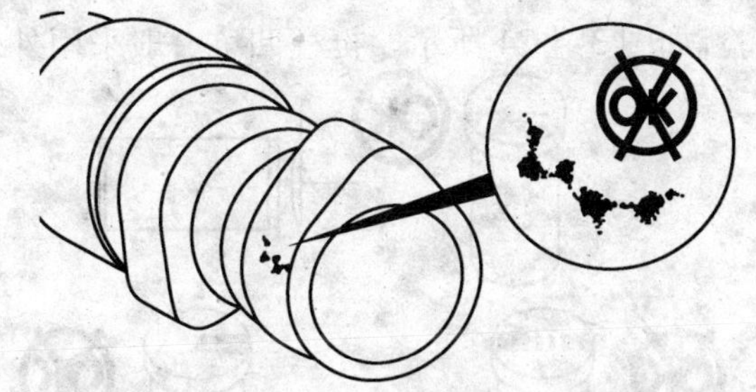

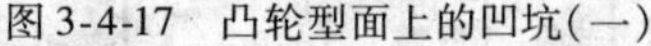

图 3-4-17 凸轮型面上的凹坑(一)

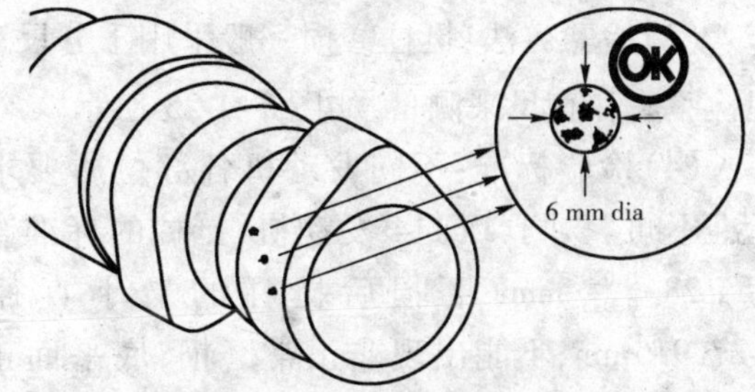

图 3-4-18 凸轮型面上的凹坑(二)

(4)检验标准:不同发动机各部位所要求的标准不同。对于 D6114 发动机,凸轮型面上可以出现一个直径小于 ϕ2mm 的凹坑,同时其上不允许有相互连在一起的凹坑,且直径不得大

于 ϕ6mm；在凸轮桃峰 ±20°范围内只能出现一个小凹坑，同时型面边缘损坏凹坑直径不得大于 ϕ2mm；在凸轮桃峰的 ±20°范围以外，型面边缘损坏的凹坑直径不得大于 ϕ6mm。

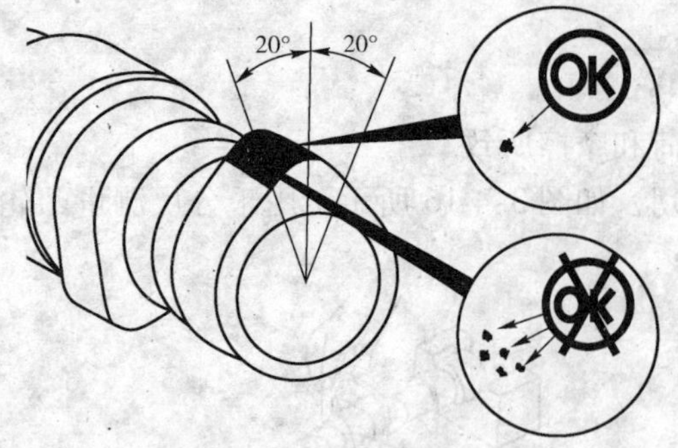

图 3-4-19　凸轮型面上的凹坑(三)

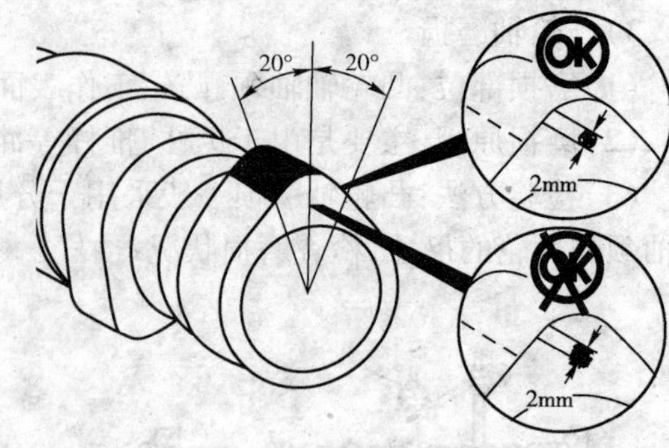

图 3-4-20　凸轮型面上的凹坑(四)

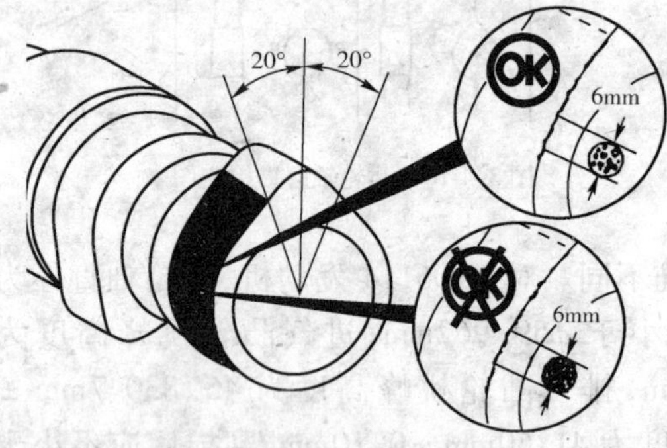

图 3-4-21　凸轮型面上的凹坑(五)

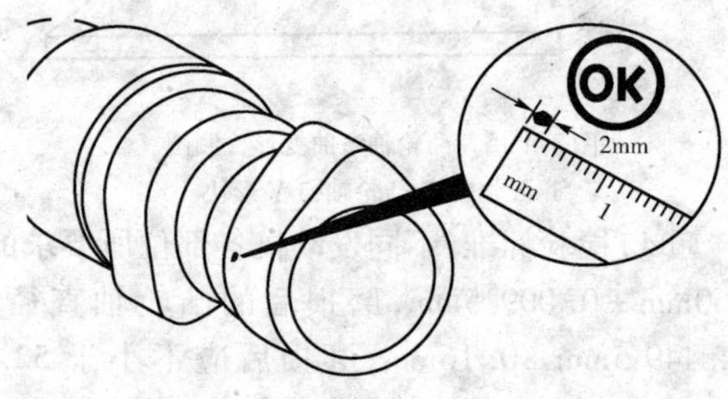

图 3-4-22　凸轮型面上的凹坑检测图

(5)修理方法：若凸轮轴凹坑超过规定值时，应需修磨或更换。

2. 挺柱

1)常见的损伤形式

挺柱主要是磨损和凹坑。

2)挺柱磨损

(1)磨损部位：挺柱表面、底平面等，如图 3-4-23 所示。

(2)磨损原因：主要是受凸轮轴周期性冲击载荷所致。

(3)检验方法：挺柱磨损一般采用千分尺来检验，如图 3-4-24 所示。挺柱凹坑一般采用外观检验法和直尺来测量，如图 3-4-25 所示。

(4)检验标准：不同发动机各部位所要求的标准不同。对于 D6114 发动机，挺柱的标准直径为 $\phi28^{-0.020}_{-0.033}$ mm，磨损后挺柱的最小直径为 ϕ27.915mm；不能出现非正常磨损，底平面正常磨损厚度不得超过 2mm；不能使用底平面凹坑直径大于 ϕ2mm 的挺柱，同时其边缘不能有凹坑。

(5)修理方法：若挺柱损伤超过极限值时，应更换。

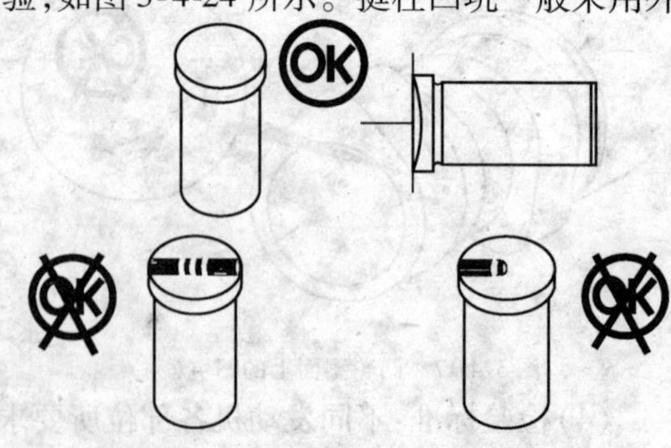

图 3-4-23　挺柱底平面磨损图

3. 推杆

1) 常见的损伤形式

推杆主要是裂纹、刻痕和弯曲等。

2) 损伤部位

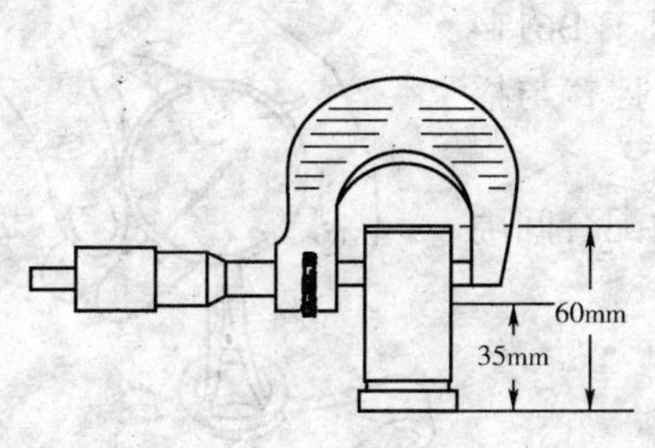

图 3-4-24　挺柱直径测量图

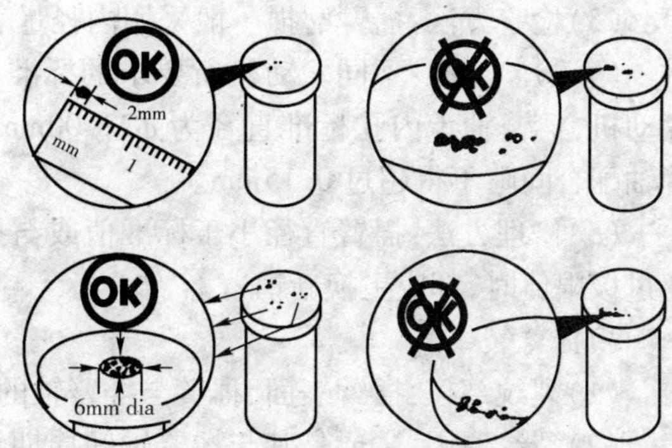

图 3-4-25　挺柱底平面凹坑检测图

推杆凹凸球头工作面、杆身等，如图 3-4-26、图 3-4-27 所示。

图 3-4-26　推杆裂纹图

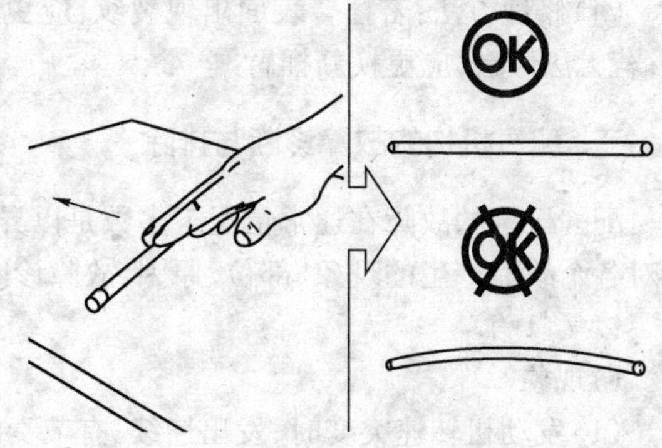

图 3-4-27　推杆弯曲图

3) 损伤原因

推杆裂纹、刻痕和弯曲的原因主要是由于挺柱、摇臂等冲击载荷和发动机高温等影响所致。

4) 检验方法

推杆裂纹和刻痕一般采用外观检验法。推杆弯曲一般采用百分表来检验或平板检验，如图 3-4-28 所示。

5) 检验标准

不同发动机所要求的标准不同。对于 D6114 发动机，推杆直线度误差值应小于 0.5mm。

6) 修理方法

若推杆的球碗、球面等部位出现裂纹、刻痕等，应更换；若推杆的直线度超过规定值，应冷压校正或更换。

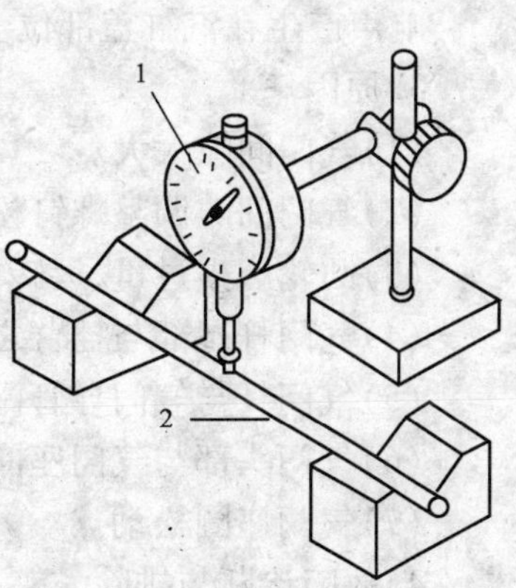

图 3-4-28　推杆弯曲检测图

1-百分表；2-推杆

4. 摇臂

1) 常见的损伤形式

(1) 磨损。

(2)裂纹等。

2)摇臂磨损

(1)磨损部位:摇臂与摇臂轴工作面。

(2)磨损原因:主要是由于气门、推杆等周期性运动产生的冲击载荷所致。

(3)检验方法:摇臂磨损一般采用内径量表来测量,如图 3-4-29 所示。

(4)检验标准:不同发动机所要求的标准不同。对于 D6114 发动机,摇臂轴承内孔标准直径为 ϕ22.00mm,磨损后摇臂与摇臂轴配合间隙不得超过 0.15mm。

(5)修理方法:摇臂直径小于标准值或与摇臂轴的配合间隙超过极限值时,都应更换新摇臂。

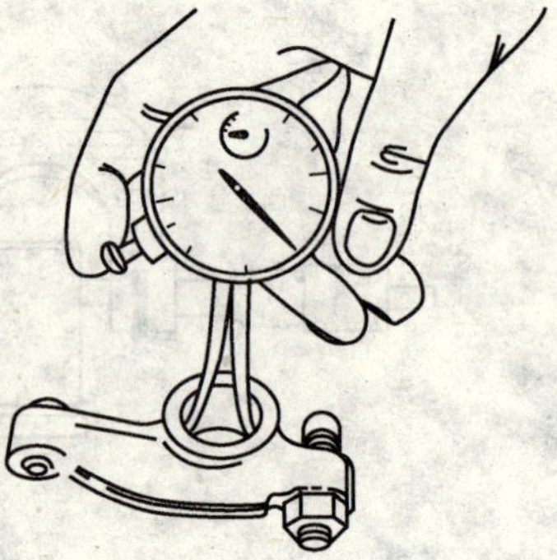

图 3-4-29　摇臂内径测量图

3)摇臂裂纹

(1)裂纹部位:摇臂表面、摇臂与摇臂轴的工作面。

(2)裂纹原因:主要是其与摇臂轴间周期性运动产生的冲击载荷所致。

(3)检验方法:摇臂裂纹一般采用外观检验法。

(4)修理方法:若摇臂表面出现裂纹,应更换新摇臂;若表面出现凹坑、沟槽等,应进行修磨;若无法修磨,应更换新摇臂。

三、配气机构的故障诊断与排除

配气机构的故障在通常情况下多数是以异响出现;还有的会产生漏气、漏油等现象。以下是对各个故障产生的现象、部位、原因、故障诊断和排除方法进行阐述。

1. 气门响

1)现象

(1)发动机转速突变时,发出连续、有节奏的“嗒、嗒”声。

(2)发动机转速提高,响声增大。

(3)高速时,响声杂乱。

(4)温度变化时,响声无变化。

2)部位

响声产生在汽缸盖部位。

3)原因

(1)气门间隙太大。

(2)气门间隙调整螺钉松动。

(3)凸轮磨损过量,运转中挺柱跳动。

(4)气门杆尾部与摇臂之间润滑不良。

(5)气门杆与气门导管配合间隙太大。

(6)气门头部与气门座圈接触不良。

(7)气门座圈松动。

4)故障诊断与排除

(1)故障诊断方法:如响声是随着发动机的转速升高而增大,逐缸断火后响声无变化,可能为气门响。

(2)气门响故障的排除：若气门间隙大于标准值，应重新调整气门间隙至标准范围；若气门脚间隙螺钉松动，应按规定力矩拧紧；凸轮磨损过量，应修磨或更换新的；若气门脚部润滑不良，可用润滑油润滑；若气门座圈松动，应予以拧紧。

2. 正时齿轮响

1)现象

(1)声响比较复杂，无规律性。

(2)发动机怠速运转或转速有变时，在正时齿轮室盖处发出轻微杂乱的噪声。

(3)转速提高后，噪声消失，迅速减速时，噪声出现。

(4)有的声响受温度影响，有的不受温度影响。

2)部位

响声产生在正时齿轮室部位。

3)原因

(1)正时齿轮旷动。

(2)正时齿轮轮齿折断、破裂。

(3)曲轴与凸轮轴中心线不平行。

(4)曲轴与凸轮轴中心线距离过大或过小。

4)故障诊断与排除

(1)故障诊断方法如下：

①改变加速踏板位置的方法。如响声是随着发动机的转速升高而变化，转速提高后噪声消失；急减速时，噪声随之出现，则可能是正时齿轮响。

②听诊器或螺丝刀(改锥)听诊法。在发动机前端听诊，若响声在正时齿轮室盖处，逐缸断火，响声无变化，可能是正时齿轮响。

(2)正时齿轮响故障排除：若正时齿轮啮合间隙太大或正时齿轮轮齿折断、破裂，应更换正时齿轮；若曲轴与凸轮轴中心线不平行或它们之间的距离过大或过小，应调整。

思考与练习题

一、填空题

1. 配气机构由__________、__________两大部分组成。

2. 配气机构按气门的布置形式分有__________、__________两类；按凸轮轴的布置形式分有__________、__________、__________三类；按每缸气门数目分有__________、__________两类。按曲轴和凸轮轴的传动方式分有__________、__________、__________三类。

3. 气门组由__________、__________、__________、__________等组成。

4. 气门传动组由__________、__________、__________、__________、__________、__________、__________等组成。

5. 气门的材料一般为__________，摇臂的材料一般为__________，摇臂轴的材料一般为__________，正时齿轮的材料一般为__________。

6. 采用双气门弹簧时，两个弹簧的旋向必须相__________。

7. 摇臂上有油孔，注入的润滑油一部分用于__________；另一部分供__________用。

8. 进气提前角一般为__________，进气滞后角一般为__________，排气提前角一般为

__________,排气滞后角一般为__________。

9. 气门间隙调整有__________和__________两种。

二、名词解释

1. 气门间隙;2. 配气相位;3. 气门叠开

三、判断题(正确的打√、错误的打×)

1. 一般进气门头部直径比排气门直径大。 ( )
2. 进气门材料比排气门材料耐热。 ( )
3. 当采用两根气门弹簧时,弹簧圈的螺旋方向应相同。 ( )
4. 从进气门开启到上止点所对应的曲轴转角称为进气提前角。 ( )
5. 气门间隙是指气门与气门座之间的间隙。 ( )
6. 配气相位是指用曲轴转角来表示进、排气门的开闭时刻。 ( )
7. 正时齿轮装配时,一定要对准正时标记。 ( )

四、选择题

1. 气门通常用( )材料做成。

A. 中碳合金钢　　B. 中碳钢　　C. 耐热铸铁

2. 气门弹簧形状多为( )。

A. 圆柱螺旋形　　B. 碟形　　C. 扇形

3. 推杆上端要做成( )。

A. 凹球形　　B. 凸球形　　C. 平顶形　　D. 正方形

4. 气门头部形状有三种,目前常用的是( )。

A. 平顶　　B. 凸顶　　C. 凹顶

五、简答题

1. 配气机构的功用、组成各是什么? 简述配气机构的工作原理。
2. 什么是气门间隙? 什么是配气相位? 气门间隙和配气相位怎么检查和调整?
3. 安装配气机构应注意哪些事项?
4. 气门的损伤有哪些? 损伤的原因是什么? 检验方法、检验标准、修理方法各有哪些?
5. 分别简述气门响的现象、部位、原因、故障诊断与排除。

模块四　柴油机燃油供给系

知识要点

1. 柴油的主要性能、牌号和选用；
2. 柴油机燃油供给系的功用、组成和工作原理；
3. 输油泵的功用、结构和工作原理；
4. 喷油泵的功用、结构和工作原理；
5. 调速器的功用、结构和工作原理；
6. 喷油器的功用、结构和工作原理；
7. PT 燃油系统的结构和工作原理；
8. 废气涡轮增压系统的结构和工作原理；
9. 电控柴油喷射系统的结构和工作原理；
10. 柴油机燃油供给系主要零部件的拆装方法和注意事项；
11. 柴油机燃油供给系主要零部件的检修、故障诊断与排除方法。

技能要点

1. 柴油机燃油供给系主要零部件的拆装；
2. 柴油机燃油供给系主要零部件的检查与调整；
3. 柴油机燃油供给系常见故障的诊断与排除。

课题一　柴油的主要性能与选用

【任务引入】

柴油机在筑路机械等领域应用比较广泛，由于柴油的性能决定了柴油发动机与汽油发动机相比具有功率大、经济性好等特点。因此，必须对柴油的特性有一个深入的了解和认识。

【任务分析】

柴油具有流动性好、热效率较高、着火性好等特点。了解柴油的主要性能与牌号，选用合适的柴油，才能使柴油发动机运转达到比较理想的经济和环保效果。本课题主要介绍柴油的主要性能、牌号和选用。

【任务实施】

一、柴油的主要性能

1. 低温流动性

柴油在低温条件下所具有一定流动状态的性能，称为柴油的低温流动性。

2. 着火性

柴油的着火性是指其自燃能力。柴油的着火性好坏通常用十六烷值表示。十六烷值高的柴油着火性好，柴油机工作柔和。筑路机械所用的柴油机，柴油的十六烷值一般不低于40～45。

3. 蒸发性

柴油的蒸发性是由蒸馏试验确定的，即将柴油加热，分别测定其蒸发量为50%、90%、95%的馏出温度。馏出温度越低，表明柴油的蒸发性越好，越有利于可燃混合气的形成和燃烧。

二、柴油的牌号

我国生产的柴油分为轻柴油和重柴油。轻柴油又分为普通轻柴油和车用轻柴油，它主要分为三个质量等级和六个牌号。三个质量等级是优级品、一等品和合格品，每一个质量等级的柴油又按柴油的凝点分为10、0、－10、－20、－35、－50等六个牌号。

三、柴油的选用

轻柴油的选用主要考虑以下几点：

(1)根据柴油机燃烧室的结构，确定柴油的质量等级。例如直喷式燃烧室柴油机最好选用优级品或一级品轻柴油；对于涡流式燃烧室柴油机可选用合格的轻柴油。

(2)根据地区和季节的环境温度选牌号。柴油的牌号(即柴油的凝点)是指柴油失去流动性的温度。柴油一般在其凝点以上5℃左右，就难以在柴油机供油系统中流动，影响供油，因此，牌号选用的原则是保证柴油的凝点应比柴油机工作的环境温度低5～10℃，一般推荐如下选择：10号、0号、－10号柴油分别适合于环境温度15℃、4℃、－5℃以上；－20号柴油适合于环境温度5～－14℃；－35号柴油适合于环境温度－14～－29℃；－50号柴油适合于环境温度－29～－44℃。

【重点提示】

(1)不同牌号的柴油，可以掺兑使用，并可根据气温情况酌情适当调配，以充分利用资源。

(2)在低温条件下，缺乏低凝点柴油时，也可以在利用废气或循环水将油箱、输油管进行保温预热的情况下，使用高凝点的柴油。

(3)柴油加入油箱前，一定要充分沉淀(不少于48h)。然后用麂皮、绸布或细布仔细过滤，以除去杂质。因为高速柴油机的喷油泵和喷油器都是十分精密的部件，稍有机械杂质进入，就会引起严重磨损。

课题二　柴油机燃油供给系的功用和组成

【任务引入】

由发动机工作原理可知，柴油只有喷入燃烧室才能和空气混合形成可燃混合气，而柴油进入燃烧室必须有一套系统来完成，这套系统称为柴油机燃油供给系。

【任务分析】

柴油机燃油供给系是柴油机的重要组成部分，它的工作好坏直接影响到柴油机的性能。本课题重点介绍柴油发动机燃油供给系的功用、组成和工作原理。

【任务实施】

一、柴油机燃油供给系的功用

柴油机燃油供给系的功用是根据柴油机的工作要求，定时、定量、定压地将柴油按一定的喷油规律喷入汽缸，并与空气形成可燃混合气，然后迅速燃烧，并将燃烧后的废气排入大气中。

二、柴油机燃油供给系的组成

图 4-2-1 所示为 D6114 柴油机燃油供给系。它主要由柴油箱、油水分离器、柴油滤清器、高低压油管、喷油泵、喷油器等组成。它有两条油路，即高压油路和低压油路。

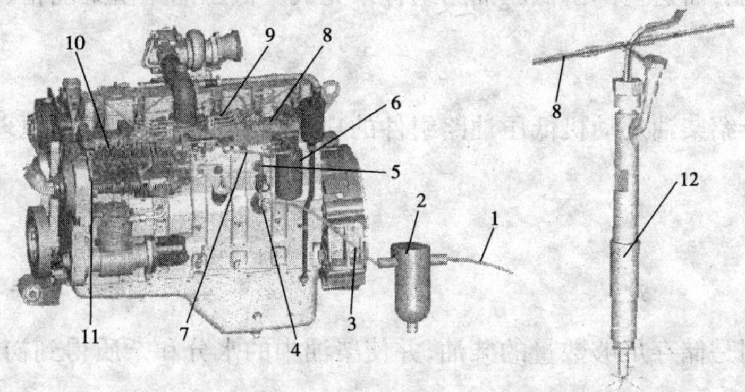

图 4-2-1　D6114 柴油机燃油供给系

1-柴油吸油管；2-油水分离器；3-输油泵进油管；4-输油泵；5-输油泵出油管；6-柴油滤清器；7-喷油泵进油管；8-喷油泵回油管；9-高压油管；10-喷油泵；11-喷油泵回油管；12-喷油器

三、柴油机燃油供给系的工作原理

如图 4-2-2 所示，柴油机工作时，柴油从油箱中被吸出，经过油水分离器除去其中的水分后进入输油泵，然后再送到滤清器滤去其中的杂质；干净的柴油流向柱塞式喷油泵，通过柱塞的压缩使油压提高，高压柴油按各缸工作次序经高压油管流向各缸喷油器，然后喷入燃烧室同空气混合成可燃混合气，并自行着火燃烧，多余的柴油经回油管流回滤清器。

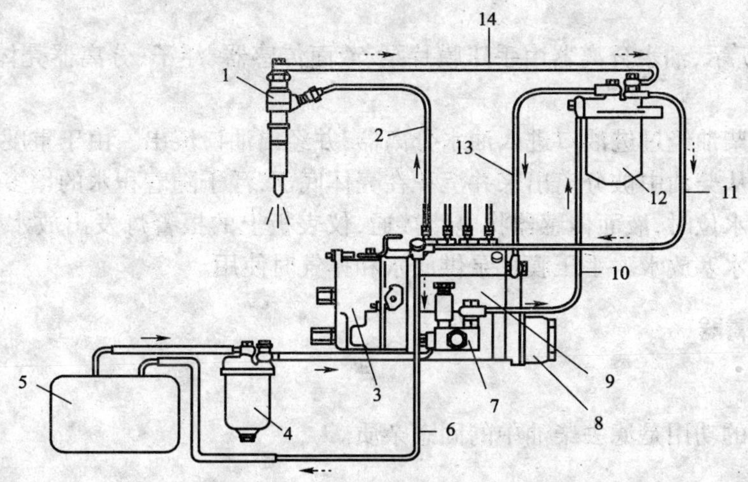

图 4-2-2　柴油机燃油供给系示意图

1-喷油器；2-高压油管；3-调速器；4-油水分离器；5-油箱；6-回油管 3；7-输油泵；8-供油提前角自动调节器；9-柱塞式喷油泵；10-进油管 1；11-回油管 2；12-滤清器；13-进油管 2；14-回油管 1

【重点提示】

柴油机燃油供给系中输油泵在油路中的位置，除了上述布置在油水分离器和滤清器之间，也有的布置在喷油泵与滤清器之间，还有的布置在柴油粗滤清器和细滤清器之间。

课题三　柴油机燃油供给系低压油路的组件

【任务引入】

柴油发动机需要燃油系统不断地供应清洁的柴油，这就需要燃油系统必须具备储存、清洁、输送柴油的功能，而这些都由低压油路组件来完成。低压油路由柴油箱、柴油滤清器、输油泵等组成。

【任务分析】

本课题主要介绍柴油发动机低压油路组件的功用、类型、结构和工作原理。

【任务实施】

一、柴油箱

1. 功用

柴油箱的功用是储存足够数量的柴油，并使柴油中的水分和杂质得到初步沉淀。

2. 结构

柴油箱一般用薄钢板冲压后焊接制成，在加油口处设有滤网，使柴油得到初步过滤；油箱底部最低处设有放油螺塞，用来定期排除油箱内的积水和污物。油箱内装有油量测量装置，并在油箱盖上部还设有通气装置。有的油箱容积较大，为提高油箱的刚度避免柴油振荡，在其内部焊有隔板。

二、油水分离器

1. 功用

油水分离器的功用是为了除去柴油中的水分。它装在柴油箱和输油泵之间。

2. 结构

如图 4-3-1 所示，油水分离器由手压膜片泵、液面传感器、浮子、分离器壳体和分离器盖等组成。

来自油箱的柴油经过进油口进入油水分离器，并经出油口流出。由于重度不同，柴油中的水分在分离器内从柴油中被分离出来并沉积在壳体底部，浮子随着积水的增多而上浮，当浮子到达规定的放水水位时，液面传感器将电路接通，仪表板上的报警灯发出放水信号，此时驾驶员应及时旋松放水塞放水。手压膜片泵供放水和排气时使用。

三、柴油滤清器

1. 功用

柴油滤清器的功用是滤去柴油中的固态杂质。

2. 结构

现代柴油机多采用纸质滤芯滤清器，其结构如图 4-3-2 所示。

在较重型的柴油机上，经常装有粗、精两级滤清器。当两级滤清器串联使用时，粗滤器采用毛毡等纤维滤芯，精滤器仍用纸滤芯。

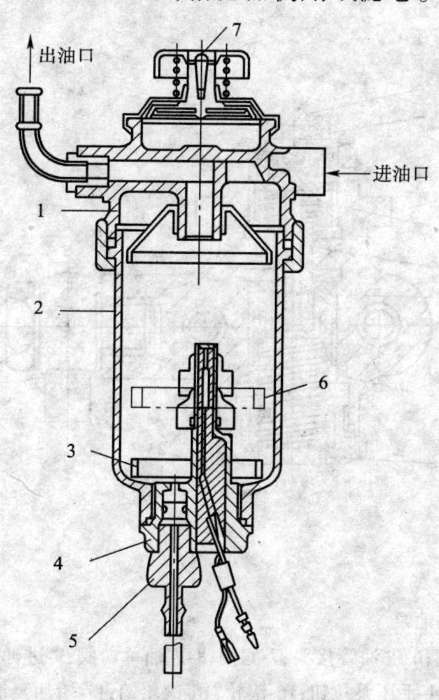

图 4-3-1　油水分离器

1-分离器盖；2-分离器壳体；3-浮子；4-液面传感器；5-放水塞；6-放水水位；7-手压膜片泵

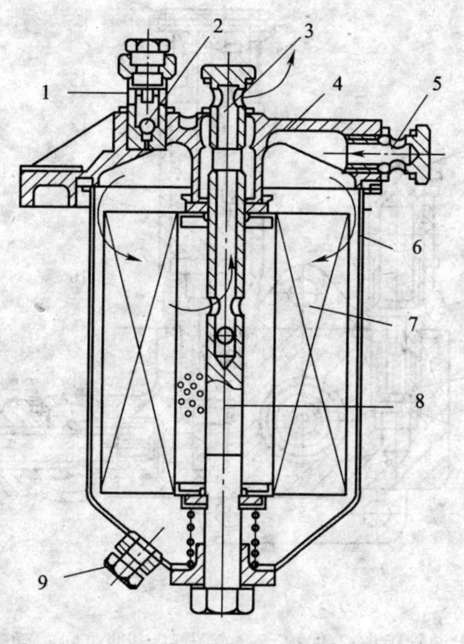

图 4-3-2　纸质滤芯柴油滤清器

1-旁通阀；2-限压阀；3-出油口；4-滤清器盖；5-进油口；6-滤清器壳体；7-纸质滤芯；8-中心杆；9-放油塞

四、输油泵

1. 功用

输油泵的功用是保证有足够数量的柴油自燃油箱输送到喷油泵，并维持一定的供油压力，以克服管路及燃油滤清器阻力，使柴油在低压管路中循环。

2. 类型

输油泵有膜片式、滑片式、活塞式及齿轮式等几种类型。膜片式和滑片式输油泵分别作为分配式喷油泵的一级和二级输油泵，而活塞式输油泵则与柱塞式喷油泵配套使用。

3. 结构和工作原理

1）活塞式输油泵的结构

活塞式输油泵安装在柱塞式喷油泵的侧面，并由喷油泵凸轮轴上的偏心轮驱动，其结构如图 4-3-3 所示。

2）活塞式输油泵的工作原理

图 4-3-4 为活塞式输油泵工作原理示意图。

当喷油泵凸轮轴转动时，在偏心轮和活塞弹簧的共同作用下，输油泵活塞在输油泵体内做往复运动。当输油泵活塞在活塞弹簧的作用下向上运动时，A 腔容积增大，产生真空，进油单向阀开启，柴油经进油口被吸入 A 腔。与此同时，B 腔容积缩小，其中的柴油压力增高，出油单向阀关闭，B 腔中的柴油经出油口被压出，送往燃油滤清器。当偏心轮推动滚轮、挺柱和推杆，使输油泵活塞向下运动时，A 腔油压增高，进油单向阀关闭，出油单向阀开启，柴油从 A 腔流入 B 腔。输油泵其出口压力一般为 0.15 ~0.3MPa。

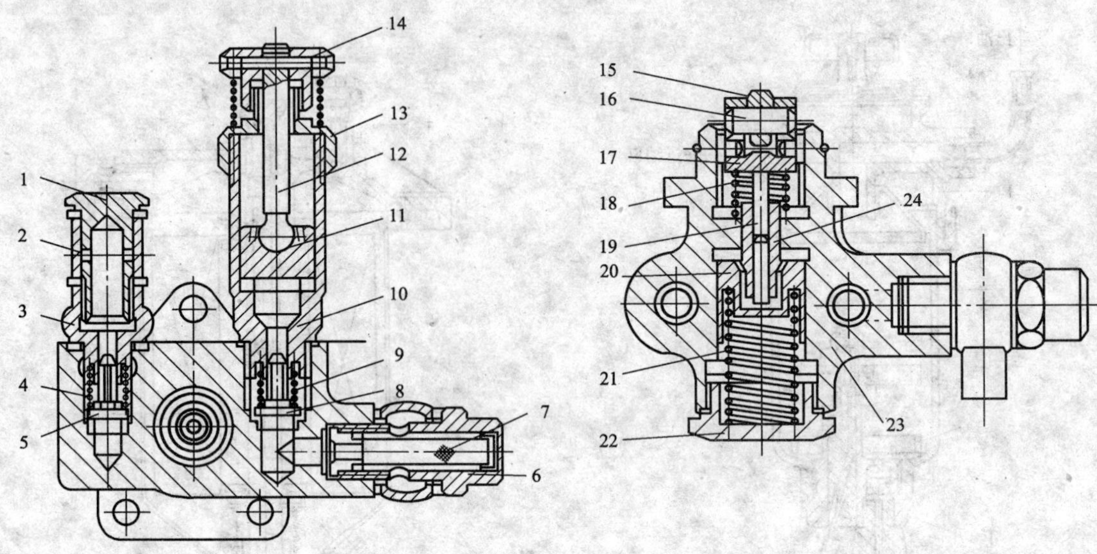

图 4-3-3　活塞式输油泵

1-出油管接头;2-保护套;3-接头;4-出油单向阀弹簧;5-出油单向阀;6-进油管接头;7-滤网;8-进油单向阀;9-进油单向阀弹簧;10-手压泵体;11-手压泵活塞;12-手压泵杆;13-手压泵盖;14-手压泵拉钮;15-滚轮;16-滚轮销;17-输油泵挺柱;18-输油泵推杆弹簧;19-输油杆推杆;20-输油泵活塞;21-活塞弹簧;22-螺塞;23-输油泵体;24-导管

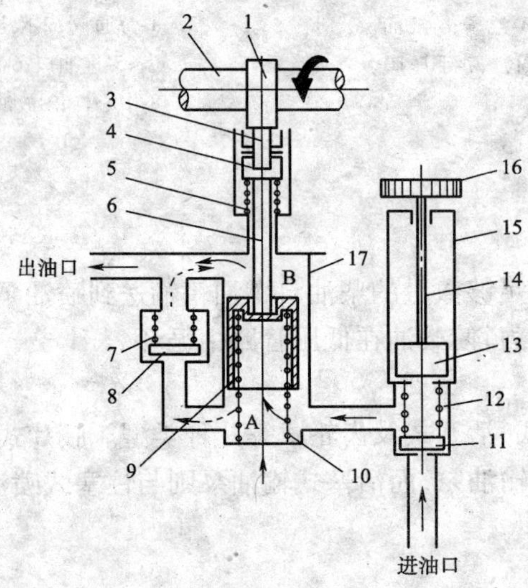

图 4-3-4　活塞式输油泵工作原理示意图

1-偏心轮;2-喷油泵凸轮轴;3-滚轮;4-挺柱;5-推杆弹簧;6-推杆;7-出油单向阀弹簧;8-出油单向阀;9-输油泵活塞;10-活塞弹簧;11-进油单向阀;12-进油单向阀弹簧;13-手压泵活塞;14-手压泵杆;15-手压泵体;16-手压泵拉钮;17-输油泵体

课题四　柴油机燃油供给系高压油路组件

【任务引入】

柴油发动机的柴油在经过低压油路以后,必须把柴油加压,才能喷入燃烧室燃烧,而这些都是由高压油路组件来完成。因此,高压油路各零部件工作的好坏,直接影响到柴油机的燃烧效果。高压油路由喷油泵、喷油器等组成。

【任务分析】

本课题介绍了柴油机燃烧室和柴油机燃油供给系高压油路组件的功用、类型、工作原理和结构。

【任务实施】

一、柴油机燃烧室

1. 直接喷射式燃烧室

直接喷射式燃烧室,因其燃油是直接喷射到燃烧室中而得名。它是由凹形活塞顶、汽缸垫间隙与汽缸底面所包围的单一内腔,故又称统一式燃烧室。

常见的直接喷射式燃烧室结构如图 4-4-1 所示。主要形状有 ω 形、球形和 U 形。

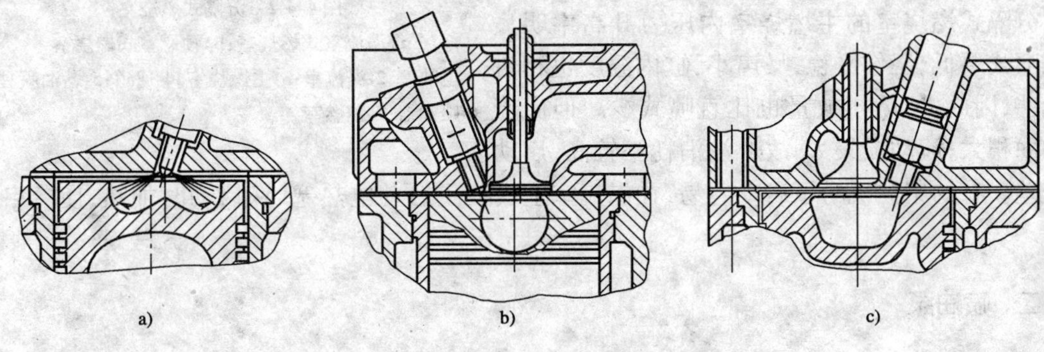

图 4-4-1　直接喷射式燃烧室

a)ω 形;b)球形;c)U 形

1)ω 形燃烧室

图 4-4-1a)为 ω 形燃烧室,主要在活塞顶部有较深的 ω 形凹坑。凹坑口径比汽缸直径小得多,活塞顶平面与汽缸盖底平面间的间隙较小。

ω 形燃烧室具有结构紧凑、散热面积小、热效率高、雾化良好、易启动等优点。但由于燃油在着火落后期间内形成混合气,同时燃烧的燃油多,压力升高率大,导致柴油机工作粗暴。

2)球形燃烧室

图 4-4-1b)为球形燃烧室,主要在活塞顶部有 3/4 的球形凹坑。

球形燃烧室配以螺旋进气道,会产生强烈的进气涡流和挤压气流,将燃油顺着气流方向喷向燃烧室壁面,形成比较均匀的油膜。因此,球形燃烧室具有对燃油供给装置要求不高、工作柔和等优点。但燃烧室容易形成一个高温的热球,从而使活塞过热,启动性能差。

3)U 形燃烧室

图 4-4-1c)所示为 U 形燃烧室,亦称复合式燃烧室。

U 形燃烧室在柴油机高速时,以油膜蒸发燃烧为主,类似于球形燃烧室,工作柔和平稳;当柴油机在低速或启动时,由于空间形成混合气的燃油量增多,类似于 ω 形燃烧室,雾化良好、易启动。这种燃烧室对燃油喷射装置要求较低。

2. 分隔式燃烧室

分隔式燃烧室是把燃烧室的容积分隔成两个部分,两者中间由通道连接,如图 4-4-2 所示。

1)涡流室式燃烧室

涡流室式燃烧室由两部分组成,即在汽缸盖上的球形或钟形的涡流室及在活塞顶的主燃烧室,如图4-4-2a)所示。涡流室的容积为燃烧室总容积的70%~80%,由一个或几个面积较大的通道连通主燃烧室。在这种燃烧室内,压缩涡流强度与柴油机的转速成正比,转速越高,混合气形成越快。因此,采用这种燃烧室的柴油机可形成较高的转速。

2)预燃室式燃烧室

这种燃烧室亦由两部分组成,即汽缸盖上的预燃室与活塞顶部的主燃烧室,如图4-4-2b)所示。预燃室的容积约为总燃烧室的30%~40%,两者之间由一个或几个小孔通道(或称喷孔)相连。

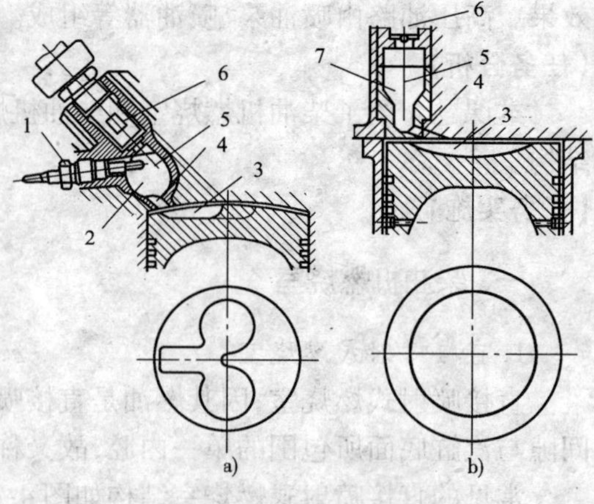

图4-4-2　分隔式燃烧室

a)涡流室式燃烧室;b)预燃室式燃烧室

1-电热塞;2-涡流室;3-主燃烧室;4-通道;5-燃油喷柱;6-喷油器;7-预燃室

分隔式燃烧室的主燃烧室内压力升高率明显比直喷式要低,工作平稳,噪声小,缸内温度也相对要低些,因此,NO_X 排放量也比直喷式少。但由于散热面积大,流动损失大,故燃油消耗率较高,启动性较差。有的柴油机为了启动容易,在涡流室上安装了启动电热塞,在启动时加热,使冷启动容易。

二、喷油泵

1. 功用

喷油泵即高压油泵(简称油泵),一般和调速器装成一体,其功用是使柴油通过喷油泵的工作变成高压,并按照柴油机各种不同工况的要求,定时、定量、定压地将高压柴油送至喷油器,然后喷入燃烧室中。

2. 类型

柴油机的喷油泵按工作原理不同可分为三类。

(1)柱塞式喷油泵。柱塞式喷油泵由于性能良好,调整方便,使用可靠,为目前多数车辆及筑路机械柴油机所采用,故本节加以详细介绍。

(2)喷油泵—喷油器。其特点是将喷油泵和喷油器合成一体,直接安装在汽缸盖上,以消除高压油管带来的不利影响。PT燃油供给系统喷油器即属此类。

(3)转子分配式喷油泵。转子分配式喷油泵是一种用于大缸径柴油机的喷油泵,依靠转子的转动实现燃油的增压(泵油)及分配,它具有体积小、质量轻、成本低、使用方便等优点。

3. 柱塞式喷油泵的总体结构

柱塞式喷油泵利用柱塞在柱塞套内的往复运动吸油和压油,每一副柱塞与柱塞套只向一个汽缸供油。对于单缸柴油机,由一套柱塞偶件组成单体泵;对于多缸柴油机,则由多套泵油机构分别向各缸供油。柴油机大多将各缸的泵油机构组装在同一壳体中,称为多缸泵,而其中每个泵油机构则称为分泵。国产系列柱塞式喷油泵主要有A、B、P、Z泵和I、II、III泵等系列。

图4-4-3是一种分泵的结构图,其主要部分是泵油机构。泵油机构主要由柱塞偶件(柱塞和柱塞套)、出油阀偶件(出油阀和出油阀座)等组成。柱塞的下部固定有调节机构(调节套筒、调节齿杆、调节齿圈),可通过它转动柱塞,从而调节供油量。

4. 柱塞式喷油泵的泵油原理

柱塞式喷油泵的泵油原理如图 4-4-4 所示。柱塞的圆柱表面上铣有直线形(或螺旋形)斜槽,斜槽内腔和柱塞上面的泵腔用孔道连通。柱塞套上有两个圆孔都与喷油泵体上的低压油腔相通。柱塞由凸轮驱动,在柱塞套内做往复直线运动,此外它还可以绕本身轴线在一定角度范围内转动。

当柱塞下移到图 4-4-4a)所示的位置时,柴油自低压油腔经进油孔被吸入并充满泵腔。在柱塞自下止点上移的过程中,起初有一部分柴油被从泵腔挤回低压油腔,直到柱塞上部的圆柱面将两个油孔完全封闭时为止。此后柱塞继续上升,如图 4-4-4b)所示。柱塞上部的柴油压力迅速增高到足以克服出油阀弹簧的作用力,出油阀即开始上升。当出油阀的圆柱环形带离开出油阀座时,高压柴油便自泵腔通过高压油管流向喷油器。当柴油压力高出喷油器的喷油压力时,喷油器则开始喷油。

当柱塞继续上移到图 4-4-4c)中所示的位置时,斜槽与油孔开始接通,于是泵腔内油压迅速下降,出油阀在弹簧压力作用下立即复位,喷油泵停止供油。此后柱塞仍继续上行,直到凸轮达到最高升程为止,但不再泵油。然后柱塞下行,准备进行下一个泵油行程。

由上述泵油过程可知,由驱动凸轮轮廓曲线的最大升程决定的柱塞行程 h(柱塞上、下止点间的距离)是一定的,如图 4-4-4e)所示。但并非在整个柱塞上移行程 h 内都供油,喷油泵只在柱塞完全封闭油孔之后到柱塞斜槽和油孔开始接通之前的这一部分柱塞行程 h_g 内才泵油。h_g 称为柱塞有效行程。因此,喷油泵每次泵出的油量取决于有效行程的长短,要使喷油泵能随柴油机工况不同而改变供油量,只需改变有效行程。一般通过改变柱塞斜槽与柱塞套油孔的相对位置来实现。当柱塞转到图 4-4-4d)中所示的位置时,柱塞根本不可能完全封闭油孔,因此,有效行程为零,即喷油泵处于不泵油状态。

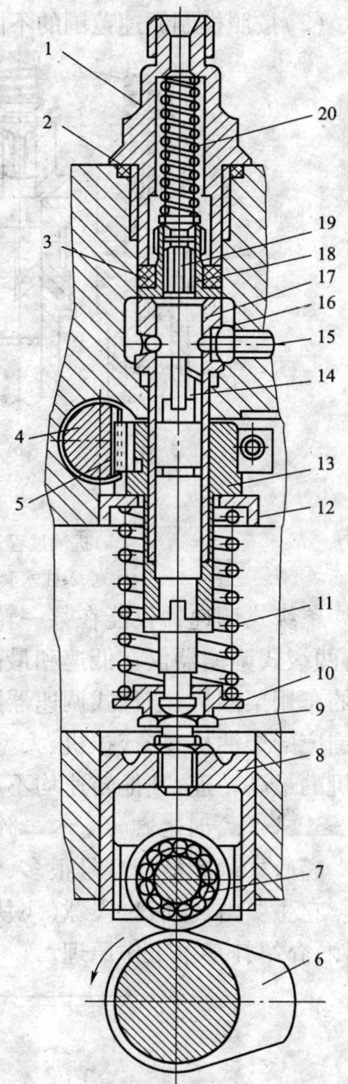

图 4-4-3　柱塞式喷油泵分泵

1-出油阀压紧螺母;2-低压密封圈;3-高压密封圈;4-油量调节齿杆(齿条);5-油量调节齿圈(齿扇);6-凸轮;7-滚轮;8-滚轮体;9-供油正时调节螺钉;10-柱塞下弹簧座;11-柱塞弹簧;12-柱塞上弹簧座;13-油量调节套筒(传动套);14-柱塞;15-柱塞套定位螺钉;16-油道;17-柱塞套;18-出油阀座;19-出油阀;20-出油阀弹簧

三、调速器

1. 功用

调速器的功用是在所要求的转速范围内,随着柴油机外界负荷的变化而自动调节供油量,以保持柴油机转速基本不变。调速器由转速感应元件和驱动油量调节拉杆的动力机构两个部分组成。

2. 类型

(1)按照工作原理的不同,调速器可分为机械式、气动式、液压式和电子式等类型。

(2)按照控制调速范围的不同,机械式调速器可分为单级式、两级式、全程式、极限式四种。

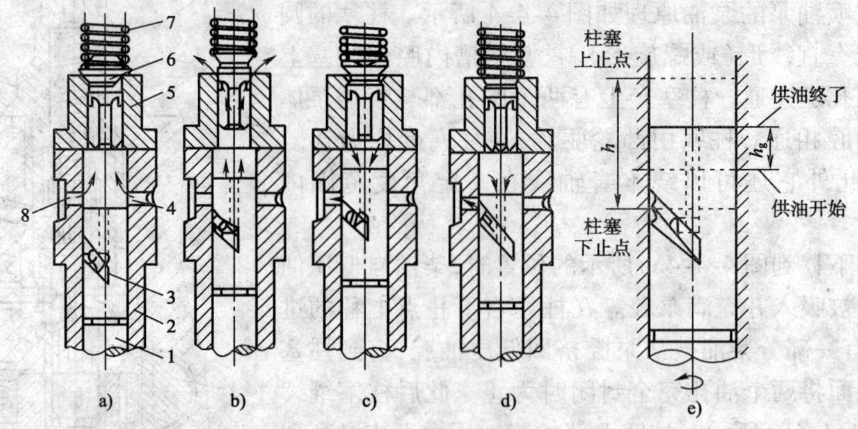

图 4-4-4　柱塞式喷油泵的工作原理

a)进油过程;b)压油过程;c)回油过程;d)回油终止;e)有效行程

1-柱塞;2-柱塞套;3-斜槽;4、8-油孔;5-出油阀座;6-出油阀;7-出油阀弹簧

单级式调速器仅能在某一转速(一般为标定转速)下起作用,适用于工作转速恒定的柴油机;两级式调速器仅在低速和最高转速下起作用,适用于转速变化频繁且要求具有良好加速性能的车用柴油机;全程式调速器则在所有转速范围内均能起作用,适用于载荷变化且工作转速范围广的柴油机,如拖拉机、大型载重汽车及筑路机械用的柴油机等;极限式调速器只限制发动机的最高转速,其他转速均不起作用,主要用于船舶主机和重要的大中功率柴油机。

3. 离心式调速器的基本工作原理

离心式调速器的型号很多,结构各异,但基本原理是相同的。其基本结构如图 4-4-5 所示。它主要由传动盘、飞球(飞块)、调速弹簧和传动板(传动杆)等组成。现以压簧式调速器为例,介绍其基本工作原理。

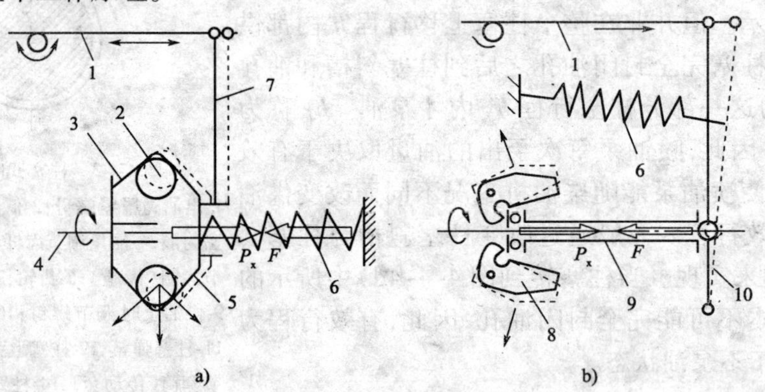

图 4-4-5　离心式调速器基本工作原理

a)压簧式;b)拉簧式

1-供油拉杆;2-飞球;3-传动盘;4-调速器轴;5-推力盘;6-调速弹簧;7-传动板;8-飞块;9-滑套;10-传动杆

柴油机不工作时调速器手柄固定在熄火位置,供油拉杆被拉出,调速弹簧的预紧力使传动板左移,飞球收拢,$P_x = 0$,调速器不工作。

当调速器手柄及供油拉杆处在某一位置时,喷油泵凸轮轴带动调速器的飞球旋转,飞球在离心力的作用下向外张开,产生的有效离心力 P_x 和调速弹簧的推力 F 相平衡,若此时柴油机负荷不变且与喷油泵供给的柴油经燃烧做功产生的转矩相等,则调速器内部 $P_x = F$,柴油机在此转速下稳定运转。

当柴油机负荷增加时,其转速下降,飞球有效离心力 P_x 小于调速弹簧的弹力 F,在调速弹簧的作用下推力盘带动传动板和供油拉杆向左移动,使喷油泵柱塞旋转,循环供油量增加,从而使柴油机转矩增加,直至与阻力矩相等,即 P_x 与 F 相等,柴油机在新的转速下稳定运转;反之,当柴油机负荷减小时,调速器也能同样使柴油机稳定运转。

图 4-4-5a)所示的调速器中的调速弹簧在工作中受压缩,故称之为压簧式调速器。同理,图 4-4-5b)所示的调速器被称为拉簧式调速器。

由上述离心式调速器基本工作原理可知:一定的调速弹簧的刚度和预紧力对应一定的柴油机转速,只要改变调速弹簧的刚度和预紧力,就能改变调速器起作用的转速;如果调速弹簧只有一个刚度和预紧力,就只能控制一个转速,这便是单程式调速器;如果有两个刚度和预紧力,就能控制两个转速,这便是两极式调速器;如果调速弹簧的预紧力可以由驾驶员任意选定,则就能控制任意转速,这就是全程式调速器。

四、供油提前角调节装置

1. 供油提前角

供油提前角是指喷油泵开始供油时刻曲柄所对应的位置与活塞在上止点时曲柄所对应的位置之间的曲轴转角。

2. 供油提前角的调整方式

供油提前角调整方式有两种:一种是静态调节,即在静态时通过联轴器改变发动机曲轴与喷油泵凸轮轴的相对角位置。柴油机的静态(停机状态)供油提前角在使用中会由于机械磨损等发生变化,在维修中要进行检查和调整;另一种是通过供油提前角自动调节器,在柴油机运转时随转速变化自动改变提前角。

3. 联轴器及静态供油提前角的调整

图 4-4-6 所示为柴油机常用的挠性片式联轴器。它主要由钢片组、连接盘和十字传动架等组成。连接盘、十字传动架和供油提前角自动调节器相连。传动时,由于弹性钢片的挠性,可补偿驱动轴与凸轮轴少量的同轴度偏差,使其无声地传动。

调整供油提前角时,松开连接盘与钢片组 B 的紧固螺钉 A,由于连接盘上开有周向槽孔,因此,联轴器连接喷油泵的一端可相对连接盘转动一定角度,轻轻转动十字传动架即可改变油泵凸轮轴与驱动齿轮轴(即发动机曲轴)的相对角位置。调整后应将紧固螺钉 A 拧紧。为了保证供油正时,通常在联轴器及泵体上刻有相应的记号,当刻线对齐时,为第一缸供油时刻。

4. 供油提前角自动调节器

图 4-4-7 所示为柴油机常用的机械离心式供油提前角自动调节器图,它主要由驱动盘、飞块、飞块销钉、弹簧座、筒状从动盘、从动臂、调节器盖等组成。

柴油机工作时,驱动盘连同飞块受柴油机曲轴的驱动而旋转,两个飞块的活动端向外甩开,滚轮迫使从动盘相对于驱动盘转过一个角度,直到弹簧的压缩力与飞块离心力平衡为止,于是驱动盘与从动盘同步旋转。当转速再升高时,飞块活动端便进一步向外甩出,飞块上的滚轮推动从动盘相对于驱动盘再转过一个角度,直到弹簧的压缩力足以平衡新的离心力为止,供油提前角便相应地增大(最大调节范围约 5°曲轴转角)。反之,柴油机转速降低时飞块收拢,从动盘便在弹簧弹力的作用下相对于驱动盘后退一个角度,供油提前角相应减小。

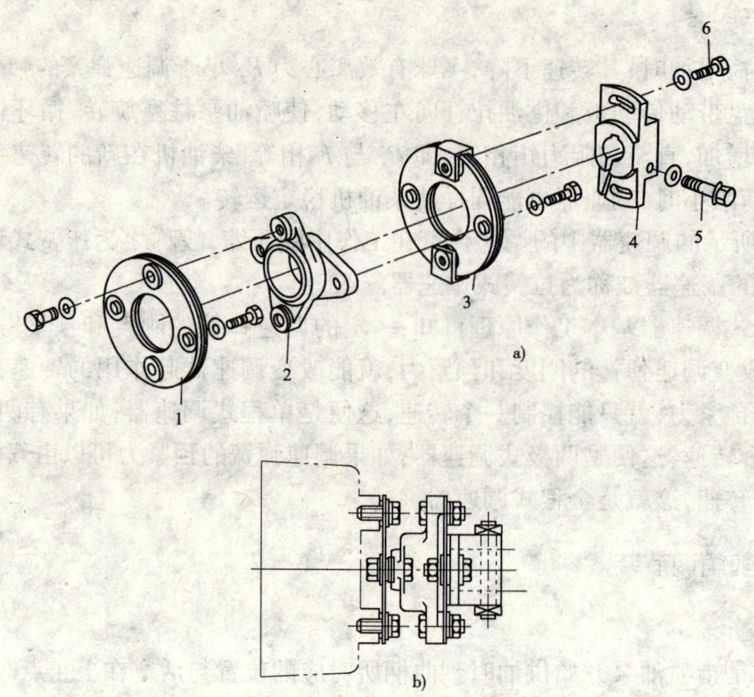

图 4-4-6 挠性片式联轴器

1-钢片组 A;2-十字传动架;3-钢片组 B;4-转接盘;5-紧固螺钉 B;6-紧固螺钉 A

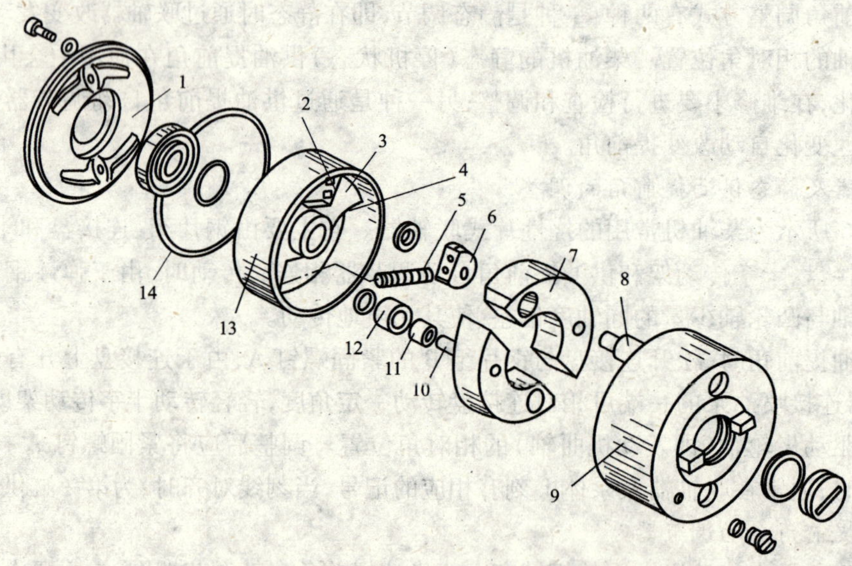

图 4-4-7 机械离心式供油提前角自动调节器

1-调节器盖;2-从动平侧面;3-从动臂;4-从动臂弧形侧面;5-弹簧(2 个);6-弹簧座;7-飞块;8-主动盘销钉;9-驱动盘;10-飞块销钉;11-滚轮内座圈;12-滚轮;13-筒状从动盘;14-壳体密封圈

五、喷油器

1. 功用

喷油器的功用是将喷油泵供给的高压柴油以一定的压力、速度和方向喷入燃烧室,使喷入燃烧室的柴油雾化成细粒并合理地分布在燃烧室中,以便于和空气混合形成可燃混合气。

2. 类型

喷油器分为开式和闭式两种。开式喷油器的高压油腔通过喷孔直接与燃烧室相通，而闭式喷油器则在其间装针阀隔断。目前，柴油机绝大多数采用闭式喷油器，其常见的形式有孔式喷油器和轴针式喷油器两种。孔式喷油器多用于直接喷射式燃烧室上；轴针式喷油器则主要用于分隔式燃烧室上。

3. 结构和工作原理

1）结构

喷油器的结构如图 4-4-8 所示。

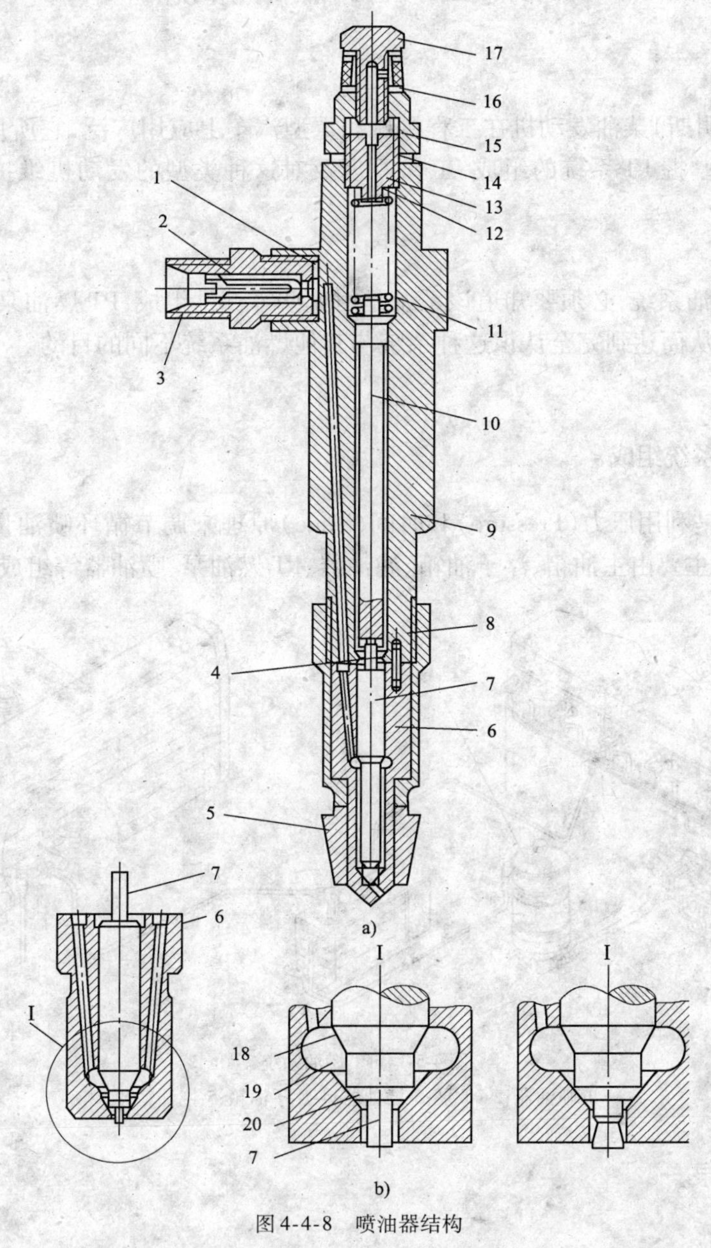

图 4-4-8　喷油器结构

a）孔式喷油器；b）轴针式喷油器

1-衬垫；2-喷油器滤芯；3-进油管接头；4-定位销；5-垫块；6-针阀体；7-针阀；8-喷油嘴锁紧螺母；9-喷油器体；-10-顶杆；11-调压弹簧；12-垫圈；13-调压螺钉；14-垫圈；15-调压螺钉保护螺母；16-衬垫；17-回油管接头；18-承压锥面；19-压力室；20-密封锥面

2）工作原理

柴油机工作时，来自喷油泵的高压柴油经喷油器体与针阀体中的油孔道进入针阀中部周围的环状空间，同时在针阀的锥形承压环带上形成一个向上的轴向推力，此推力克服调压弹簧的预压力及针阀偶件之间的摩擦力使针阀向上移动，针阀下端的密封锥面离开针阀锥形环带，打开喷孔，高压柴油喷入燃烧室中。当喷油泵停止供油时，高压油路内压力迅速下降，针阀在调压弹簧作用下及时复位，将喷孔关闭。

课题五　PT 燃油系统

【任务引入】

Cummins（康明斯）柴油发动机在工程机械和重型汽车上应用广泛，它所用的燃油系是 PT 燃油系统。因此，掌握 PT 系统的组成、工作原理及对这种类型的发动机维护、修理是非常重要的。

【任务分析】

要认识 PT 燃油系统，必须要知道该系统是由哪些零部件组成，PT 燃油泵、PT 型喷油器的结构和工作原理，从而达到完全认识这种系统与其他燃油系统不同的目的。

【任务实施】

一、PT 燃油系统组成

PT 燃油系统是利用压力（Pressure）和时间（Time）原理来调节循环喷油量的供油装置，如图 4-5-1 所示。它主要由主油箱、浮子油箱、滤油器、PT 燃油泵、喷油器等组成。

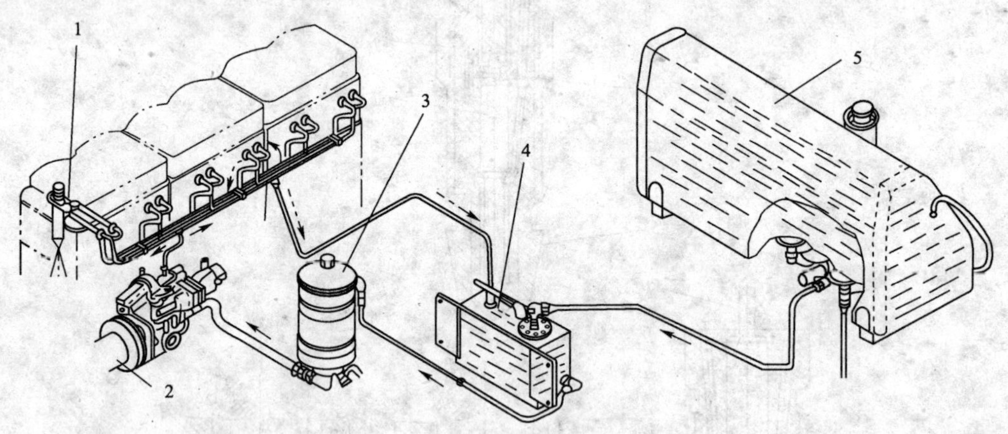

图 4-5-1　PT 燃油系统

1-喷油器；2-PT 泵；3-滤油器；4-浮子油箱；5-主油箱

二、PT 燃油泵

1. 功用和组成

PT 燃油泵的功用是根据柴油机不同工况的要求，将燃油从油箱吸来后，以适当的压力和流量输送给喷油器。它主要由齿轮泵、调速器、节流阀、断油阀（亦称停车阀）等组成。

2. 结构和工作原理

1)结构

图 4-5-2 为 PT 燃油泵的结构剖面图。

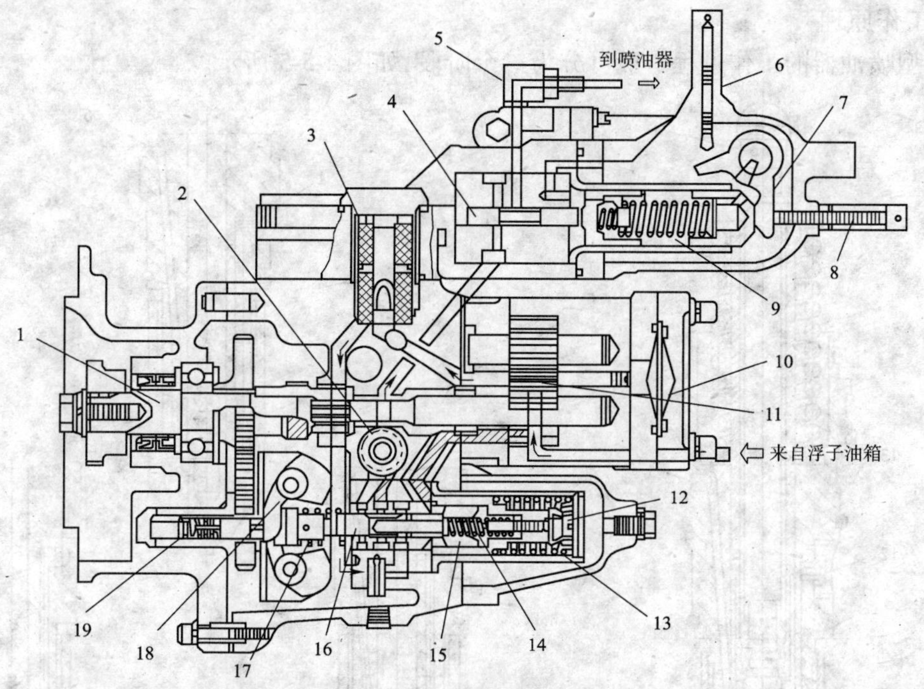

图 4-5-2 PT 燃油泵的结构剖面图

1-主轴;2-节流阀;3-柴油滤清器;4-MVS 调速器柱塞;5-断油阀;6-高速调整螺钉;7-MVS 调速器;8-怠速调整螺钉;9-MVS 调速器弹簧;10-脉动减振器;11-齿轮泵;12-PTG 调速器怠速调整螺钉;13-高速弹簧;14-怠速弹簧;15-怠速柱塞;16-调速柱塞;17-高速校正弹簧;18-飞锤;19-低速校正弹簧

2)工作原理

图 4-5-3 为 PT 燃油泵的油路示意图。

当柴油机工作时,齿轮泵从柴油箱经滤油器吸入柴油,将油压提高后,经脉动减振器消除油压的脉动,再送到柴油滤清器进一步过滤。进入柴油滤清器中的柴油,一部分经滤油器的下网过滤后输入 PTG 调速器;另一部分经滤油器的上网过滤后输入 MVS 调速器柱塞左端的空腔内。进入 PTG 调速器的柴油,一部分经节流阀或怠速油道流入 MVS 调速器柱塞的环槽内,再经断流阀输送到喷油器;另一部分自柱塞内的轴向油道经柱塞右端的缝隙流回齿轮泵入口处。

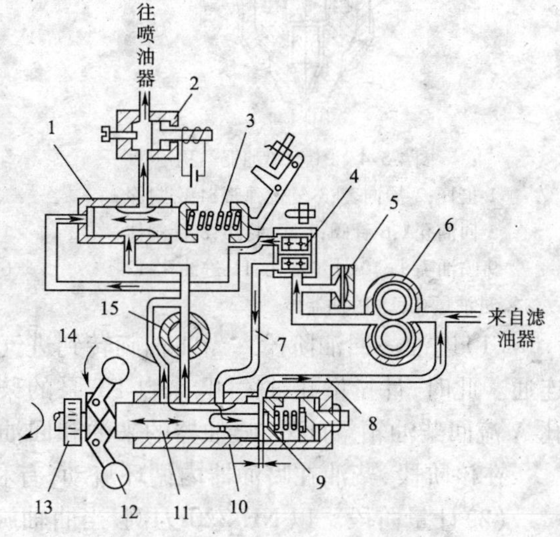

图 4-5-3 PT 燃油泵油路示意图

1-MVS 调速器;2-断油阀;3-MVS 调速器弹簧;4-柴油滤清器;5-脉动减振器;6-齿轮泵;7-进油道;8-回油道;9-怠速柱塞;10-PTG 调速器;11-调速柱塞;12-飞锤;13-齿轮;14-怠速油道;15-节流阀

三、PT 型喷油器

1. 功用

PT 型喷油器的功用主要是对柴油进行计量、增压、定时喷射等。

2. 结构和工作原理

1)结构

图 4-5-4 所示为 PT 型喷油器结构。

2)工作原理

PT 型喷油器的工作过程一般可分为三个阶段,如图 4-5-5 所示。

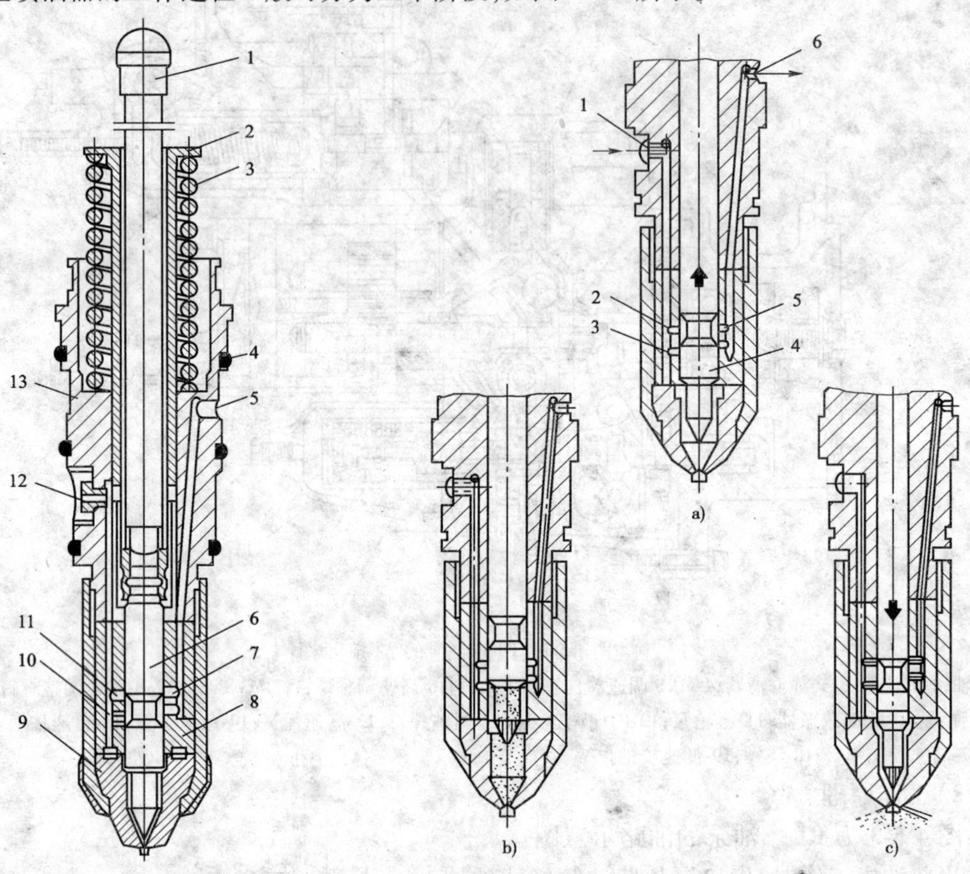

图 4-5-4　PT 型喷油器结构

1-挺杆;2-导向套;3-复位弹簧;4-密封圈;5-回油孔A;6-针阀;7-回油孔B;8-针阀体;9-喷油嘴头;10-计量量孔;11-进油孔;12-进油量孔;13-喷油器体

图 4-5-5　PT 型喷油器工作过程

a)进油—回油阶段;b)计量阶段;c)喷射阶段

1-进油量孔;2-进油孔;3-计量量孔;4-针阀;5-回油孔 B;6-回油孔 A

(1)进油—回油阶段。当曲轴旋转到进气行程上止点时,针阀升起,进油孔与回油孔 B 相连通。此时,计量量孔被关闭,来自 PT 泵的柴油直接经进油量孔、进油孔及回油孔 B 和回油孔 A 流回柴油箱。此外,喷油器的来油和回油由三道 O 形密封圈分隔开。

在该阶段,柴油在喷油器内循环流动,有利于针阀和针阀体的冷却和润滑。

(2)计量阶段。以 NH-220 为例,当曲轴旋转到进气行程上止点后 44°时,针阀升起,计量量孔被打开。此时,进油孔和回油孔 B 均被关闭,柴油经计量量孔进入喷油嘴的内腔。曲轴继续旋转直至进气行程上止点后 132°62′22″时,针阀上升到最高位置,随后停住不动,直到曲轴旋转到压缩行程上止点前 62°时,针阀才开始下降。当曲轴旋转到压缩行程上止点前 28°时,计量量孔关闭。计量量孔从开启到关闭的这段时间,称为柴油计量阶段。

(3)喷油阶段。当曲轴旋转到压缩行程接近终了时,针阀迅速下行,将喷油嘴内腔的柴油以高压喷入汽缸，直至压缩行程上止点后18°时喷油结束。此时，针阀锥面紧压在喷油嘴的内锥面上，使柴油完全喷出。而后由于凸轮下凹，针阀在稍稍开启后便保持在此高度不变，直至做功行程和排气行程终了。

3）传动机构

如图4-5-6所示。

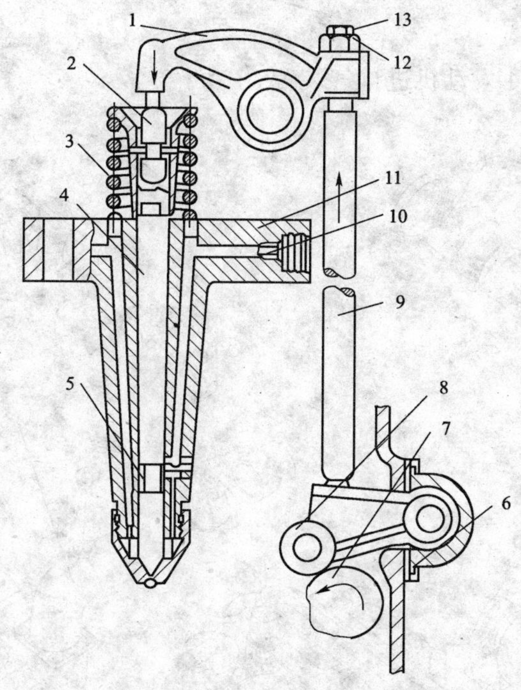

图4-5-6　PT型喷油器传动机构

1-摇臂；2-柱塞杆头；3-复位弹簧；4-柱塞；5-环槽；6-调整垫片；7-凸轮；8-随动轮；9-推杆；10-平衡量孔；11-阀体；12-锁紧螺母；13-调整螺钉

柴油机工作时，凸轮的凸起推动随动轮，通过推杆、摇臂顶压柱塞杆头，克服复位弹簧的弹力，强制将柱塞压下，使其下端锥形油腔内产生高压，把柴油喷入燃烧室。凸轮的凸起转过随动轮，柱塞在复位弹簧的作用下而上升，将PT泵输送来的柴油充入锥形油腔。凸轮和复位弹簧对柱塞的交替作用，使柱塞不断往复运动而吸油和喷油。

课题六　废气涡轮增压系统

【任务引入】

提高发动机功率，可以通过多种途径来实现，其中应用比较广泛的是采用增压技术，而废气涡轮增压系统正是通过增压技术，增加发动机的充气量，改善燃烧条件来实现发动机功率的增加。因此，要了解整个系统的功能，必须对其主要零部件的功能和结构有全面的认识。

【任务分析】

本课题主要介绍进排气装置主要零部件的功用、类型、结构和废气涡轮增压器的结构和工作原理。

【任务实施】

一、进排气装置

发动机进排气装置由进气管、排气管和空气滤清器等组成。增压发动机还有增压器,空气冷却器等。进排气装置的功用是向汽缸内提供充足、清洁的空气,同时尽可能地把汽缸内燃烧的废气排除干净。

1. 进排气管

图 4-6-1 所示为 D6114 发动机进排气装置。

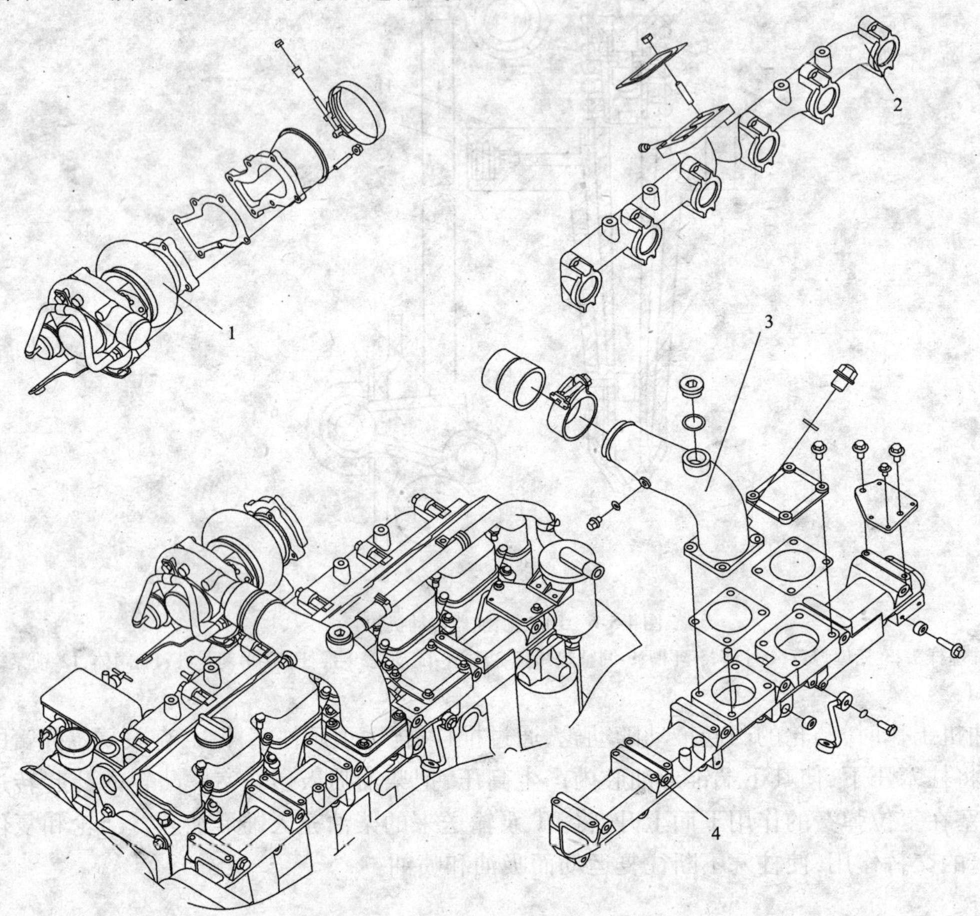

图 4-6-1　D6114 发动机进排气装置

1-增压器;2-排气管;3-增压器压气机出气管;4-进气管

发动机进气总管通过进气支管与汽缸盖上进气道入口相连,将经过滤清的空气导入燃烧室。排气总管通过排气支管与汽缸盖上的排气出口相连,将燃烧过的废气排入大气。进排气管可以用铸铁或铝合金铸造成型,也可以用钢板冲压后焊接制成。

进排气管的布置随发动机总体结构而不同,有的布置在发动机的两侧,有的布置在发动机的同一侧。

2. 排气消声器

排气消声器的功用是降低排出废气的噪声、温度和压力。排气消声器一般采用 1mm 厚的钢板卷制而成,安装在排气管的出口处,其结构如图 4-6-2 所示。它由三级扩张共振室组成,当废气通过这几级共振室后,声能消耗,噪声衰减,从而达到消声的目的。

3. 空气滤清器

空气滤清器的功用是清除进入汽缸内空气中的灰尘和杂质，减少由于进气带进的灰尘杂质对活塞、汽缸套、进气门等组件的磨损。

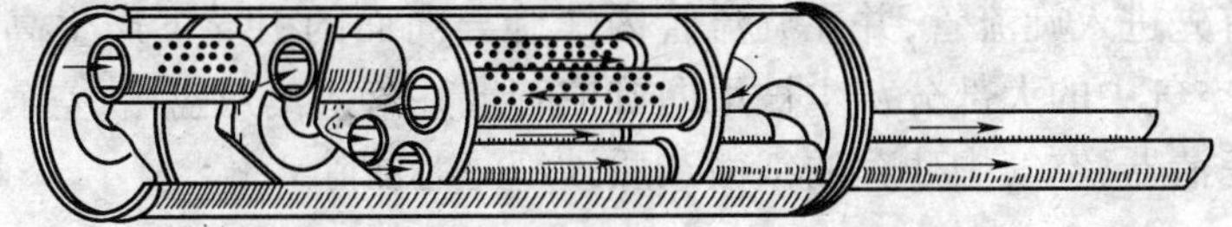

图 4-6-2 排气消声器

空气滤清器所用的滤清方法主要有三种。

1)油浴法

它是将空气通过油液进行清洗，这种滤清器也叫湿式滤清器，如图 4-6-3 所示。空气从滤清器的中间进入，在滤清器的底部与机油接触，部分杂质，特别是较重的杂质，在此被机油黏附。随后空气将通过粘有机油的钢丝网，并充分地与机油接触，绝大部分杂质被吸附，干净的空气进入汽缸。

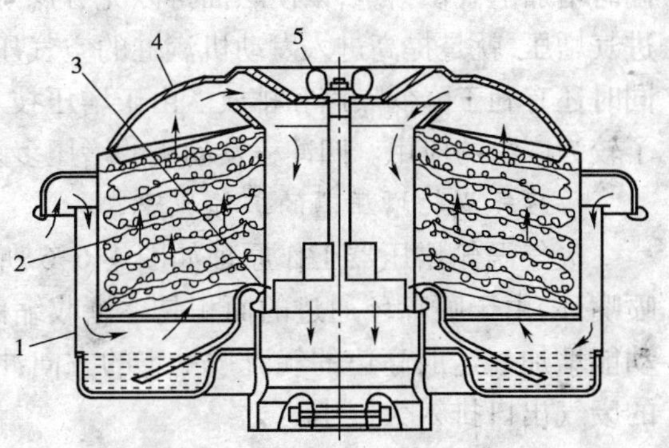

图 4-6-3 油浴式空气滤清器

1-滤清器外壳；2-滤芯；3-密封圈；4-滤清器盖；5-蝶形螺母

2)过滤法

过滤法多采用纸质滤芯，这种滤清器在发动机上应用非常广泛。纸质滤清器是通过引导气流经过纸质滤芯，使尘土和杂质被隔离或黏附在滤芯上，达到滤清的目的。因为滤清器中不加油，所以也称为干式滤清器。

图 4-6-4a)所示的干式滤清器是发动机常用的一种。为了保证过滤的效果，有些发动机采用两级过滤的方式，即在大滤清器的芯部再加一个细滤器，空气经粗滤器过滤较粗大的尘土后，再经细滤器将细小的灰尘过滤，如图 4-6-4b)所示。

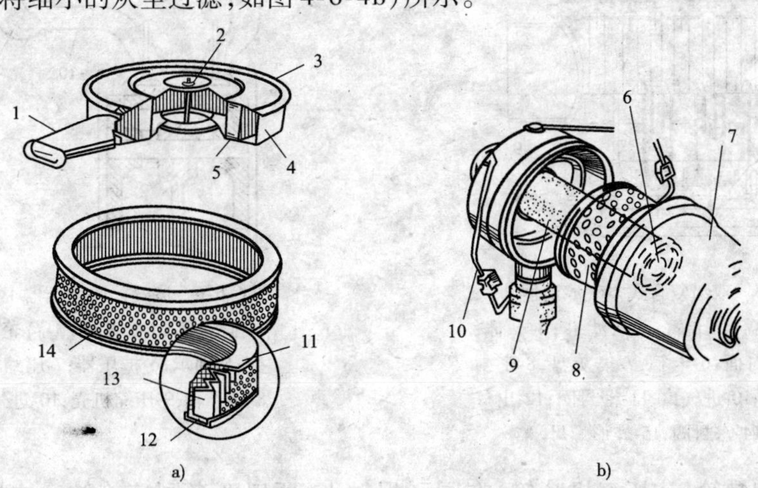

图 4-6-4 纸质空气滤清器

1-进气导管；2-蝶形螺母；3-滤清器盖；4-滤清器外壳；5-滤芯；6-螺母；7-滤筒罩；8-粗滤芯；9-细滤芯；10-卡箍；11-滤芯上密封面；12-滤芯下密封面；13-打褶滤纸；14-金属网

3）惯性法

大型发动机有的使用离心式与纸滤芯相结合的双级复合式空气滤清器，如图4-6-5所示。双级复合式空气滤清器的上体是纸滤芯空气滤清器，下体是离心式空气滤清器。空气从滤清器下体的进气口首先进入旋流管，并在旋流管内螺旋导向面的引导下产生高速旋转运动。在离心力的作用下，空气中的大部分灰尘被甩向旋流管壁并落入集灰盘中，空气则从旋流管顶部进入纸滤芯空气滤清器，空气中残存的细微杂质被纸滤芯滤除。

二、废气涡轮增压器

提高发动机功率最有效的措施是增加供油量，使燃烧时产生更多的热能。增加供油量也应同时增加空气供给量，以便燃油得以充分燃烧。增加空气供给量的方法之一是进气增压。所谓进气增压，就是提高进入发动机汽缸的空气压强或密度，从而达到提高动力性和经济性的目的，同时还有利于降低噪声和排放。由于增压技术的优点，无论在柴油机上还是在汽油机上都得到了较为广泛的应用。四冲程发动机的增压多采用废气涡轮增压，以尽可能地利用废气的能量。

1.废气涡轮增压器的工作原理

废气涡轮增压器工作原理如图4-6-6所示。柴油机排出的废气经排气管进入涡轮壳里的喷嘴环，由于喷嘴环通过的面积是逐渐收缩的，因而废气的压力和温度下降，速度提高，废气的动能增加。这股高速的气流按一定的方向冲击涡轮叶片，使涡轮高速旋转，最后废气通过涡轮的废气出口排入大气中。

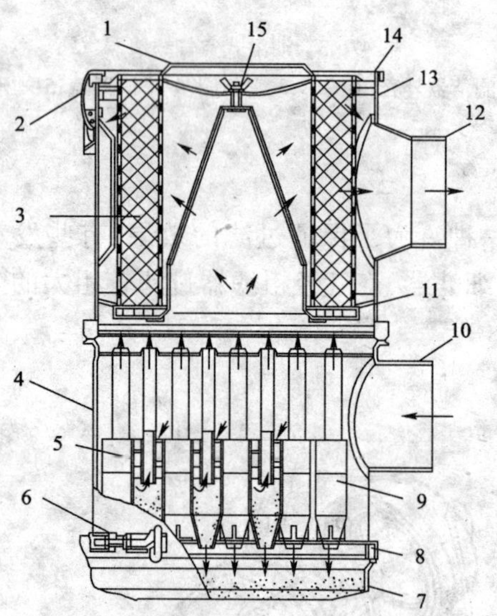

图4-6-5　双级复合式空气滤清器

1-滤清器上盖；2-卡簧；3-纸滤芯；4-下体；5-旋流管导向面；6-卡箍；7-集灰盘；8-密封圈；9-旋流管；10-进气口；11-密封圈；12-出气口；13-上体；14-密封圈；15-蝶形螺母

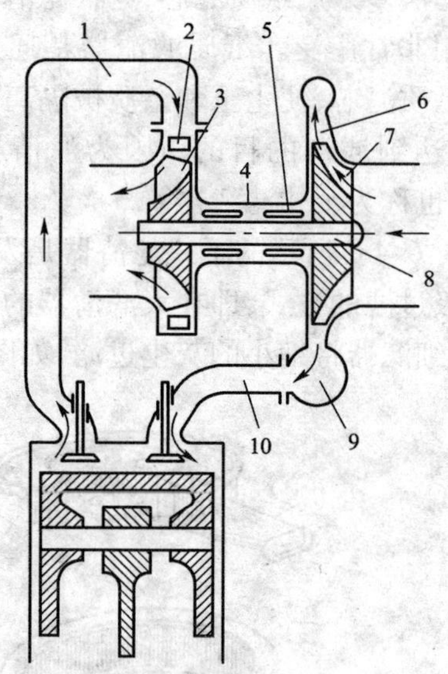

图4-6-6　废气涡轮增压器工作原理图

1-排气管；2-喷嘴环；3-涡轮；4-涡轮壳；5-轴承；6-扩压器；7-压缩机叶轮；8-转子轴；9-压缩机壳；10-进气管

因为涡轮和泵轮（或压气机叶轮）在同一根轴上，所以两者同速旋转。这样，经过空气滤清器过滤的空气被吸入压气机壳，高速旋转的压气机叶轮把空气甩向叶轮的外缘，使其速度增加，并进入扩压器。扩压器的形状做成进口小出口大，因此，气流经过时速度下降，压力升高，再通过断面由小到大的环行压气机壳使空气流的压力继续提高，然后压缩的空气再经进气管进入汽缸与柴油混合燃烧。

2. 废气涡轮增压器的结构

图 4-6-7 所示为典型的废气涡轮增压器，它由压气机、中间体、涡轮机等组成。机座与柴油机排气管连接，压气机壳的进气口与空气滤清器的空气道相连，而压气机的出气口则通往进气管。压气机的扩压器为无叶式。转子体由转子轴、压气机叶轮、涡轮轴和叶轮组成，它支承在两个浮动轴承上高速旋转。涡轮用高强度、耐热、耐腐蚀性能好的合金钢精密铸造而成，焊接在转子轴上。压气机叶轮为铝合金铸件，用螺母固定在转子轴上。转子体在安装到增压器之前已经进行了静平衡和动平衡测定。

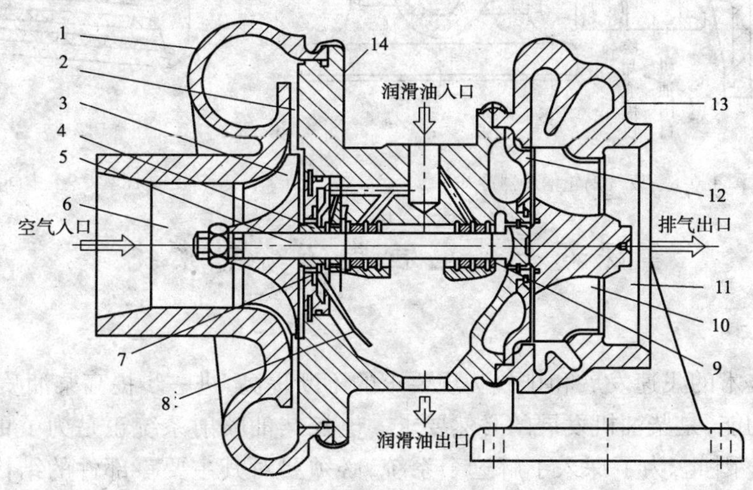

图 4-6-7　废气涡轮增压器

1-压气壳；2-无叶片式扩压管；3-压气机叶轮；4-密封圈；5-增压器轴；6-进气道；7-推力轴承；8-挡油板；9-浮动轴承；10-涡轮机叶片；11-出气道；12-隔热板；13-涡轮机壳；14-中间体

废气涡轮增压器所需要的润滑油来自柴油机的主油道，通过机油滤清器，进入增压器的中间壳，润滑浮动轴承，并冷却增压器，经其下部出油口流回曲轴箱。

为了防止压气机端的压缩空气和涡轮端的废气漏入中间壳，造成增压效果下降和涡轮功率降低，以及高温废气对轴承寿命的影响，在中间壳和轴之间设有密封装置。在压气机叶轮和中间壳之间装有 O 形密封圈和密封环，在转子轴和中间壳之间装有密封环。此外，为了防止润滑油进入压气机，在压气机端的转子轴上还装有挡油密封环。在中间壳和涡轮壳之间有一隔热板，以减少高温废气对润滑油的影响。

废气涡轮增压器的冷却，一般采用自然空气冷却，也有的在中间壳制有夹水层，用发动机的循环水冷却，如图 4-6-8 所示。

3. 中间冷却器

通过废气涡轮增压器增压的空气由于受压缩功的影响，进气温度大幅度提高，全负荷时气温一般达到 120℃左右，因而空气密度明显下降，限制了功率的进一步提高。因此，出现了“增压中冷”技术。“增压中冷”是将发动机冷却水或前端的进风，穿过“中间冷却器”（简称中冷器或热交换器），将已增压过的发动机进气进行“中间冷却”。水冷型可将进气温度冷至 90℃左右，空气冷却型可将进气温度冷至 50℃左右。采用增压中冷技术的发动机称做增压中冷型，其功率比增压型可进一步提高，燃油消耗率也相应进一步改善，如图 4-6-9 所示。

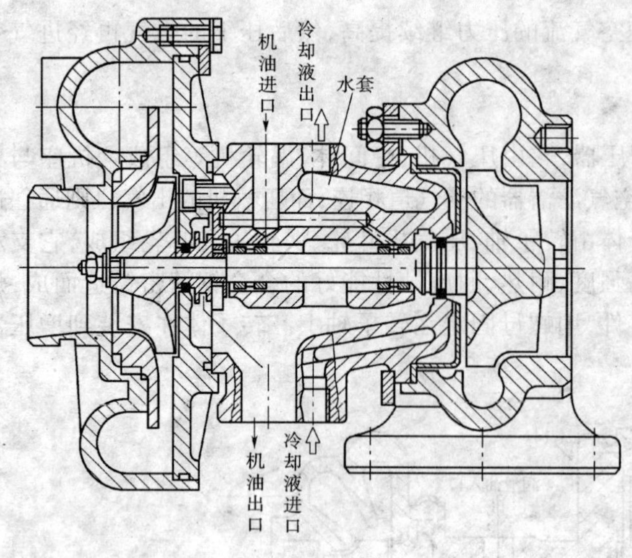

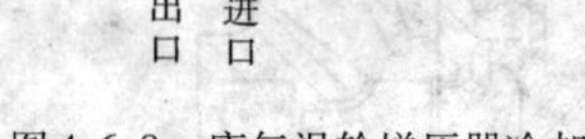

图 4-6-8　废气涡轮增压器冷却

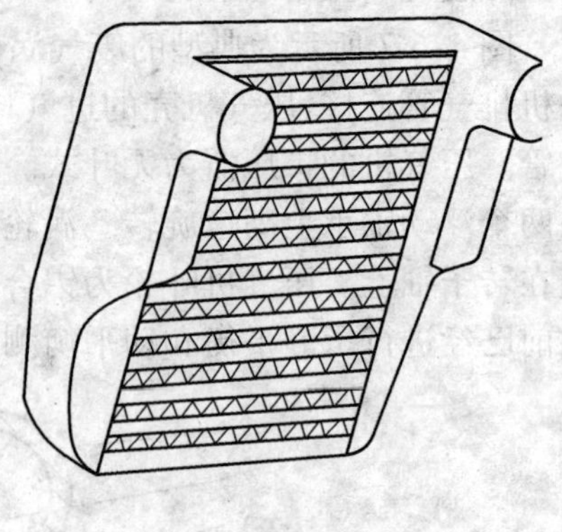

图 4-6-9　中间冷却器

课题七　电控柴油喷射系统

【任务引入】

随着电子技术的飞速发展和排放法规要求的不断提高,进一步提高柴油喷射精度、完善柴油喷射控制等功能,是柴油机发展的必然要求。电控柴油喷射系统正是为了更好地实现上述功能而出现的。因此,为了深入了解这个系统,必须要对其主要零部件的结构有一个全面的认识。

【任务分析】

本课题主要介绍电控柴油喷射系统的组成、类型、各种结构和工作原理。

【任务实施】

一、电控柴油喷射系统组成和类型

1. 组成

电控柴油喷射系统是由传感器、电控单元(ECU)和执行器组成。

2. 类型

(1)根据喷油量的控制方式分为位置控制和时间控制。

(2)根据其产生高压燃油的机构,可分为直列泵(柱塞)电控喷射系统、分配泵电控喷射系统、泵喷油器(泵喷嘴)电控喷射系统、单缸泵电控喷射系统和共轨式电控喷射系统。

二、电控柴油喷射系统

1. 直列泵电控喷射系统

图 4-7-1 为直列泵电控喷射系统原理图。从各个传感器传来的控制信号和反馈信号,由电控单元 ECU 分析处理,并计算出相应的喷油量和喷油提前角控制参数值,再把信号送往电动调速器和电磁阀,使电动调速器和时间控制器动作,从而精确控制喷油量和喷油提前角。其中喷油量的控制,是通过电动调速器控制供油量调节齿杆的移动来实现对燃油量增减的控制;

喷油时间的控制，是通过电磁阀控制发动机机油泵泵来的机油来实现对时间控制器的控制，从而控制喷油提前角。

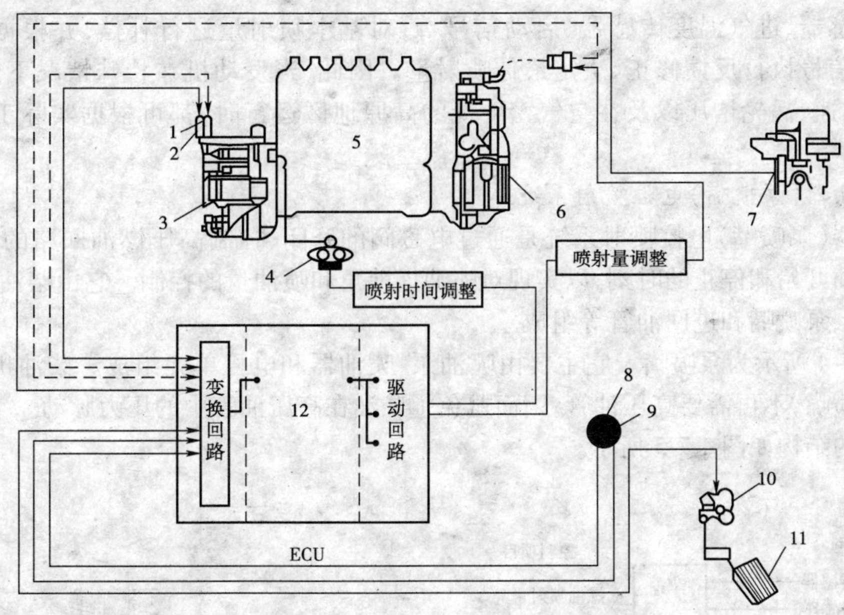

图 4-7-1 直列泵电控喷射系统原理图

1-时间传感器；2-N-TDC 传感器；3-时间控制器；4-电磁阀；5-喷油泵；6-电动调速器；7-水温传感器；8-暖风开关；9-启动开关；10-加速踏板位置传感器；11-加速踏板；12-微型计算机（判断、运算部）

2. 分配泵电控喷射系统

图 4-7-2 为日本丰田公司分配泵电控喷射系统，其控制项目如图 4-7-3 所示。

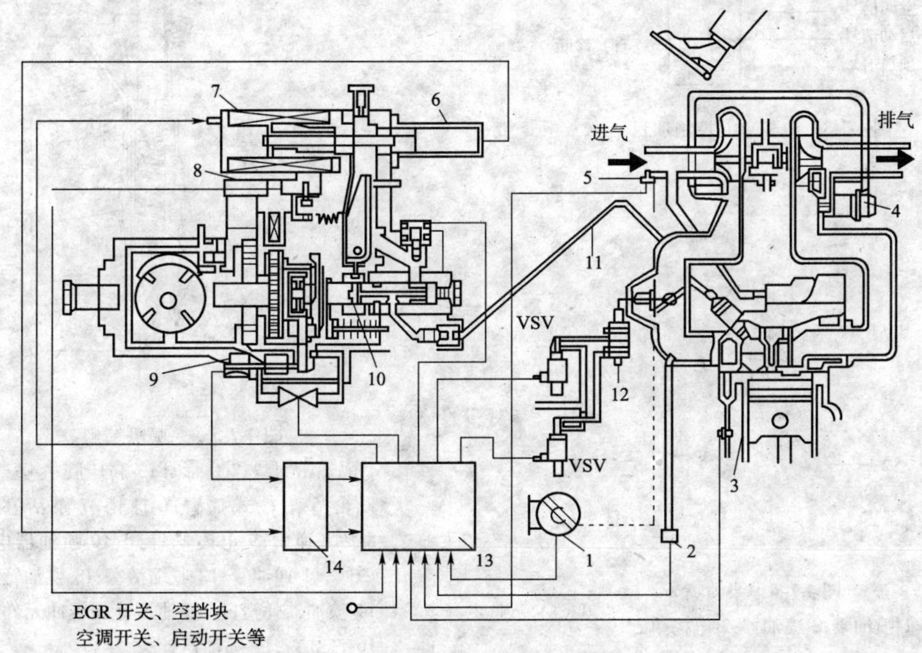

图 4-7-2 分配泵电控喷射系统

1-加速踏板位置传感器；2-进气压力传感器；3-水温传感器；4-废气阀；5-进气温度传感器；6-分油环位置传感器；7-分油环控制电磁阀；8-转速传感器；9-正时位置传感器；10-分油环；11-高压油管路；12-膜片式制动器；13-电控单元；14-放大器

分配泵电控喷射系统的电控单元可对基本喷油量进行计算和补偿。电控单元接收加速踏板位置传感器与柴油机转速传感器的信号,计算出对应于每一工况的基本喷射量,再根据水温传感器、进气温度传感器、启动信号等,对基本喷射量进行补偿,并根据分油环位置传感器的信号执行反馈修正,决定最佳喷射量。因此,当发动机在特殊情况下工作时,如低温启动、加速、涡轮增压以及在空气密度低的高原地区运行时,都可根据实际工况决定最佳的喷射量。

3. 泵喷油器(泵喷嘴)电控喷射系统

泵喷油器(泵喷嘴)电控喷射系统是通过电磁阀的开闭,控制高压燃油回路的开闭时刻,从而控制喷油开始和停止的时刻,以实现对喷油提前角和喷油量的控制。它由柴油箱、柴油滤清器、输油泵、泵喷嘴和进回油管等组成。

如图4-7-4所示为泵喷嘴。它主要由喷油泵、喷油器和电控单元组成。柴油机每个汽缸都有一个泵喷嘴,不再需要高压油管,因而避免了柴油在高压油管中的压力脉动。

泵喷嘴的结构如图4-7-5所示。

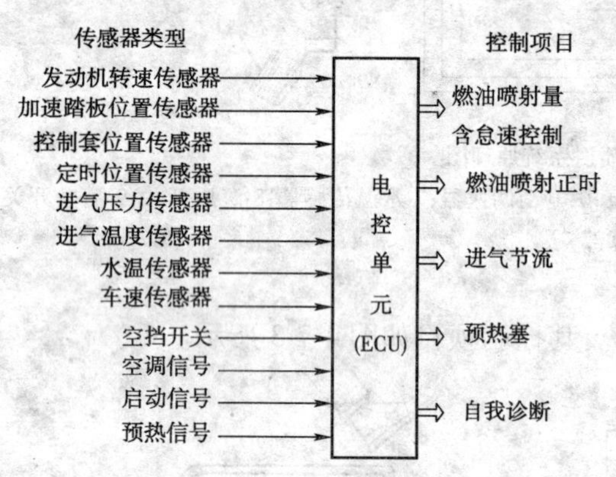

图4-7-3 电控单元控制项目

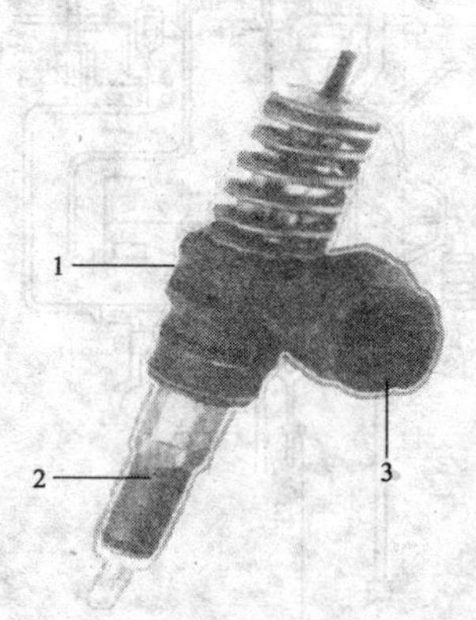

图4-7-4 泵喷嘴

1-喷油泵;2-喷油器;3-电控单元

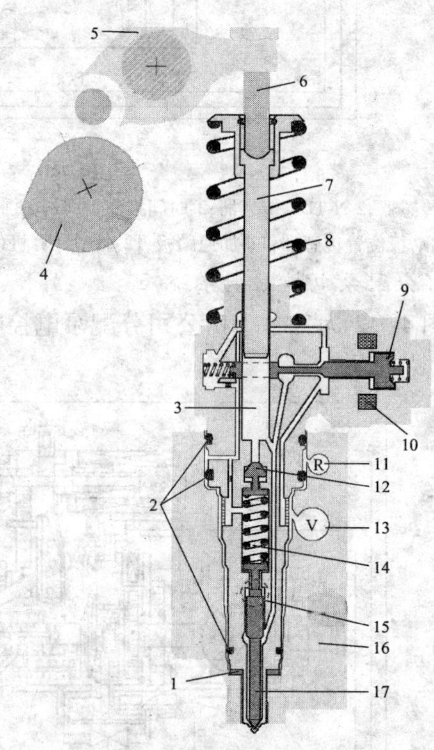

图4-7-5 泵喷嘴结构

1-隔热密封垫;2-O形环;3-高压腔;4-喷射凸轮;5-滚柱式摇臂;6-球销;7-泵活塞;8-活塞弹簧;9-电磁阀针阀;10-喷油器电磁阀;11-回油管;12-收缩活塞;13-供油管;14-喷油器弹簧;15-喷油器针阀缓冲元件;16-汽缸盖;17-喷油器针阀

除了以上阐述的电控柴油喷射系统外,还有单缸泵电控喷射系统和共轨式电控喷射系统,两种喷射系统的结构在此不再赘述。

【重点解释】

共轨式电控喷射系统按其压力大小分为低压、中压、高压共轨。它主要是用一个设置在喷油泵和喷油器之间的、具有较大容积的共轨管，把高压油泵输出的柴油积起来并稳定压力，再通过高压油管输送到每个喷油器上，由喷油器上方的高速电磁阀控制喷油量和喷油时间。

课题八　柴油机燃油供给系拆装

【任务引入】

本课题主要介绍柴油机燃油供给系主要零部件拆装的具体步骤和方法，并达到相关的技术标准要求；同时在拆装过程中应该注意一些关键的事项和技巧。整个拆装以项目课程方式来完成。

【任务分析】

为了达到上述任务的要求，从输油泵、喷油泵、调速器、喷油器、PT 型燃油泵、PT 型喷油器拆装项目来分别介绍，并通过项目时间、项目目的、项目工器具、项目内容、注意事项、考核要求、考核标准来完成任务。

【任务实施】

一、输油泵拆装

1. 项目时间

4 课时。

2. 项目目的

(1)学习输油泵的拆装方法、步骤和注意事项。

(2)识别各部件的作用、名称和结构。

3. 项目工器具

(1)D6114 发动机输油泵一台。

(2)常用工具一套。

(3)D6114 发动机输油泵挂图一张。

4. 项目内容

1)输油泵的拆卸

图 4-8-1 所示为输油泵拆装顺序图。

(1)将输油泵夹紧在台钳上。

(2)拆下出油管接头 4 和 O 形密封圈 5。

(3)拆下手油泵接头，然后依次取出 O 形密封圈 5、O 形密封圈 3 和弹簧等。

(4)拆下进油接头，然后依次取出 O 形密封圈 6、止回阀垫片 2、止回阀 1、弹簧等。

2)输油泵的装配

(1)如图 4-8-2 所示，用清洗液彻底清洗输油泵体，将泵体上的污物清除干净。

(2)输油泵装配按拆卸相反的顺序进行。

安装止回阀时应确保其打开方向与油流动方向一致(图 4-8-3)；否则，容易造成柴油机功率不足。

各接头拧紧力矩为 30N·m。

5. 注意事项

(1)拆装时要注意各零部件的清洁。

(2)安装止回阀时应注意它的方向。

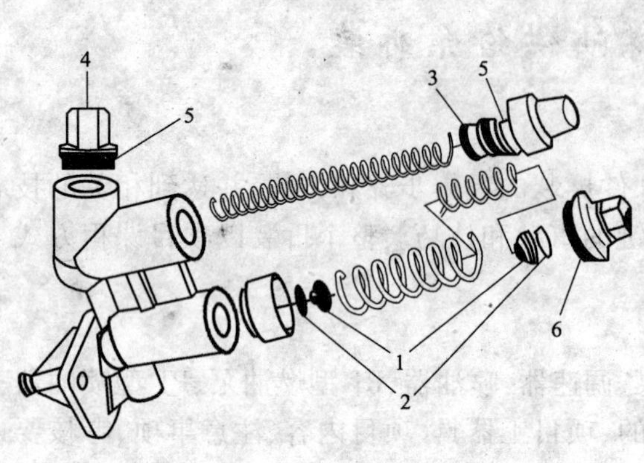

图 4-8-1 D6114 发动机机输油泵拆装顺序图

1-止回阀;2-止回阀垫片;3、5、6-O 形密封圈;4-出油管接头

图 4-8-2 清洗输油泵体

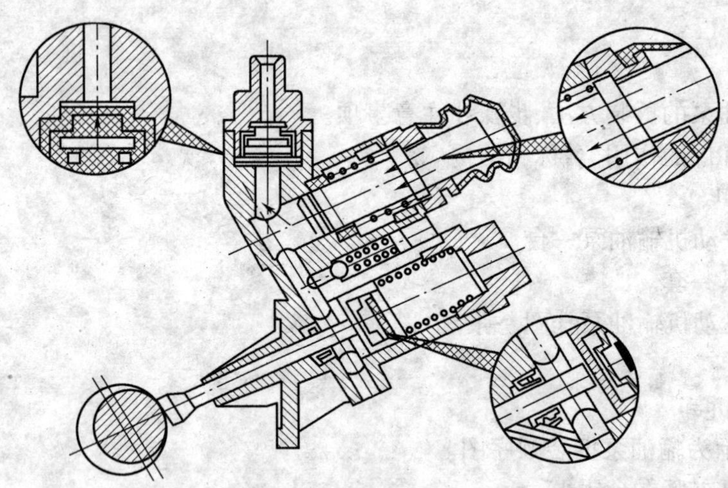

图 4-8-3 输油泵油道

6. 考核要求

(1)按正确的步骤和方法进行拆装。

(2)拧紧力矩必须符合标准要求。

(3)必须遵守相关的安全规范。

7. 考核标准

考核标准见表 4-8-1。

考核标准表 表4-8-1

考核时间	考核项目	得分	评分标准	结果
40min	正确使用工器具	10分	工器具使用不当酌情扣分	
	输油泵拆卸	40分	拆卸方法错误扣10分;摆放顺序不正确扣5分	
	输油泵装配	40分	未按规定力矩拧紧扣5分;装配顺序错误酌情扣分	
	整理工具,清理现场,遵守相关安全规范	10分	不符合要求酌情扣分;若违规操作发生重大人身和设备事故,则按0分计	
	合计	100分		

8. 项目报告

根据实习项目写出报告。

二、喷油泵拆装

1. 项目时间

9课时。

2. 项目目的

(1)学习喷油泵的拆装方法、步骤和注意事项。

(2)识别各部件的作用、名称和结构。

3. 项目工器具

(1)A型喷油泵一台。

(2)常用工具一套,专用工具一套。

(3)A型喷油泵挂图一张。

4. 项目内容

1)喷油泵的拆卸

图4-8-4所示为A型喷油泵拆装顺序图。

(1)将喷油泵总成固定在专用工作台上,旋下放油螺钉,放出机油,拆下调速器盖板、输油泵、油尺和侧盖。

(2)拆下出油阀紧固螺母,取出限位块、出油阀弹簧和出油阀偶件。

(3)放松调节齿圈,转动凸轮轴,将所拆分泵滚轮体转到最低位置,向上撬柱塞弹簧,取下支座。

(4)取出弹簧上座、油量控制套筒等。

(5)拆下供油提前角调节装置。

(6)拆下凸轮轴支承轴承前盖板和凸轮轴,同时检查凸轮轴轴向间隙,其间隙为0.05~0.10mm(其检查方法与配气机构凸轮轴轴向间隙检查方法相同)。

(7)拆下齿杆限位螺钉,取出齿杆,旋下前端螺套。

2)喷油泵的装配

喷油泵装配按拆卸相反的顺序进行。

5. 注意事项

(1)喷油泵拆卸后的零部件应按原装配关系放置在清洁的工作台上,精密偶件用滤清过的轻柴油清洗，清洗后用压缩空气吹干，然后放在单独的器皿内。

(2)柱塞偶件和出油阀偶件成对使用，不得互换。

(3)出油阀紧固螺母的拧紧力矩为 25 ~ 35N · m。

(4)装配完毕后，拉动供油齿杆，应轻松灵活，不得有任何阻滞现象。

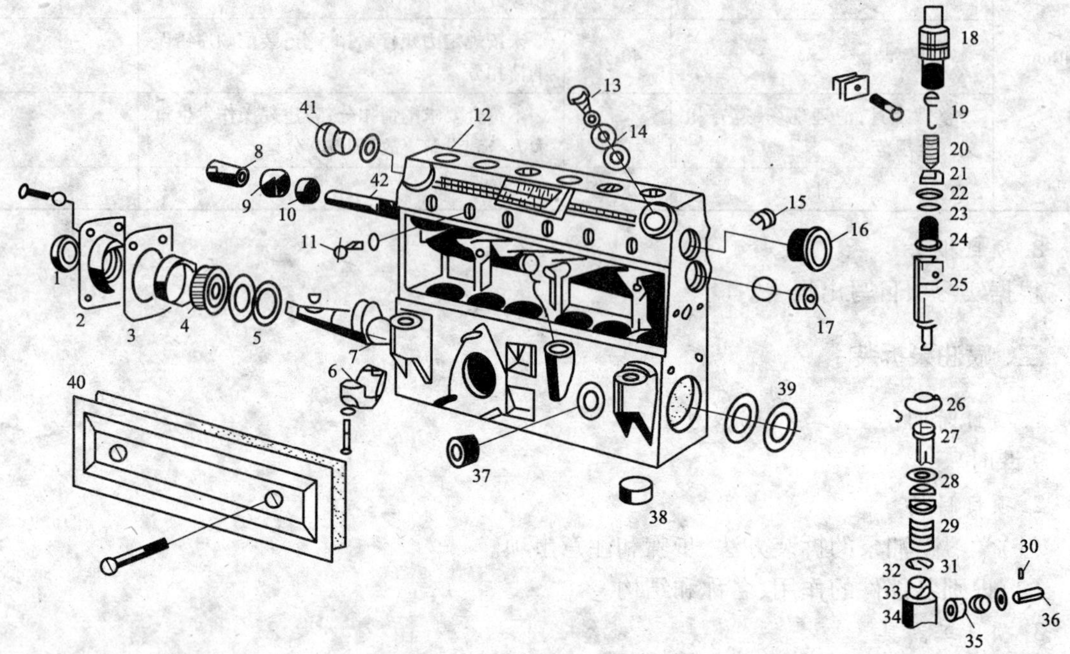

图 4-8-4　A 型喷油泵拆装顺序图

1-油封环；2-盖板；3-垫片；4-轴承；5-支承轴承；6-垫圈；7-凸轮轴；8-齿杆螺套；9-齿杆外套；10-齿杆套；11-定位螺钉；12-喷油泵体；13-放气螺钉；14-接头座；15-齿杆限位螺钉；16-接头螺塞；17-内六角螺套；18-出油阀紧固螺母；19-出油阀限位块；20-出油阀弹簧；21-出油阀垫圈；22-出油阀衬圈；23-橡胶垫圈；24-出油阀偶件；25-柱塞偶件；26-调节齿圈；27-油量控制套筒；28-上弹簧座；29-柱塞弹簧；30-滑块；31-下弹簧座；32-正时螺钉；33-正时螺母；34-挺柱；35-滚轮；36-滚轮销；37-放油螺栓；38-闷盖；39-垫圈；40-检查孔盖；41-油管接头座；42-调节齿杆

6. 考核要求

(1)按正确的步骤和方法进行拆装。

(2)能掌握喷油泵的工作原理。

(3)必须遵守相关的安全规范。

7. 考核标准

考核标准见表 4-8-2。

考核标准表　　　表 4-8-2

考核时间	考核项目	得分	评分标准	结果
60min	正确使用工器具	10 分	工器具使用不当酌情扣分	
	喷油泵拆卸	30 分	拆卸顺序错误一次扣 5 分，扣完为止	
	检查调整凸轮轴轴向间隙	10 分	漏检、错调一次扣 5 分，扣完为止	
	喷油泵装配	40 分	装配顺序错误一次扣 5 分，扣完为止	
	整理工具，清理现场，遵守相关安全规范	10 分	不符合要求酌情扣分；若违规操作发生重大人身和设备事故，则按 0 分计	
	合计	100 分		

8. 项目报告

根据实习项目写出报告。

三、调速器拆装

1. 项目时间

6 课时。

2. 项目目的

(1)学习调速器的拆装方法、步骤和注意事项。

(2)识别各部件的作用、名称和结构。

3. 项目工器具

(1)RAD 型调速器一台。

(2)常用工具一套,专用工具一套。

(3)RAD 型调速器挂图一张。

4. 项目内容

1)调速器的拆卸

图 4-8-5 所示为 RAD 型调速器拆装顺序图。

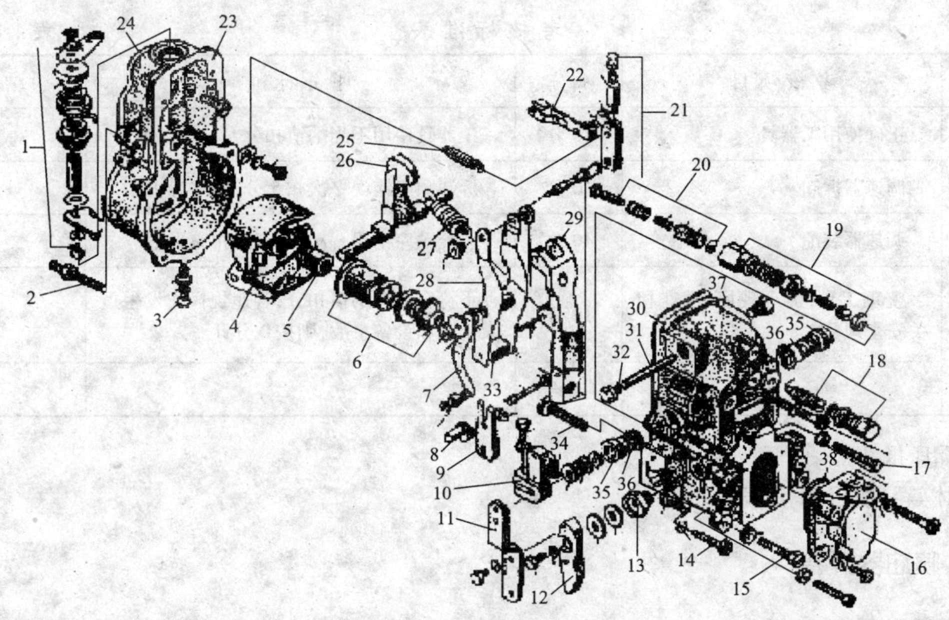

图 4-8-5 RAD 型调速器拆装顺序图

1-停油手柄组件;2-高速限位螺钉;3-放油螺塞;4-飞锤组件;5-锁紧螺母;6-调速套筒组件;7-控制拨杆组件;8-曲柄;9-拨叉;10-调速手柄;11-控制手柄;12-曲轴控制柄;13-曲柄螺套;14-低速限位螺钉;15-高速限位螺钉;16-后盖;17-限位螺钉;18-稳速器组件;19-校正器组件;20-急速组件;21-传动杆体组件;22-齿轮连接杆组件;23-前壳体密封垫;24-前壳体;25-启动弹簧;26-弹簧摇臂;27-调速弹簧;28-支架组件;29-调速杠杆;30-后壳密封垫;31-支承销;32-闷盖;33-连接臂;34-总油量调节螺钉;35-摇臂轴套;36-O 形密封圈;37-后壳体;38-后壳体密封环

(1)拆掉调速器后壳固定螺钉和安装在供油拉杆上的传动板锁紧螺母、拉杆螺母,即可依次取下调速器后壳(包括调速叉、操纵手柄、操纵轴、限速螺钉等)、调速弹簧、支承轴、传动板、推力盘、飞球组合件、飞球保持架等。

(2)拆掉传动轴套的挡圈,可取出传动斜盘等。

(3)拆掉凸轮轴上传动轴套固定螺母,用专用工具拉出传动轴套等。

(4)拆掉调速器前壳固定螺母,取下调速器前壳等。

2)调速器的装配

调速器装配按拆卸相反的顺序进行。

【重点提示】

装配前要保持各零部件的清洁,不要漏装密封圈。

5. 注意事项

(1)拆卸后的零部件应按原装配关系放置在清洁的工作台上。

(2)拆装时要注意各零部件的清洁,同时不能漏装、错装。

6. 考核要求

(1)按正确的步骤和方法进行拆装。

(2)能掌握调速器的工作原理。

(3)必须遵守相关的安全规范。

7. 考核标准

考核标准见表4-8-3。

考核标准表　　表4-8-3

考核时间	考核项目	得分	评分标准	结果
40min	正确使用工器具	10分	工器具使用不当酌情扣分	
	调速器拆卸	40分	拆卸顺序错误一次扣5分,扣完为止	
	调速器装配	40分	装配顺序错误一次扣5分,扣完为止	
	整理工具,清理现场,遵守相关安全规范	10分	不符合要求酌情扣分;若违规操作发生重大人身和设备事故,则按0分计	
	合计	100分		

8. 项目报告

根据实习项目写出报告。

四、喷油器拆装

1. 项目时间

4课时。

2. 项目目的

(1)学习喷油器的拆装方法、步骤和注意事项。

(2)识别各部件的作用、名称和结构。

3. 项目工器具

(1)6135发动机孔式喷油器一个。

(2)常用工具一套、专用工具一套、台钳一个、孔式喷油器试验器一台。

(3)6135发动机孔式喷油器挂图一张。

4. 项目内容

1)喷油器的拆卸

图 4-8-6 所示为 6135 发动机孔式喷油器拆卸图。

(1)首先将喷油器放在油盆中将外表面刷洗干净,操作时注意保护针阀偶件头部,并应用软毛刷刷洗。

(2)将喷油器夹在有铜钳口的台钳上,旋下针阀偶件锁紧螺母,拆下针阀偶件。注意不要碰伤喷油器体下端的研磨平面,所以在拆下针阀偶件后应旋上针阀偶件锁紧螺母,保护该平面。

(3)分解针阀偶件。针阀如果被卡在针阀体内时,不可硬拔,应该浸在干净的煤油中,经过相当长时间再拔(有时需浸 1d)。应注意不得用台钳夹住针阀体,以免针阀体变形。针阀与针阀体是精密偶件,拆下后仍应成对配合存放,不得搞错,并注意保护精密加工的表面。

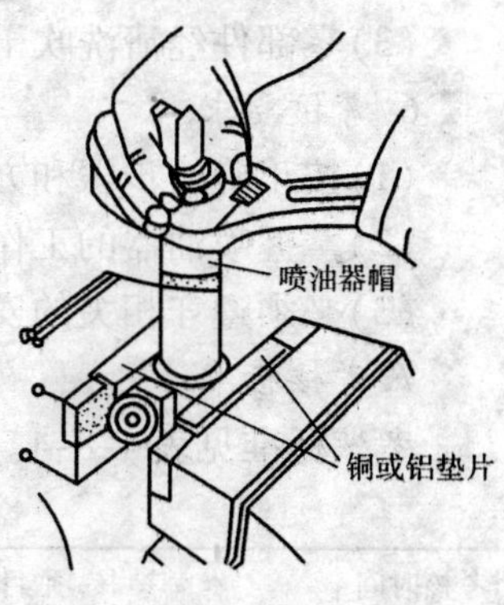

图 4-8-6 喷油器拆卸图

分解后的针阀偶件应放在清洁的柴油中进行清洗,清除积炭。用软毛刷或细铜丝刷清除针阀体和针阀外部积炭,如图 4-8-7a)、b)所示;用直径比喷孔小的探针清理针阀体喷孔积炭,如图 4-8-7c)所示;喷孔背部的积炭清理,如图 4-8-7d)所示;用黄铜制的弯头刮刀(刀头形状与压力室形状相似),伸入压力室内转动而刮除针阀体内压力室中的积炭,如图 4-8-7e)所示;用铜针清理针阀体油路,如图 4-8-7f)所示;将针阀偶件放在专用工具内用柴油清洗,如图 4-8-7g)所示。

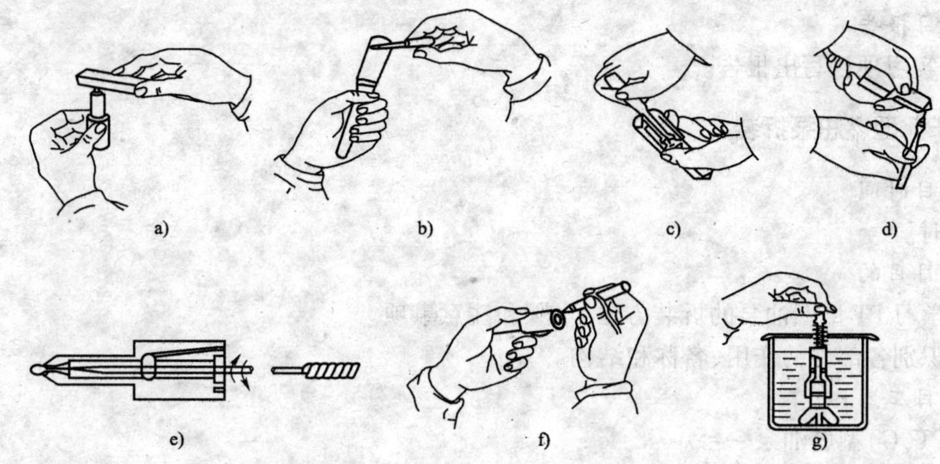

图 4-8-7 针阀偶件的清洗与积炭清除

(4)将喷油器体夹在台钳上,拆下喷油器体上的调压螺钉和螺母、调压弹簧和弹簧座以及杆等其他零件,并在清洁柴油中仔细清洗,除去污物。

2)喷油器的装配

喷油器装配按拆卸相反的顺序进行。

检查和调整见课题九喷油器检修部分。

【重点提示】

对于一些起密封作用的紫铜垫圈,应予以更换新件。如果要继续使用旧件,应将紫铜垫圈退火软化并将两面磨平后再装入;否则,密封性能差,容易造成漏油。

5. 注意事项

(1)拆卸时要注意保护针阀偶件的精加工表面。

(2)拆卸后的零部件应按原装配关系放置在清洁的工作台上。

(3)零部件经清洗吹干检验合格后,才能在干净的场所进行装配。

6. 考核要求

(1)按正确的步骤和方法进行拆装。

(2)掌握喷油器的工作原理。

(3)必须遵守相关的安全规范。

7. 考核标准

考核标准见表4-8-4。

考核标准表 表4-8-4

考核时间	考核项目	得分	评分标准	结果
40min	正确使用工器具	10分	工器具使用不当酌情扣分	
	喷油器拆卸	20分	拆卸顺序错误一次扣5分,扣完为止	
	喷油器装配	30分	装配顺序错误一次扣5分,扣完为止	
	喷油器检查和调整	30分	错调、漏检一次扣5分,扣完为止	
	整理工具,清理现场,遵守相关安全规范	10分	不符合要求酌情扣分;若违规操作发生重大人身和设备事故,则按0分计	
	合计	100分		

8. 项目报告

根据实习项目写出报告。

五、PT型燃油泵拆装

1. 项目时间

8课时。

2. 项目目的

(1)学习PT型燃油泵的拆装方法、步骤和注意事项。

(2)识别各部件的作用、名称和结构。

3. 项目工器具

(1)PT(G)型燃油泵一台。

(2)常用工具一套,专用工具一套。

(3)PT(G)型燃油泵挂图一张。

4. 项目内容

1)PT(G)型燃油泵的拆卸

图4-8-8所示为PT(G)型燃油泵。

(1)拆下断流阀和稳压器。

(2)用塑料锤子轻打泵两侧,待销钉脱开后从泵体上拆下齿轮泵。

(3)拆下前传动盖和调速器柱塞。

(4)拆下操纵轴组件。

(5)拆下PT(G)型调速器弹簧组件盖,取出怠速调节装置。

(6)拆下滤清器。

(7)拆下 AFC 装置。

2)PT(G)型燃油泵的装配

PT(G)型燃油泵装配按拆卸相反的顺序进行。

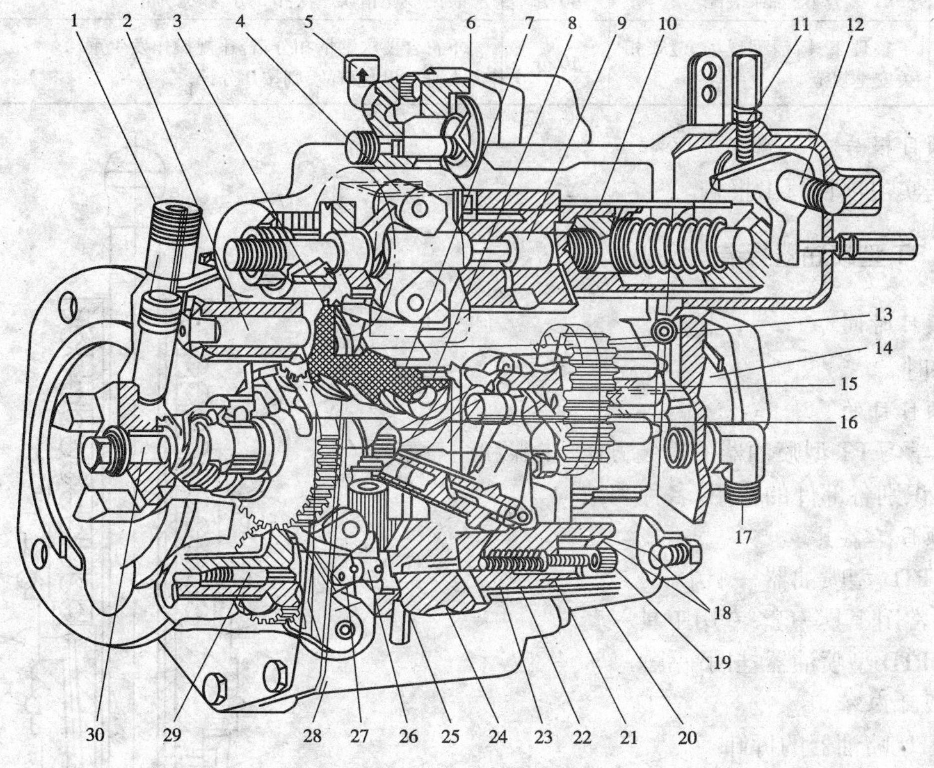

图 4-8-8　PT(G)型燃油泵

1-转速表驱动轴;2-中间齿轮及轴;3-空气燃油控制器;4-MVS 调速器飞块;5-出油接头;6-断油阀;7-控制器节流柱塞;8-柱塞套筒;9-MVS 柱塞;10-怠速弹簧;11-高速弹簧;12-MVS 操纵臂轴;13-齿轮泵;14-稳压器;15-控制调整针阀;16-调压器;17-进油接头;18-操纵臂;19-怠速调整螺钉;20-弹簧座;21-高速弹簧;22-怠速弹簧;23-怠速柱塞;24-油量调整螺钉;25-滤网;26-调速器柱塞;27-高速校正器弹簧;28-PT(G)型调速器飞块;29-低速校正柱塞;30-主轴

5. 注意事项

(1)拆卸后的零部件应按原装配关系放置在清洁的工作台上,不能错乱。

(2)拆装时要注意各零部件的清洁和密封件的更换。

(3)安装停车阀时,不要将弓形弹簧装反,也不可损伤阀座。

(4)安装稳压器时,将新 O 形环装入槽中,向隔膜涂以机油后再将其装在盖上。

(5)安装滤油器滤网时,应将细滤网装在上方,使有孔的一侧向下;粗滤网装在下方,有磁铁的一面向上,锥形弹簧小直径的一端向下。

6. 考核要求

(1)按正确的步骤和方法进行拆装。

(2)能掌握 PT 型燃油泵的工作原理。

(3)必须遵守相关的安全规范。

7. 考核标准

考核标准见表 4-8-5。

考核标准表 表4-8-5

考核时间	考核项目	得分	评分标准	结果
60min	正确选择使用工器具	20分	工器具使用不当酌情扣分	
	PT(G)型燃油泵拆卸	30分	拆卸顺序错误一次扣5分,扣完为止	
	PT(G)型燃油泵装配	40分	装配顺序错误一次扣5分,扣完为止	
	整理工具,清理现场,遵守相关安全规范	10分	不符合要求酌情扣分;若违规操作发生重大人身和设备事故,则按0分计	

8. 项目报告

根据实习项目写出报告。

六、PT型喷油器拆装

1. 项目时间

4课时。

2. 项目目的

(1)学习PT型喷油器的拆装方法、步骤和注意事项。

(2)识别各部件的作用、名称和结构。

3. 项目工器具

(1)PTD型喷油器一个。

(2)常用工具一套,专用工具一套。

(3)PTD型喷油器挂图一张。

4. 项目内容

1)PTD喷油器的拆卸

图4-8-9所示为PTD型喷油器。

(1)从发动机上拆下PTD型喷油器。

(2)取出柱塞,将弹簧取下。

(3)将柱塞以连接端竖直放好,切勿使柱塞与套筒接触。

(4)从喷油器体上拆下O形圈以便更换。

(5)拆下纽扣形滤网座圈和滤网,但不要拆下进油孔。

(6)卸下螺母,并拆下喷油嘴。

(7)将分解下来的零件摆放整齐。

2)PTD型喷油器的装配

PTD型喷油器装配按拆卸相反的顺序进行。

5. 注意事项

(1)拆卸时要注意保护零件的精加工表面。

(2)拆卸后的零部件应按原装配关系放置在清洁的工作台上。

(3)零部件经清洗吹干检验合格后才能在干净的场所进行装配。

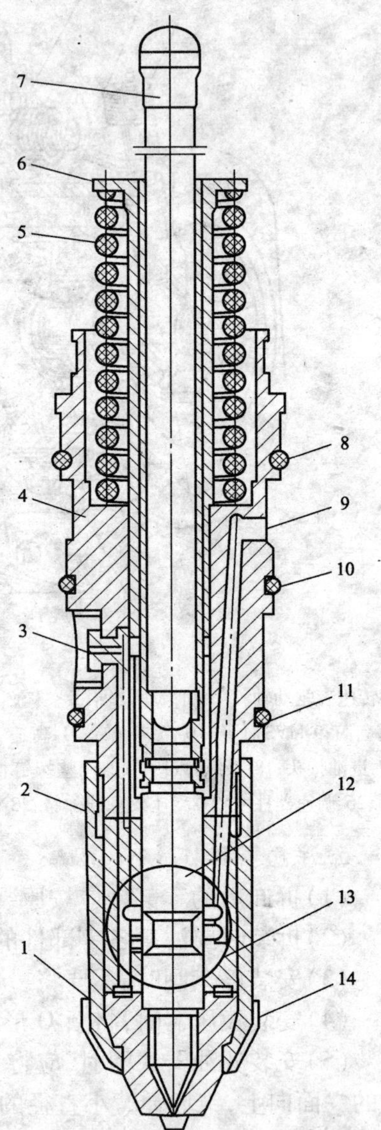

图4-8-9 PTD型喷油器

1-喷嘴头;2-喷油器紧帽;3-进油量孔轴节;4-喷油器体;5-复位弹簧;6-导向套;7-顶杆;8、10、11-O形密封圈;9-回油孔;12-针阀;13-针阀体;14-密封垫

(4)安装时要注意,喷油器的柱塞和喷油器体要成对使用,不要装错。

6. 考核要求

(1)按正确的步骤和方法进行拆装。

(2)能掌握 PT 型喷油器的工作原理。

(3)必须遵守相关的安全规范。

7. 考核标准

考核标准见表 4-8-6。

考核标准表 表 4-8-6

考核时间	考核项目	得分	评分标准	结果
40min	正确使用工器具	10 分	工器具使用不当酌情扣分	
	PTD 型喷油器拆卸	30 分	拆卸顺序错误一次扣 5 分,扣完为止	
	PTD 型喷油器装配	40 分	装配顺序错误一次扣 5 分,扣完为止	
	整理工具,清理现场,遵守相关安全规范	10 分	不符合要求酌情扣分;若违规操作发生重大人身和设备事故,则按 0 分计	

8. 项目报告

根据实习项目写出报告。

课题九　柴油机燃油供给系主要零部件检修和故障诊断

【任务引入】

柴油机燃油供给系是柴油发动机的能量之源,该系统主要零部件的运转好坏,不仅关系到发动机的动力性、经济性等指标,还直接关系到发动机能否运转的问题。因此,做好柴油机燃油供给系主要零部件的维护、检修是非常重要的。

【任务分析】

本课题主要介绍输油泵、喷油泵、调速器、喷油器、PT 型燃油泵等主要零部件的检修方法;对柴油机燃油供给系常见故障的现象、原因进行分析,提出判断故障的方法,并进行排除。

【任务实施】

一、柴油机燃油供给系主要零部件的检修

1. 输油泵的检修

(1)检视泵体。泵体应无裂纹,否则应更换新件。

(2)检视止回阀及阀座。止回阀磨合应均匀,无破裂;阀座唇口平面应平整、光亮、无刻痕,无缺口或变形,否则应更换新件。

(3)检视各种弹簧。止回阀弹簧、滚轮弹簧、活塞弹簧以及手泵弹簧等均应无扭曲、裂纹、折断现象,否则应更换新件。

(4)检测活塞与泵体缸孔以及手泵活塞与泵体缸孔的配合间隙,应在 0.005 ~ 0.025mm 之间。若超过使用限度,则应更换新件。

(5)检查滚轮体组件,应无松旷,否则更换新件。

(6)检视其他零件,如进油滤网、各种垫圈等,一旦失效,应换新件。

2. 喷油泵的检修

1）柱塞偶件的检修

如图 4-9-1、图 4-9-2 所示，将清洗后的柱塞从柱塞套筒中取出检视，若其表面光亮并呈淡蓝紫色光泽，则表明磨损不大，可以继续使用；若是无光泽，则表明磨损严重，不能再使用。

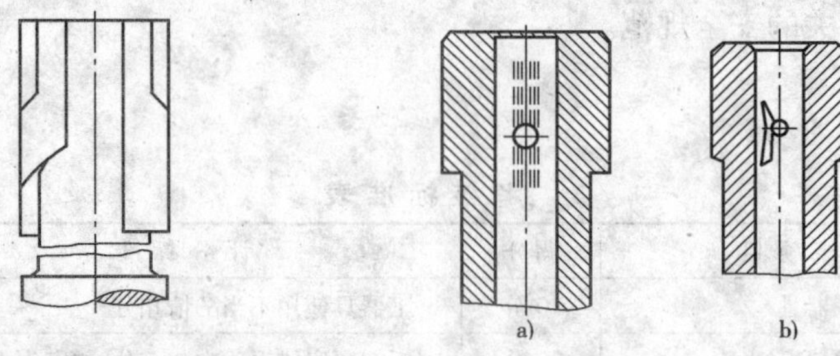

图 4-9-1 柱塞磨损

图 4-9-2 柱塞套磨损
a）进油孔附近磨损；b）回油孔附近磨损

密封试验：将柴油浸润后的柱塞偶件拿在手上，用手指堵住柱塞套上端进油孔和回油孔，另一只手转动柱塞，使其转到最大供油位置时，将柱塞拉出 5～7mm，当感觉有真空吸力时，迅速松开，若此时柱塞能迅速回到原来位置，则可继续使用；否则，应更换。

2）出油阀偶件的检修

工作面不允许有任何刻痕、裂纹、锈蚀、局部阴影及斑纹；密封锥面环带应光泽明亮，连续完整，宽度不得大于 0.5mm。

3）壳体的检修

壳体出现轻度裂纹，可用黏结法修复。若壳体上出现较大裂纹或受力部有裂纹，则应更换新件；凸轮轴轴承支座孔磨损较大时，应更换壳体。

4）油量调整机构的检修

供油拉杆应无弯曲，当直线误差大于 0.05mm 时，应冷压校直或更换新件；调节臂与调节叉的配合间隙不得大于 0.15mm；否则，更换调节叉。齿杆与齿圈、泵体的间隙不得大于 0.15mm；否则，应更换新件。

5）柱塞弹簧和出油阀弹簧的检修

当弹簧出现裂纹或歪斜超过 1mm 时应更换新件；弹簧的弹力和长度应符合原厂规定。

3. 调速器的检修

调速器的检修主要是检查运动件，如飞锤组件、调速套筒组件是否运动灵活，有无卡滞现象；检查各拨叉、支承销是否磨损过大，各弹簧是否断裂等。

更换零件时，应使用原厂同一型号的零件。

4. 喷油器的检修

1）喷油器常见的损伤

喷油器损伤部位有：针阀与针阀体的密封锥面、针阀和针阀体导向圆柱面、针阀轴针磨损、针阀偶件卡死、进油管接头裂纹、顶杆弯曲、调压弹簧断裂等。

2）喷油器的检查和调整

（1）喷油器在试验器上检查和调整。

①密封性检查。长型孔式喷油器。将喷油器装在喷油器试验器上，均匀缓慢地用手柄压油，同时增加弹簧预紧力，直到油压在 23～25MPa 压力下喷油为止，观察压力自 20MPa 降到

18MPa 所经历的时间应为 9～20s。如果所经历时间少于 9s，可能是接头处漏油；针阀体与喷油器体平面配合不严；密封锥面封闭不严或导向部分磨损等原因引起。

轴针式喷油器。按动手柄至表压力数值达 12MPa，继续缓慢按动手柄，将表压力升至13.2 MPa，观察喷油器喷油孔处，不得有滴油或渗漏现象。若有滴油或渗漏现象，说明针阀偶件锥面密封不严。

②喷油压力检查调整。将喷油器装在喷油器试验器上，均匀缓慢地用手柄压油，当喷油器开始喷油时，压力表所指示的压力即为喷油压力，如图 4-9-3c）所示。若不符合规定，应进行调整。喷油压力的调整是通过转动调节螺钉改变弹簧对针阀的压紧力来实现的。拧入调节螺钉时，喷油压力增加；退出时，则减少。

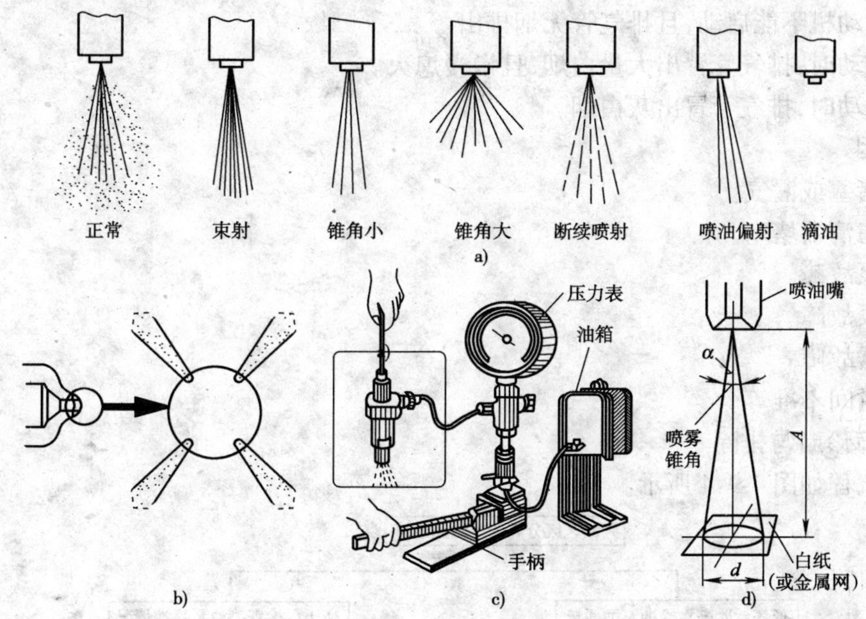

图 4-9-3　喷油器的检查和调整

a）喷油器雾化情况；b）长孔型喷油器喷雾形状；c）在试验器上检查调整喷油压力；d）检查喷雾锥角

③喷雾质量检查。在试验器上，以 60～80 次/min 的速度压动手柄，使喷油器喷油。喷出的燃油应呈雾状，油雾应细碎均匀，没有明显可见的束射、油滴、油流以及断续喷油、浓淡不均现象；断油应干脆；喷射时，应伴有清脆的响声；喷射前后不允许有滴油现象；经多次喷油后，喷孔口附近应干燥或稍有湿润，如图 4-9-3a）所示。

④喷雾锥角检查。喷油器喷雾不应有偏斜，其锥角应符合规定。检查方法是在距喷油嘴 100～200mm 处放一张白纸作一次喷射，量出在纸上所得到的油迹直径 d 和喷孔到纸面的距离 A。用公式 $\tan\alpha = d/2A$，从三角函数表查出 α 角，2 倍 α 角就是喷雾锥角。

（2）喷油器的就机检查。

将第一缸高压油管松开，拆下待检查的喷油器，然后再把喷油器重新装在第一缸高压油管上，用启动机带动发动机观察喷油器喷油状况，看是否喷油和雾化良好。还可以进行对比试验，即用其他性能良好的喷油器装上进行喷雾对比。

5. PT 燃油泵的检修

（1）检查断油阀是否关闭不严，若关闭不严，应更换断流阀或 PT 型燃油泵。

（2）检查齿轮泵齿轮啮合间隙是否过大，若间隙过大，应更换齿轮泵。

(3)检查怠速弹簧、低速校正弹簧、高速弹簧、高速校正弹簧等各种弹簧是否有裂纹或断裂,若有应更换新件。

(4)检查各零部件是否磨损过大或有裂纹,若有应更换 PT 燃油泵。

PT 型喷油器的检修方法与一般喷油器的检修方法大致相同,在此不再赘述。

二、柴油机燃油供给系的故障诊断与排除

以下几类故障主要针对柴油机燃油供给系。

1. 发动机启动困难

1)现象

(1)发动机不能启动,且排气管无烟排出。

(2)启动时,排气管冒出大量白烟,且慢慢熄火。

(3)启动时,排气管冒出灰白烟。

2)原因

油路堵塞或漏气。

柴油滤清器堵塞。

输油泵故障。

喷油泵故障。

喷油器故障。

供油时间不准等。

3)故障诊断与排除

诊断流程如图 4-9-4 所示。

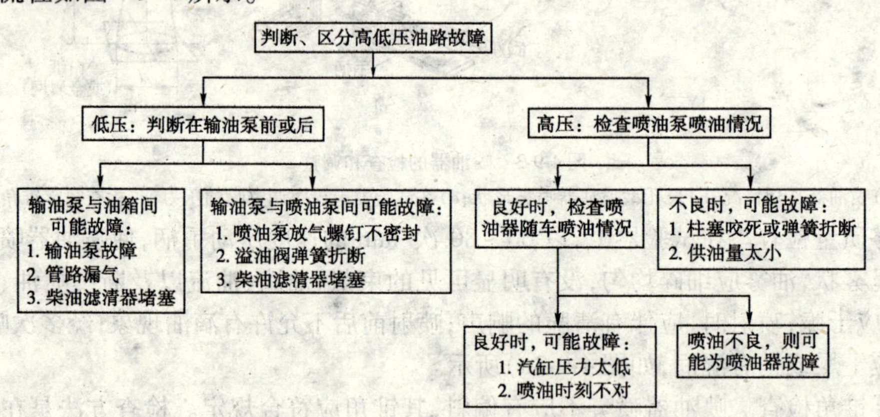

图 4-9-4　发动机启动困难诊断流程图

2. 发动机动力不足

1)发动机动力不足第一种情形

(1)现象:发动机动力不足、无高速;排气烟色正常,但排烟量少。

(2)原因:

①喷油泵调整不当。

②加速踏板拉杆调整不当。

③加速踏板操纵机构发卡。

④调速器或供油齿条发卡。

⑤输油泵供油量不足。

(3)故障诊断与排除：诊断流程如图 4-9-5 所示。

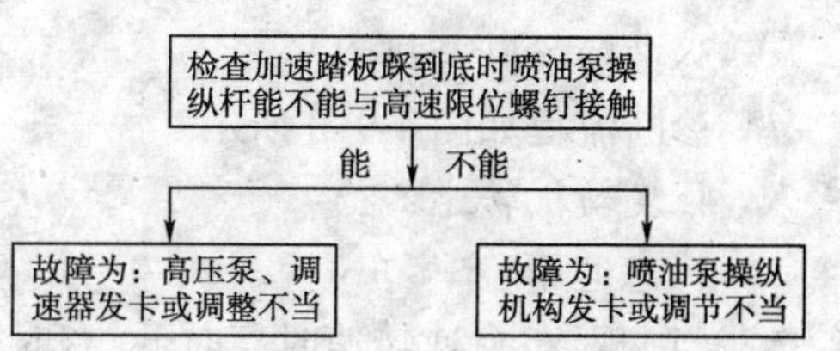

图 4-9-5　发动机动力不足诊断流程图(一)

2)发动机动力不足第二种情形

(1)现象：发动机动力不足且排气管排灰白烟。

(2)原因：

①喷油正时太迟。

②喷油器雾化质量太差。

③喷油泵有少量空气。

④出油阀密封不良。

⑤输油泵性能不良。

⑥柴油品质不良等。

(3)故障诊断与排除：诊断流程如图 4-9-6 所示。

3)发动机动力不足第三种情形

(1)现象：发动机动力不足、排气管冒黑烟且伴随排气管放炮。

(2)故障原因：

①喷油时间过早。

②喷油器喷油雾化不良。

③汽缸压缩压力低。

④喷油量过多等。

(3)故障诊断与排除：诊断流程如图 4-9-7 所示。

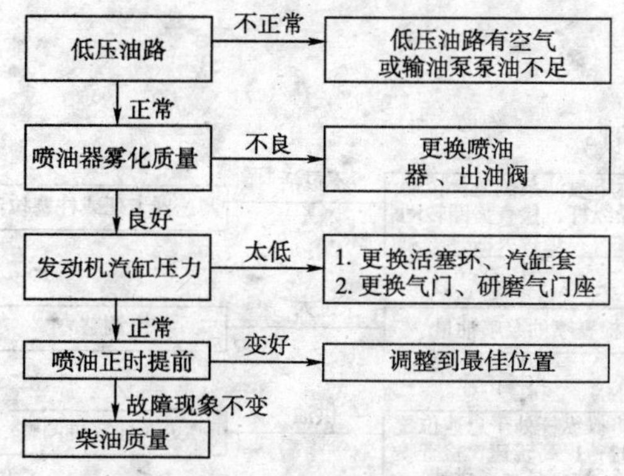

图 4-9-6　发动机动力不足诊断流程图(二)

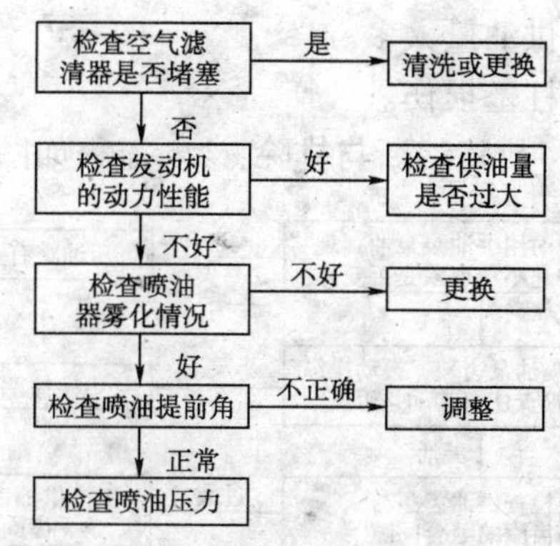

图 4-9-7　发动机动力不足诊断流程图(三)

3. 个别缸不工作或工作不良

1)现象

发动机动力明显下降，耗油增加，运转不平稳，在各种转速下运转时，发动机都有抖动现象；当控制在怠速运转时抖动更剧烈，排气管排烟没有规律性。

2)原因

(1)高压油管渗漏。

(2)喷油泵柱塞偶件磨损严重或弹簧折断。

(3)各缸供油量不一致。

(4)燃油中有水。

(5)喷油器不喷油或雾化不良等。

3）故障诊断与排除

诊断流程如图 4-9-8 所示。

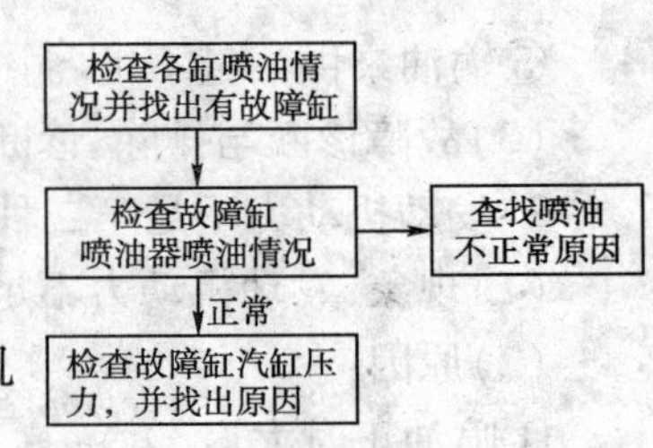

图 4-9-8 个别缸不工作或工作不良诊断流程图

4. 发动机转速不稳

1）怠速不稳

（1）现象：怠速转速时高时低，有时会熄火，并伴随着发动机抖动，高速时现象减轻。

（2）原因：

①怠速供油不均匀。

②低压油路有空气。

③调速器调整不当。

④齿圈、齿条间隙太大。

⑤柱塞损伤。

⑥喷油器雾化不好、滴油。

（3）故障诊断与排除：诊断流程如图 4-9-9 所示。

2）发动机"飞车"

（1）现象：松开加速踏板后，发动机转速下降很慢，甚至不下降反而增加。尤其是在全负荷或超负荷运转时，突然卸荷，但发动机转速突然升高，而且越来越快，不受加速踏板控制，声音异常刺耳，排气管冒大量的蓝烟或黑烟。

（2）原因：

①调速器调整不当或卡死。

②供油量太多。

③柱塞损伤。

（3）故障诊断与排除：诊断流程如图 4-9-10 所示。

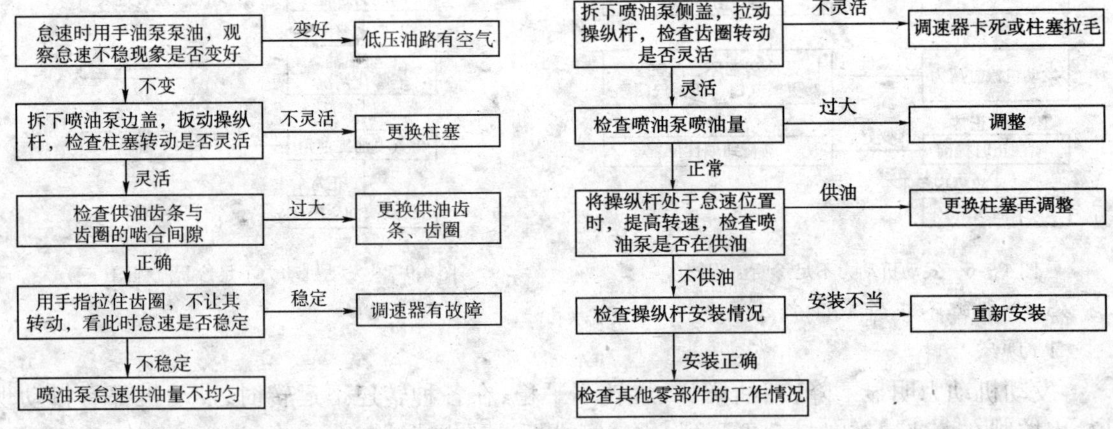

图 4-9-9 发动机转速不稳诊断流程图

图 4-9-10 发动机"飞车"诊断流程图

（4）"飞车"采取的措施：

①松开加速踏板，停止供油，并踏下制动踏板。

②堵塞进气管，切断空气的进入。

③迅速松开高压油管，停止供油。

④车用发动机在行走时可挂高速挡制动，使发动机熄火。

思考与练习题

一、填空题

1. 柴油按照凝点分________、________、________、________、________和________等牌号。

2. 柴油机燃油供给系的________与________;________与________;________与________称为柴油机燃油供给系的“三大偶件”。

3. 柴油机燃烧室按结构形式分成两大类,即________燃烧室,其活塞顶面凹坑呈________、________、________等;________燃烧室,包括________和________燃烧室。

4. 按照工作原理,调速器可分为________、________、________和________等类型。

5. PT 燃油系统喷油器具有________、________、________等功用。

6. 废气涡轮增压器由________、________、________等组成。

7. 电控柴油喷射系统是由________、________、________组成。

8. 电控柴油喷射系统根据其产生高压燃油的机构可分为________、________、________、________、________五种。

二、名词解释

1. 柴油机的供油提前角;2. 喷油泵柱塞有效行程

三、判断题(正确的打√、错误的打×)

1. ω 形燃烧室启动性能差。 ( )

2. 分隔式燃烧室比直接喷射式燃烧室燃油消耗率低。 ( )

3. 柱塞式喷油泵的柱塞行程就是它的泵油行程。 ( )

4. 孔式喷油器多用于直接喷射式燃烧室上;轴针式喷油器则主要用于分隔式燃烧室上。 ( )

5. 柱塞偶件是指喷油器中的针阀与针阀体。 ( )

6. 供油提前角就是喷油提前角。 ( )

7. 发动机动力不足一定是喷油不好造成的。 ( )

四、选择题

1. 下列零件不属于柴油机燃料供给系的低压回路的是( )。

A. 输油泵　B. 滤清器　C. 溢流阀　D. 出油阀

2. 输油泵的供油压力一般为( ),所以它属于低压油路的零件。

A. 0.15 ~ 0.3MPa　B. 100 ~ 150kPa

C. 1 ~ 1.5MPa　D. 15 ~ 30kPa

3. 下面各项中,( )是不可调节的。

A. 喷油压力　B. 汽缸压力

C. 输油泵供油压力　D. 调速器额定弹簧预紧力

4. 下列各项中,( )无需进行调整。

A. 启动供油量　B. 供油提前角

C. 额定转速　D. 喷油泵最大转矩时的供油量

5. 柴油发动机冒灰白烟,其原因一定不是( )。

A. 喷油时间过迟　　B. 喷油雾化不良

C. 柴油品质不良　　D. 滤清器堵塞

6. 废气涡轮增压器的润滑油来自(　　)。

A. 主油道　　B. 喷油泵　　C. 汽缸盖上的油道　　D. 油底壳

7. 下列(　　)情况出现,则喷油泵柱塞必须更换。

A. 供油量不均匀　　B. 启动困难

C. 喷油压力太低　　D. 供油拉杆在规定位置时的喷油量小于规定值

8. 柴油机启动困难,但采用(　　)能顺利启动的,一定是低压油路故障。

A. 每次泵几十下输油泵的手油泵后

B. 用汽车拖发动机时

C. 多次预热或用热水加温发动机后

D. 换新的蓄电池后

五、简答题

1. 简述输油泵的工作原理。

2. 简述柱塞式喷油泵的工作原理。

3. 简述喷油器的工作原理。

4. PT 型燃油泵的功用是什么? 它由哪些主要零部件组成? 简述 PT 型燃油泵的工作原理。

5. 装配 A 型喷油泵应注意哪些事项? 简述 A 型喷油泵的拆装顺序。

6. 喷油泵有哪些主要零部件需检修? 简述其检修方法。

7. 从柴油机燃油供给系的角度,分别简述发动机启动困难的现象、原因、故障诊断与排除。

模块五　汽油机燃油供给系简介

知识要点

1. 汽油的主要性能、牌号和选用；
2. 电控汽油喷射系统的功用、类型和组成；
3. 电控汽油喷射系统主要元件。

课题一　汽油的主要性能与选用

【任务引入】

汽油是汽油机产生动力的来源，汽油的主要性能与选用将直接影响到汽油机的着火、燃烧，以至其他性能。因此，必须对汽油的特性有一个深入的了解和认识。

【任务分析】

汽油的主要性能有蒸发性、抗爆性、氧化安定性、腐蚀性、清洁性等。在选用之前必须知道汽油有哪些牌号，只有这样才能按照所遵循的原则来选用，并在此基础上建立对汽油的全面认识。

【任务实施】

一、汽油的主要性能

1. 蒸发性

汽油由液态转变成气态的性质称为汽油的蒸发性。它的指标主要有馏程和蒸气压力。汽油的馏程以初馏点、10%馏出温度、50%馏出温度、90%馏出温度、终馏点和残量来表示。

汽油的蒸发性并不是越强越好，夏季时，蒸发性太强，会导致发动机油路发生“气阻”现象。

2. 抗爆性

汽油的抗爆性是指汽油在汽油机燃烧室燃烧时防止爆燃的能力。它的指标是辛烷值和抗爆指数。辛烷值（或抗爆指数）越高，表示汽油的抗爆性越好。

3. 安定性

汽油的化学安定性是指汽油在储存、运输、加注和其他作业时，抵抗氧化生胶的能力。它的指标是实际胶质和诱导期。

汽油的物理安定性是指汽油在使用过程中（如加注、运输、储存），保持不被蒸发损失的性能。它的指标是饱和蒸气压和馏程。

4. 腐蚀性

汽油的腐蚀性是指汽油中含有的水溶性酸和碱（如硫酸、氢氧化钠等），会强烈地腐蚀金属。它的指标是硫含量、水溶性酸或碱、酸度等。

5. 清洁性

汽油的清洁性是指汽油中是否含有机械杂质和水分的性质。它的指标是机械杂质和水分。

二、汽油的牌号

我国汽油牌号是根据它的辛烷值来确定的,牌号中的数字就是它的辛烷值。一般车用汽油的牌号主要有90号、93号、95号、97号等。

三、汽油的选用

车用汽油的选择应遵循以下原则:

(1)根据发动机压缩比进行抗爆性的选择,压缩比越大,汽油的牌号越高。

(2)在不发生爆燃的前提下,尽量选用低牌号汽油。

(3)注意汽油质量是影响汽车技术状况和汽车排放的重要因素。

(4)汽车从平原地区到高原地区时,一般改用低牌号汽油或将点火时间适当提前。

【重点提示】

(1)燃油的品质直接影响发动机的动力性、经济性、排放性及机件的使用寿命。因此,必须按规定的牌号加注汽油。

(2)汽油箱要经常装满油,尽量减少汽油箱中的空气含量,以减少胶质的生成。同时应保持汽油箱盖通气阀作用良好,按要求定期清洁汽油箱与汽油滤清器。

(3)长期存放后已变质的汽油不能使用。

课题二　电控汽油喷射系统

【任务引入】

电控汽油喷射系统发动机是利用电子计算机和相应的传感器、执行器控制发动机的供油、点火、排放等,使发动机的动力性、经济性和排放性始终处于最优状态。因此,为了熟悉这个系统,必须对它的基本知识有所深入的了解。

【任务分析】

本课题主要介绍电控汽油喷射系统功用、类型、组成以及电子控制系统和燃油供给系主要元件的组成、结构和工作原理等。

【任务实施】

一、电控汽油喷射系统的功用

电控汽油喷射系统的功用是将一定数量和压力的汽油用喷油器直接喷射到汽缸或进气歧管中,与进入的空气混合形成可燃混合气。其目的是为了提高汽油的雾化质量,改进燃烧,以改善汽油机的性能。

二、电控汽油喷射系统的组成

电控汽油喷射系统由燃油供给、进气、电子控制三个子系统组成,如图5-2-1~图5-2-5所示。

三、电控汽油喷射系统的类型

1. 按电控汽油喷射系统控制方式分类

电控汽油喷射系统可分为机械控制式(K型)、机电混合控制式(KE)和电子控制式三种。

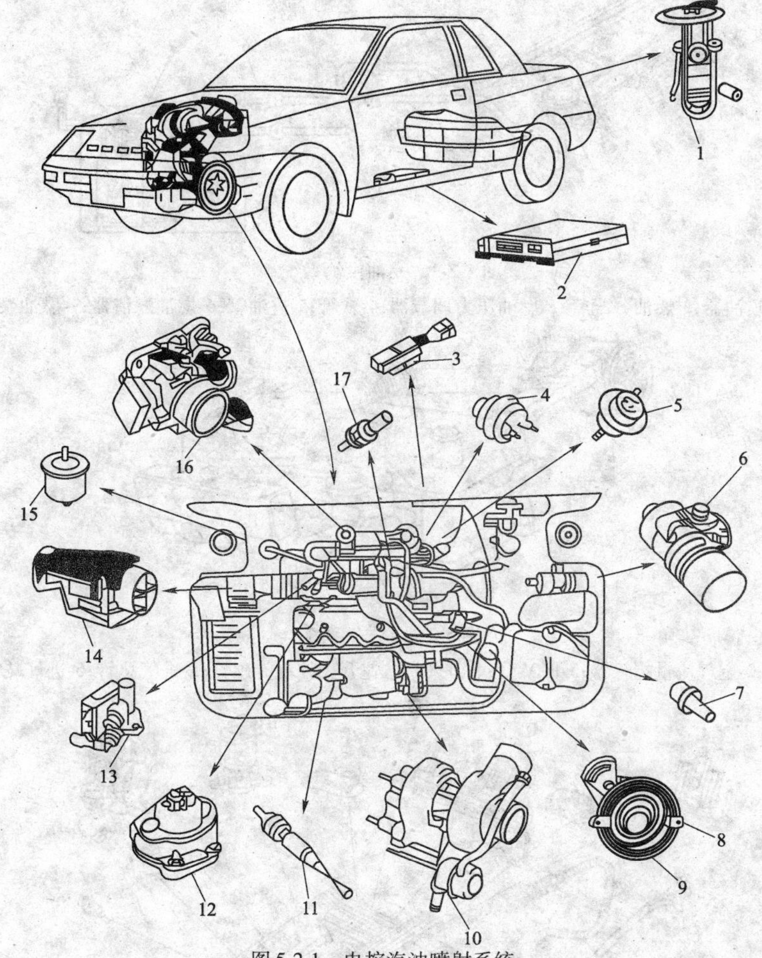

图 5-2-1　电控汽油喷射系统

1-电动汽油泵;2-电控单元;3-降压电阻器;4-爆震传感器;5-压力传感器;6-功率晶体管;7-水温传感器;8-曲轴位置传感器;9-分电器;10-涡轮增压器;11-一氧化碳电位计;12-空气温度传感器;13-怠速控制阀;14-空气流量传感器;15-汽油滤清器;16-节气门体;17-喷油器

2. 按汽油的喷射位置分类

电控汽油喷射系统可分为汽缸内喷射和进气管喷射两种。其中进气管喷射又分为单点喷射和多点喷射两种。

3. 按汽油的喷射形式分类

电控汽油喷射系统可分为连续喷射和间歇喷射两种。

4. 按控制方式分类

电控汽油喷射系统可分为开环控制和闭环控制两种。

5. 按喷射的组合方式分类

电控汽油喷射系统可分为同时喷射、分组喷射和顺序喷射三种。

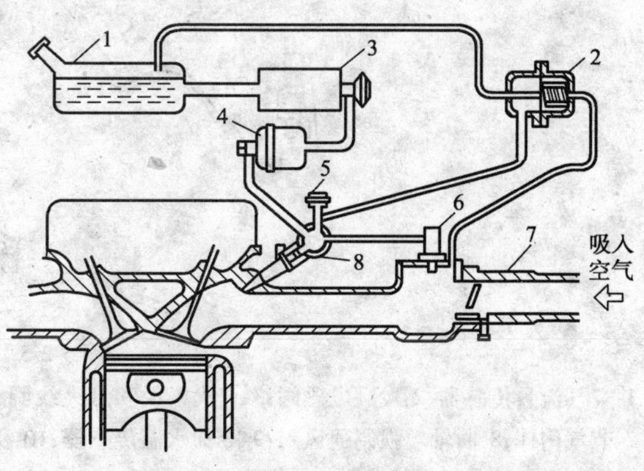

图 5-2-2　燃油供给系统结构示意图

1-燃油箱;2-燃油压力调节器;3-燃油泵;4-燃油滤清器;5-脉动减振器;6-低温启动喷油器;7-进气管;8-喷油器

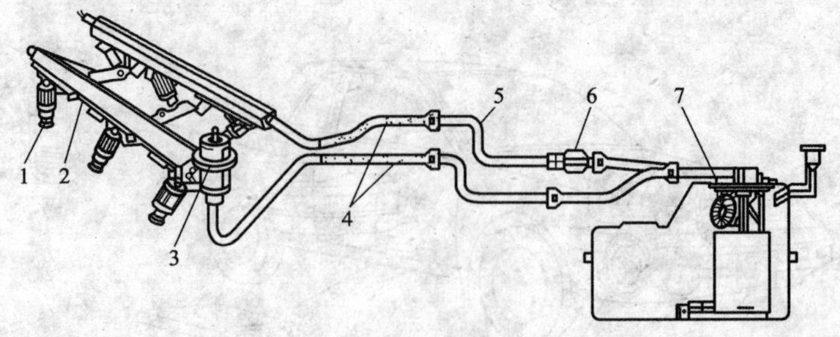

图 5-2-3　燃油供给系统

1-喷油器；2-燃油分配管；3-燃油压力调节器；4-软管；5-进油管；6-燃油滤清器；7-燃油泵

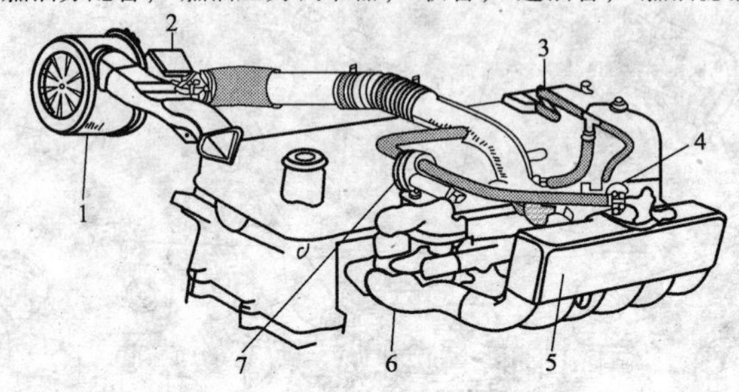

图 5-2-4　进气系统

1-空气滤清器；2-空气流量传感器；3-PCV 管；4-节气门怠速开关控制传感器；5-进气总管；6-进气歧管；7-空气阀

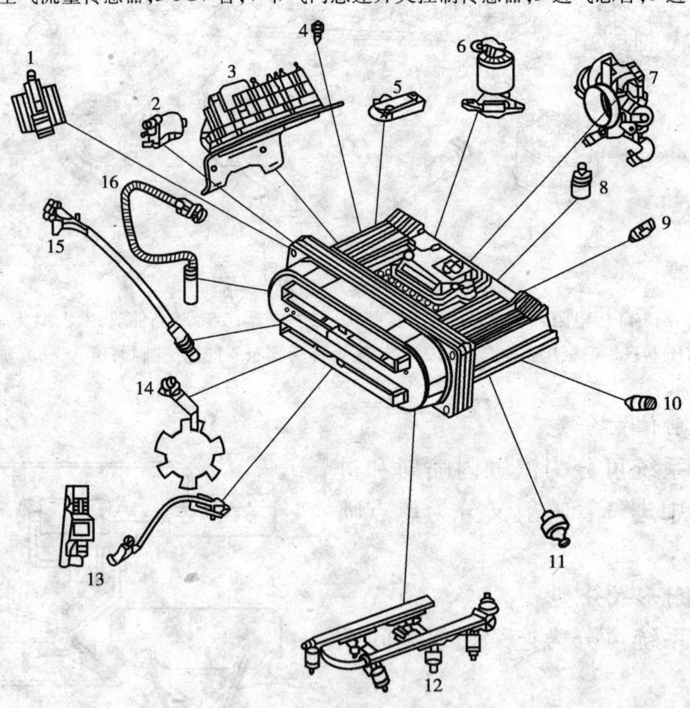

图 5-2-5　电子控制系统

1-空气流量传感器；2-炭罐电磁阀；3-点火模块和点火线圈；4-进气温度传感器；5-进气歧管压力传感器；6-废气再循环阀；7-节气门体；8-曲轴箱强制通风阀；9-冷却水温传感器；10-机油压力传感器；11-爆震传感器；12-喷油器组件；13-曲轴转速传感器；14-曲轴位置传感器；15-氧传感器；16-凸轮轴位置传感器

6. 按进气量的检测方式分类

电控汽油喷射系统可分为直接测量方式（流量型）和间接测量方式（压力型）两种。

四、电子控制系统和燃油供给系主要元件简介

1. 电控单元

电控单元一般由中央处理器 CPU、只读存储器 ROM、可编程的只读存储器 PROM、运行数据存储器 RAM 和输入/输出接口等组成，它们之间用总线连接。

2. 传感器

传感器主要有空气流量传感器、曲轴位置传感器、水温传感器、进气温度传感器、氧传感器、节气门位置传感器、爆震传感器等。

3. 电动汽油泵

电动汽油泵的功用是供给各喷油器及冷启动喷油器所需的汽油。

电动汽油泵根据泵体的结构不同可分为滚柱式、齿轮式、涡流式等。在电控汽油喷射系统中最常用的是滚柱式电动汽油泵，如图 5-2-6 所示。它主要由滚柱泵 3、驱动电动机 4 和单向阀 5 组成。

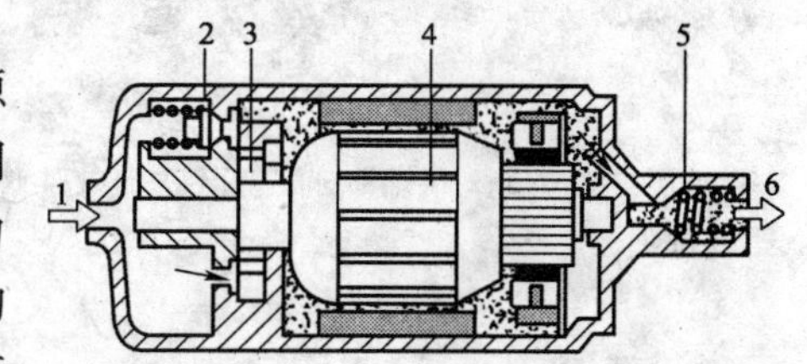

图 5-2-6　电动汽油泵结构简图

1-进油口；2-单向阀；3-滚柱泵；4-驱动电动机；5-单向阀；6-出油口

泵壳的一端是进油口 1，另一端是出油口 6，电源插头在出油口一侧。进油口一侧的滚柱泵由泵壳中间的驱动电动机高速驱动。当油泵旋转时，由于离心力的作用，转子槽内的滚子向外移动，紧靠在偏心设计的泵体壁面上。滚柱随转子一同旋转时泵腔容积产生变化；进油口处容积越来越大，出油口处容积越来越小，使汽油经过进油口的滤网被吸入油泵，加压后经过驱动电动机周围的空间由出油口泵出。油泵出油口处有一单向阀，在油泵不工作时阻止汽油倒流回汽油箱，以保持发动机停机后的汽油压力，便于再次启动。出油口处的缓冲器是用来减小出油口处的油压脉动和运转噪声。这种油泵的最大泵油压力可达 400kPa 以上。若因为汽油滤清器堵塞等原因使油泵出油口一侧油压过高，与油泵一体的限压阀即被顶开，使部分汽油回到进油口一侧，以保护电动汽油泵。

4. 燃油导轨

燃油导轨(燃油分配管)的功用是将燃油均匀、等压地分配给各个喷油器；此外，还能储油蓄压。

燃油导轨(图 5-2-7)的截面一般都做的比较大，这样可减轻燃油压力波动，保证各缸喷油器的喷油量尽可能相等。它的总成用螺栓安装在进气歧管下部的固定座上，与喷油器相连，并向喷油器分配汽油。

5. 燃油压力调节器

燃油压力调节器的功用是调节喷油器的喷油压力，使油路中的燃油压力与进气管压力之差保持恒定。

燃油压力调节器的结构如图 5-2-8 所示。金属壳内有一膜片，它将内腔分成两个腔室，下腔室为真空室，内有一个弹簧紧压在膜片上，使阀门关闭；上腔室通过燃油导轨和汽油箱相通。

当燃油压力超过预调的压力值时，膜片上方的燃油就推动膜片向下压缩弹簧，打开回油阀，使燃油流回汽油箱，从而保持一定的燃油压力。

6. 喷油器

喷油器的功用是根据电控单元的喷射信号,将适量的汽油喷射到进气管或汽缸内。其根据结构形式可分为轴针式、球阀式和片阀式三种。

轴针式喷油器的结构如图 5-2-9 所示。喷油器体内有一个电磁线圈 3,喷油器头部的针阀 6 与衔铁 5 结合成一体。当电控单元送来电流信号时,电磁线圈产生电磁力,吸起铁芯与针阀,将汽油由轴针头部环形间隙喷出。当指令停止喷油时,喷油器就停止喷油。

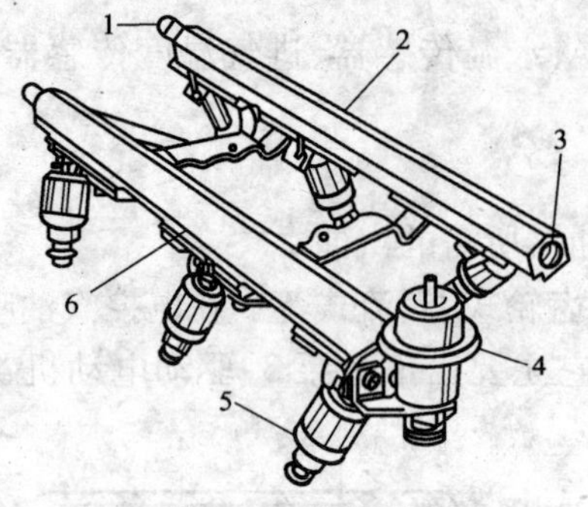

图 5-2-7 燃油导轨

1-燃油压力测试口;2、6-燃油分配管;3-进油口;4-燃油压力调节器;5-喷油器

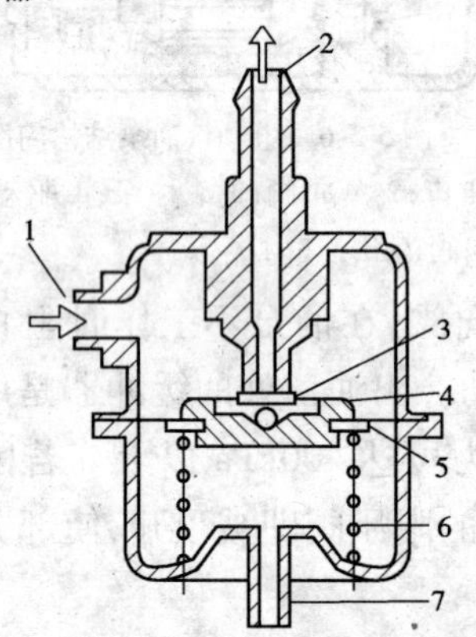

图 5-2-8 燃油压力调节器

1-通燃油导轨;2-通燃油箱;3-回油阀;4-回油阀支承板;5-膜片;6-弹簧;7-通进气管

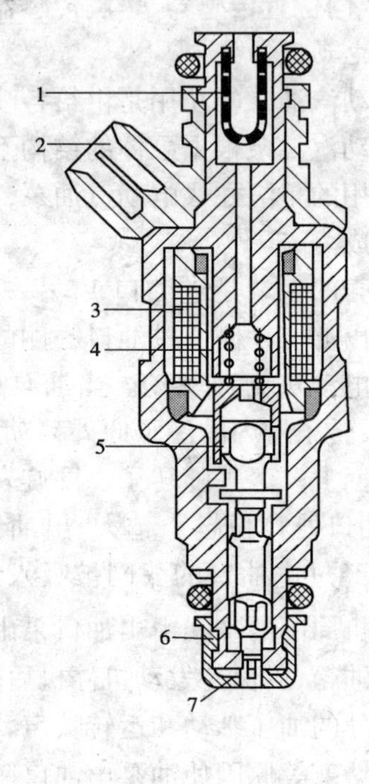

图 5-2-9 喷油器

1-燃油滤网;2-电线插座;3-电磁线圈;4-弹簧;5-衔铁;6-针阀;7-轴针

7. 冷启动喷油器

有些电控汽油喷射系统中装有冷启动喷油器,其功用是在汽油机冷启动时,延长主喷油器喷油时间,从而增加冷启动时的喷油量。

冷启动喷油器结构如图 5-2-10 所示。它可由冷启动温度开关来控制,也可由电控单元根据发动机冷却水温度来控制。

冷启动喷油器有一个电磁阀,其内有一个电磁线圈 2,针阀 1 与电磁线圈制成一体,被弹簧 5 压紧在阀座上。冷启动时,电磁线圈通电,产生电磁力将衔铁吸起,由燃油导轨来的燃油通过旋流式喷嘴喷出,进入节气门后进气管内,然后均匀地分配到各汽缸。

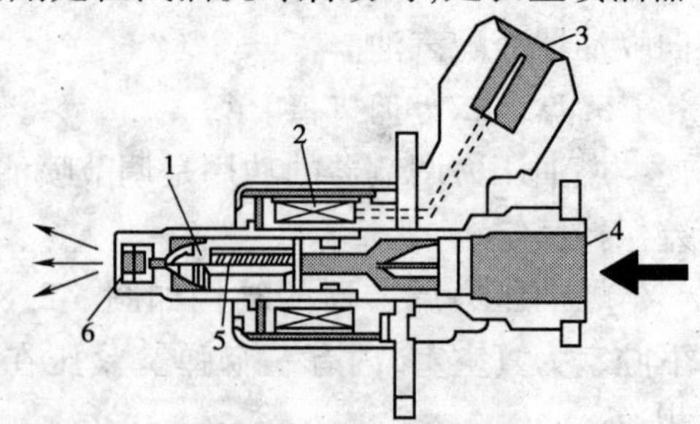

图 5-2-10 冷启动喷油器

1-针阀;2-电磁线圈;3-插头;4-燃油入口;5-弹簧;6-喷嘴

思考与习题

一、填空题

1. 汽油的主要性能有________、________、________、________、________等。

2. 汽油的牌号主要有________、________、________、________等。

3. 电控汽油喷射系统按控制方式分________、________、________三种；按汽油的喷射位置分________、________两种；按汽油的喷射型式分________、________两种。

4. 电控单元一般由________、________、________、________、________等组成。

5. 传感器主要有________、________、________、________、________、________、________等。

二、判断题（正确的打√、错误的打×）

1. 燃油导轨的截面一般都做的比较大，这样可减轻燃油压力波动，保证各缸喷油器的喷油量尽可能相等。 (　　)

2. 安装燃油压力调节器的作用是调节喷油器的喷油压力，使油路中的燃油压力与进气管压力之差保持恒定。 (　　)

3. 冷启动喷油器一般受到电控单元 ECU 控制。 (　　)

4. 当电控单元接通喷油器电路时，电磁线圈通电，产生电磁力将针阀吸下，使燃油从针阀头部的间隙喷出并雾化。 (　　)

三、简答题

1. 汽油的选择应遵循哪些原则？

2. 电控汽油喷射系统的功用是什么？它有哪些类型和由哪些子系统组成？

3. 电动汽油泵的功用是什么？它有哪些类型？并简述其工作原理。

4. 喷油器的功用是什么？它有哪些类型？并简述其工作原理。

模块六　润　滑　系

知识要点

1. 机油的主要性能、牌号与选用；
2. 润滑系的功用、组成、工作原理和润滑方式；
3. 机油泵的功用、结构和工作原理；
4. 机油滤清器、机油散热器的功用和结构；
5. 曲轴箱通风装置；
6. 润滑系主要零部件的拆装方法和注意事项；
7. 润滑系主要零部件的检修、故障诊断与排除方法。

技能要点

1. 润滑系主要零部件的拆装；
2. 润滑系主要零部件的检查与调整；
3. 润滑系常见故障诊断与排除。

课题一　机油主要性能与选用

【任务引入】

运动零件的工作表面，从微观角度看是粗糙不平的，如图 6-1-1 所示。在发生相对运动的零件间会因摩擦生热而消耗功率，同时造成磨损。为了减少磨损和功率消耗，在两个零件的工作表面之间加入一层润滑油使其完全或部分隔开，两表面的摩擦系数会减小，摩擦引起的功率消耗和磨损就大为减少。本课题主要介绍常用的一种润滑油即机油。

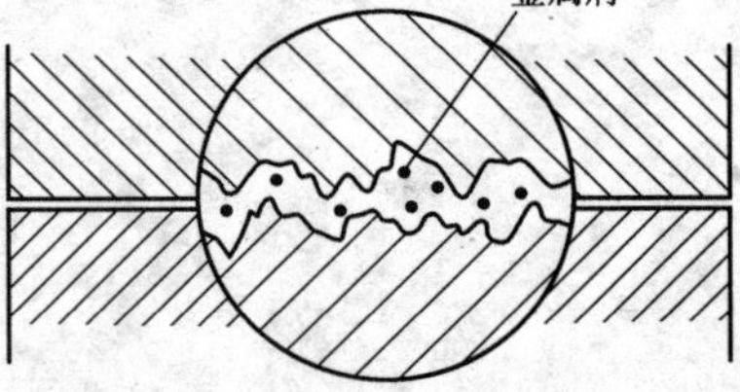

金属屑

图 6-1-1　干摩擦零件表面局部放大图

【任务分析】

本课题主要介绍机油的主要性能、牌号和选用。通过选用合适的机油，来提高发动机的使用效率，延长发动机的使用寿命。

【任务实施】

一、机油的主要性能

1. 黏度

黏度即通常所说的稀稠程度。它是机油最主要的参数，也是机油分类的主要依据。温度降低，黏度增大；温度升高，黏度减小。黏度好的机油，不仅具有良好的低温启动性，还具有良好的高温运转性。

2. 抗氧化性

抗氧化性是指机油在储存和使用中抵抗氧化的能力。机油与氧结合，使其变质失效，这是造成发动机许多故障的主要原因之一。机油中应添加各种抗氧化添加剂，避免其氧化变质。

3. 清净分散性

清净分散性是指在机油中加入油溶性的清净分散添加剂(如酚盐、高碱性磺酸盐、丁二酰亚胺等),能将胶状物、积炭等不溶物悬浮在油中,使其不易沉积在机件表面,同时也能将已沉积在机件上的胶状物洗下来。

4. 腐蚀性

腐蚀性是指机油中的劣化产物对金属有很强的腐蚀性能。

5. 凝点

凝点是指在给定的条件下,机油完全失去流动性时的温度。机油的凝点一般在 -35 ~ -5℃之间。黏度高的机油其凝点也高。

二、机油的牌号

发动机机油分为汽油发动机机油(汽油机油)和柴油发动机机油(柴油机油)两种,它的牌号由质量等级和黏度等级两部分组成。

1. 质量等级

我国发动机机油的质量等级分为两个系列,汽油机油第一个字母用 S 表示,分为 SC、SD、SE、SF、SG、SH 六个等级;柴油机油第一个字母用 C 表示,分为 CC、CD、CD-Ⅱ、CE、CF-4 五个等级。

2. 黏度等级

我国发动机机油的黏度等级分为 6 个含 W 的低温黏度等级号,即为 0W、5W、10W、15W、20W、25W(符号 W 代表冬季,W 前的数字越小,其低温黏度越小,低温流动性越好,适用的最低气温越低);5 个不含 W 的 100℃运动黏度等级号,即为 20、30、40、50、60(数字越大,其黏度越大,适用的最高气温越高)。此外,为增宽机油对季节和气温的适应范围,还规定了冬夏两季均可使用的多级油,即有 5W/20、5W/30、5W/40、10W/40、15W/40、20W/40 等。

三、机油的选用

机油的主要作用是润滑,其主要功用在于减少机械的摩擦和磨损,通过合理选择机油,对摩擦功率消耗会有所改善,综合发动机的不同情况,一般机油选用原则如下:

(1)严格按出厂说明书所规定的要求选用。

(2)根据使用环境温度范围选用。

(3)根据发动机生产年代、工作条件苛刻程度选用。

课题二　润滑系功用和组成

【任务引入】

机油只有处在相对运动的零件工作表面间,才能有润滑效果,这就需要一套系统来完成,它就是润滑系。

【任务分析】

本课题主要介绍润滑系的功用、组成、工作原理和润滑方式。

【任务实施】

一、润滑系的功用

润滑系的功用是:减摩、清洗、冷却、密封、防锈。

二、润滑系的组成

图 6-2-1 所示为康明斯 6BT5.9 发动机润滑系。它主要由机油泵、调压阀、滤清器旁通阀、机油滤清器、油管路等组成。

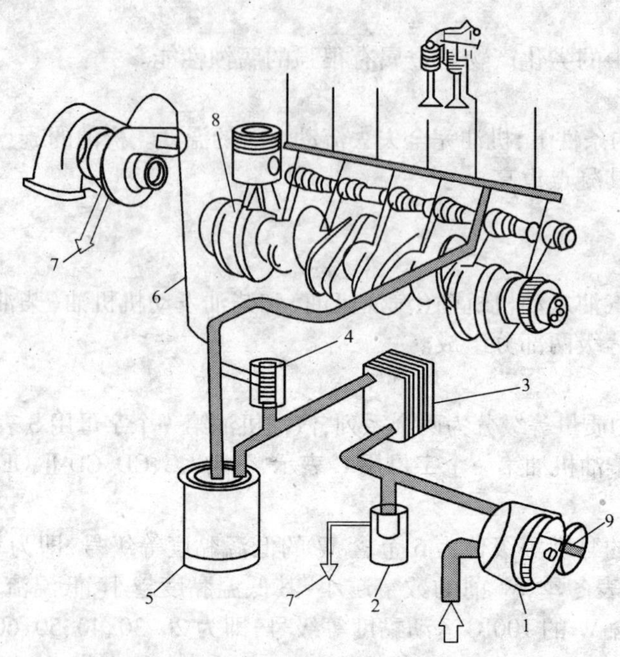

图 6-2-1　6BT5.9 发动机润滑系

1-机油泵;2-调压阀;3-机油冷却器;4-滤清器旁通阀;5-机油滤清器;6-增压器机油进油管;7-机油回油;8-活塞冷却喷嘴;9-机油泵惰轮

三、润滑系的工作原理

当发动机工作时,机油泵将油底壳中的机油吸出,其中一部分机油送到机油细滤器,在机油细滤器中机油得到了滤清,然后流回到油底壳中,而大部分机油则经机油冷却器、机油粗滤器滤清后一般又分为两路:一路经主油道流向曲轴、凸轮轴、气门摇臂等润滑部位,润滑零部件后流回到油底壳中;另一路则流向增压器,润滑增压器零部件后也流回到油底壳中。至此,机油完成了一次工作循环,使发动机各运动零部件得到了润滑。

四、润滑方式

1. 压力润滑

对于承受较大负荷的摩擦表面,如主轴承、连杆轴承等处的润滑,利用机油泵把具有一定压力的润滑油送到摩擦部位进行润滑,这种润滑方式称为压力润滑。

2. 飞溅润滑

对于承受负荷不大或压力送油难于到达的摩擦表面,如汽缸壁、正时齿轮、凸轮表面等处的润滑,利用运动着的零部件对机油的击溅作用,将机油送到摩擦部位进行润滑,这种润滑方式称为飞溅润滑。

3. 油雾润滑

对于承受负荷较小或相对运动速度不大的摩擦表面,如气门调整螺钉球头、气门杆顶端与摇臂等处的润滑,利用油雾附着在摩擦表面周围,积多后渗入摩擦部位进行润滑,这种润滑方式称为油雾润滑。

4. 掺混润滑

对于摩托车及其他小型曲轴箱扫气的二冲程汽油机的摩擦表面,利用在汽油中掺入4% ~6% 的机油,通过化油器雾化后,进入摩擦部位进行润滑,这种润滑方式称为掺混润滑。

5. 润滑脂润滑

对于负荷较小而只需定期润滑的摩擦表面,采用加注润滑脂到摩擦部位进行润滑,这种润滑方式称为润滑脂润滑。

课题三　润滑系主要零部件

【任务引入】

发动机零部件的润滑需要清洁的、连续不断的、具有一定压力的机油,这就要求有一套系统零部件能够把机油送到润滑部位,而这套系统零部件的工作好坏直接关系到发动机零部件的工作状况和使用寿命。因此,必须对这套系统主要零部件的结构有一个深入的了解和认识。

【任务分析】

本课题主要介绍机油泵、机油滤清器、机油散热器的功用、结构和工作原理,为以后维护、修理的学习打下良好的基础。

【任务实施】

一、机油泵

1. 功用

机油泵的功用是将一定压力和流量的机油强制送到各摩擦表面,从而使发动机的零部件得到可靠的润滑。

2. 结构和工作原理

1)转子式机油泵

(1)结构。转子式机油泵主要由泵壳、内转子、外转子、限压阀、驱动用链轮等组成,如图6-3-1所示。

(2)工作原理。如图 6-3-2 所示,当机油泵工作时,内转子带动外转子朝同一方向旋转。由于内外转子不同心,而且齿数不相等(5:4),故在旋转过程中便将内、外转子之间的空腔分隔成几个互不相通、容积不断变化的空腔。进油道一侧的空腔,由于转子脱离啮合,容积逐渐增大,产生真空吸力,机油被吸入空腔内。转子继续旋转,机油被带到出油道一侧,这时转子进入啮合,空腔容积减小,机油便从齿间挤出,并经出油道压送出去。机油就是这样随着转子的不断旋转而连续不断地被吸入和压出。

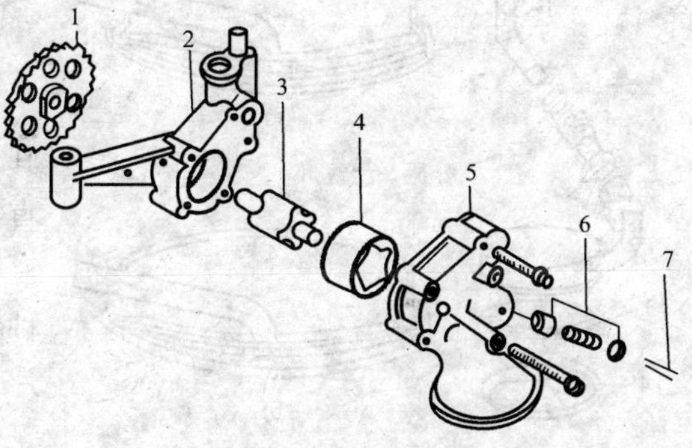

图 6-3-1　转子式机油泵

1-链轮;2-泵壳;3-内转子;4-外转子;5-泵盖;6-限压阀;7-开口销

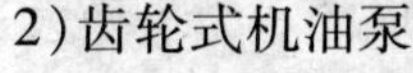
2)齿轮式机油泵

(1)结构。齿轮式机油泵主要由泵体、主动齿轮、从动齿轮、机油泵轴等组成，如图 6-3-3 所示。

(2) 工作原理。如图 6-3-4 所示，当机油泵工作时，主动齿轮带动被动齿轮旋转，进油腔容积增大，腔内产生真空度，机油从进油口被吸进，充满进油腔。齿轮继续旋转时把齿间储存的机油带到出油腔内，由于出油腔机油不断增加，油压升高，机油便经出油口压送出去。由此不断啮合旋转而连续不断地泵油。一般在泵盖上铣出一条卸荷槽，使齿间挤出的机油可以通过卸荷槽流向出油腔。

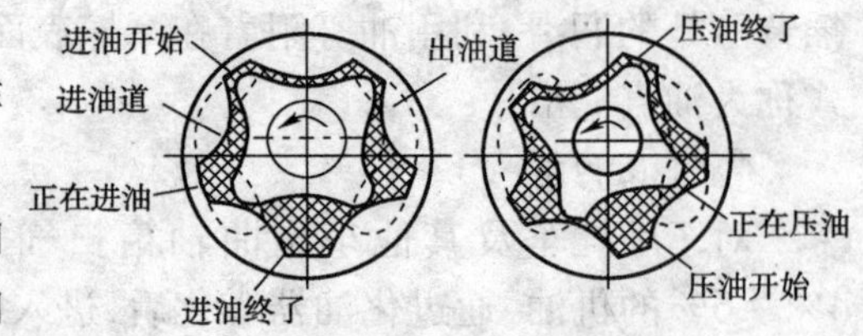

图 6-3-2　转子式机油泵工作原理图

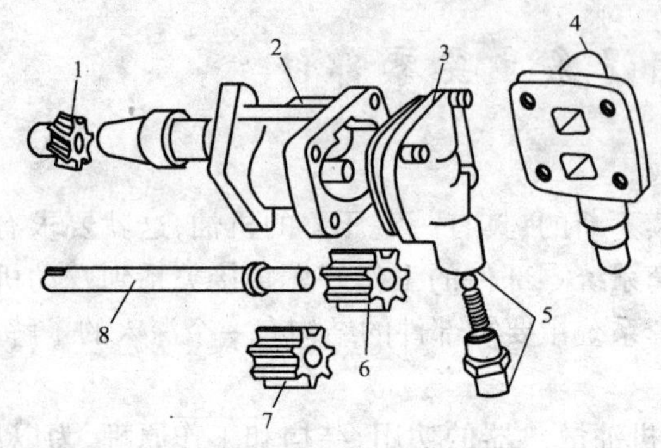

图 6-3-3　齿轮式机油泵

1-油泵驱动齿轮；2-泵体；3-泵盖；4-泵盖(旋转)；5-限压阀组件；6-主动齿轮；7-从动齿轮；8-主动齿轮轴

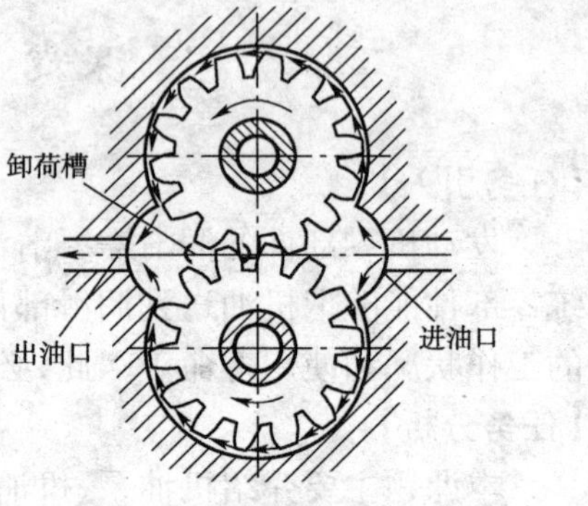

卸荷槽

出油口

进油口

图 6-3-4　齿轮式机油泵工作原理图

二、机油滤清器

1. 集滤器

1) 功用

集滤器的功用是滤去机油中较大的机械杂质。

2) 结构

图 6-3-5 所示为集滤器，它是用金属滤网作为滤清元件，安装在机油泵进油管上。

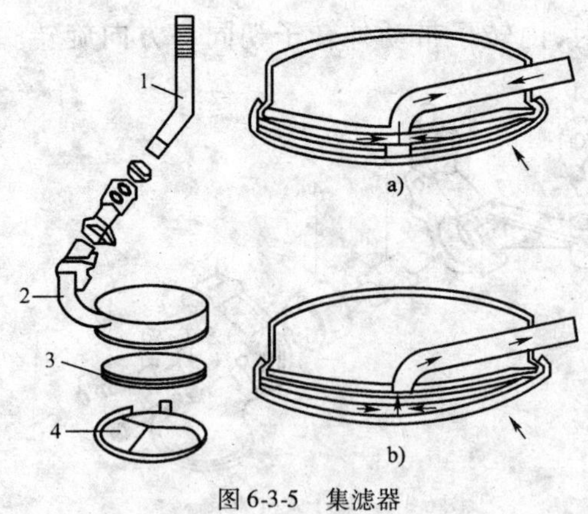

图 6-3-5　集滤器

a) 滤网畅通时；b) 滤网堵塞时

1-固定管；2-吸油管；3-滤网；4-罩

2. 粗滤器

1) 功用

粗滤器的功用是滤去机油中粒度较大的杂质。

2) 结构

机油粗滤器一般串联在机油泵与主油道之间，其上装有旁通阀，当滤芯堵塞时，旁通阀打开，机油直接进入主油道，从而保证了主油道所需的机油量。

(1) 金属片缝隙式粗滤器如图 6-3-6 所示。这种粗滤器的滤芯是由薄钢片制成的。它由滤片、隔片和刮片等组成。

(2) 纸质滤芯式粗滤器如图 6-3-7 所示。这种粗滤器的滤芯是用微孔滤纸制成的。为了增大过滤面积，微孔滤纸一般都折叠成扇形和波纹形。

(3)锯末滤芯式粗滤器。这种粗滤器的滤芯是用酚醛树脂黏结的锯末滤芯制成的。

3. 细滤器

机油细滤器的功用是滤去机油中细小的杂质。多数发动机采用离心式细滤器(图6-5-2)。

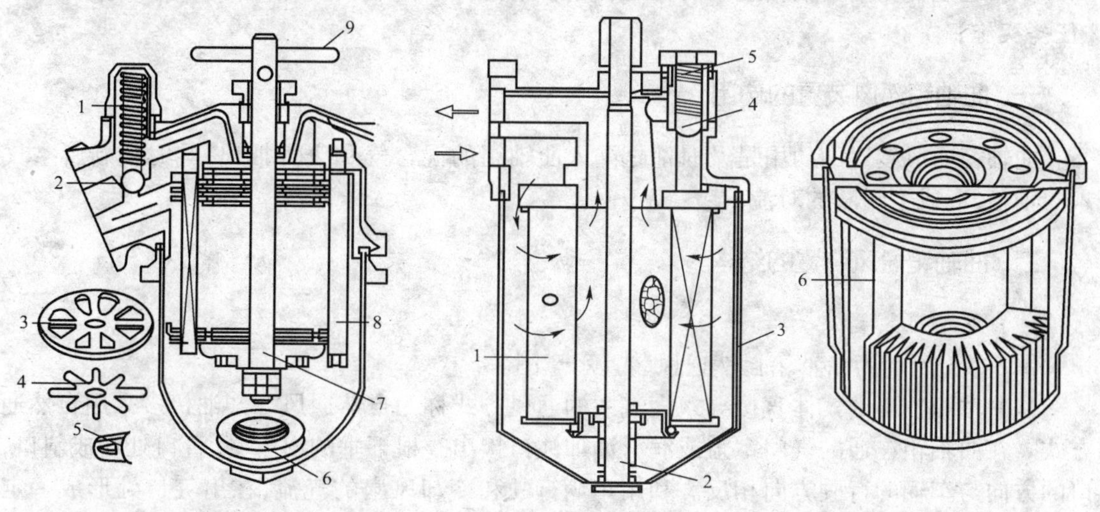

图6-3-6 金属片缝隙式粗滤器

1-安全阀弹簧;2-钢球;3-滤片;4-隔片;5-刮片;6-放油螺塞;7-滤芯轴;8-固定螺栓;9-手柄

图6-3-7 纸质滤芯式粗滤器

1-纸质滤芯;2-拉杆;3-外壳;4-钢球;5-安全阀弹簧;6-纸质滤芯

三、机油散热器

1. 功用

机油散热器的功用是降低机油的温度,使之保持一定的黏度。

2. 结构

机油散热器由散热片、进出油管接头等组成,如图6-3-8所示。

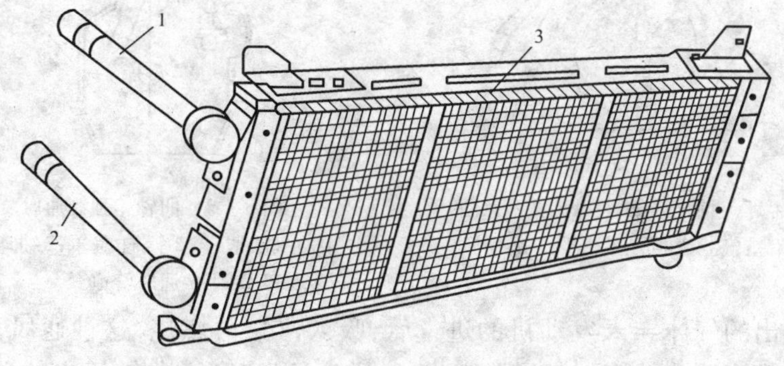

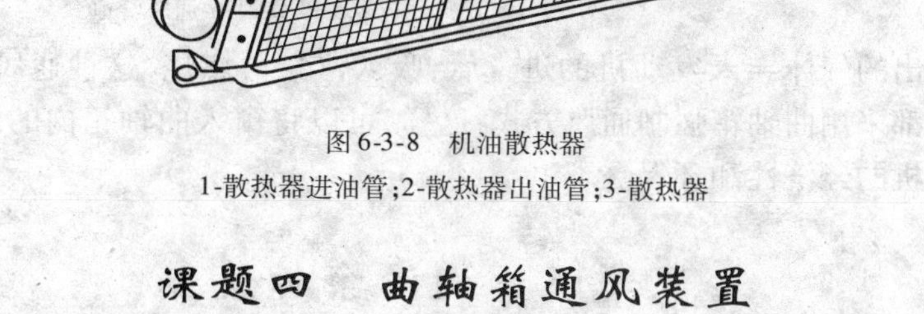

图6-3-8 机油散热器

1-散热器进油管;2-散热器出油管;3-散热器

课题四 曲轴箱通风装置

【任务引入】

发动机工作时,汽缸中的可燃混合气和燃烧过的废气总会有一部分窜入曲轴箱,腐蚀、污染机油,使机油变质或变稀,缩短机油的使用期限,破坏机油的质量。因此,必须对曲轴箱进行通风，并设置一套通风装置，消除由此产生的不利因素，从而使发动机能正常工作。

【任务分析】

本课题主要介绍曲轴箱通风装置的功用和结构。

【任务实施】

一、曲轴箱通风装置的功用

曲轴箱通风装置的功用是及时地把漏入曲轴箱的混合气和废气抽出，同时使新鲜空气进入曲轴箱，形成不间断的对流。

二、曲轴箱通风装置的结构

1. 自然通风装置

图 6-4-1 所示为曲轴箱自然通风装置示意图。

从曲轴箱抽出的气体直接导入大气中的通风方式称为自然通风。柴油机多采用自然通风方式。在曲轴箱连通的气门室盖或润滑油加注口接出一根下垂的出气管，管口处切成斜口，切口的方向与车辆的行驶方向相反。利用车辆行驶和冷却风扇的气流，在出气口处形成一定的真空度，将气体从曲轴箱抽出。

2. 强制通风装置

图 6-4-2 所示为曲轴箱强制通风装置示意图。

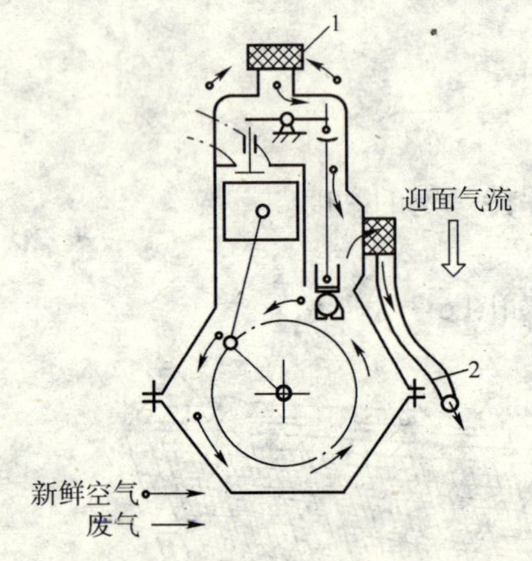

图 6-4-1　曲轴箱自然通风装置示意图

1-带有空气滤清器的进气器；2-出气管

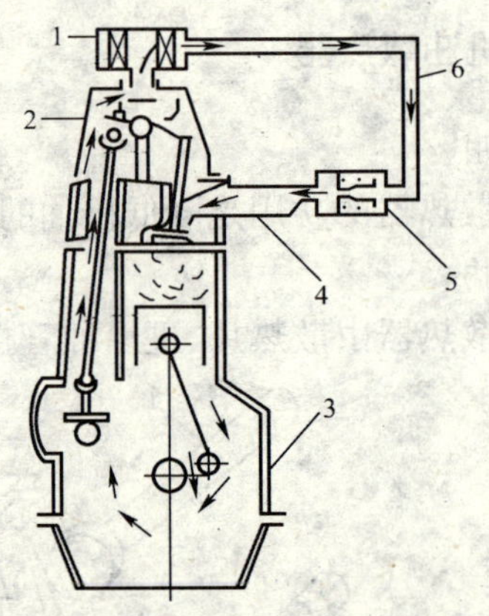

图 6-4-2　曲轴箱强制通风装置示意图

1-空气滤清器；2-汽缸盖罩；3-曲轴箱；4-进气歧管；5-PVC 阀；6-通风管道

从曲轴箱抽出的气体导入发动机的进气管，吸入汽缸再燃烧，这种通风方式称为强制通风。汽油机一般都采用曲轴箱强制通风方式，这样，可以将窜入曲轴箱内的混合气回收使用，有利于提高发动机的经济性和环保。

课题五　润滑系拆装

【任务引入】

本课题以 6BT5.9 发动机机油泵和离心式机油细滤器为例，主要介绍各自拆装的具体步骤和方法，并达到相关的技术标准要求；同时在拆装过程中，应该注意一些关键的事项和技巧。

整个拆装以项目课程方式来完成。

【任务分析】

为了达到上述任务的要求,从机油泵、机油细滤器拆装项目来分别介绍。通过项目时间、项目目的、项目工器具、项目内容、注意事项、考核要求、考核标准来完成任务。

【任务实施】

一、机油泵拆装

1. 项目时间

6课时。

2. 项目目的

(1)学习机油泵拆装方法、步骤和注意事项。

(2)识别各部件的作用、名称和结构。

3. 项目工器具

(1)6BT5.9 发动机转子式机油泵一台。

(2)常用工具一套,厚薄规一个。

(3)6BT5.9 发动机转子式机油泵挂图一张。

4. 项目内容

1)机油泵的拆卸

图6-5-1 所示为机油泵拆装顺序图。

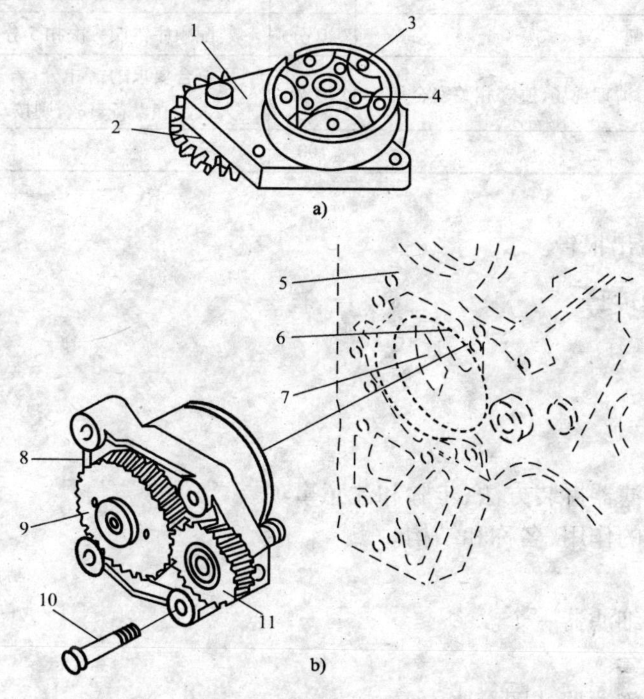

图6-5-1 机油泵拆装顺序图

1-壳体;2、11-惰轮;3-外转子;4-内转子;5-缸体前端;6-压油腔;7-吸油腔;8-机油泵;9-驱动齿轮;10-固定螺栓

(1)从发动机上拆下机油泵。

(2)拆下中间隔板,取出外转子。

(3)用压具将内转子轴压出,取下驱动齿轮和转子。

(4)清洗机油泵各零部件。

转子式机油泵的检查见课题六转子式机油泵的检修。

2)机油泵的装配

机油泵装配按拆卸相反的顺序进行。

5. 注意事项

(1)机油泵组装后应先注满机油。

(2)四个机油泵固定螺栓应对角分两次拧紧。

(3)安装外转子时,应把有标记的一面对着机油泵壳体。

6. 考核要求

(1)按正确的步骤和方法进行拆装。

(2)能掌握转子泵的工作原理。

(2)必须遵守安全操作规范。

7. 考核标准

考核标准见表6-5-1。

考核标准表　　表6-5-1

考核时间	考核项目	得分	评分标准	结果
40min	正确使用工器具	10分	工器具使用不当酌情扣分	
	机油泵拆卸	30分	拆卸顺序错误一次扣5分,扣完为止	
	机油泵检查	10分	漏检一次扣5分,扣完为止	
	机油泵装配	40分	装配顺序错误一次扣5分,扣完为止	
	整理工具,清理现场,遵守相关安全规范	10分	不符合要求酌情扣分;若违规操作发生重大人身和设备事故,则按0分计	
	合计	100		

8. 项目报告

根据实习项目写出报告。

二、机油细滤器拆装

1. 项目时间

2课时。

2. 项目目的

(1)学习机油细滤器拆装方法、步骤和注意事项。

(2)识别各部件的作用、名称和结构。

3. 项目工器具

(1)离心式机油细滤器一个。

(2)常用工具一套。

(3)离心式机油细滤器挂图一张。

4. 项目内容

1)机油细滤器的拆卸

图6-5-2所示为离心式机油细滤器拆装顺序图。

(1)松开外罩上盖形螺母,取下密封垫圈、外罩、止推弹簧和止推片。

(2)将转子转动到喷嘴对准挡油盘缺口时,取出转子体总成。

(3)松开转子罩上紧固螺母,分解转子总成。

(4)松开进油阀座,拆卸阀座垫圈、进油阀弹簧、进油阀柱塞等。

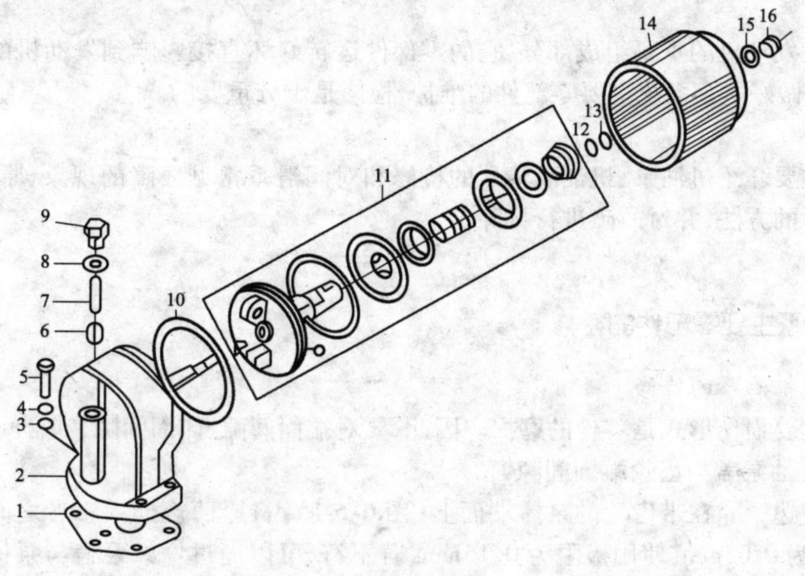

图 6-5-2 离心式机油细滤器拆装顺序图

1-机油细滤器垫片;2-滤座;3-垫圈;4-弹簧垫圈;5-螺栓;6-限压阀;7-限压阀弹簧;8-密封垫圈;9-限压阀螺塞;10-密封圈;11-转子总成;12-止推垫片;13-螺母;14-外罩;15-垫圈;16-螺母

2)机油细滤器的装配

机油细滤器装配按拆卸相反的顺序进行。

5. 注意事项

(1)转子总成装配时,必须把转子罩和转子座两箭头记号对准。

(2)装配前各零部件要清洗干净。

6. 考核要求

(1)要按正确步骤进行拆装。

(2)能掌握机油细滤器的工作原理。

(3)必须遵守安全操作规范。

7. 考核标准

考核标准见表 6-5-2。

考核标准表 表 6-5-2

考核时间	考核项目	得分	评分标准	结果
40min	正确使用工器具	10 分	工器具使用不当酌情扣分	
	细滤器拆卸	40 分	拆卸顺序错误一次扣 5 分,扣完为止	
	细滤器装配	40 分	装配顺序错误一次扣 5 分,扣完为止	
	整理工具,清理现场,遵守相关安全规范	10 分	不符合要求酌情扣分;若违规操作发生重大人身和设备事故,则按 0 分计	
	合计	100 分		

8. 项目报告

根据实习项目写出报告。

课题六　润滑系主要零部件检修和故障诊断

【任务引入】

润滑系是发动机的重要组成部分,它的零部件运转好坏直接影响到发动机的性能和使用寿命。因此,做好这个系统主要零部件的维护、检修是十分重要的。

【任务分析】

本课题主要介绍机油泵、机油滤清器的检修和对润滑系常见故障的现象、原因进行分析,提出判断故障的方法,并对故障进行排除。

【任务实施】

一、润滑系主要零部件的检修

1. 齿轮式机油泵的检修

机油泵主要损伤形式是零件的磨损。因此,要对端面间隙、侧面间隙、啮合间隙进行检查。

1)检查机油泵盖与齿轮端面间隙

用钢尺直边紧靠在带齿轮的泵体端面上(图6-6-1),将厚薄规插入二者之间的缝隙进行测量,其标准为0.05mm,使用极限为0.15mm,若不符,可以通过增减泵盖与泵体之间的垫片来进行调整。

2)检查主、被动齿轮与泵腔内壁侧面间隙

将厚薄规插入二者之间的缝隙进行测量(图6-6-2),超过0.3mm时,应更换新件。

3)检查主、被动齿轮的啮合间隙

将厚薄规插入啮合齿间(图6-6-3),测量齿轮圆周上互成120°三等分点啮合间隙,标准为0.05mm;超过0.20mm时,更换新件。

2. 转子式机油泵的检修

(1)检查内外转子齿顶间隙(图6-6-4)。若超过使用限度(一般为0.177mm),则应更换转子副。

(2)检查端面间隙(图6-6-5)。用厚薄规和平尺检查,若超过使用限度(0.127mm),则应更换转子副或泵体。

(3)检查外转子与泵体之间的间隙(图6-6-6),若超过最大限度(一般为0.381mm),则更应换内外转子副或泵体。

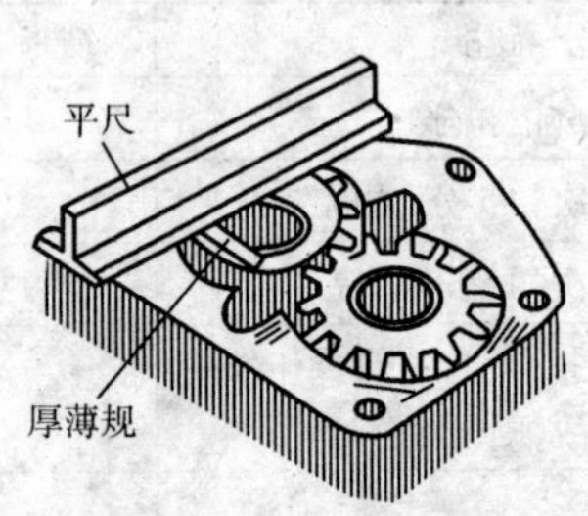

图6-6-1　齿轮端面间隙检测图

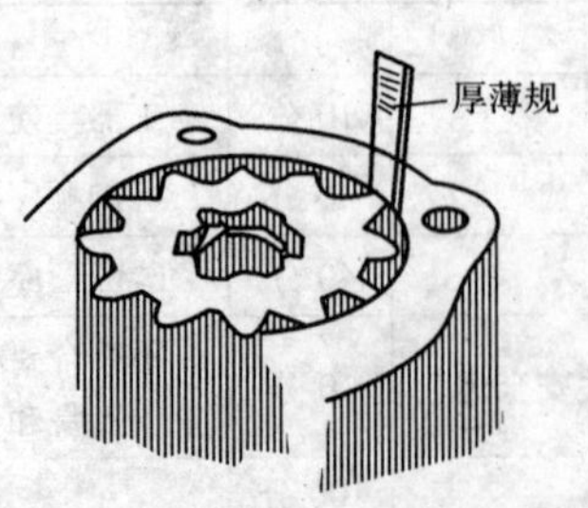

图6-6-2　主、被动齿轮与泵腔内壁侧面间隙检测图

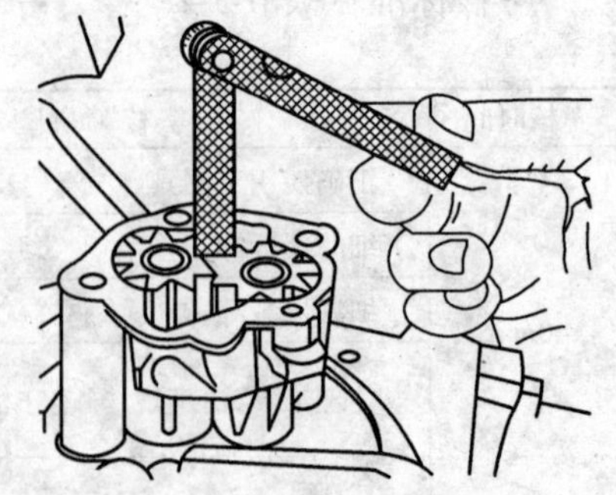
图6-6-3　齿轮啮合间隙检测图

3. 机油滤清器的检修

机油滤清器应按照原厂的规定定期清洗、更换滤芯，以保证润滑油的清洁，减少发动机的磨损。

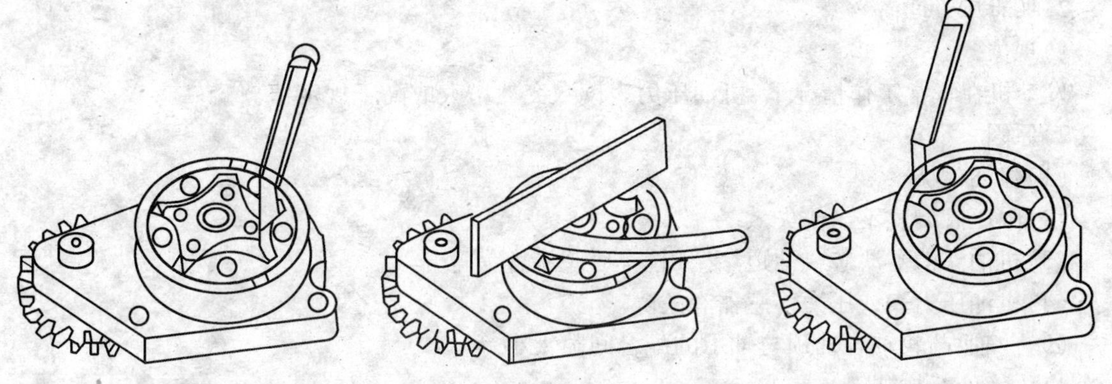

图 6-6-4　内外转子间隙检测图　　图 6-6-5　内外转子与泵体端隙检测图　　图 6-6-6　外转子与泵体侧隙检测图

1) 集滤器的检修

检查集滤器，若有油管和滤网堵塞，应用柴油或煤油清洗后用压缩空气吹干；若损坏，应予以更换。

2) 粗滤器的检修

对于粗滤器，应定期拆洗壳体、更换滤芯；若有老化、损坏，应予以更换。

3) 离心式细滤器的检修

在发动机的机油压力高于 0.15MPa 时，运转 10s 以上，然后立刻熄火，熄火后 2～3min 内，若在发动机旁边听不到细滤器转动的"嗡、嗡"声，说明细滤器不工作。拆检细滤器，若损坏，应予以更换。

二、润滑系的故障诊断与排除

1. 机油压力过低

1) 现象

发动机启动后，机油压力表读数迅速下降至零左右，警报指示灯亮。

2) 原因

(1) 机油量不够。

(2) 机油太稀。

(3) 限压阀弹簧弹力不足或调整不当。

(4) 机油滤清器旁通阀弹簧折断，或弹簧过软。

(5) 机油泵主被动齿轮等磨损，使泵油压力过低。

(6) 机油滤清器堵塞；机油压力表或压力传感器有故障。

(7) 润滑系内、外管路或接头泄漏等。

3) 故障诊断与排除

观察机油压力表或报警指示灯，如发现机油压力过低或为零时，应立即停车熄火，然后先拔出机油标尺，检查油底壳内机油量是否符合要求，若机油量不够，应及时添加；若机油量足够，则可能是机油压力表或传感器故障；若机油喷出无力，则应检查集滤器到粗滤器之间是否有堵塞、旁通阀无法打开或漏油；若机油中含水或燃油时，应该拆检并查出泄漏部位；若机油太稀，应更换合适牌号的机油；若以上原因均排除，则说明机油压力过低是由于机油泵零件磨损或曲轴、凸轮轴各轴颈与轴承配合间隙过大等原因造成的。

2. 机油压力过高

1) 现象

发动机在正常工作情况下，机油压力表读数突然增大或高于规定值。

2) 原因

(1) 机油太稠。

(2) 限压阀调整不当或失效。

(3) 机油滤清器滤芯或油道堵塞，且旁通阀不容易打开。

(4) 机油压力表或压力传感器有故障。

(5) 曲轴、凸轮轴各轴颈与轴承的配合间隙太小等。

3) 故障诊断与排除

首先应检查机油是否太稠，若太稠，应更换合适牌号的机油；限压阀弹簧是否过硬或发卡等，若有此故障，则应更换限压阀；各轴承间隙是否太小，若太小，则应调整各轴承间隙等。

3. 机油消耗过多

1) 现象

发动机机油消耗量逐渐增大，同时排气管冒蓝烟。

2) 原因

(1) 活塞与汽缸壁磨损间隙过大。

(2) 活塞环安装不正确或环槽间隙过大。

(3) 气门导管磨损和气门油封损坏。

(4) 曲轴箱通风不好。

(5) 曲轴油封密封性能差。

(6) 润滑系各零部件向外渗漏等。

3) 故障诊断与排除

首先检查外部有无漏油，若排气管冒蓝烟，同时机油加注口也冒蓝烟，则为活塞、活塞环与汽缸壁磨损过大，活塞环的端隙、侧隙、背隙过大，多个活塞环端隙转到一起等，使机油窜入燃烧室燃烧；若排气管冒蓝烟，但机油加注口没烟，则为气门杆油封损坏，气门导管磨损过大，机油被吸入燃烧室燃烧。

思考与练习题

一、填空题

1. 发动机润滑系的功用是:________、________、________、________、________。

2. 发动机润滑系主要有________、________、________、________、________等润滑方式。

3. 发动机润滑系一般由________、________、________、________、________等组成。

4. 一般发动机润滑油路中，________、________等处采用压力润滑；________、________、________等处采用飞溅润滑；________、________等处采用油雾润滑。

5. 机油泵主要有________、________两种。

6. 机油滤清器主要有________、________、________等。

7. 曲轴箱的通风方式有________和________两种方式。

二、名词解释

1. 压力润滑;2. 飞溅润滑

三、判断题(正确的打√、错误的打×)

1. 低温黏度越小,低温流动性越差。 (　　)

2. 发动机主轴承、连杆轴承等处采用飞溅润滑。 (　　)

3. 机油细滤器滤过的机油进入主油道,润滑发动机主要零部件。 (　　)

4. 发动机机油压力低,可能是机油太稠造成的。 (　　)

5. 曲轴、凸轮轴各轴颈与轴承的配合间隙过大容易造成机油压力过高。 (　　)

6. 机油滤清器滤芯或油道堵塞容易造成机油压力过低。 (　　)

四、选择题

1. 活塞与汽缸壁之间通常采用的润滑方式是(　　)。

A. 压力润滑　　B. 飞溅润滑

C. 两种润滑方式都有　　D. 润滑方式不能确定

2. 机油粗滤器上装有旁通阀,当滤芯堵塞时,旁通阀打开,(　　)。

A. 使机油不经过滤芯,直接回油底壳　　B. 使机油直接进入细滤器

C. 使机油直接进入主油道　　D. 使机油直接流回机油泵

3. 转子式机油泵工作时,(　　)。

A. 外转子转速低于内转子转速　　B. 外转子转速高于内转子转速

C. 内外转子转速相等　　D. 内外转子转速不确定

4. 发动机润滑系中,大部分机油的主要流向是(　　)。

A. 机油集滤器→机油泵→粗滤器→细滤器→主油道→油底壳

B. 机油集滤器→机油泵→机油冷却器→粗滤器→主油道,经主油道后分两路:一路润滑发动机主要零部件后流回油底壳;另一路润滑增压器零件后也流回油底壳

C. 机油集滤器→机油泵→细滤器→主油道→油底壳

D. 机油集滤器→粗滤器→机油泵→主油道→油底壳

5. 曲轴箱通风的目的主要是(　　)。

A. 排出水和汽油　　B. 排出漏入曲轴箱内的可燃混合气

C. 冷却机油　　D. 向曲轴箱供给氧气

五、简答题

1. 润滑系的功用是什么? 它由哪些主要零部件组成? 简述其工作原理。

2. 机油泵的功用是什么? 它有哪两种类型? 简述转子式机油泵的工作原理。

3. 拆装转子式机油泵应注意哪些事项? 简述其拆装顺序。

4. 机油泵有哪些主要零件需检修? 简述其检修方法。

5. 从润滑系的角度,分别简述机油压力过低的现象、原因、故障诊断与排除。

模块七　冷　却　系

知识要点

1. 冷却系的功用、类型,水冷却系的类型、组成以及工作原理;
2. 水泵的功用、结构和工作原理;
3. 风扇的功用和结构;
4. 散热器功用和结构;
5. 冷却强度调节方法和节温器的功用、类型、结构以及工作原理;
6. 冷却系主要零部件的拆装方法和注意事项;
7. 冷却系主要零部件的检修、故障诊断与排除方法。

技能要点

1. 冷却系主要零部件的拆装;
2. 冷却系主要零部件的检查与调整;
3. 冷却系常见故障诊断与排除。

课题一　概　　述

【任务引入】

发动机在工作时要产生大量的热量,这些热量可能使发动机过热,影响零部件的工作性能,从而使发动机的工作效率降低。因此,必须设置一套系统来对发动机进行冷却,此系统称为冷却系。

【任务分析】

本课题主要介绍冷却系统的功用、类型、发动机过热或过冷的危害。

【任务实施】

一、冷却系的功用

冷却系的功用就是对工作中的发动机进行适度冷却,使其保持在最适宜的温度(水冷却系为85~95℃, 风冷却系为150~180℃)范围内工作。

二、冷却系的类型

根据所用的冷却介质可分为风冷却系和水冷却系两类。

【重点解释】

水冷却系以水为冷却介质,热量先由机件传给水,依靠水的循环流动把热量带走,然后再散到大气中。

风冷却系是利用空气流动将高温零件的热量直接散到大气中。

三、发动机过热或过冷的危害

1. 过热

(1)降低充气效率,使发动机功率下降。

(2)破坏运动件的正常间隙,使运动阻滞、磨损加剧。

(3)机油易氧化变质、黏度下降、润滑条件恶化,从而使零件摩擦和磨损加剧,发动机功率消耗增加。

(4)零件的机械性能如强度和刚度会显著降低,导致其变形或损坏。

2. 过冷

(1)汽缸内气体温度过低,不利于可燃混合气的形成和燃烧,使发动机功率下降、运转不稳,燃油消耗量增加。

(2)燃烧生成物中的水蒸气和硫化物在低温下易凝结成酸类,造成零件腐蚀。

(3)未汽化的燃油冲刷零件表面(汽缸壁、活塞、活塞环等)上的油膜,使零件磨损加剧。

(4)机油黏度增大,运动件间摩擦阻力增加,使发动机功率损失增大。

课题二 水冷却系

【任务引入】

水冷却系是发动机应用比较广泛的一种冷却形式,它具有冷却效果好、冷却均匀、运转噪声小等特点。因此,要认识水冷却系,就必须熟悉它的基本构成。

【任务分析】

本课题主要介绍水冷却系的类型、组成和工作原理。

【任务实施】

一、水冷却系的类型和组成

1. 类型

根据冷却水在发动机中进行循环的方法不同,可分为自然循环水冷却系和强制循环水冷却系两类。其中自然循环水冷却系可分为蒸发式、冷凝式、热流式三种。

2. 组成

目前,发动机上应用最普遍的是强制循环水冷却系,如图 7-2-1 所示。它是由水泵、节温器、水箱(散热器)、风扇等组成。本书中若无特殊说明,水冷却系均指强制循环水冷却系。

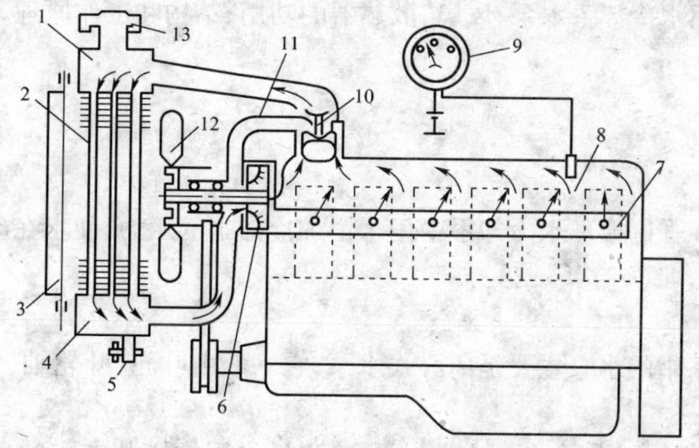

图 7-2-1 强制循环水冷却系示意图

1-散热器上水室;2-散热器芯;3-百叶窗;4-散热器下水室;5-散热器放水开关;6-水泵;7-分水管;8-水套;9-水温表;10-节温器;11-小循环水管;12-风扇;13-散热器盖

二、水冷却系的工作原理

如图7-2-2所示，当发动机温度较低时（83℃左右，不同发动机温度有差异），节温器上阀门关闭，侧阀门打开，冷却水只能经小循环水管直接流回水泵的进水口，然后又被水泵压入分水管进入汽缸体水套。此时，水不流经散热器，称为小循环，水流路线是：节温器→小循环水管→水泵→分水管→汽缸体水套→节温器。

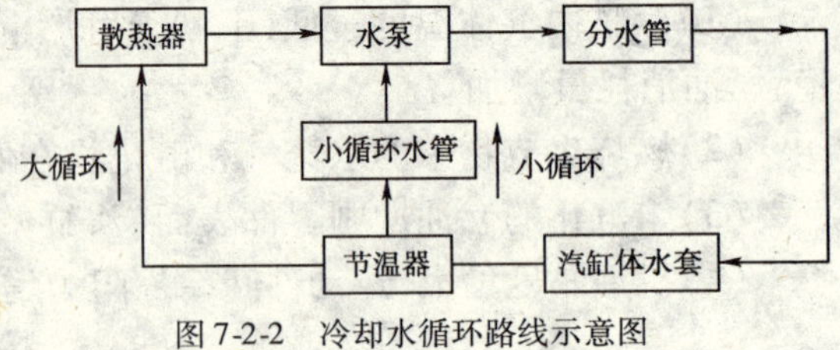

图7-2-2 冷却水循环路线示意图

当发动机内水温升高到某一温度（95℃左右，不同发动机温度有差异），节温器上阀门全开，侧阀门关闭，冷却水经大循环全部流进散热器。此时，冷却强度增大，使水温不致过高，由于这时的冷却水流动路线长，因而称为大循环。水流路线是：散热器→水泵→分水管→汽缸体水套→节温器→散热器。

当发动机内冷却水处于上述两种温度之间时，节温器上阀门和侧阀门均部分打开，冷却水的大小循环同时存在，此时冷却水的循环称为混合循环。

发动机中的冷却水就是这样周而复始地在发动机中行进，从而带走发动机的热量，最终将这些热量散发到大气中去，以保证发动机正常运转。

【重点提示】

发动机水冷却系所用的冷却液大多为冷却水和防冻液。冷却水最好使用软水，否则在水套中会产生水垢，容易使发动机过热。防冻液是在冷却水中加入防冻剂配制而成的，它可降低水的凝固点等，使发动机在冬季或寒冷地区不会发生由于水凝结成冰而使汽缸体等零部件冻裂现象。

课题三　水冷却系主要零部件

【任务引入】

水冷却系也是发动机的重要系统，它对发动机温度调节起着非常大的作用。因此，必须熟悉水冷却系，深入了解其主要零部件结构。

【任务分析】

本课题主要介绍水冷却系水泵、风扇、散热器的功用、结构和工作原理。

【任务实施】

一、水泵

1. 功用

水泵的功用是在强制循环水冷却系中用来增加冷却水的压力，使水在冷却系中加速循环。

2. 结构和工作原理

1）结构

发动机水冷却系中的水泵主要是离心式水泵，它一般由叶轮、叶轮轴（水泵轴）、水泵壳体等组成（图7-6-1）。

水泵壳体多用铸铁（或铝合金）制成，水泵盖和衬垫用螺钉装在它的后面，使其密封。泵壳内部是叶轮的工作室，其中铸有隔板将工作室分成两部分。水泵内腔与进水口及旁通口相通，出水室的圆周表面做成螺旋形，以提高水泵的泵水效率。水泵壳体上有泄水孔，位于水封之前，一旦有冷却水漏过水封，可从泄水孔泄出，以防止冷却水进入轴承而破坏轴承的润滑。

叶轮与叶片用铸铁制为一体，其形状有放射形和漩涡形两种，如图 7-3-1 所示。它用键或销固装于水泵轴上。水泵轴用两个轴承支承在水泵壳体上，轴承之间用隔离套定位。为了防止进水室的冷却水沿水泵轴向前渗漏，在水泵轴穿出进水室的地方装有自紧式水封，它是由夹布胶木制成的水封密封垫圈、水封皮碗和弹簧等组成的。

2）工作原理

如图 7-3-2 所示，当水泵工作时，水泵中的水被叶轮推动一起旋转，在离心力的作用下向叶轮边沿甩出，在涡形壳体内将动能转变为压能，经与叶轮成切线方向的出水口压送入发动机的水道。与此同时，叶轮中心处造成一定的负压而将水从进水口吸入。

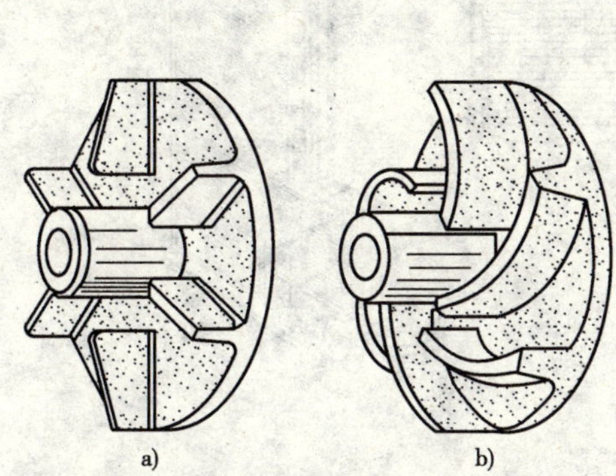

图 7-3-1　叶轮形状

a）放射形；b）漩涡形

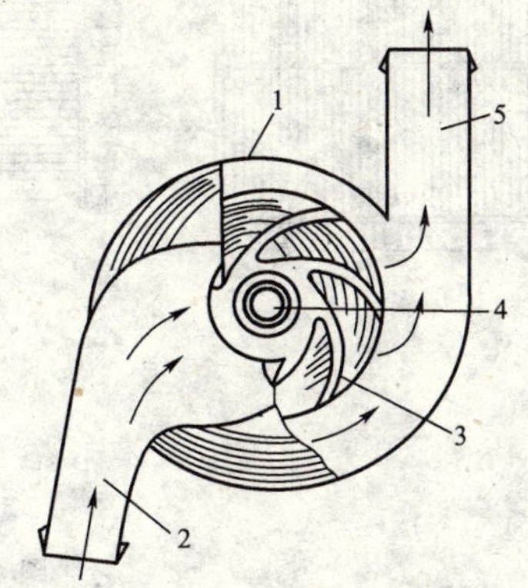

图 7-3-2　离心式水泵工作原理示意图

1-水泵壳体；2-进水管；3-叶轮；4-水泵轴；5-出水管

二、风扇

1. 功用

风扇的功用是用来提高流经散热器芯部的空气流速和流量，以增强散热器的散热能力；同时，对发动机其他附件也有一定的冷却作用。

2. 结构

常用的风扇多为轴流式，与水泵同轴驱动。图 7-3-3 所示为几种常见的风扇形式。风扇叶片多用薄钢片压制而成（有的采用铝合金、尼龙材料铸制），其数目为 4 ~6 片。

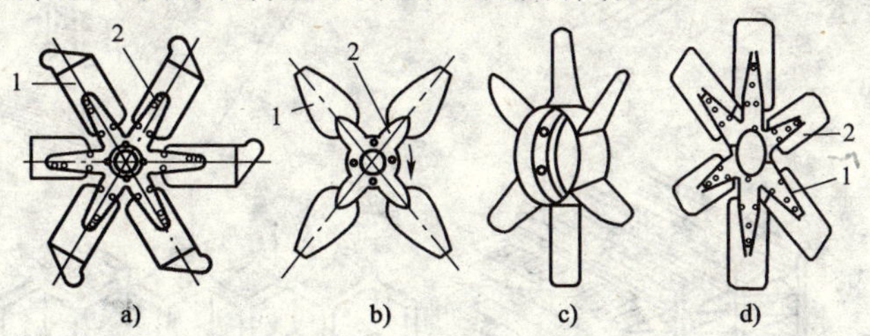

图 7-3-3　风扇

a）叶尖前弯的风扇；b）尖窄根宽的风扇；c）尼龙压铸整体风扇；d）直喷形风扇

1-叶片；2-连接板

三、散热器

1. 功用

散热器的功用是将冷却水所携带的热量散入大气中，从而降低冷却水的温度。

2. 结构

散热器(又称水箱)由上水室、散热器芯部和下水室等组成,如图 7-3-4 所示。上水室亦称进水室,装有散热器盖和加水口,并在其盖上设置有空气—蒸气阀,以调节散热器内外的气压。进水室其进水口用橡胶软管与汽缸盖的出水管相连;下水室亦称出水室,其出水口用橡胶软管与水泵进水口相连。

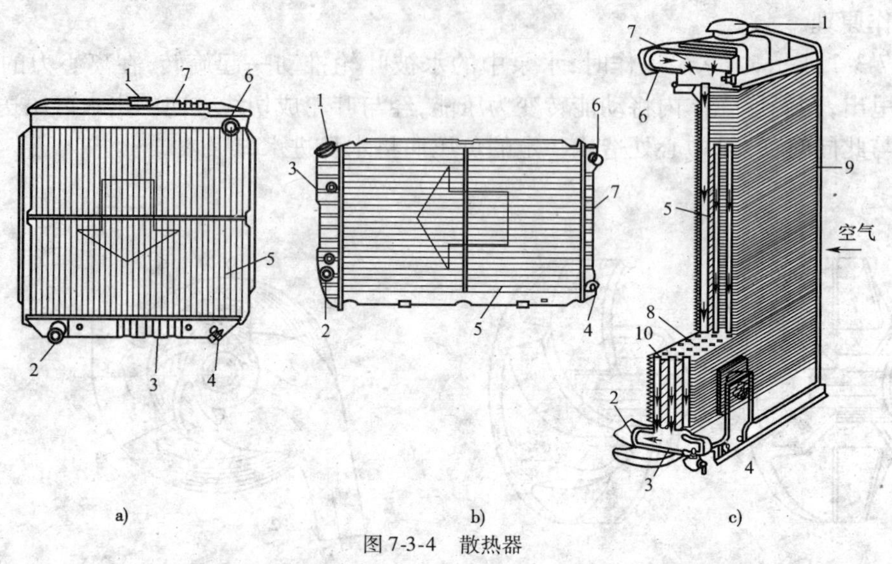

图 7-3-4 散热器

a)纵流式散热器;b)横流式散热器;c)散热器局部剖切图

1-散热器盖;2-出水口;3-出水室;4-放水阀;5-散热器芯;6-进水口;7-进水室;8-横隔板;9-肋片;10-内部水道

散热器芯部的结构形式很多,有圆管、扁管等,如图 7-3-5 所示。由于管片式芯子(扁管)的制造工艺简单,结构刚度好,防冻裂能力强,因而广泛地为发动机所采用。它是由若干扁圆

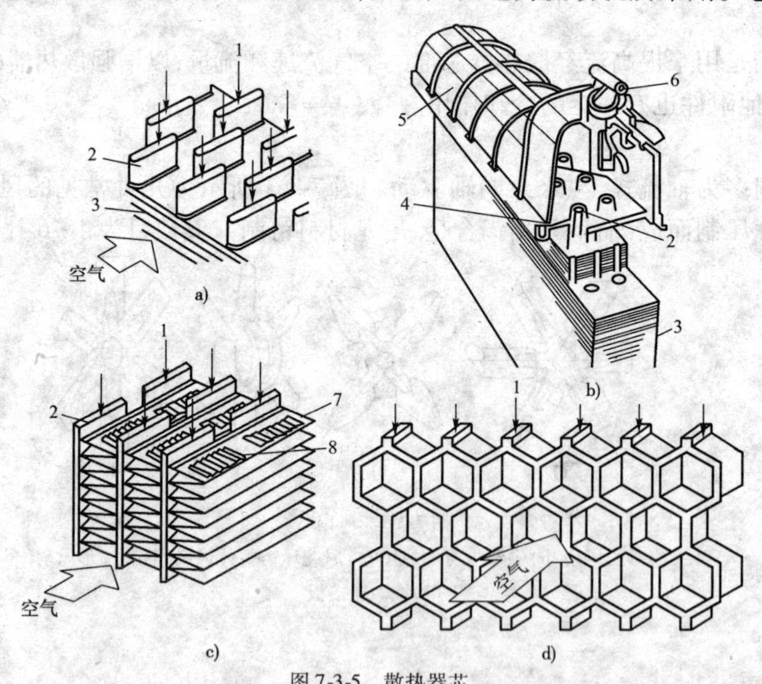

图 7-3-5 散热器芯

a)管片式(扁管);b)管片式(圆管);c)管带式;d)板式

1-冷却液;2-散热管;3-散热片;4-环氧树脂密封;5-进水室(塑料制);6-放气阀;7-散热带;8-鳍片

形直管参差排列并焊接在上下水室之间,冷却水由上水室通过芯管流向下水室,与车辆行驶方向相反的空气流将管内流动水的热量带走。为了提高散热效果,在管子外面横向焊有若干金属散热片,有的散热片还冲压出凹凸的波纹,以加强空气流的扰流,提高散热效果。

课题四 冷却强度调节装置

【任务引入】

水冷却系在冷却时,冷却效果直接关系到发动机性能的好坏,而冷却效果主要是通过冷却强度调节装置来进行调节的。因此,冷却强度调节装置对发动机温度高低显得尤为重要。

【任务分析】

本课题主要介绍冷却强度调节方法和节温器的功用、结构和工作原理。

【任务实施】

一、冷却强度调节方法

冷却强度可以通过改变流经散热器芯部的水流量和空气流量两种方法进行调节。其中水流量的调节主要是通过节温器来实现;空气流量的调节主要是在散热器前加装百叶窗或改变风扇转速等来实现。

二、节温器

1. 功用

节温器的功用是随着发动机冷却系水温的变化,自动控制通过散热器中冷却水流量,以调节冷却系的冷却强度。

2. 类型

(1)按照节温器内部感应材料的不同,节温器可分为乙醚皱纹筒式和蜡式两种。

(2)按照节温器阀门的多少,节温器可分为单阀门和双阀门两种。

3. 结构和工作原理

1)乙醚皱纹筒式节温器

节温器主要由折叠式圆筒、托架、上阀门、侧阀门、阀座、外壳等组成,如图 7-4-1 所示。具有弹性的折叠式的密闭圆筒用黄铜制成,内装有易于挥发的乙醚。筒内液体的蒸气压力随着周围温度而变化,故圆筒高度也随温度而变化。圆筒的下端焊接在托架上,托架则固定在节温器的外壳上。因此,圆筒下端的位置是固定不变的。圆筒上端焊有侧阀门和杆,杆上又焊有上阀门,折叠式圆筒高度改变时侧阀门及上阀门将随圆筒上端一起上下移动。节温器外壳上的旁通孔正对着汽缸盖出水管的旁通管,旁通管与水泵进水口连接。节温器的工作原理见水冷却系工作原理部分,这里不再赘述。

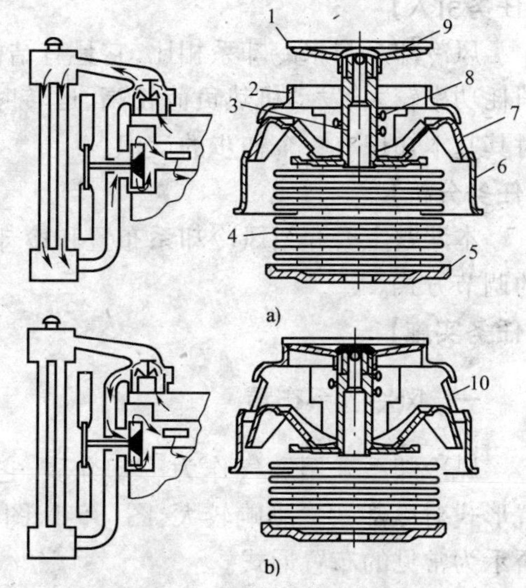

图 7-4-1 乙醚皱纹筒式节温器

a)水温高时;b)水温低时

1-上阀门;2-阀座;3-杆;4-折叠式圆筒;5-托架;6-外壳;7-侧阀门;8-导向支架;9-通气孔;10-旁通孔

2）蜡式节温器

单阀门蜡式节温器主要是由上支架、下支架、阀座、反推杆、外壳等组成，如图 7-4-2 所示。反推杆固定在上支架中心处，并插在橡胶管的中心孔中，橡胶管与节温器外壳之间形成的腔体内装有石蜡。常温时，蜡成固态，弹簧把阀门关闭在阀座上；温度升高时，蜡逐渐变成液态，体积膨胀，迫使橡胶管压缩，节温器外壳克服弹簧力下移，打开阀门。

双阀门蜡式节温器主要由主阀门、旁通阀、推杆、阀座、外壳等组成，如图 7-4-3 所示。

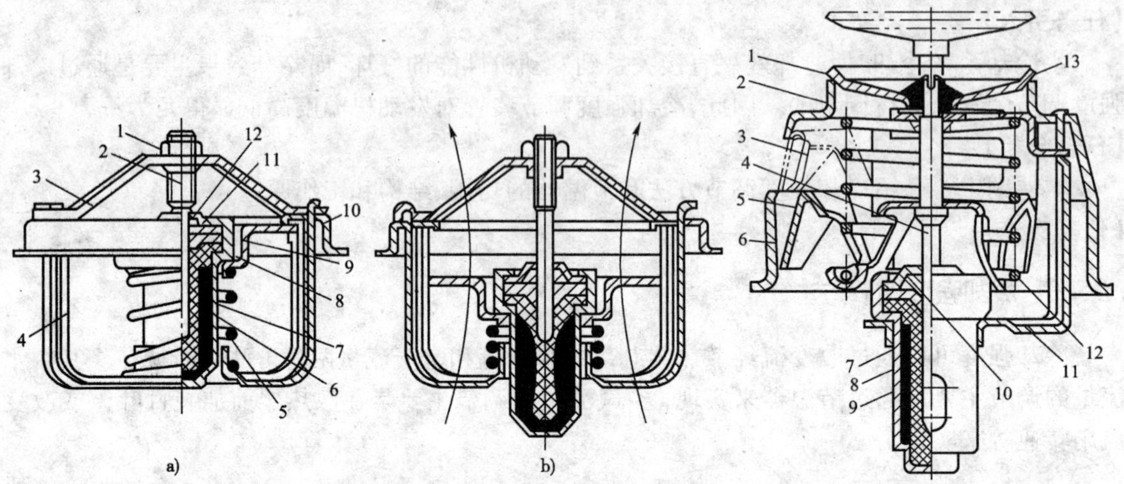

图 7-4-2　单阀门蜡式节温器

a）关闭状态；b）开启状态

1-螺母；2-反推杆；3-上支架；4-下支架；5-弹簧；6-石蜡；7-橡胶管；8-节温器外壳；9-阀门；10-阀座；11-密封圈；12-节温器盖

图 7-4-3　双阀门蜡式节温器

1-主阀门；2-阀座；3-旁通口；4-推杆；5-旁通阀；6-外壳；7-橡胶管；8-石蜡；9-感应体；10-密封圈；11-支架；12-弹簧；13-通气孔

课题五　风冷却系简介

【任务引入】

风冷却系与水冷却系相比，它具有结构简单、使用可靠、对环境适应性强、维护方便、风扇消耗功率较大、发动机热负荷较高、运转时噪声较大等特点。因此，为了了解这个系统，必须对其基本知识有一个初步的认识。

【任务分析】

本课题主要介绍风冷却系布置和冷却强度的调节方式。

【任务实施】

一、风冷却系布置

风冷却系采用空气作为冷却介质，它的布置形式对冷却效果影响较大，图 7-5-1、图 7-5-2 所示为常见的布置形式。

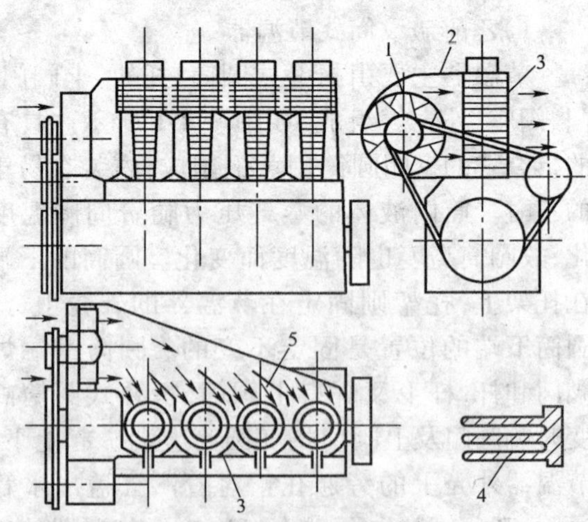

图 7-5-1　直列发动机风冷却系示意图

1-冷却风扇；2-导风罩；3-缸体；4-冷却片；5-风流动的方向

二、冷却强度调节方法

风冷却系的冷却强度取决于流经散热片的

空气流速,改变空气流速,便可改变冷却强度。冷却强度的调节主要有以下两种方式。

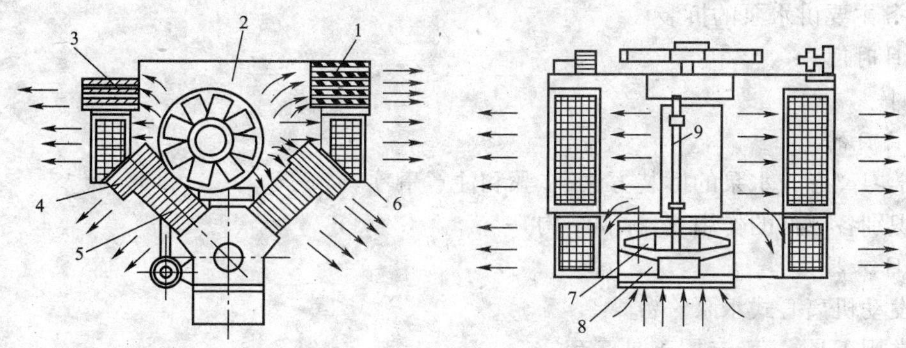

图 7-5-2　V 形发动机风冷却系示意图

1-液力传动油冷却器;2-风压室;3-中冷器;4-汽缸盖;5-汽缸体;6-机油冷却器;7-风扇动叶轮;8-风扇静叶轮;9-传动轴

1. 改变风扇的转速

1)机械调节方式

机械调节方式是采用改变驱动风扇的齿轮齿数来调节所需的冷却风量和风压,它只能实现风冷发动机冷却强度总体上的粗略调节。

2)自动调节方式

自动调节方式是采用液力耦合器传动来实现风扇的无级调速。这套冷却强度自动调节系统主要由机油泵、节温器油阀、液力耦合器、电磁阀等组成,如图 7-5-3 所示。

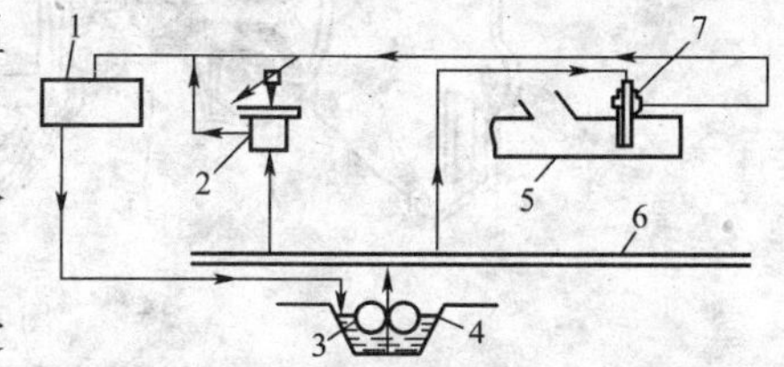

图 7-5-3　冷却强度自动调节系统

1-液力耦合器;2-电磁阀;3-机油泵;4-油池;5-排气管;6-主油道;7-节温器油阀

机油泵将油底壳的机油泵入主油道,通过外接管引入节温器油阀进口,再经节温器油阀出口导入液力耦合器,节温器油阀位于增压器涡轮出口的排气管上,它直接感受发动机排气温度的大小,利用节温器油阀芯轴热胀冷缩原理控制节温器油阀开度,从而改变主油道内机油进入液力耦合器的油量,利用液力耦合器泵轮与涡轮的滑差来改变风扇动叶轮的转速,达到调节风量的目的。

2. 节流控制

节流控制是利用改变冷却空气进口、流通通道或出口的面积来改变流经散热片处空气的流速,以达到控制发动机冷却强度的目的。

课题六　冷却系拆装

【任务引入】

本课题以离心式水泵为例,主要介绍其拆装的具体步骤和方法,并达到相关的技术标准要求;同时在拆装过程中应该注意一些关键的事项和技巧。整个拆装以项目课程方式来完成。

【任务分析】

为了达到上述任务的要求,而使离心式水泵在拆卸和装配过程中仍保持原来各个零部件的配合关系,通过项目时间、项目目的、项目工器具、项目内容、注意事项、考核要求、考核标准来完成任务。

【任务实施】

本任务主要讲水泵的拆装。

1. 项目时间

6 课时。

2. 项目目的

(1)学习离心式水泵的拆装方法、步骤和注意事项。

(2)识别各部件的作用、名称和结构。

3. 项目工器具

(1)发动机离心式水泵一台。

(2)常用工具一套,专用工具一套。

(3)发动机离心式水泵挂图一张。

4. 项目内容

1)水泵的拆卸

图 7-6-1 所示为离心式水泵拆装顺序图。

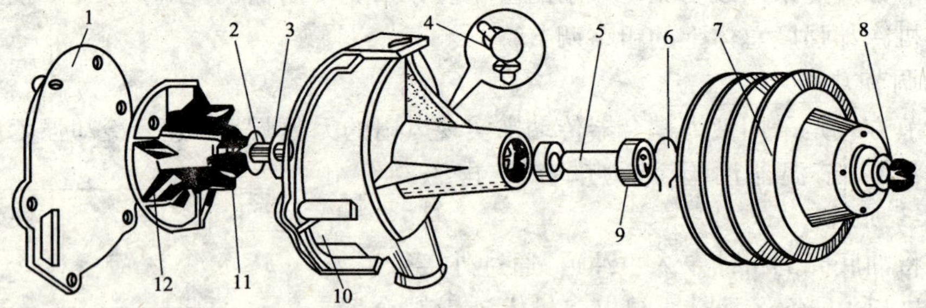

图 7-6-1 离心式水泵拆装顺序图

1-水泵盖;2-水泵轴;3-胶木圈;4-油嘴;5-轴承隔离套管;6-锁环;7-带轮;8-螺母;9-轴承;10-水泵壳体;11-水封总成;12-叶轮

(1)清除水泵表面脏污,将水泵固定在夹具或台钳上。

(2)拧松并拆下带轮紧固螺母 8,拆卸带轮 7。

(3)用专用拉具拆卸水泵轴 2。

(4)拧松并拆卸水泵壳体 10 的紧固螺母,将水泵壳体段整体卸下,并拆下衬垫。

(5)用拉具拆卸水泵叶轮 12,应仔细操作,防止损坏叶轮。

(6)从水泵叶轮上拆下锁环 6 和水封总成 11。

(7)如果水泵轴和轴承 9 经检测需要更换,则先将水泵加热到 75 ~ 85℃,然后用水泵轴承拆卸器或压力机将其拆卸下来。

2)水泵的装配

水泵装配按拆卸相反的顺序进行。

5. 注意事项

(1)装水封总成时,勿使橡胶密封圈翻边。

(2)应保持叶轮各叶片与壳体的间隙为 0.70 ~ 1.70mm;叶轮外轮廓与壳体内壁最窄处的间隙应为 0.45 ~ 1.0mm。

(3)应保证叶轮端面与水泵盖(连垫片厚度)留有 1.30 ~ 2.60mm 的间隙。

(4)装复后的水泵,叶轮应转动自如,无卡滞现象。

(5)将轴承套入轴时不能压外圈,将轴和轴承一起压入泵体时不能压内圈,以免压伤滚道。

6. 考核要求

(1)按正确的步骤和方法进行拆装。

(2)能掌握离心式水泵的工作原理。

(3)必须遵守相关的安全规范。

7. 考核标准

考核标准见表7-6-1。

考核标准表 表7-6-1

考核时间	考核项目	得分	评分标准	结果
40min	正确使用工器具	10分	工器具使用不当酌情扣分	
	离心式水泵拆卸	40分	拆卸顺序错误一次扣5分,扣完为止	
	离心式水泵装配	40分	装配顺序错误一次扣5分,扣完为止	
	整理工具,清理现场,遵守相关安全规范	10分	不符合要求酌情扣分;若违规操作发生重大人身和设备事故,则按0分计	
	合计	100分		

8. 项目报告

根据实习项目写出报告。

课题七 冷却系主要零部件的检修和故障诊断

【任务引入】

冷却系中的总成、附件达不到使用要求或出现故障,发动机工作时就不能及时散热,轻则使发动机温度高于规定值,造成机件磨损加剧,影响发动机寿命;重则将使发动机温度急剧升高,润滑条件恶化,致使发动机在短时间内零部件卡死以致严重损坏。因此,做好冷却系主要零部件的维护、检修是十分重要的。

【任务分析】

本课题主要介绍水泵、风扇、散热器、节温器的检修和对冷却系常见故障的现象、原因进行分析,提出判断故障的方法,并对故障进行排除。

【任务实施】

一、冷却系主要零部件的检修

1. 水泵的检修

1)水泵的就机检查

启动发动机,查看水泵泄水孔是否有渗漏,若渗漏,则表明水封已损坏;查听有无异常响声。停机后用手扳动风扇叶片,查看带轮与水泵轴配合是否松旷,稍有间隙感觉为正常;若明显松旷,表明带轮与泵轴或带轮与锥形套配合松旷。

如果就机检查水泵无漏水、发卡、异响及带轮摇摆现象,可不用对其分解,只加注润滑油即可。如有上述异常现象,则应分解检查,并予以修理。

2)水泵零部件的检修

水泵泵体有裂纹或破裂,可用铸铁焊修复;轴承松旷超过规定应更换;轴承孔磨损超过规定时,用镶套法修复;水泵壳体与盖结合面如翘曲变形,可修磨平整;泵轴弯曲超过规定(不大于0.05mm),应予校正,磨损超过极限,可磨光后镀铬修复;水泵叶轮破裂、穴蚀,应更换;水封、密封垫失效,应更换;皮带轮毂与水泵轴松旷,可镶套修复。

3)水泵的试验

水泵装复后要进行试验,有条件的可在试验台上进行试验,测定泵的流量和扬程。无试验设备也可进行人工检验,其检验方法是:用手转动带轮,应无卡阻现象;堵住水泵壳体进水口,然后将水加入叶轮工作室,转动泵轴,泄水孔应无漏出;否则,应查明原因予以排除。

2. 风扇的检修

风扇在工作中常出现的损伤是叶片铆钉松动、叶片或叶轮裂纹以及叶片变形等,原因主要是由于铆接不牢、风扇碰过散热器及三角皮带折断缠绕在风扇上造成。

风扇叶片铆钉松动可用重铆或焊接的方法使之可靠固定;铆钉孔有磨损,则可加大孔径,换用加粗铆钉重新铆上;叶片或叶轮裂纹,则应焊修或更换;叶片或叶轮变形,则可用冷压法校正,变形严重时应更换。不论重铆、校正或更换都应进行下列的检验。

1)叶片端面的检测

叶片端面在回转平面内的偏差为1~2mm,如图7-7-1所示。

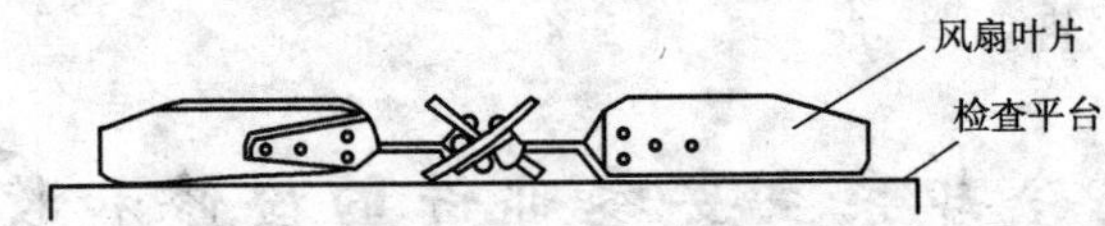

图7-7-1　叶片端面检测图

2)叶片对叶轮的倾角

叶片对叶轮回转平面的倾角如图7-7-2所示。α角应符合该种机型的规定值,而且各叶片的倾角应一致。

3)叶片静平衡的检测

如图7-7-3所示,将装配好的风扇总成放在穿以心轴的两块棱形铁上,风扇在任一位置都能保持平衡。当不平衡时,允许在风扇皮带盘上相应部位钻去金属以达到平衡。

3. 散热器的检修

散热器常见的损伤主要是裂纹、铜皮的腐蚀等。当裂纹产生渗漏时,可以用气压表、橡皮管和橡皮气囊进行检验。

上下水室腐蚀不严重时,一般可用镀锡法修复;上下水室有孔洞或裂纹时,可用补板法修复;裂纹在0.3mm以内,可用堵漏剂修补;冷却管部分损坏且长度不大时,可用接管法通过锡焊修复;冷却管损坏长度较大时,可用换管法通过锡焊修复。

散热器盖的检查是将检验器装在盖上,并对散热器进行加压,然后检验其密封性和阀门的开闭压力。

4. 节温器的检修

在发动机使用中,如发现预热时间过长或容易过热,则可能是节温器失灵。此时可打开散热器盖,观察汽缸盖的出水情况。如发现刚启动的发动机水温还很低时,就有大股水流,或当水温已超过90℃时仍无大股水流,则应拆检节温器。

检查时,将节温器浸入水容器中,并逐步加热提高水温,检查阀门的开启温度和阀门的升程情况,当升程不符合要求时就不能继续使用,应予更换,如图7-7-4所示。

二、冷却系的故障诊断与排除

1. 冷却液充足,发动机过热

1)现象

发动机的冷却液充足,但在运行中水温表经常指在100℃以上,且伴随有“开锅”现象;发动机容易产生爆燃或早燃。

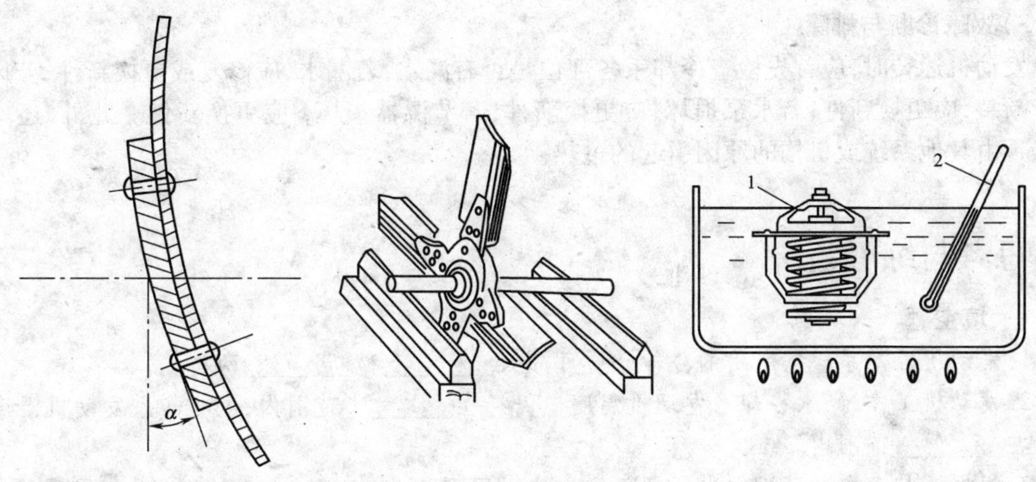

图7-7-2 叶片倾角检测图　　图7-7-3 风扇静平衡检测图　　图7-7-4 节温器检查

1-节温器;2-温度计

2)原因

(1)百叶窗不能开启或开度不足。

(2)风扇皮带太松或打滑。

(3)冷却风扇装反、风扇规格不对、风扇离合器损坏。

(4)节温器损坏。

(5)水套中水垢过多或分水管堵塞。

(6)散热器内芯管堵塞、散热片损坏、散热器出水管吸瘪或内壁堵塞。

(7)水泵损坏等。

3)故障诊断与排除

先检查百叶窗是否打开或开度不足,若开度足够,再检查风扇的转动情况及风扇皮带是否打滑。如风扇不转或转速过低,可调整风扇皮带松紧度或检查风扇离合器,若损坏,则应更换新件;若风扇转动正常,应检查散热器出水管是否被吸瘪或内壁堵塞,若出水管被吸瘪,应更换新管;若散热器出水不好,说明水泵或节温器有故障,应更换新件;若散热器各部件温度不均匀,则说明散热器内部芯管有堵塞、散热片损坏、分水管损坏或堵塞等,应更换新件;若出现过热无法排除时,可能是水套内积垢太多,可采用化学溶剂法清洗水垢。此外,还应检查是否由其他系统或机构的原因引起的过热。

2. 冷却液不足发动机过热或突然过热

1)现象

发动机运行中,冷却系中冷却液消耗异常大或水温突然迅速升高,从而引起发动机过热。

2)原因

(1)散热器漏水。

(2)水泵水封不良或叶轮密封垫圈磨损过多而漏水。

(3)冷却系其他部位漏水。

(4)风扇皮带断裂。

(5)水泵轴与叶轮脱转。

(6)节温器主阀门脱落损坏等。

3)故障诊断与排除

发动机运转时,应首先检查冷却系各部位是否有漏水,若漏水,应修复或更换新件;若风扇皮带断裂,应更换新件;若水泵损坏,应更换新件;若节温器损坏,应更换新件。此外,还应检查是否由其他系统或机构的原因引起的过热。

思考与练习题

一、填空题

1. 发动机冷却系根据所用的冷却介质可分为________和________两类。

2. 发动机工作时,水冷却系发动机温度应保持在________范围内;风冷却系发动机温度应保持在________范围内。

3. 根据冷却水在发动机中进行循环的方法不同,可分为________和________两类。其中自然循环水冷却系可分为________、________、________三种。

4. 强制循环水冷却系主要由________、________、________、________等组成。

5. 目前,水冷发动机常用的水泵大多是________水泵。

6. 水冷却系中,冷却强度调节方法有________和________两种;冷却强度调节装置有________、________或________。

7. 风扇皮带过松将容易导致冷却液的温度________。

8. 小循环中流经节温器的冷却水将流向________。

二、名词解释

1. 冷却水大循环;2. 冷却水小循环

三、判断题(正确的打√、错误的打×)

1. 为防止发动机过热,要求其工作温度越低越好。 (　　)

2. 任何水都可作为冷却水直接加入到发动机中。 (　　)

3. 防冻液可降低冷却水的凝固点和沸点。 (　　)

4. 冷却水大循环必经过散热器。 (　　)

5. 节温器损坏时,发动机容易过热。 (　　)

6. 为了保证风扇、水泵的转速,要求风扇皮带越紧越好。 (　　)

四、选择题

1. 水冷却系中,冷却水的大小循环路线是由(　　)控制。

A. 风扇　　B. 百叶窗　　C. 节温器　　D. 分水管

2. 水泵壳体上泄水孔的作用是(　　)。

A. 减少水泵出水口的压力

B. 减少水泵进水口的压力

C. 及时排出渗漏的冷却水,保护水泵轴承

D. 检查水封的工作情况

3. 节温器油阀直接感受发动机(   )的大小。

A. 冷却水温度　　B. 发动机排气温度

C. 散热器后面的气流温度　　D. 继电器控制

4. 在发动机上拆除原有节温器,则发动机工作时冷却水(   )。

A. 只有大循环　　B. 只有小循环

C. 大小循环同时存在　　D. 冷却水将不循环

5. 发动机冷却系中如有水垢,容易使它(   )。

A. 过热　　B. 过冷　　C. 冻裂　　D. 腐蚀

五、简答题

1. 冷却系的功用是什么? 它有哪两种类型? 发动机过热或过冷的危害有哪些?
2. 水冷却系有几种类型? 它由哪些主要部件组成? 简述其工作原理。
3. 离心式水泵的功用是什么? 它由哪些主要零部件组成? 简述其工作原理。
4. 拆装离心式水泵应注意哪些事项? 简述其拆装顺序。
5. 离心式水泵有哪些主要零件需检修? 简述其检修方法。
6. 从冷却系的角度,分别简述冷却液充足,发动机过热的现象、原因、故障诊断与排除。

模块八　发动机总装、调整与磨合

知识要点

1. 发动机的总装工艺顺序；
2. 发动机装配方法；
3. 发动机装配一般工艺要点；
4. 发动机装配技术要求；
5. 发动机装配后调整；
6. 发动机冷磨；
7. 发动机热磨；
8. 发动机装配注意事项；
9. 发动机验收条件。

技能要点

1. 发动机的总装；
2. 发动机装配后的调整；
3. 发动机的冷磨和热磨。

课题一　发动机总装和调整

【任务引入】

发动机在维护、大修、拆卸后要对零件和部件进行组装，以恢复其发动机的性能。装配水平的高低，决定发动机质量的好坏，这就要求在装配过程中，要严格按照装配工艺和装配方法组装，同时在装配后要进行必要的调整。本课题以 D6114 发动机装配为例来阐述发动机的装配工艺。

【任务分析】

为了完成装配任务，在装配前必须做好装配的一切准备工作；熟悉发动机装配的主要技术要求和工艺要点；确定装配的基本方法和装配工艺顺序；熟悉发动机的装配内容以及在装配后要进行必要的调整，以检查其正确性。

【任务实施】

一、发动机总装

发动机各零部件在经过维护修理和检验合格后，应按照技术要求和装配工艺规范进行组装。组装的顺序是先进行部装，然后进行总装。发动机的装配工艺与发动机本身的结构、特点、工具设备等有关，必须根据具体发动机的机型和具体情况来编制装配工艺，但所有发动机的装配工艺大致相同，因此，通过具体发动机的装配，就可以了解和熟悉发动机的装配工艺，为以后其他型号发动机的拆装打下良好基础。

1. 发动机装配前的准备工作

(1)装配环境必须清洁；准备好装配专用台和各种必要的工器具并摆放整齐。

(2)应按要求把零件上的毛刺、积炭和锈蚀等去除掉,同时清洗零部件,清洗过后用压缩空气吹干,并应在一些零部件上涂上一层润滑油,防止锈蚀。

(3)应按规定配齐全部紧固件、防松件及通用件,如螺栓、螺母、弹性垫圈等。

(4)准备好适量的石棉板、红纸板、机油等辅助材料。

(5)应熟悉发动机的结构、装配技术要求和装配顺序。

2. 发动机装配的主要技术要求和工艺要点

1)发动机装配的主要技术要求

发动机装配要求随机型的不同而稍有差别,但基本的技术要求都相同。

(1)必须保证各零部件之间的配合关系符合技术要求。

(2)必须保证各零部件之间连接正确和可靠。

(3)必须保证各运动件之间动力平衡。

(4)必须保证装配过程中各零部件干净。

2)发动机装配的一般工艺要点

(1)凡是有相对运动的零件表面,在安装前都应涂上润滑油。

(2)不可互换的零部件,应按原位装配,不得混装;零件间各相互配合关系应符合技术要求。

(3)零部件的位置应符合技术要求。

(4)旋转运动零件应做动静平衡试验。

(5)按发动机大修要求,应更换新件的一律更换,如纸垫、开口销等。

(6)各连接件应按规定要求拧紧,拧紧螺栓的顺序和力矩大小应符合要求。

3. 发动机装配的基本方法

对于不同型号的发动机,不管是部装或总装只要满足零部件之间的配合技术要求,可根据具体情况采用相应的装配方法。

1)完全互换装配法

零件装配时无需选配和修配,也不需要作任何调整,就能满足装配技术要求,此法称为完全互换装配法。如发动机轴承就是采用完全互换。完全互换不是绝对互换,它是在一定范围条件允许下的互换。

2)分组选配法

将零件的制造公差放宽几倍(一般为3~4倍),零件加工后测量分组(公差带放宽几倍分几组),并按对应组进行装配,以保证装配精度,此法称为分组选配法。如柴油机喷油泵中的柱塞偶件、出油阀偶件以及喷油器的针阀偶件等采用分组选配;又如同一台发动机活塞或连杆,不能完全互换,必须选配同一厂牌、同一级的活塞或连杆,这样才能保证质量误差在所要求的范围内。

3)直接选配法

在配件中选择一个合适的零件进行装配,就能满足配合技术要求,此法称为直接选配法。如发动机活塞环就是采用直接选配。

4)调节装配法

通过调节某一零件的厚度,或将连接机构、传动机构的某一零件通过改变相对位置来保证装配技术要求,此法称为调节装配法。如气门间隙就是通过调整气门间隙调整螺钉来保证合理的间隙。

5)修配法

利用钳工或机械加工的方法,修理配合件的某一零件,使其达到装配技术要求,此法称为修配法。这种方法装配效率很低,一般只在修理或进行产品试制中使用。

4. 发动机总装的工艺顺序

发动机总装工艺顺序一般分四个阶段进行,即装配前的准备阶段、部件装配阶段、总装阶段、总装后的检查和调整阶段。

5. D6114 发动机总装的工艺顺序

1)汽缸体的装配

(1)把汽缸体彻底清洗干净。

(2)用清洁的柴油清洗汽缸套并擦净(修正磕碰伤处),清理汽缸体缸孔肩胛面、上下定位孔等。

(3)先将汽缸套和铜垫装入机体内并转动,若无阻碍现象,然后用深度游标卡尺测量汽缸套上端面凸出机体顶面的距离,此距离为 0.03 ~ 0.08 mm。再取出装上封水圈(封水圈不能扭曲),在外圆及机体缸孔上下定位处涂少许机油,重新用手轻轻推入。

(4)将各凸轮轴轴承同时压入凸轮轴承座孔内。

2)安装曲轴飞轮组

安装方法见模块二里曲轴飞轮组装配。

(1)检查曲轴的径向间隙。在轴径和主轴承之间,放一个约为轴承标准间隙 2 倍的铅片或塑料间隙条,按规定力矩拧紧轴承盖螺栓,注意此时不得转动曲轴。再拆下主轴承盖,用游标卡尺或间隙对照尺测量其厚度,这个厚度即是这个轴承间的间隙(或称曲轴的径向间隙),如图 8-1-1所示。曲轴的径向间隙为 0.01 ~ 0.04mm。曲轴的径向间隙还可以用内径和外径游标卡尺分别测量轴颈的外径和轴承的内径,测得的这两个尺寸的差,就是曲轴的径向间隙。

(2)检查调整曲轴轴向间隙。用撬棒把曲轴撬向一侧,用厚薄规测量曲轴的轴向间隙,如间隙过大或过小,则应更换或修整推力轴承。曲轴轴向间隙为 0.1 ~ 0.274mm,如图 8-1-2 所示。

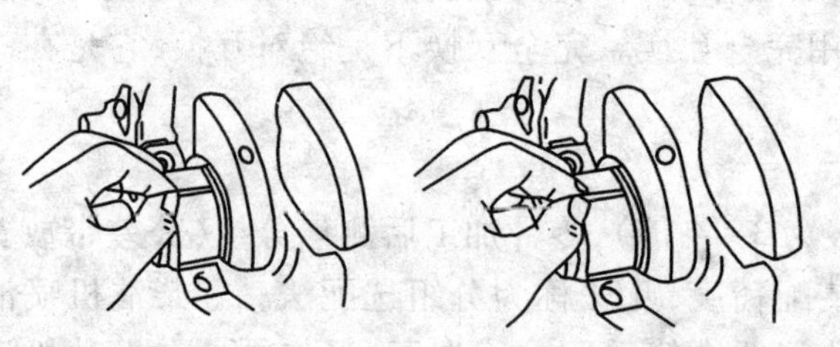

图 8-1-1 检查曲轴主轴承径向间隙

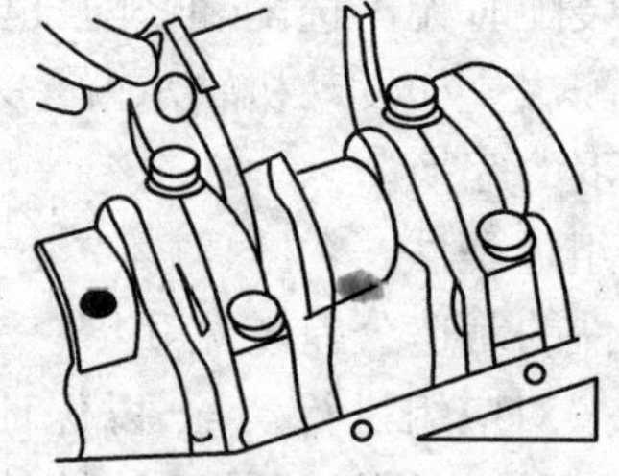

图 8-1-2 检查曲轴轴向间隙

3)安装活塞连杆组

安装方法见模块二中活塞连杆组装配。

4)安装凸轮轴

(1)将汽缸体仰置在专用架上。

(2)将曲轴前轴装正时齿轮的轴颈擦拭干净,并涂上机油,将曲轴正时齿轮安装在曲轴上,要注意曲轴正时齿轮标记。

(3)将凸轮轴各轴颈和轴承孔擦拭干净,涂上机油,再将凸轮轴插入轴承座孔内,在推入时应检查正时记号是否对正,并装上凸轮轴正时齿轮。

(4)用厚薄规或百分表检查凸轮轴轴向间隙。凸轮轴轴向间隙为0.20～0.42mm。

(5)转动曲轴,检查正时齿轮的啮合情况和啮合间隙。

5)安装气门传动组、气门组及汽缸盖

(1)在汽缸盖上压装气门导管、气门座圈等。

(2)用机油润滑气门杆,按记号分别把气门插入气门导管内,装上气门弹簧和气门弹簧座。

(3)分别用气门弹簧装卸钳压紧弹簧,装好锁片。

(4)将汽缸盖定位销敲入汽缸的定位销孔中,将汽缸垫放在汽缸体平面上,同时注意汽缸垫打印有标识的面朝上(新的金属钢垫严禁涂密封胶)。转动曲轴检查活塞顶是否与汽缸垫相碰,最后装上汽缸盖。

(5)装上汽缸盖螺栓的垫圈和螺母,从中间向两端按规定的顺序,均匀地初步拧紧,再以同样顺序按规定力矩逐个拧紧;汽缸盖螺栓的第一次拧紧力矩为50N·m;第二次拧紧力矩为115N·m±5N·m,第三次再拧紧,转角为60°±3°。

(6)放入气门挺柱,插入气门推杆,再将摇臂支座、摇臂轴、定位弹簧和摇臂等装在汽缸盖上,注意对准润滑油孔和孔道,转动摇臂轴对准中间支座中部的定位孔旋入螺钉,固定摇臂轴。

(7)调整气门间隙。将曲轴转动工具插入飞轮壳孔并与飞轮齿圈啮合,用手慢慢地转动曲轴寻找第一缸压缩上止点位置,当发动机定时销插入配气凸轮轴上开槽时,此时的曲轴位置即是第一缸活塞处于压缩上止点位置。用厚薄规检查和调整气门间隙,在调整时,发动机应冷至60°以下,进气门间隙为0.30mm,排气门间隙为0.50mm。拧紧摇臂锁紧螺母后,再复查各气门间隙,其间隙数值不应有变化,锁紧螺母拧紧力矩为24N·m,如图8-1-3、图8-1-4所示。

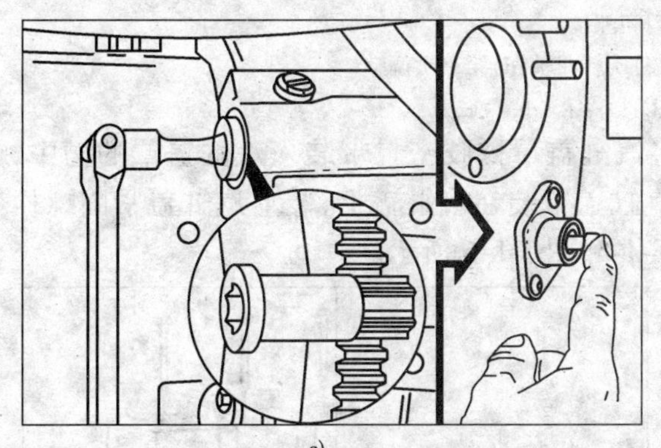

a)

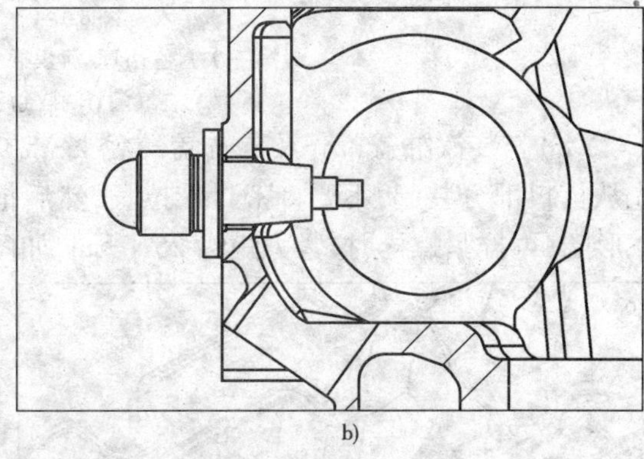

b)

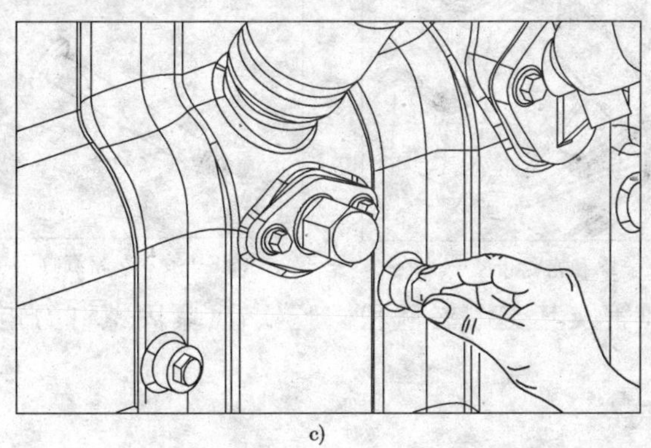

c)

图8-1-3 确定第一缸上止点位置顺序图

a)插入曲轴转动工具;b)插入定时销;c)拔出定时销

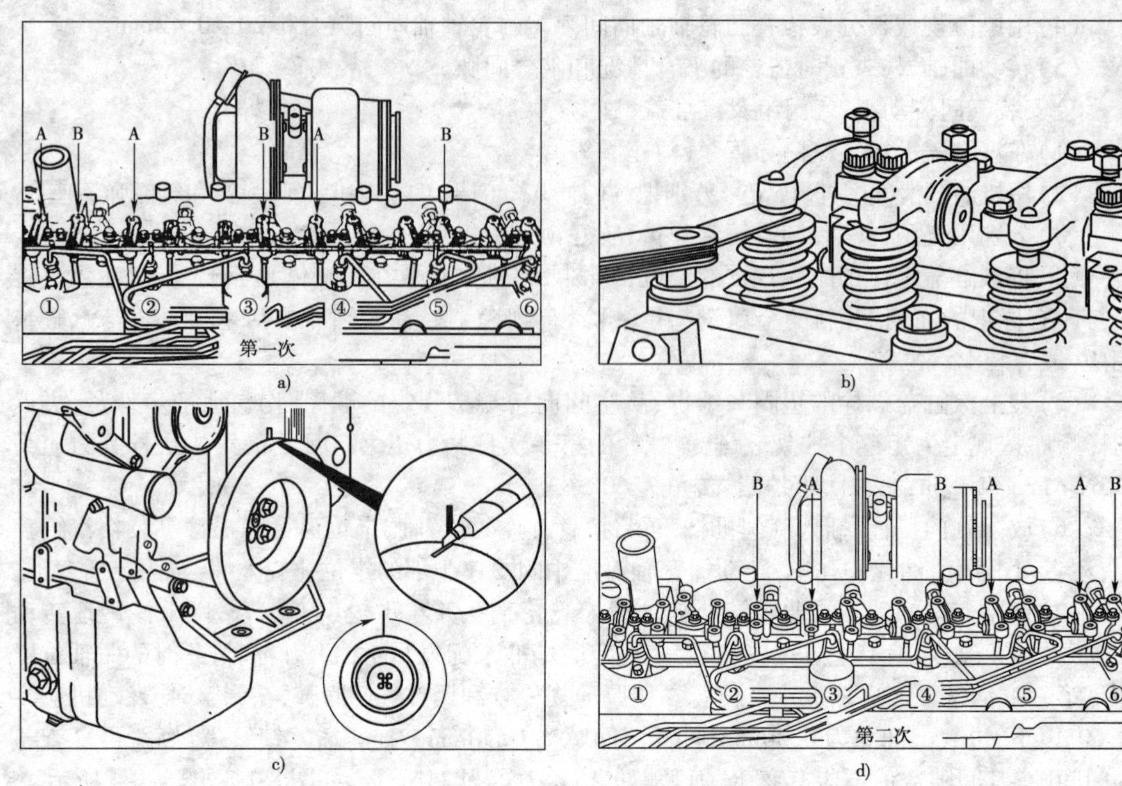

图 8-1-4　气门间隙调整

a)第一次调整;b)厚薄规插入;c)旋转曲轴;d)第二次调整

A-进气门;B-排气门;①~⑥-第一~六缸

(8)安装汽缸盖罩壳及汽缸盖罩密封带。将汽缸盖罩橡胶密封带装入汽缸盖罩的槽中,先从搭口部分装起,不要将密封带拉长,然后把汽缸盖罩装在汽缸盖上,装上汽缸盖紧固螺栓O形圈,再拧紧螺栓,拧紧力矩为25N·m,如图8-1-5、图8-1-6所示。

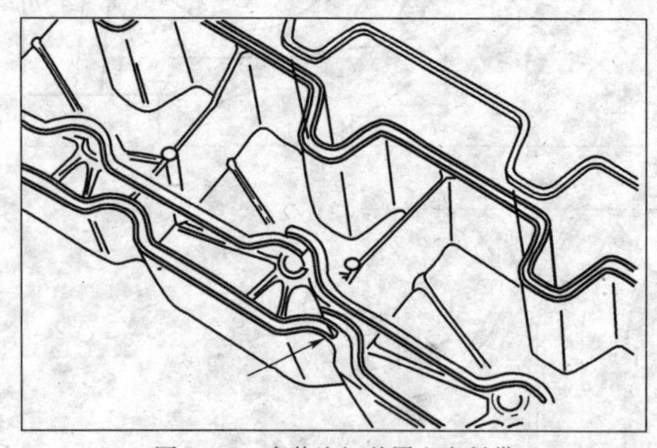

图 8-1-5　安装汽缸盖罩和密封带

图 8-1-6　安装汽缸盖罩螺栓O形密封圈和螺栓

(9)安装曲轴箱通风管及其支撑夹箍和橡胶软管,紧固螺钉力矩为25N·m,如图8-1-7所示。

6)安装机油泵和油底壳

(1)将发动倒放(无翻身架的应侧放在钢架或在安装汽缸体前倒放在专用架上)。

(2)清洁曲轴箱下平面,安装吸油管,吸油管凸缘及支架螺栓拧紧力矩为9N·m。

(3)安装油底壳。安装油底壳之前,应在齿轮室及后盖板与汽缸体底平面接缝处涂以密封胶，留在接缝内的密封胶应略高于汽缸体底平面，并在涂胶后 15min 内装上油底壳和拧紧螺栓。同时在油底壳垫片的上下两面涂上密封胶，然后将垫片和油底壳装上发动机。按顺序拧紧油底壳螺栓，拧紧力矩为 25N · m。安装油底壳放油螺塞，拧紧力矩为 80N · m。

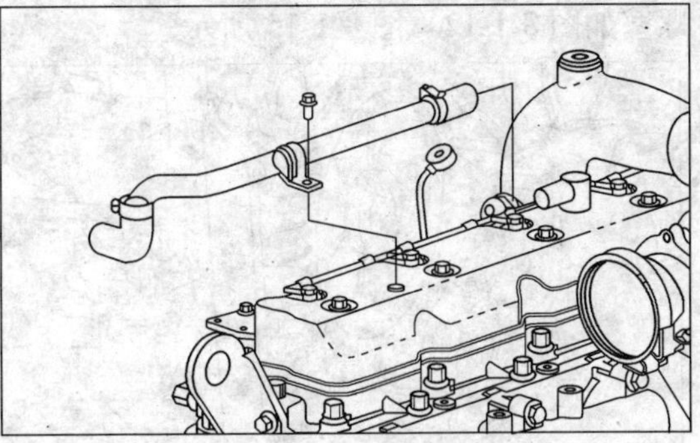
图 8-1-7　安装曲轴箱通风管

(4)安装机油泵。在装配前，用机油注满机油泵，把机油泵安装在汽缸体内，应确保将机油泵惰轮轴装在汽缸体定位孔中，并分两次拧紧机油泵固定螺钉，拧紧力矩分别是第一次为 5N · m，第二次为 25N · m。机油泵安装好后，应用千分表测量机油泵齿轮和惰轮的齿隙。齿隙范围：惰齿轮与机油泵齿轮为 0.105 ~ 0.203mm；惰齿轮与曲轴齿轮为 0.087 ~ 0.189mm，如图8-1-8 ~ 图 8-1-11所示。

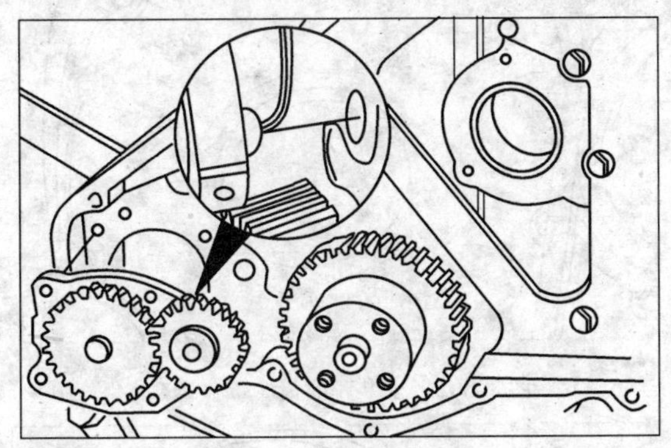
图 8-1-8　安装机油泵

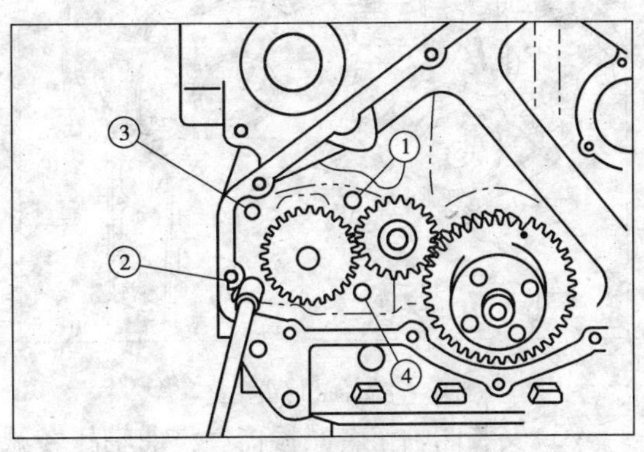

图 8-1-9　安装机油泵固定螺栓

① ~ ④-螺钉拧紧顺序号

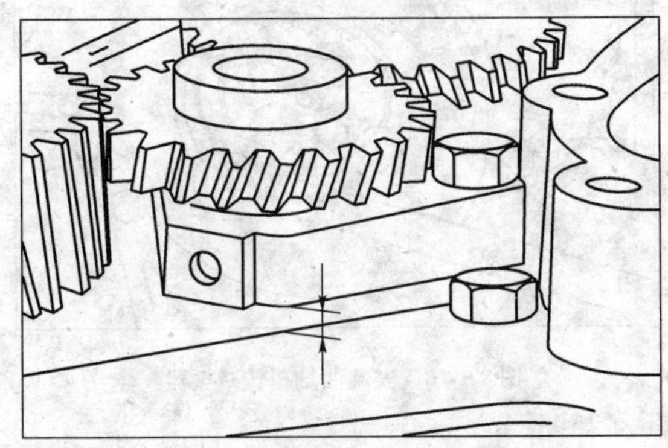
图 8-1-10　机油泵凸缘和汽缸体端面间隙检测

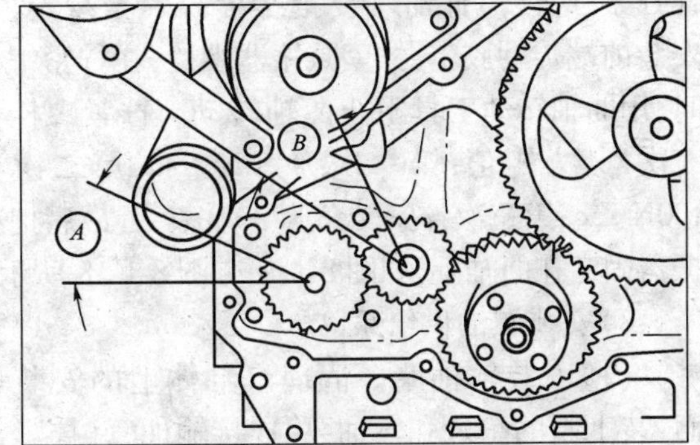

图 8-1-11　机油泵齿轮和惰轮齿隙检测

A-机油泵齿轮与惰轮齿隙范围；*B*-曲轴齿轮与惰轮齿隙范围

7)安装正时齿轮及罩盖和曲轴扭振减振器

(1)安装曲轴前油封。用清洁的机油润滑前端传动齿轮系，将曲轴前油封(规格为 75mm × 93mm × 10mm)接触面清理干净，装上曲轴前油封。

(2)安装正时齿轮及罩盖。清洗正时齿轮和正时齿轮室罩盖密封平面，沿齿轮室罩盖密封面冲筋凹槽和螺栓孔内侧连续涂密封胶，密封胶应高出平面 2mm，在涂胶后 15min 内，应装好齿轮室罩盖并拧紧螺栓。螺栓拧紧力矩为 25N · m。应注意安装齿轮室罩盖时，应用曲轴前油封导套定位和导向。齿轮室罩盖安装完毕后，应将曲轴油封导套拆下。安装齿轮室罩盖螺塞如图 8-1-12 ~ 图 8-1-15 所示。

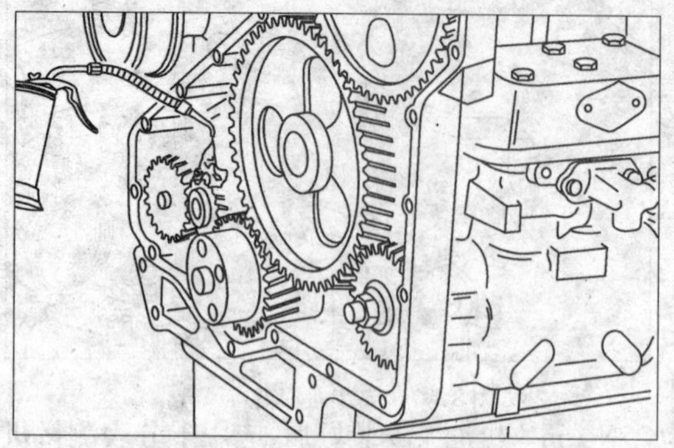

图 8-1-12　清洁正时齿轮

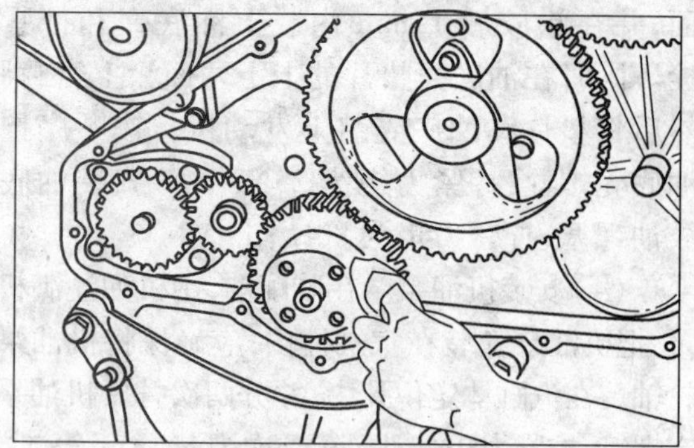

图 8-1-13　清洁曲轴前轴

图 8-1-14　安装正时齿轮室罩盖

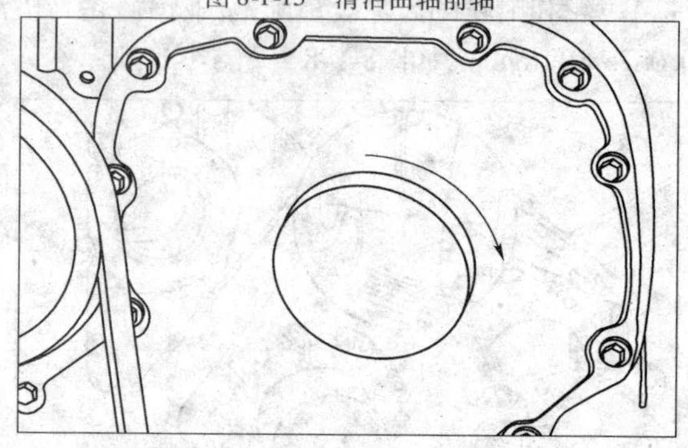

图 8-1-15　安装正时齿轮罩盖螺塞

（3）安装曲轴扭转减振器。将曲轴扭转减振器用减振器圆柱销固定，再用曲轴扭转减振器螺栓拧紧，应注意此时不要把螺栓拧紧至规定值。安装前端传动胶带，拧紧减振器螺栓，在拧紧螺栓时，用曲轴转动工具阻止曲轴转动。拧紧螺栓分三次，其力矩值：第一次为 50N · m；第二次为 100N · m；第三次拧紧转角为 30° ±3°。最后把减振器固定在曲轴上，如图 8-1-16 ~ 图 8-1-18 所示。

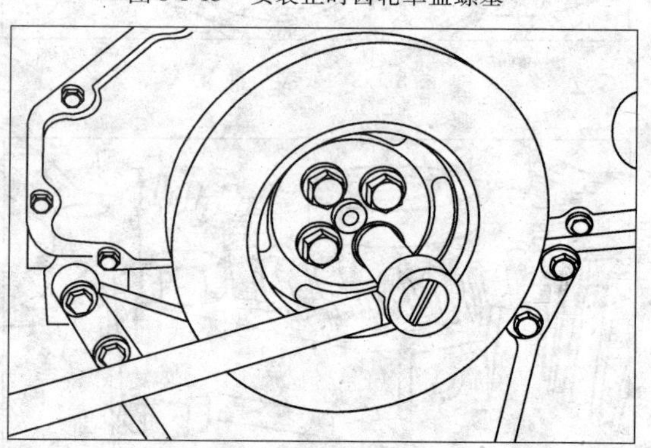

图 8-1-16　安装曲轴扭转减振器

8）安装燃油供给系

（1）安装输油泵。清理汽缸体上的安装平面，装上新的垫片和输油泵，连接输油管，拧紧力矩为 25N · m。

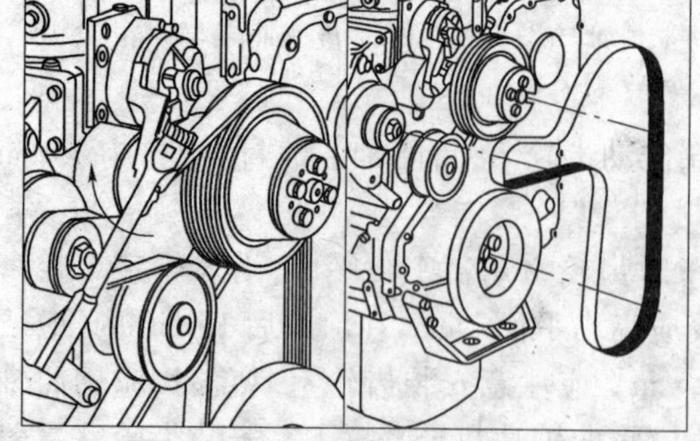

图 8-1-17　安装传动胶带

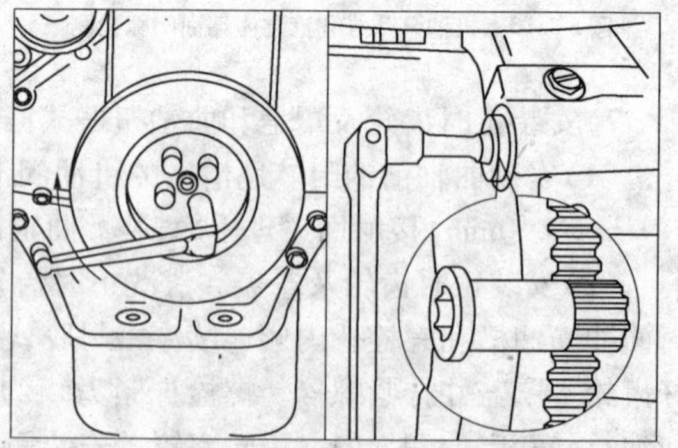

图 8-1-18　安装曲轴扭转减振器螺栓

(2)安装喷油泵。在安装喷油泵之前，必须确保发动机第一缸活塞处于压缩行程上止点位置。用喷油泵定时销把喷射泵凸轮轴置于发动机第一缸活塞压缩行程上止点相一致的位置。在喷油泵的定位面上涂上适量的清洁机油，把喷油泵的轴穿进传动齿轮内孔中，并将喷油泵安装凸缘套进安装螺柱，拧紧喷油泵支架和侧面拉紧装置的螺栓，拧紧力矩：托架与支架固定螺栓为 40N · m；侧面拉紧螺栓为 25N · m。安装并拧紧喷油泵紧固螺母，拧紧力矩为 25N · m。安装喷油泵传动齿轮紧固螺母和垫片，螺母先预紧至 12N · m，拉出发动机定位销，拆下喷油泵定时销螺塞，将定时销调头装入定时销孔内，并装好螺塞和垫片，拧紧力矩为 15N · m。把喷油泵传动齿轮紧固螺母拧紧至 105N · m，装好齿轮室盖上的加油口或旋盖，如图 8-1-19 ~ 图 8-1-30 所示。

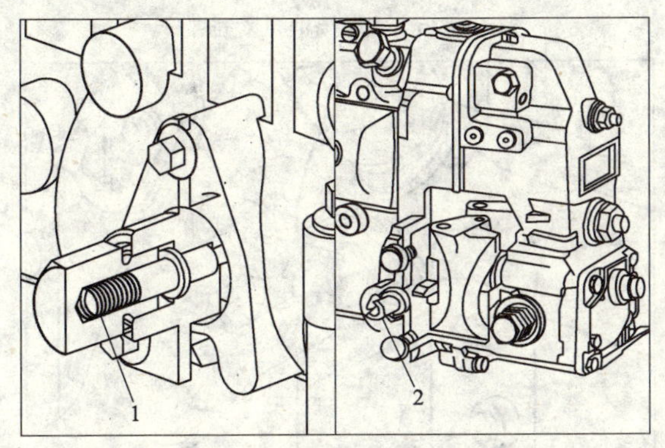

图 8-1-19　确定第一缸上止点位置

1、2-定时销

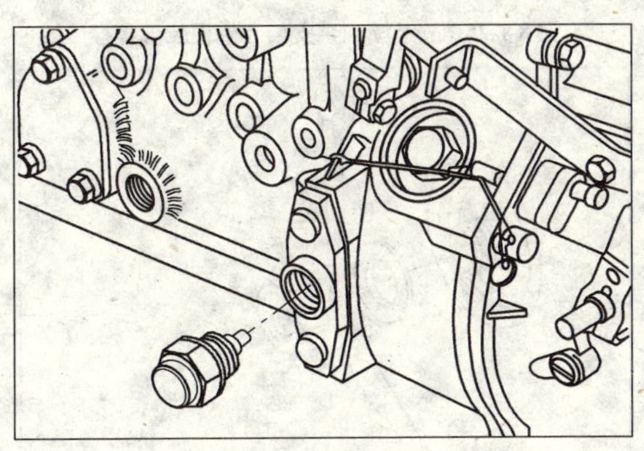

图 8-1-20　拆下定时销

图 8-1-21　调整定时销位置

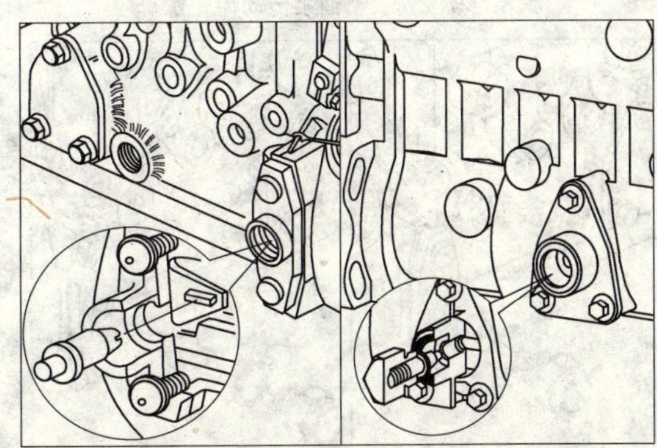

图 8-1-22　定时销反装

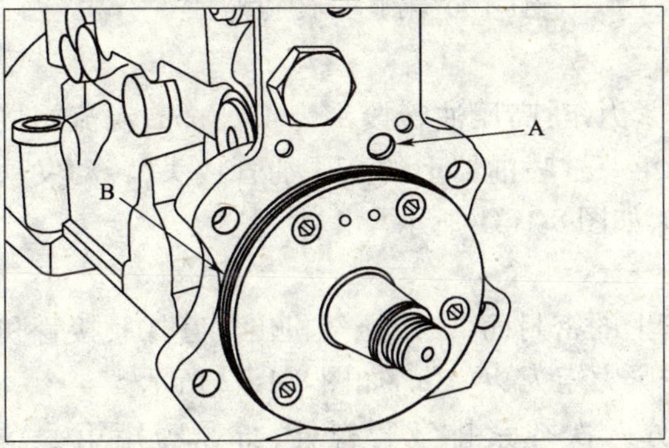

图 8-1-23　定位面涂机油

A-进油孔 O 形密封圈；B-定位面上 O 形密封圈

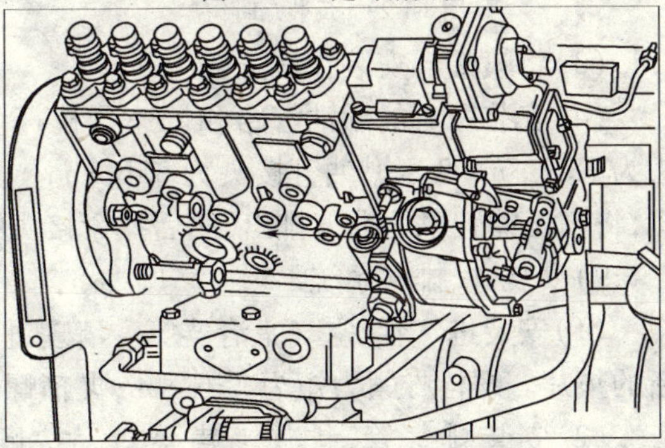

图 8-1-24　安装喷油泵

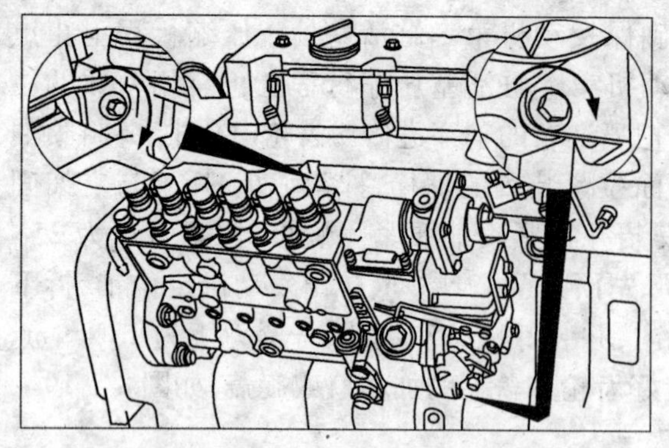

图 8-1-25　安装喷油泵支架和侧面装置螺栓

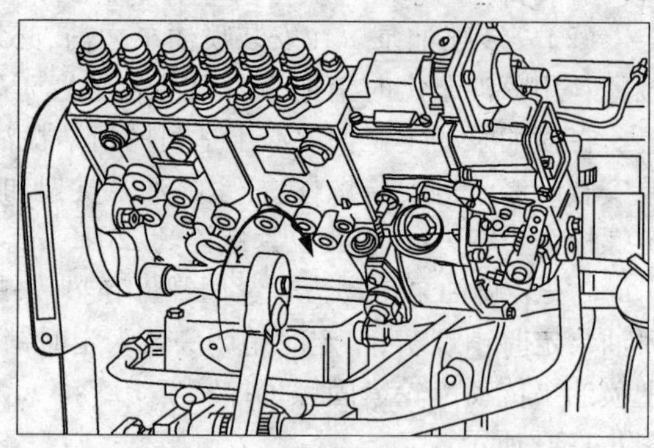

图 8-1-26　安装喷油泵紧固螺母

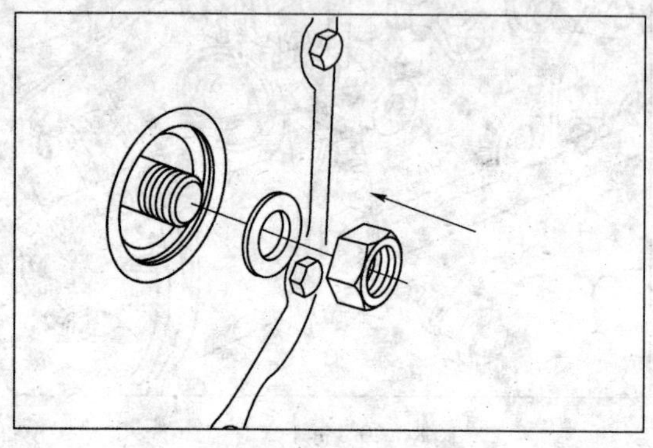

图 8-1-27　安装喷油泵传动齿轮螺母

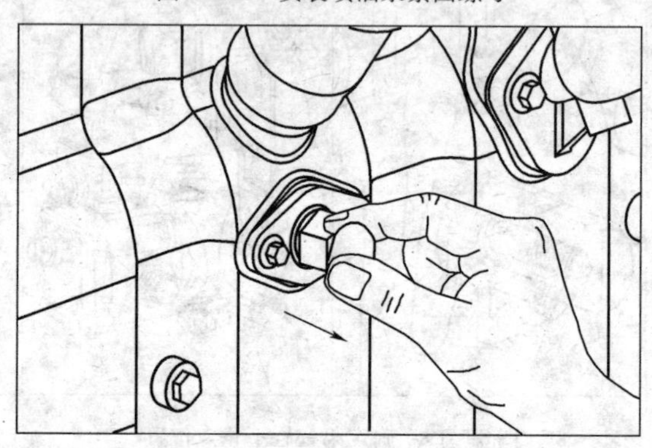

图 8-1-28　拆下定时销

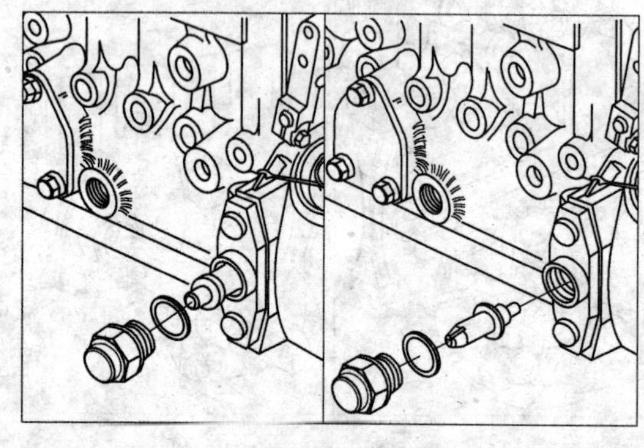

图 8-1-29　反装定时销

图 8-1-30　拧紧喷油泵传动齿轮螺母

(3)将喷油器安装在汽缸盖上。

(4)安装所有的燃油管路和调速器拉杆。拧紧力矩:高压油管接头为 45N · m;溢流阀接头为 35N · m;低压燃油管接头为 35N · m。松开第一缸喷油器上的高压油管接头,转动发动机,将高压油管里的空气排出,然后拧紧接头螺母,如图 8-1-31 所示。

9)安装进、排气系统

(1)安装进气管、空气滤清器等。清理进气管上的密封面,安装压气机出气管橡胶接管和新的垫片。螺栓拧紧力矩为 25N · m,夹箍螺钉拧紧力矩为 9N · m,如图 8-1-32 所示。

(2)安装排气管、排气消声器等。按顺序分两次拧紧排气管螺栓,拧紧力矩第一次 25N · m,第二次 45N · m。

(3)安装涡轮增压器。螺栓拧紧力矩为 45N · m。安装增压器回油管,螺栓力矩为

25N·m。安装增压器进油管,拧紧力矩为15N·m。连接增压器排气放气阀执行机构的进气接管。

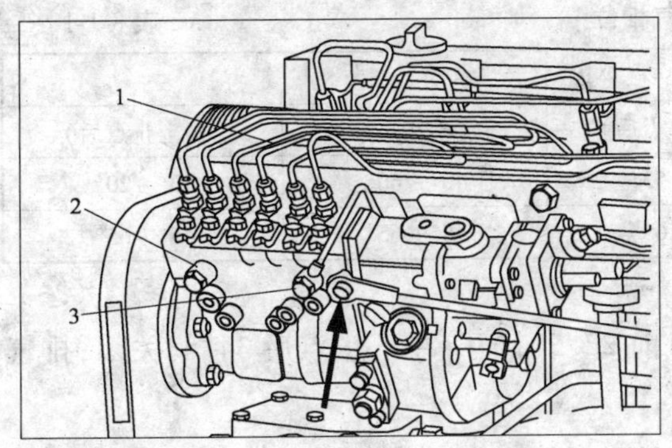

图8-1-31　安装燃油管路和调速器控制杆

1-高压油管;2-溢流阀接头;3-低压燃油管接头

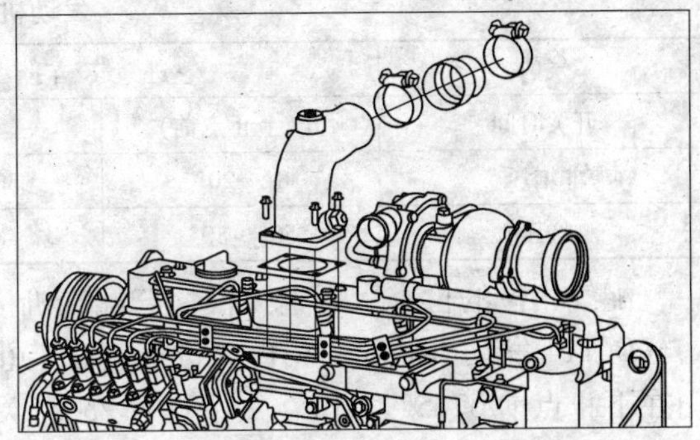

图8-1-32　安装压气机连接管

10)安装润滑系

(1)安装加机油管和油标尺。

(2)安装机油冷却器。更换新的机油冷却器进出口垫后,把机油冷却器和机油滤清器座装在一起。螺母的拧紧力矩为25N·m。

(3)安装机油滤清器、机油感应塞以及各管路等。

11)安装冷却系

(1)安装汽缸盖出水管、节温器和水温感应塞。

(2)安装水泵。将衬垫涂上润滑脂贴在汽缸体前面的水泵安装接合面上,将水泵装上,拧紧螺栓,拧紧力矩为25N·m。

(3)安装水泵胶带轮毂和带轮,安装张紧轮。张紧轮紧固螺栓拧紧力矩为45N·m。

(4)安装风扇。

(5)安装冷却水散热器等。

12)安装电气设备

(1)安装启动机。安装好启动机,注意飞轮齿圈和启动机齿轮的啮合情况。启动机紧固螺栓拧紧力矩为77N·m。

(2)安装发电机。安装好发电机撑条,拧紧力矩为发电机端为45N·m,水泵端为25N·m。装上发电机,拧上发电机紧固螺栓,拧紧力矩为45N·m。

13)安装其他附属装置

(1)安装空气压缩机。安装空气压缩机支架,拧紧力矩为45N·m;用新的垫片把空气压缩机装在支架上,拧紧力矩为77N·m。

(2)安装空气压缩机的进油管,拧紧力矩为8N·m安装并拧紧空气压缩机的进出水管,拧紧力矩为35N·m。

(3)安装发动机的其他附件及附属装置等。

二、发动机装配后调整

1. 气门间隙的检查和调整

气门间隙的检查和调整方法见D6114发动机总装工艺顺序里所介绍的方法。

2. 配气相位的检查和调整

发动机的配气相位，一般出厂说明书都有明确规定。发动机配气相位见表8-1-1。

发动机配气相位

表8-1-1

气门	进　气　门		排　气　门	
开关时间	开（上止点前）	关（下止点后）	开（下止点前）	关（上止点后）
非增压	8°～20°	30°～55°	40°～60°	10°～20°
增压	50°～80°	40°～65°	45°～65°	45°～65°

配气相位的检查和调整见模块三配气机构。

D6114发动机的配气相位为进气门在上止点前22.5°打开，在下止点后34.5°关闭；排气门在下止点前67.5°打开，在上止点后25.5°关闭。

3. 供油时间的检查和调整

供油时间的检查和调整，即喷油泵供油提前角的检查和调整。供油提前角的检查和调整见模块四柴油机燃油供给系。

三、发动机总装注意事项

(1)发动机在装配前要对所有零部件进行清洗。

(2)所有拧紧部位的螺栓，都必须按规定力矩均匀、对称、分次拧紧，尤其对如汽缸盖螺栓、连杆螺栓（或螺钉）、主轴承盖螺栓等要用扭力扳手拧紧，同时注意拧紧顺序。

(3)发动机上有标记和方向等零件的安装一定要按标记和方向进行安装，如曲柄连杆机构中活塞、连杆、正时齿轮室的正时齿轮等。

(4)在发动机装配中，要求使用专用工具安装的，必须使用专用工具安装，不能进行野蛮作业，防止零部件的损坏。

(5)装配时，在一些零部件表面涂密封胶。例如所有锥型螺塞和锥螺纹的管接头、齿轮室罩盖密封面、所有膨胀闷头及后凸轮轴承孔闷头圆周表面、喷油泵凸缘紧固螺栓螺纹表面、空压机凸缘紧固螺栓螺纹表面、调温器双头螺栓螺纹表面、机油冷却器凸缘双头螺栓的螺纹表面、飞轮壳紧固螺栓的螺纹表面、排气管紧固螺栓螺纹表面、增压器紧固双头螺栓的螺纹表面等，必须涂上规定牌号的密封胶（如乐泰胶）。

(6)装配时，在一些零部件的配合表面和螺纹表面必须涂柴油机油（如15W-40）。例如连杆轴承（瓦背不涂）、主轴承（瓦背不涂）、凸轮型面和轴颈、挺柱、活塞、活塞环、活塞销、摇臂部件、推杆、汽缸套O形密封圈、各传动齿轮齿面、气门杆部及密封圈、机油压力调节阀、机油滤清器密封圈、柴油滤清器密封圈、主轴承螺栓、汽缸盖螺栓、连杆螺栓、飞轮紧固螺栓、减振器紧固螺栓和所有其他紧固螺栓等。

课题二　发动机磨合与验收

【任务引入】

发动机在修理或装配过程中，各零件间的摩擦表面，必然或多或少存在着微观和宏观的缺陷，为了使摩擦表面粗糙度降低和得到良好的配合，在发动机装配后，应对发动机进行磨合试验。磨合分为冷磨和热磨两个阶段，磨合后要进行验收。

【任务分析】

为了使冷磨、热磨、验收工作顺利进行,以达到发动机的性能要求,保证发动机正常使用,通过分析磨合目的、冷磨合的规范和注意事项、无负荷热磨合规范和注意事项、有负荷热磨合的规范和注意事项以及磨合后验收,来实现交工验收。

【任务实施】

一、发动机磨合

1. 磨合的目的

1)改善配合性质

(1) 扩大配合表面的实际接触面积。新零件或经过修理的零件,由于表面比较粗糙,实际接触面积小,通过磨合之后,摩擦表面接触面积增大,使单位面积上的压力减小,磨损减小,摩擦热减少,提高了发动机的使用寿命。

(2)降低表面粗糙度。通过磨合,使形成工作状态的配合表面和零件摩擦表面的凸凹不平减少,接触表面更光滑。

2)改善摩擦副的润滑性能

磨合能使配合间隙达到正常工作条件下的配合间隙,润滑油能进入摩擦表面进行正常润滑,增强零件的强度,减小磨损。

3)检验发动机修理或装配质量

发动机在修理或装配后,通过磨合能及时发现故障,从而及时排除故障,提高发动机工作的可靠性和耐久性。

2. 发动机冷磨合

冷磨合是将装配好的发动机,安装在台架上由外来动力(如电动机等)带动发动机旋转,然后在各种转速下进行的磨合,如图 8-2-1 所示。

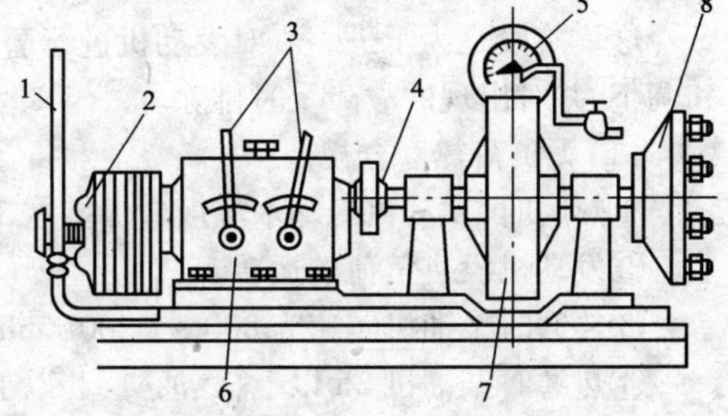

图 8-2-1　发动机磨合测功试验装置

1-离合器手柄;2-离合器;3-变速手柄;4-联轴器;5-测力机构;6-变速器;7-水力测功器;8-凸缘盘

冷磨合时,发动机应装上汽缸盖,一般在汽缸盖上不装喷油器(柴油机)或火花塞(汽油机),应装上冷却系的部分附件,带动发动机的冷却系统,降低由于冷磨合产生的摩擦热量,使发动机工作温度在正常范围内。

冷磨合时发动机也要进行润滑,一般使用稀薄的车用机油,如果机油浓度较大,使用时在机油中加入 15% 的煤油或轻柴油,形成混合油。

1)发动机冷磨合规范

发动机冷磨要加入充足的润滑油,曲轴转速由低速到高速,逐级进行。一般起始转速为 400 ~600r/min,然后以每 200 ~400r/min 的转速递增,终止转速一般为 1 000 ~1 200r/min。在磨合中,起始速度不能过高或过低,若起始速度过高,摩擦副发热而温度过高,使磨损量增加; 若起始转速过低,润滑油供应不足,同样增加磨损量。冷磨合时间的长短,应根据零件加工质量和配合情况而定。加工精度越高,冷磨时间越短;反之,则长,一般情况下约需 1. 52h。冷磨合时发动机转速由低到高分三个阶段进行。发动机冷磨合规范见表 8-2-1。

发动机冷磨合规范　表 8-2-1

发动机额定转速(r/min)	磨合阶段	磨合转速(r/min)	磨合时间(min)	总时间(h)
≤3 200	1	500～600	30～45	≥2
	2	600～800	30～45	
	3	800～1 000	30～45	
	4	1 000 ～1 200	30～45	
>3 200	1	700	60	≤4
	2	900	60	
	3	1 100	60	
	4	1 300	60	

2)发动机冷磨合注意事项

(1)注意观察机油压力是否正常。若有压力不正常现象,应立即停机,待检查排除故障后再继续磨合。

(2)注意查看各机件工作情况是否正常。若不正常,待检查排除后再进行磨合。

(3)冷磨后,应将发动机进行拆检。检查活塞、活塞环与汽缸壁接触情况,曲轴各轴颈与连杆轴承、曲轴主轴承的磨合情况。然后排除所发现的故障,并将所拆卸的机件全部清洗干净,再装配好发动机,加入润滑油进行热试。

3.发动机热磨合

将装配好的发动机进行启动,利用本身产生的动力进行的磨合为热磨合。热磨合分为无负荷热磨合和有负荷热磨合两种。它是为了检查发动机是否达到了应有的性能,同时可以作为发动机进一步磨合的试验,从而保证发动机使用要求。

1)无负荷热磨合

这一阶段是为了进一步对发动机进行磨合,同时还对发动机油路和电路进行必要的检查和调整,并对出现的故障及时排除。

(1)无负荷热磨合规范。

①热磨时,发动机冷却水温度应保持在 348～368K(75～95℃)之间。

②发动机没有负荷的运转。

③热磨时柴油机转速为 800～1 200r/min;汽油机转速为 600～1 600r/min。

④热磨时柴油机 2h 以上,汽油机 1h 以上。

⑤热磨合时用稀的车用机油,并使润滑油温度保持正常。

(2) 无负荷热磨合注意事项。

①检查发动机各部分的工作情况以及各个仪表数据是否正常,必要时进行调整,使其达到较好的状态。

②检查发动机机油压力和机油温度、电流表和水温表读数是否正常,若不正常,应立即停机排除故障。

③调整柴油机或汽油机燃油装置,应使发动机在各种转速下稳定运转。

④检查发动机有无异响,如有异响应立即停机排除故障。

⑤检查发动机各部位有无漏油、漏水、漏气和漏电现象。

表 8-2-2 所示为几种发动机正常工作水温、机油压力和机油温度。

发动机正常工作的水温、机油压力和机油温度　　表 8-2-2

机　型	EQ6100-1 发动机	康明斯 6BT5.9 发动机	上柴 6135 发动机	上柴 D6114B 发动机
冷却水正常温度(℃)	80～85	83～103	80～90	70～95
机油正常压力(kPa)	147～588	207～414	243～343	100～505
机油正常温度(℃)	75～85	80～95	80～90	80～95

2)有负荷热磨合规范

发动机经过冷磨和无负荷热磨合后,必须进行有负荷热磨,即通过加载装置在专用试验台上进行磨合。它分为一般磨合和完全磨合。对于大修的发动机,要求只进行一般磨合。

(1)有负荷热磨合规范。

①热磨合时,发动机冷却水温度保持在 348～368K(75～95℃)之间,机油用稀机油。

②热磨合发动机起始转速为 800r/min,起始负荷为 0.1～0.2P_e,P_e 为额定功率。以后每级递增 200r/min。

③热磨合时每级磨合时间为 20～45min 。

④最高磨合负荷为 0.8P_e。

⑤最高磨合转速为 0.6n_e(n_e 为额定转速)。

(2)有负荷热磨合注意事项。

①检查水温、油温、油压是否符合规定值,若不符合规定值应停机排除故障。

②检查各缸工作是否良好,发动机有无异响;若有故障应及时排除。

③检查发动机在各种工况下是否运转平稳;若不平稳应停机排除。

3)热磨合后的拆检

发动机热试后,一般需拆检一些主要机件,以判断发动机的工作情况;如有异常,及时排除故障,必要时重新磨合,主要拆检步骤如下。

(1)检查汽缸压力,应符合原机规定。

(2)检查汽缸壁和活塞磨合情况,查看有无拉痕、起槽、偏磨等现象。

(3)检查活塞环的磨损情况是否正常,活塞环的外表面与汽缸的磨合印痕应不小于外表面积的 90%,活塞环的开口间隙不大于原间隙的 125%。

(4)拆下曲轴轴承盖和连杆轴承盖各一只,检查连杆轴承和主轴承的磨合情况。

(5)重新调整气门间隙。

在拆检中如发现缺陷,应修复。如更换了曲轴主轴承、活塞、活塞销,应再次进行冷磨;如仅更换连杆轴承或活塞环,可不必冷磨,但应怠速运转 1～2h。热磨后,汽缸盖螺栓应按规定力矩再紧一次。铸铁汽缸盖在发动机热态时进行,铝合金汽缸盖在发动机冷却后进行。

二、发动机验收

装配好的发动机经冷磨、热磨后,要进行发动机的验收。发动机验收必须按汽车修理技术标准中发动机部分的有关规定进行。发动机验收在热状态下进行,应符合下列条件:

(1)汽缸压力、机油压力等应符合规定。

(2)发动机在任何转速下能稳定地工作,没有断火和过热现象。

(3)怠速稳定在规定转速以下,无抖动现象。

(4)高低速变换时不熄火。

(5)不允许有漏水、漏电、漏气、漏油现象。

(6)不允许有活塞、活塞销、曲轴主轴承、连杆轴承以及其他部位等响声。

(7)允许正时齿轮、气门摇臂与气门杆之间、机油泵等有轻微而均匀的响声。

发动机在验收后的使用初期内(1 000km 或 50h 内),应限制最大输出功率,即载荷不能在全负荷状态;否则,会减少发动机使用寿命。

思考与练习题

简答题

1. 简述发动机装配的基本方法和总装的工艺顺序;总装时应注意哪些事项。
2. 发动机磨合有哪几种? 为什么要磨合?
3. 发动机冷磨合规范是什么? 磨合应注意哪些事项?
4. 发动机热磨合有哪几种? 磨合规范是什么? 磨合应注意哪些事项?
5. 发动机验收应符合哪些条件?

参考文献

[1] 江苏工学院. 内燃机构造. 北京:中国农业机械出版社,1980.

[2] 杨连生. 内燃机设计. 北京:中国农业机械出版社,1980.

[3] 杨承明. 汽车发动机构造与维修. 杭州:浙江科学技术出版社,2006.

[4] 吴文琳. 图解汽车发动机构造手册. 北京:化学工业出版社,2007.

[5] 伊广德. 汽车发动机总成拆装. 上海:上海科学技术出版社,2007.

[6] 任东, 郝风伦. 汽车发动机构造与维修技术. 济南:山东科学技术出版社,2007.

[7] 宋飞舟. 实用柴油机使用维修技术. 太原:山西科学技术出版社,2006.

[8] 张弟宁. 汽车发动机构造与维修. 北京:人民交通出版社,2007.

[9] 关文达. 汽车构造. 北京:机械工业出版社,2004.

[10] 张宏春. 公路工程机械发动机构造与修理. 北京:人民交通出版社,2007.

[11] 蔡兴旺、付晓光. 汽车构造与原理实训. 北京:机械工业出版社,2006.

[12] 汤定国. 汽车发动机构造与维修. 北京:人民交通出版社,2002.

[13] 曾小珍. 柴油机维修技术. 北京:电子工业出版社,2005.

[14] 张滨友. 汽车燃料和润滑剂. 北京:北京理工大学出版社,2003.

[15] 谢云里. 汽车发动机燃油系统结构与维修. 广东:广东科技出版社,1994.

[16] 王胜旭,王文军. 汽车发动机构造与维修. 北京:北京邮电大学出版社,2006.

[17] 唐艺. 汽车维修. 北京:人民交通出版社,1987.